U0943766

# 为学习而教：

## 儿童学习导向的教学行为改进研究

陆莉玲　等著

江苏人民出版社

**图书在版编目(CIP)数据**

为学习而教：儿童学习导向的教学行为改进研究 / 陆莉玲等著. —南京：江苏人民出版社，2021.4

ISBN 978-7-214-26052-9

Ⅰ. ①为… Ⅱ. ①陆… Ⅲ. ①儿童教育—教学研究 Ⅳ. ①G612

中国版本图书馆 CIP 数据核字(2021)第 066426 号

| | |
|---|---|
| **书　　名** | 为学习而教:儿童学习导向的教学行为改进研究 |
| **著　　者** | 陆莉玲等 |
| **责任编辑** | 汪意云 |
| **责任监制** | 陈晓明 |
| **出版发行** | 江苏人民出版社 |
| **出版社地址** | 南京市湖南路 1 号 A 楼　　邮编:210009 |
| **出版社网址** | http://www.jspph.com |
| **照　　排** | 南京开卷文化传媒有限公司 |
| **印　　刷** | 南京百花彩色印刷广告制作有限责任公司 |
| **开　　本** | 718mm×1000mm　1/16 |
| **印　　张** | 32 |
| **字　　数** | 400 千字 |
| **版　　次** | 2021 年 4 月第 1 版　2021 年 4 月第 1 次印刷 |
| **标准书号** | ISBN 978-7-214-26052-9 |
| **定　　价** | 98.00 元 |

# 序

教学行为在很大程度上是由教育理解决定的，具体说，是由对学生、学习、学科的理解决定的。

关于学生。我们经常说，教学要目中有人。人，活泼泼的儿童，不能被知识所遮蔽。要关注学生的一般特性，我们的教学大抵是面对一个具体的学段、具体的年级，这个年龄段、年级段的学生有着一些普遍的特点。我们的教学目标、教学内容是以这个特定群体的特点为依据确定的。但学生又是具体的，心理学的研究表明，在 7—12 岁之间，学生的智力差距有时超过三五年，所以我们要研究具体的学生，从一个教学班的角度把握学生的现有水平，确定学生的最近发展区；把面向全体落实到每一个个体，把握每个学生的知识水平和学习风格，从而使教学更具精准性。一般意义上说，这就是好的教学了，但我们认为，还有更好的教学。所以教学是根据学生的发展差异而教，更好的教学则是发现、激活学生的发展潜能。我听到很多优秀的老师讲自己的教育故事，每每讲到对学生潜能的发现，都洋溢出一种幸福感，作为听众，我每次都感叹不已，因为发现一个学生的潜能，在一定意义上就创造了一个“新人”，功莫大焉。用陆莉玲校长的说法，对学生内在需求的理解、把握，是教育的一种高境界。

关于学习。学生的学习总是有一般规律的，教学就应当遵循这些规律。比如学生的学习总是指向最近发展区，具有挑战性；学生不应当是知识的旁观者，而应当是知识的参与者；学生的学习总是很个性化的，在集体性教学中应当关注学生的个性化学习，等等。再如，学习大抵是以感性、具象进入的，又要经过抽象概括，以至迁移应用。于是就有了一些教学的基本原则和基本方法。在教学原则方面，我赞成这三条:第一,让学习始终充满挑战性欲望;第二,课堂要有合适的安静时间,让每个学生都有学习的机会;第三,教学的针对性。据说,这是总结、概括世界有影响的教学模式最基本的共同经验。在教学流程方面,我赞成:第一步,具象、直观;第二步,抽象、概括;第三步,迁移、应用。在直观感知的基础上抽象概括,就有了知识的建构,而这种初步建构的知识,又需要在具体化应用中检验、确认,实现真正的内化。这样的学习才是完整的。陆莉玲校长团队的许多探索,包括对知识图式的研究,都说明她们的教学是基于对学习规律的把握的。

关于学科。学生的学习大体都是关于具体学科的,陆莉玲校长的团队在这方面也花了不少功夫,有着许多自己的心得。"学科味"往往得力于这方面的研究和探索。我自己是语文学科背景的,我观察语文课时,比较关注如下几个方面:一是怎样引导学生把抽象的概念,化成形象的生动的形象?让学生在抽象与形象之间自由来回,培养学生的形象思维能力,是语文学科本质所规定的。二是让知识与情感融为一体。如于漪老师所说"文章不是无情物,师生俱是有情人",认知情感融和统一,语文学科首当其冲。于漪老师和我们交谈时甚至提出,要引导"学生的心灵达到辉煌",可见,在她看来,情感教育,或者在审美意义上实现的道德教育,是语文学科的使命担当。三是能否引导学生多用归纳的方法学习语文?换一句话说,在归纳和演绎之间,语文学习应当有更多的强归纳,而不是从知识点出发的强演绎。我这里只是用列举的方法在阐说,肯定不是语文学科特质的全部。我只是说,陆莉玲她们对学科独特性的关注是很有必要的。

陆莉玲校长主持"儿童学习导向的教学行为改进研究"扎扎实实,且行且思,不仅课堂有了很大的改观,学生有了更好的发展,同时,也积累了丰富的经验。现在她们对自己多年的探索进行梳理总结,形成专著,可喜可贺!很多做法和想法,我都是高度认可的。以上所书,完全是有感而发。

是为序。

**2021 年 3 月 4 日**

# 目 录

# 第一章　一切为了学生学习

## ——始于课程分析的校本教学视野

朱棣文小学在“十二五”期间开展基于课程分析的校本教学研究，把课程分析看作是教学行为改进的一种工具，以教师的教学行为改进为研究对象，开展实证研究。它厘清了课程分析与校本资源开发、教学行为改进的关系；构建了课程资源、校本课程开发、教学行为改进三大分析框架；运用课堂观察量表，实现教学行为的改进；梳理了以“朱棣文精神”为价值核心的课程资源类型；开发了科技特色的系列校本课程；构建了新型的校本研究模式。通过这一系列研究，提升了教师的专业素养，提高了学校教育质量。“教”和“学”的研究是校本研究的两翼，也是促进学生高效学习的两个重要方面。因此，在研究“教”已经取得重要成果和良好成效的基础上，“十三五”期间，学校又将研究方向转向研究“儿童学习”，转向“学习模式”的研究。

## 第一节　“课程分析”与“学习导向”是教学的两根支柱

百度百科上对“教学”的定义是：教学是教师的教和学生的学所组成的一种人类特有的人才培养活动。通过这种活动，教师有目的、有计划、有组织地引导学生学习和掌握文化科学知识和技能，促进学生素质提高，使他们成为社会所需要的人。“课程分析”和“学习导向”研究的都是教师教学行为的改进，从某种意义上说，“课程分析”与“学习导向”

是教学的两根支柱。“课程分析”研究的重心在于以问题解决为导向,培养教师的课程意识和课程思维,来改进教师的教学行为。而“学习导向”研究的重心在于试图通过基于前测的教学活动设计、个别化教学与评价的实施以及学科学习图式和学科教学行为双向建构的研究,尽可能地满足每一个学生的学习需求,促进学生全面发展。

## 一、课程分析作为校本研修模式的探索

我国基础教育新课程实施的最大成绩,就是广大中小学教师思想观念的转变,表现在从校长到老师言必谈以学生为中心、服务每一个学生发展、教师即课程等。理念归理念,具体的课程实施尤其是课堂教学却并没有紧密跟进。原因是多方面的,其中体现先进理念的课程实施工具与具体行动技术手段的缺失是重要方面。

### (一) 课程分析作为校本研修模式的必要与可能

美国教育传播与技术协会(AECT)2004 年对教育技术的定义是:“教育技术是通过创造、使用和管理合适的技术过程和资源以促进学习和改进绩效的研究和符合道德规范的实践。”这一概念超越传统的技术的内涵,把教育过程的优化、资源的开发与使用、教学的行动研究以及实践的道德要求包括其中。因此,课程分析作为一种有鲜明价值取向并以工具开发和技术创新为内容的研修模式就应运而生了。

太仓市朱棣文小学是以美籍华裔物理学家、诺贝尔奖获得者朱棣文先生的名字命名的学校。朱棣文祖籍江苏太仓,他是世界物理学界的巨擘,也是太仓的骄傲。建校至今,学校秉承“厚积薄发、追求卓越;探索发现、实践创造”的朱棣文精神,致力于对朱棣文先生的成长历程、杰出贡献及其人格魅力的研究,致力于对教育规律的探索和实践,“朱棣文精神”已经成为学校不可多得的、宝贵的校本资源。“十二五”期间,朱棣文小学承担的省级教育科研立项课题“课程分析:基于校本资源的教学行为改进研究”,就是把“朱棣文精神”作为学校课程核心资源,并与各类课程相融合,促进教学行为改革,通过课程分析的方法来

判断教学行为改革成效的探索。

### (二) 我校课程分析模式的建构

“课程分析”是基于一定的课程观,按照特定的框架,对某一课程文本或课程实施过程进行分析的过程。“课程分析”是一种研究工具,其目的是通过课程资源组织、教学行为改进、学生学习效果评估等综合分析,探索优化教学过程的行动思路,达到提高教学质量的目标。其实质是把“课程分析”作为校本教学研究的一种范式加以建构。

研究内容包括基于校本资源的教学行为改进的课程分析框架研究、课程分析基础上的学科教学行为改进的实践研究、课程分析基础上的校本课程开发的实践研究、教师课程能力提升的研究、课程分析作为校本教研制度的建设研究、课程分析的案例研究等。其模式如下：

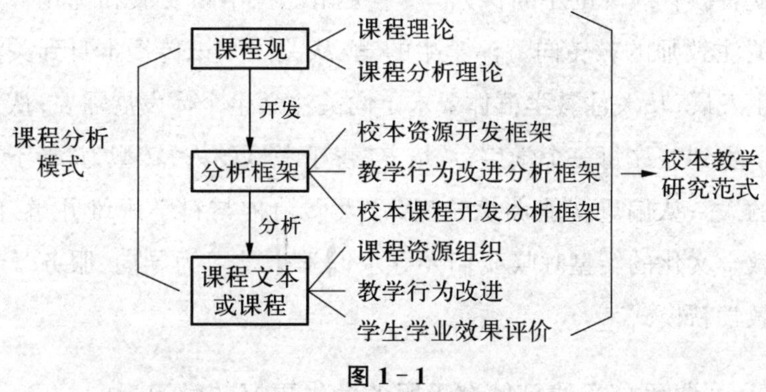


图 1-1

### (三) 以课程分析为中心的分布式教学管理

学校通过教学管理制度的重建,构建以课程分析为中心的分布式教学管理模式。把教师作为管理主体,创设良好的工作环境,充分发挥教师的主体性、能动性,促进教师本人为自身发展和实现自我价值而自觉、主动、积极地开发自己的潜能,规范自己的言行,调控与完善自己的心理活动。

基于课程分析的教学管理制度是一个系统,由教师教学行为跟踪制度、基于课程分析的评价制度、优秀教研组评审制度、学生评教制度组成。学校教学管理的起点和归宿是人,动力和核心是人,成功与失败也在于人。以课程分析为中心的分布式教学管理的模式,让管理模式从粗放式向精细化、专业化发展,让管理职责从集中式向分散式发展,这样一分化,管理的对象更加有针对性,管理的职责更加明确,管理的方式更加多样,而最终带来的就是管理效能的最大化。我校逐步形成的教学管理文化,以分布式管理为核心理念,以依靠教师、尊重学生为原则,发挥教师最大的工作积极性与创造力,激发教师参与管理的热情,指导教师运用课程分析这一技术手段,改进教学行为,提升教学效果,使学校得到了富有生气的发展。

## 二、从课程分析到学习导向:转向学习模式

随着教育改革的不断深入,教学文化也在不断发展和优化。表现为从关注教师的教转向关注学生的学,从关注知识传授本身到关注服务学生发展;从关注教学群体要求走向关注学生个体发展需要;从关注整体学生到关注每一个学生;从培养"善于考试的人"转型为"善于自我实现的人";从偏重智能训练转型为"人文精神与科学思维并举"的训练。教学文化的转型呼唤我们要寻求以学生学习为导向、服务学生学习的教学新模式。

### (一)课程分析的目的在于服务学生更好的学习

课程分析的一个重要抓手是校本资源的开发和利用。校本资源是指学校在支持办学过程中达到一定办学目的、实现一定办学功能的各种资源,是构成学校的基本因素,是学校生存和发展的重要源泉。我校在二十多年的发展过程中,积累了具有自身特色的、非常丰富的校本资源。这些资源是可充分利用的课程资源。学校要求教师在开发和利用的过程中认真加以选择,体现校本资源在教学中运用的适切性。关注校本资源有无考虑到学生、教师自身的特点,关注本土化资源的开发,关注校本资源有无体现学校的教育主张等。目的就是让校本资源充分

发挥作用，成为重要的学习资源，更好地支持学生的学习。

课程分析就其本质来说是一种课程研究模式。朱棣文小学在泰勒模式、波斯纳模式的基础上，从教师的具体教学行为出发，以促进教师教学行为改进为目的，形成了符合学校实际、具有学校特点的课程分析框架。并以此为基础，形成了新型的校本教研制度。改进教师的教学行为、形成有助于教师进行教学研究的教研制度，其最终目的就是为了更好地服务学生，服务学生的学习。

### （二）研究学生学习及指导是教学行为改进的根本

教学是由"学生""教师""教材"和"学习环境"四要素组成的。这四要素中，"学生"应该是最重要的因素，尤其是要重视学生的"需要、愿望和态度"。而在第八次基础教育课程改革实施二十多年来，教师对教学文化转型的认识仍有待提高。从教学设计来看，传统的教学设计一般包括教学内容、教材分析、教学目标、教学媒体、教学流程和教学反思六大块。这六大块的内容，实际上备的大多是"教材"，没有给"研究学生"留下多少空间。从教学方式来看，传统的教学方式一般以纪律教育来维持组织教学，以教师讲授来传授新知识，以背诵、抄写来巩固已学知识，以多做练习来运用新知识，以考试测验来检查学习效果。基于此，教师往往把研究的重心放在"怎么教"上，对促进学生"怎么学"的研究却很少涉猎。随着时代的飞速发展，特别是大数据时代的到来，学生的学前基础水平、能力等都随之发生了很大的变化，学生之间的差异也越来越大。每个学生的基础不一样，兴趣不一样，学习进度和速度也不一样，整齐划一的学习已经不能适应学生多元化的学习需求。因此，教师应不断改进教学行为，给学生提供更广阔、更适合的成长发展空间，满足学生多元需求，促进学生多元发展，促进每一个学生的发展。教学过程也应该是从大一统的传授型方式中蜕变出来，以学生的个性化学习为轴心，向着活动的、合作的、反思的学习方式转变。因此，教师教学行为改进的重点和根本，应该是"研究学生学习"，由关注知识传授本身转向关注服务学生发展。

### (三) 学习模式研究是课程分析研究的继承与发展

我校“十二五”期间进行的课程分析研究,从本质上来说,就是基于“朱棣文精神”这一独特的校本资源,以教师的教学行为改进为研究对象,运用课程分析这一工具,对原有的教学行为进行反思、评价、判断,设计新的教学行为方案,经历分析、反思、修正、改进的过程,实现教学行为品质的提升,以达到契合学生发展,优化教学过程,提高教学质量的目标。这是基于一定的儿童观,对教师教学行为进行的研究和改进。通过研究,我们实现了预期的目标:把“课程分析”作为校本研究的范式加以建构,提升校本研究质量;以“课程分析”为手段,以校本资源为依托,培养教师的课程意识和课程思维,提高教师的课程开发、组织实施和评价的能力;通过“课程分析”,改进教师教学行为,塑造高效课堂,提高教学质量。教师的课程意识、实施水平都得到了显著提升,教学研究的制度和文化已然形成。

“十三五”期间,我们一直在思考几个问题:一是怎样将“十二五”课程分析研究的成果加以延续和利用,来促进教师教学行为的进一步改进?二是课程分析研究还有一些问题没有解决,最突出的是儿童立场问题,儿童学习方式以及方法研究的问题。学校是培养人的场所,以促进学生潜能的最大限度发挥为主要任务。这既是教育的最基本的目的,也是教育的终极追求。关于学习模式研究,国内已经涌现了一批成功的案例,例如江苏洋思中学“先学后教,当堂训练”模式、山东杜朗口中学“三三六”自主学习模式、郭思乐教授的“生本教育”、东景安初中的“分层合作问题伴学”模式等。这些成功的案例都给我们提供了宝贵的经验。课程分析研究的重点在于对教师教学行为进行研究,而对学生的学习行为涉猎不够。将已经构建的分析框架和理论成果服务于学生的发展,是我们迫切要解决和实施的问题。因此,在课程分析研究成果的基础上,研究和实践适合我校师生实际的、体现我校历史和传统的学习模式变得尤为重要。

## 三、学习导向教学研究的理论价值和现实意义

弗朗索瓦·雅各布在《生物学与种族主义》一书中说道:人是一台学习机器。那么,学习是什么?人究竟是如何学习的?在学习的背后,是什么在发挥作用?这些问题应该是每一位教师所应该关注、思考和研究的。

### (一) 学习导向教学研究的理论价值

大脑具有令人吃惊的巨大潜能,而我们对它的使用却少之又少。有关学习方式的研究直到最近数十年才开始出现进展,这些成果分散在不同领域的出版物中,其中最有价值的成果往往出现在一些还不为人们所熟知的学科领域,如教学法、认识论、人工智能。以下是学习导向教学研究的一些主要流派和理论。

1. 当前学习导向教学研究的主要理论及其价值

(1) 行为主义理论

主要指各种有关学习的条件反射理论。主要有:桑代克的联结主义理论、巴甫洛夫的经典条件反射理论、格思里的临近条件反射理论和斯金纳的操作性条件反射理论。

联结主义理论认为:联结有两类,一类是先天的联结或反应趋势,即本能;另一类是习得的联结或反应趋势,即习惯。联结,人和动物都有。桑代克根据动物学习实验,提出三条学习律,即练习律、效果律和准备律。经典条件反射理论:巴甫洛夫通过一系列在狗身上的实验研究提出了无条件反应的概念。比如将食物放进狗嘴里时出现的唾液反应,是一种大脑反应;是存在于脊柱或者下脑中枢里的感觉和运动神经之间的一种直接连接。对比而言,条件反射,比如听到铃声或者其他在以前都是中性刺激的声音时出现唾液现象,是由条件形成过程中在大脑皮层里建立起来的新反射通道的结果。

临近条件反射理论:格思里提出了一条据以可理解学习的其他一切规律的学习规律:“刺激的组合,如果有某种运动伴随它发生,在它再

次出现时,那一运动将会随之而产生。”他把一切学习都归结为刺激和动作的同时结合。对此规律,他又以第二个陈述加以补充:“一个刺激模式第一次与若干个反应相结合,就获得了充分的联结力量。”即确认当刺激与其所产生的反应同时发生时,就足以建立两者联系,并且这种联系会无限期地保持下去,除非出现某个后继事件来取代它。

斯金纳的操作性条件反射理论:斯金纳提出要注意区分“引发反应”与“自发反应”,并根据这两种反应提出了两种行为:应答性行为和操作性行为。前者是指由特定的、可观察的刺激所引起的行为;后者是指在没有任何能观察的外部刺激的情境下的有机体行为,它似乎是自发的,如白鼠在斯金纳箱中的按压杠杆行为就找不到明显的刺激物。应答性行为比较被动,由刺激控制,操作性行为代表着有机体对环境的主动适应,由行为的结果所控制。人类的大多数行为都是操作性行为,如游泳、写字、读书等等。据此,斯金纳进一步提出两种学习形式:一种是经典式条件反射,用以塑造有机体的应答行为;另一种是操作式条件反射,用以塑造有机体的操作行为。

行为主义理论的价值表现在:联结主义对美国心理学的影响很大,它推动了对学习问题的研究。联结主义心理学是使机能心理学向行为主义心理学过渡的一种派别。新行为主义斯金纳把联结主义的奖赏和尝试错误法同巴甫洛夫的强化和条件反射相结合,提出应答性条件作用和操作性条件作用的学说,形成操作主义的行为主义。

(2) 认知主义理论

皮亚杰的认知发展摆脱了遗传和环境的争论和纠葛,旗帜鲜明地提出内因和外因相互作用的发展观,即心理发展是主体与客体相互作用的结果。皮亚杰认为智力的本质是适应,“智慧就是适应”,“是一种最高级形式的适应”。他用四个基本概念阐述他的适应理论和建构学说,即图式、同化、顺应和平衡。他认为:所教的东西,要能引起儿童的兴趣、符合他的需要,才能有效地促使他的发展。皮亚杰把认知发展视为认知结构的发展过程,以认知结构为依据区分心理发展阶段。他把认知发展分为四个阶段,即感知运动阶段、前运算阶段、具体运算阶段和形式运算阶段。

皮亚杰的认知发展理论的价值表现在：

一是理解认知发展。当教师理解学生的功能处于哪种水平时，教师会受益。不应期望一个班级中的所有学生的认知活动都在同一水平上。教师应该努力探知学生的水平，并相应地调整教学，使之与学生的水平相适应。处于阶段过渡期的学生似乎可以受益于更高级水平上的教学内容，因为对他们来讲认知冲突不会太大。

二是保持学生的主动性。皮亚杰对消极教学提出了批判。儿童需要丰富的环境，允许他们主动探索，亲身参加实际活动。这种安排能促进学生主动建构其知识。儿童的思维发展经历了感知运动、前运算、具体运算和形式运算四个阶段，每一个阶段都有其特定的优势和劣势。表现为儿童一方面具有完成一定的典型活动的能力；另一方面，又具有犯一定典型错误的倾向。另外，儿童的智力发展不仅是渐进的，而且是遵循一定顺序，每个阶段之间是不可逾越、不可颠倒的，前一阶段总是后一阶段发展的条件。但是我们不能消极地等到儿童智力达到一定水平再进行教育，而总要先行一步，以加快儿童智力的发展。

三是制造认知矛盾。只有当输入环境信息与学生的图式不相匹配时，才会出现发展。理想的情况是学习材料不能被立即同化，但也不应太难，使学生无法顺应。允许学生自己解决问题，得到错误答案也能产生认知矛盾。皮亚杰没有谈到学生必须成功，教师对错误答案的反馈能够促成失衡的状态。

四是提供社会互动。尽管皮亚杰理论认为没有社会互动发展也可以进行，社会环境还是认知发展的关键资源。教师必须设计一些能提供社会互动的互动。学习具有不同观点的他人能帮助儿童去自我中心化。

(3) 人本主义理论

人本学派强调人的尊严、价值、创造力和自我实现，把人的本性的自我实现归结为潜能的发挥，而潜能是一种类似本能的性质。人本主义最大的贡献是看到了人的心理与人的本质的一致性，主张心理学必须从人的本性出发研究人的心理。该学派的主要代表人物是马斯洛和罗杰斯。马斯洛的主要观点:对人类的基本需要进行了研究和分类,将之与动物的本能加以区别,提出人的需要是分层次发展的;他按照追求目标和满足对象的不同把人的各种需要从低到高安排在一个层次序列的系统中,最低级的需要是生理的需要,这是人所感到要优先满足的需要。罗杰斯的主要观点:在心理治疗实践和心理学理论研究中发展出人格的"自我理论",并倡导了"患者中心疗法"的心理治疗方法。人类有一种天生的"自我实现"的动机,即一个人发展、扩充和成熟的趋力,它是一个人最大限度地实现自身各种潜能的趋向。

人本主义理论的价值表现在:

一是相信儿童的潜能——自然人性论。

人本主义心理学提出了基于自然的人性论,认为有机体均有一定的内在倾向,以有助于维持和增强机体的方式来发展自我潜能;强调人的基本需要均由人的潜能决定,人性是善的或中性的,每个人生来就是"佛",带有"佛性",恶是由人的基本需要受挫引起的,是不良的文化环境造成的。这一点从人本质的角度对基本儿童观具有实际的启示意义。

二是注重儿童的需要——实现"各自"的自我。

马斯洛根据动机与需要之间的关系,提出了经典的需要层次理论,即自下而上的生理、安全、归属感和爱、尊重、认知、审美和自我实现的一般模式。由于人有自我实现的需要,才使有机体的潜能得以实现、保持和增强。但每个人的需要和动机不一,自我实现的标准和结果各异,不能将一个人自我实现的标准和模式强加到他人身上。自我实现的两个基本条件是无条件尊重与自尊。自我实现者以开放的态度对待经验,其自我概念与整个经验结构是和谐一致的,体验到一种无条件的自尊,并能与他人和谐相处。

三是儿童共同成长——知情统一的教学观。

罗杰斯认为,生活是一个使个体不断成长并达到完美的进程,这个进程是实现倾向的,指向于个体的成长、自主、摆脱外部力量的控制。

在这一过程中，环境（包括教育的因素）发挥了重要的作用。个体总是在得到无条件的积极肯定和积极自我肯定的基础上发展自我意识的。在此基础上，罗杰斯提出了“自由学习”和“学生中心”的学习观与教学观，旨在通过知情统一的方式，培养“躯体、心智、情感、精神、心力融汇一体”的人，即完人。这种教育能“促进变化和学习，培养能够适应变化和知道如何学习的人”。其培养心理气氛的三个最基本的原则是真诚或真实，尊重、关注和接纳，以及移情性理解。

2. 我校开展的学习导向教学研究的内涵、价值与功能定位

我校开展的学习导向教学研究认为，儿童学习是以关注学生的生命价值为核心，遵循学习者的心理和认知规律，通过教师有效引导，促进学生主动探索，自主支配学习的时间和空间，最终将新知纳入已有的认知结构，促进自身更好地发展。而所谓儿童学习导向，即以儿童学习的需求、方法、能力、个人差异、可能的结果、动机、兴趣等为依据，不断改进教学生态环境、转变师生角色与教学关系，优化教学结构与流程，更好地服务儿童学习，促进儿童不断提升。所谓教学行为是指教师在课堂生活中展现出来的行为，是教学的核心和实体部分，是构成教学活动的细节和内容，也是教学系统中最具能动性的部分。以教师为中心的行为主要有陈述行为、展示行为、管理行为、观察行为、反思行为等；以学生为中心的行为有指导行为、反馈行为、倾听行为、评价行为等；以师生互动为中心的行为有提问行为、理答行为等。

儿童学习导向的教学行为改进研究的内涵是：以研究儿童学习为起点，以关注儿童学习的需求、方法、能力、个人差异、可能的结果、动机、兴趣为基础，以服务儿童学习为目的，即以学定教，不断改进教学行为的一种校本研究的新模式，以此促进儿童发展，提升教师素养，提高学校教育质量。

其价值表现在：

首先，生成学生中心教学观念。促使教师对有效学习的观念发生根本性的变化。教学研究的重点应该从如何教转向如何学，从结果转向过程，从机械操练转向知识的理解和运用。不再把学生看作接受知

识的容器，而是知识的建构者和生成者；力求引导教师时刻把儿童放在学习的中心位置，以研究儿童学习为突破口，促进儿童有效学习。

其次，拓展教师教学理解的视野。儿童学习导向的教学行为改进研究力求引导教师不断丰富和拓展对教学的理解。学习者带着丰富的先前知识、机能、概念、信仰和习惯进入正规教育，而这些已有知识极大地影响着他们的记忆、推理、解决问题、获取新知识的能力。教师只有把学习者带到学习任务中的已有知识和观念作为新学习的起点，并给予学生多一点学习和建构的机会，才能促进学生的学习。

第三，建构校本的教学理论。未来的学习研究应该关注学习科学的研究基础、科学学习的基础、学习科学的新方法论、学习科学研究中的合作、学习技术的研究和教师的专业发展。通过儿童学习导向的教学行为改进研究，我们力图在加强认知、学习和教学方面研究的基础上，通过学习研究工具的开发，强调教学研究一体化，强调教学设计与学生学习观测的一体化，形成具有我校特色的、符合学校实际的校本的教学理论。以上这些教学理论有两方面的特质：一是通过广泛研读专家、学者的教学和学习理论，并辅以上千节课的教学实践研究而得到的鲜活的、符合我校实际的理论；二是在“课程分析”理论基础上生发出来的以儿童学习为导向的、个性化的教学理论。

第四，创新学校教学文化。学习研究的发现揭示了不同于以往的教师角色。如果教师要教好各种各样的学生团体，使他们完成更具挑战性的学习——形成问题，发现、整合、综合信息，创造新的结论，依靠自己学习，合作学习，教师们就要有丰富的知识和各种基本技能。只有引导教师寻求以学生学习为导向、服务学生学习的教学新模式，体现教学文化转型，强调教师个人教学行为改进和学校整体教学文化改进的一体化，才能更好地实现这一目标。

其功能定位表现在：

首先，是教学文化转型的实践。传统教育往往强调对知识的记忆和掌握。然而，研究表明，要达到深层理解，仅凭普通的问题解决技能和大量的事实记忆是远远不够的。因此，我们的研究就是要促进教师教学文化的全面转型，做到为深层学习而教，为理解而教。

其次，是校本教学模式的研究。教学行为改进有多种模式，我校倡导的是一种新型的校本研究模式：立足学生需求，强调以儿童学习为主，以服务儿童学习为追求，进而不断优化教学行为。学生的学习需求不仅有共同特点、还有个别差异，教学行为只有满足每一个学生的需求，才能促进学生更好地学习与发展，进而由传统学习走向深层学习；依据研发的工具——学习分析模型、教学行为改进框架，依托学习与发展的数据库、不同学科的学习图式等，引领教师自觉改进教学行为。

第三，是先进学习理论的应用研究。我们认为，学习是行为或按某种方式表现出某种行为的能力的持久变化。它来自实践或者其他形式的经历。我们通过对认知主义流派、行为主义流派和人本主义流派的研究，对进步主义教育理论和存在主义教育理论的学习，对学习的发生、记忆和迁移等概念和实质进行深入了解和实践应用，以期形成有价值的研究成果。

### (二) 学习导向教学研究的实践意义

人们赞同学习的重要性，但对学习的起因、过程和结果的认识却大不相同。学习是什么，理论工作者、研究者和实践者目前尚未达成共识。因此，学习导向教学研究有着广泛的研究领域和空间。对一线学校而言，建构符合本校实际的教学理论、找到有效改进本校教师教学行为的实践路径，从而促进教师的专业成长，提高教育教学质量，有着非常深远的现实意义。

1. 优化教学过程，提高教学质量

通过研究，试图帮助教师厘清教与学的关系，唤醒教师自觉地由“教师怎么教”转向“促进学生怎么学”，由关注知识传授本身转向关注服务学生发展，将“课程分析研究”成果和学习理论相结合，促进教学过程的优化，全面提高课堂教学的质量。

2. 探索深层学习路径，改进学生学习行为

进行以学生学习前测为基础的教学设计模式研究，形成学习前测

方案研制的策略、方法,进行各学科前测以及分析工具研究、基于学习前测教学设计流程研究、基于学习前测教学设计框架研究和基于学习前测教学设计的督导体系研究,形成基于学习前测方法;进行基于学生多元需求的个别化教学行为研究,从教学方法个别化、学习内容个别化、作业个别化、基于产品的个别化、基于个别需求的评价变革研究等方面,形成基于学生多元需求的个别化教学方法;寻找适切的学习理论,抽象、概括出一定的学习图式,构建具有我校特点的、独特的学科学习图式与学科教学行为双向建构的课堂教学框架;开展学生深层学习的行为特征研究,形成促进学生深层学习的工具开发体系。

3. 以项目研究为载体,促进教师专业发展

以促进教师教学行为的改进为目标,促进教师的专业发展。教师的在职业务培训和研究一定要贴近课改要求,指向教育教学实际,贴近教师能力,才做到有效改进教师的“教”和学生的“学”。只有将规范的教育科研与一般的教研活动结合起来,与教育教学常规工作结合起来,才能真正改进和提升教师教学水平和研究水平。

我校以“课程研修中心”项目为载体,通过研究,试图从诊断教师教学行为现状入手,分析造成原因;通过前测充分了解学生的学习需求,基于学习需求,实施个别化教学;开发相应的工具,促进学生深层学习。在此基础上,不断改变自身的教学行为,促进教师的专业发展。重点有以下几个方面:

一是改进教学管理模式。让管理模式从粗放式向精细化、专业化发展,让管理职责从集中式向分散式发展。使管理的对象更加有针对性,管理的职责更加明确,管理的方式更加多样,而最终带来的就是管理效能的最大化。

二是形成教学行为改进实践模式。结合校本研究的“专家引领、同伴互助、自我反思”这三个要素,通过以教师为主体的研究活动,共同探索和解决教学实际问题,重点关注“以学定教,促进学生提升,构建高效课堂”的主题,来达到改进教学行为,提升教学效果的目的。

4. 丰富学校教学文化，全面提升办学水平

为了更好地从课堂教学情景中的行为角度去关注课程的设计和实施，透视课堂问题，每一学期期初，根据学期的研究方向，学校会从校内公开课中抽取不同学科的几节课作为课题研究课。引导教师采用课堂观察、同课异构、微格教学、一课多人循环等方式来进行研究。依据研发的工具学习分析模型、教学行为改进框架，依托学习与发展的数据库、不同学科的学习图式等，引领教师自觉改进教学行为。这种围绕课题研究专题的设计和观察，个体与群体的共同教研反思，是整体推进教育科研、深入课题研究的方式之一。这是一种有益的思维活动和再学习方式，是教师获得专业发展、成为优秀教师的有效途径，也是学校教学文化转型的重要标志，也必然会提升学校的教学质量，全面提升学校的办学水平。

## 第二节　教学语境中“儿童学习导向”的内涵与实践定位

儿童在学习与成长过程中，他的发展需求、学习倾向与方式上都会存在差异，这种差异为我们实施适宜的教育提供了科学的依据。对教师而言，至关重要的就是要以“儿童学习”为导向，明确每个学生的学习是建立在自身理解、资源和兴趣之上的，儿童会将他们的信念、理解、文化实践带到学习中，并且在学习的过程中建构自己的意义。因此教师要研究学生的学习，优化教学过程，探索学生有效学习的路径，让教学行为更好地服务于学生的学习。另外，教师在鼓励或要求每个学生都学好学科内容的同时，一定要尊重和宽容那些学得慢的学生，让他们产生强烈的价值感，让他们变成有意义、有价值的人，对未来充满希望。

### 一、教学需要以儿童学习为导向

“教师既要有自己学科专业，又应有超越学科的专业——‘第一专

业’。‘第一专业’具有在先性、前提性、统领性和牵引性,这‘第一专业’就是儿童研究。教师在‘第一专业’发展中,逐步成为儿童研究者,成为儿童研究专家,这既是教学改革的走向,又是教师专业发展的伟大目标。”美国当代著名教育学家爱莉诺·达克沃斯明确指出,不仅儿童研究是教学的基础和前提,教学本身就是一种儿童研究,教学的过程就是儿童研究的过程,儿童研究的目的是“诞生精彩的观念”。

### (一) 充分了解儿童学习——精准把握学习起点

学习是建构在对学习科目的原有知识和先入之见的基础上。因此,充分了解儿童学习是一切教学实践不可或缺的起点。他们的疑惑是什么?他们解析出哪些关键部分?他们是怎样推理的?他们对知识有什么期待?每个教师都要破译这些信息,进而确定在不同教学水平上学生带到课堂中去的一般前概念,确定学习者现有的理解与学科知识可能存在联系,确定积累性学习的顺序,让学生建立学科生疏理解与成熟理解之前的联系。对学生进行充分了解,才能精准把握学习起点,可以设计、选择最适合教学环境,以资源提供辅助条件。

### (二) 引导儿童愿意学习——重视非智力因素培养

大多数教育者认为,激发学生的动机是教学的关键任务之一。只有对学习充满兴趣的学生,才会为了学习积极地从认知、情感和行为上投入到富有成效的课堂活动中去。与动机有密切关系的个人因素包括需要、目标定向、信念与自我图式、兴趣与好奇心、情绪、焦虑等。例如教师要让学生知道你很信任他们(给学生设定高标准并给予关键反馈,并给他们提供支持和鼓励);花时间去建立并保持关系(同心经营一个信任的关系,花一些时间和学生在一起,可以是课前或者课后,课外活动的一部分,享受相处的乐趣,发现共同的兴趣),教师要传达合适的期望,确保高期望的同时伴随学习与情感支持。只有高期望而没有温暖的环境,就是严苛;只有温暖的环境而没有高期望,就会缺少决定(传递更多类似微笑或温暖的非言语信息,如身体保持前倾,并点头表示赞同)。

### （三）以儿童学习为中心——教学设计的实践取向

为了让每个儿童都参与、每个儿童都成长，课堂教学设计的实践取向有四个方面：第一，知识建构取向。由原来教师直接讲授知识点的教学，转变为学生在完成学习过程中主动的知识建构，突出知识的整合。第二，整体教学取向。强调学生主动的知识建构，并不意味者教师可以撒手不管，而是要求教师转变教学观，注重整体化设计，围绕核心概念组织活动，以此解决知识间的孤立、上课时间的割裂问题。第三，协作探究学习。精心设计现实情境中的问题，这些问题具有复杂性和挑战性，需要学生以合作探究的方式完成。即在"在打铁中掌握打铁的要领"。第四，教评一体取向。教师不能仅仅关注学生的学习结果，还应关注学习过程，评价学生的实际表现和学习历程，做到学习过程与结果并重。设计的要求有：确定学习的主题与目标、创建问题情境与挑战性任务、提供学习资源与混合式学习环境、实施性评价。

### （四）精心组织学习活动——课堂教学应有的实践样态

钟启泉教授强调："课堂教学应以学生的自主活动为中心展开。教学目标的设定、教材教法的选择、班级的集体交互作用等，所有的构成要素都应当为形成学生的自主活动而加以统整，都必须服从于学生自主活动的组织。"我们致力于建构以学为主线、以学为本的课堂教学体系和结构。教学设计和教学活动要以学生的学习为主线，学生文本阅读和个人解读的全过程，学生观察、操作的全过程，学生问题生成、提出、解决的全过程，学生由浅入深、由表及里、有片面到全面、由不知到知，由不会到会的认知，特别是思维发展的全过程，应该成为贯穿课堂的主线和明线。在学习中心课堂中，课堂教学过程的组织尽可能让学生能动、独立地学习成为学生学习的基本状态，并让学生能动、独立地学习占据主要的教学时空。教师的作用以激发、引导学生能动、独立地学习为最高追求的根本目的。

### (五)让学生及时了解学习状况——课堂教学要强化学习反馈

反馈矫正是实现课堂教学最优化的重要手段之一,教师必须强化"反馈矫正意识"。通过教学信息反馈,学生可以清楚地知道了解自己学习过程中的成功与欠缺,可及时调整、完善和弥补自己的学习方法、知识结构和知识漏洞,以便当堂达标。教师可以客观地评价达标程度,及时矫正教学失误,灵活调整教学方法。学习反馈还要做到准确、及时、灵活。反馈的方法可以多样化,对共性的问题,可以引导学生集体讨论,剖析错因,形成正确的认识,再通过适当练习,使学生掌握规律。个别学生出现的错误,教师可以个别反馈,针对不同情况"对症下药",使学生的错误认识得到及时纠正;也可以通过小组反馈的方式,使会的学生的知识得以深化,使出错的学生在纠正错误的同时,学会新的领会知识的方法。

## 二、教学语境中儿童学习导向的内涵

学是教学的出发点、落脚点,教学的中心、重心在学习而不在教,教学应该围绕学来组织、设计、展开。基于学生的教学不仅是教学的本质的体现,也是学生形成学科素养的必然要求。真正落实以学定教、实现少教多学、不教之教、教学相长,这就是教学语境中儿童学习导向的内涵。

### (一)教学处于服务儿童学习的地位

学是本源性的存在,教是条件性的存在,无论是从个体成长还是从人类发展来说,学都先于教而存在,教是为学服务的。有学者这样论述两者关系的基本状态:"教学的根本目的、出发点和归宿都要体现、落实于学的状态,教的必要性基于学的必要性,教的现实性取决于学的可能性,教的准备依存于学的准备。整个教学的着眼点在于学的态势。

1. 教与学的关系

学处于规约的地位,它规定着教学的可能性质与进程,体现着教学的总体预想效果；而教则是关系的次要方面，处于辅从地位，教的目的、任务、内容依存于学的目的、任务、内容，教的过程符合、适应学的过程的内在逻辑，教的任务是否完成要看教学目标是否达到，而后者则是落实、体现在学的终态上。

2. 向“以学为主”转变

要把学习的权利和责任还给学生，激发学生的学习兴趣，培养学生的学习能力，引导学生学会自主学习和自我教育，这是当代学习范式重建的前提与基础；要致力于建立让学生的潜能得以充分发挥出来的教学文化和教学方式，让学生的人格得到充分的尊重，让学生的安全得到充分的保障，让学生的潜能得到充分的开发，让学生的思维得到充分的展开，让学生的自信得到充分的培养。要致力于建构以学为主线，以学为本的课堂教学体系和结构。

### (二) 儿童学习的现实引导着教学行为的方向

只有基于对学生的关注和尊重，教师才能真正创造出适合学生的教学。适合的教学，应当是适切又适度的教学。适切的教学即适应学生多样性的要求，学生在性别、认知风格和智力等方面存在差异，教学要照顾到学生的多样性和个别差异。适度的教学即适应学生的发展性要求，学生在发展水平和发展速度等方面均存在差异，教学要关注学生的最近发展区和最佳发展期。

1. 先学后教

先学后教即学生的学在前，教师的教在后。“先学”使教与学的关系发生了根本性的变化，即变“学跟着教走”为“教为学服务”。由于每个学生的基础和能力不一样，同样的内容，先学的质量和理解的深浅也不一样，学生带着自己的问题、困惑、思考和想法进入课堂，教师基于这种差异，有针对性地进行教学，课堂真正成了学生求知和展示、互动和评论的舞台。先学后教是课堂开展合作学习的宝贵资源。

2. “三不教”原则

凡学生自己能看懂的，不教；学生看不懂但自己想想又能够弄懂的,不教;想想不懂,但经过同学之间的讨论能懂的,不教。通过“三不教”,我们能够实现教学内容主要由学生自己掌握,教学问题主要由学生自己解决,教学目标主要由学生自己达成。教师只在启发上下功夫,通过引导、激励、鼓舞、点拨,将学生引向主动学习、深度学习、创新学习的境界。

### (三) 儿童个体的特殊学习需要体现在教学组织之中

每个学生的潜能和素质不一样,个性和兴趣不一样,知识和能力的基础不一样,追求和理想也不一样,教师在鼓励或要求每个学生都学好学科内容的同时,一定要尊重和宽容那些学得慢的,甚至学不了的、没有兴趣学的学生。

1. 教师期望

罗森塔尔和雅各布森出版的《课堂中的皮格马利翁效应》,介绍了“自我实现预见”的概念,指教师对学生行为或学习的期望和预见使得这种行为真的发生。在过去的三十多年里,研究人员发现,尽管教师期望对学生成绩的影响并不像罗森塔尔和雅各布森指出的那样直接,但是,这种影响是真实的。因此对于儿童个体的特殊学习,教师要耐心地进行个性化的辅导,对孩子形成合理的期望,尝试用多种方法同学生交流。关注学生的最近发展区和最佳发展期。教学既要适合学生发展的“质”又要适合学生发展的“量”。

2. 合作学习

与使用其他教学法一样,教师使用合作学习模式时必须设法满足不同学习者的需要,调整合作学习方式,让有特殊学习需要的孩子有机会在合作小组中共同完成特定任务。具体的策略有:学生在合作小组有效工作前,必须相互了解,并尊重个体差异;为特殊学生提供更直观的帮助与解释,帮助他们由单独听讲过渡到小组合作;对于那些方向正确但遇到困难的学生,应准备提供帮助与支持性反馈;指出所有人在团队中的作用,在集体汇报时让学困生也有展示交流的机会,不断增加学习的信心。

### (四) 教学的有效性取决于儿童学习的状态

课堂上以学生为中心,需要教师高度关注学生的学习状态。学生的学习状态决定了课堂教学的有效性。教师教学的重要任务就是要激发、营造、构建学生良好的学习状态。学生的学习状态可以从以下五个方面进行评价。

1. 学生的情绪状态

学生的情绪状态主要体现在是否具有浓厚的学习兴趣,学习过程中是否充满好奇心与求知欲;是否能长时间保持学习兴趣,是否能自我控制和调节学习情绪;学习过程是否愉悦,学习的意愿是否持续增强。

2. 学生的参与状态

学生的参与状态主要表现在主动程度、深度和广度上。考察学生参与的主动程度,具体可以看学生在课堂上是否积极主动地投入思考或积极发言,是否兴致勃勃地投入学习和讨论。参与的深度体现在学生的参与是否包括行为参与、认知参与和情感参与等。参与的广度表现在是否全体学生参与了学习,学生是否投入学习的全过程。

3. 学生的交往状态

教学是一种特殊的社会交往形式,是教师的教和学生的学的统一,这种交往要通过师生交往和生生交往来完成。考察课堂上学生的交往状态,要看学生之间是否有良好的合作,是否能协调、沟通各自的想法,是否有较多的信息交流和信息反馈,是否能大胆发言、提出不同观点。

4. 学生的思维状态

思维能力的发展是学生全面发展的重要内容之一。对学生思维状态的评价,必须关注学生在课堂上是否有足够的智力劳动量。表现在学生是否围绕重点问题积极思考,敢于质疑,敢于提出具有挑战性和独创性的问题。学生是否善于用自己的语言阐述观点等。

5. 学生的生成状态

教学活动是一个动态生成的过程。生成性是指学生理解的过程是依据其自身的经验来建构、发现和领悟的过程。课堂上师生是否能生成预设内容,是否能自主地生成非预设内容,得到意外的收获,这是衡量课堂教学成功与否的一项重要内容。

### (五) 教学基于并外化儿童的学习心理

元认知是个体学习的“管理者”或“教练”,它决定着信息加工,并监控各种策略是否被有效应用于任务的完成过程中。对元认知知识与技能掌握得较好的学生,在课堂上能取得较好成绩。

1. 有效的学习策略

有效的学习策略包括有意义学习、精细化、组织化、记笔记、辨别重要信息、提炼、理解监控和使用记忆术记忆难以记忆的材料。最重要的是,学生可以使用内部心理过程(即内隐策略),任何可观察到策略(即外显策略)。只有建立在内隐策略的基础之上才可能是有效的。儿童随着年龄的增长以及学业经验的增多而逐渐表现出更为复杂的元认知。

2. 有意图的学习者

理想上,儿童应该是有意图的学习者,即他们应该积极地、有意识地投入学习之中,确立完成学习任务的目标,在不同情境中使用适宜的学习策略和自我调节策略。当学生为了真正理解课程内容而必须经历大量概念的改变时,有意图的学习尤为重要。

## 三、儿童学习导向在教学实践中的定位

现代学习观认为,儿童用他们已知道和相信的知识去建构新知识和对新知识的理解。有许多证据表明,如果教师关注学习者带到学习任务中的已有知识和观念,将这些知识当做新教学的起点,并在教学过程中监控学生概念的转化,那么就可以促进学生学习。教师必须深度地讲授一些学科知识,元认知技能的教学应该整合到各种学科领域的课程中。

### (一) 儿童学习导向是组织学习活动的基础

儿童既是问题的解决者又是问题的生成者,儿童试图解决呈现给

他们的问题，他们也在寻找新的挑战。他们不但要面对失败，而且通过对先前成功的建构，精心推敲以及改进自己的问题解决策略。基于儿童学习导向，教师可以组织相应的学习活动，如理解性学习、探索性学习、实践性学习、交往性学习，帮助儿童建立起新情境与熟悉情境之间的联系。通过引导儿童的注意力，使他们的经验结构化，支持他们的学习意图以及规定信息的复杂程度和难度来维持儿童的好奇心和坚持性。

1. *外部活动与内部活动*

完整的学习过程包含外部活动与内部活动两种基本的活动形式，涉及外部活动的内化与内部活动的外化两个双向转化过程。其中，外部活动包括感知活动、操作活动与言语活动，形成的是相对低级的心理技能；内部活动主要包括认知活动、情感活动与意志活动，形成的是相对高级的心理技能。正是通过外部活动向内部活动的内化和内部活动向外部活动的外化，学生的知识掌握、能力形成和情意发展才能得以实现。

2. *多层次活动系统*

教学过程也应该是一个包含多层次的活动系统。根据学生对知识的作用程度，学生的学习与发展一般涉及感知活动、操作活动、认知活动、实践活动、欣赏活动、评价活动和创造活动等层次。根据学生思维发展的过程和水平，学生的学习与发展一般又会经历感性水平、知性水平和理性水平三个层次。其中，感性是一种表面的、模糊的、没有理解的初级认识能力，知性是一种初步把握事物联系及其规律的认识能力，理性则是一种把握事物本质，能够做出适当判断和决定的认识能力。

### (二) 儿童学习导向是改进教学行为的依据

儿童究竟是怎么学习的？儿童到底是怎么把知识学会的，以及是怎样把课本的知识变成自己的知识的？儿童成长和学习的内在机理是什么？儿童的兴奋点和兴趣点在哪里？儿童看问题、想问题和我们成年人究竟有什么不用？教师把儿童琢磨透了，对教学自然就得心应手了。

1. 创设教学情境

美国教学设计专家乔纳森认为,情境是利用一个熟悉的参考物,帮助学习者将一个要探究的概念与熟悉的经验联系起来,引导他们利用这些经验来解释、说明、形成自己的科学知识。因此情境应成为学生的思维发生处、知识形成处、能力成长处、情感涵育处,创设情境就是构建课程知识内容与学生的生活、经验、情感、生命相接的过程。教学情境是多种多样的,可通过联系生活创设情境、通过实物创设情境、通过图像创设情境、通过语言创设情境、通过问题创设情境。

2. 倡导深度教学

深度学习是瑞典学者费尔伦斯·马顿和罗杰·赛尔杰基于学生阅读的实验,针对孤立记忆和非批判性接受知识的浅层学习,于 1976 年首次提出的关于学习层次的一个概念。教师对教材钻得深、研得透,才能深入浅出,才能教到点子上,才能引导学生学得深、学得透。即便是一些简单的内容,如果学生理解深刻、感悟透彻,也是一种深度学习。事实上,学科知识与思维方法和学科方法本来就是一种水乳交融的关系,每一个概念与规律的得出,都自始至终贯穿着思维方法和学科方法的操作。学科知识的学习过程应该伴随学生的批判、分析而获得新的感悟和判断。教学的最高目的是让学生形成自己的看法、见解和观点。

### (三) 儿童学习导向是进行学习评价的框架

学习评价是教育教学的指挥棒,它直接决定教师学科教学的方向和内容。考评在方向、内容上应与教学一致,教、学、考、评如果不能保持一致,教学就会陷入无序的状态,教学质量自然无从保证,核心素养更是无从谈起。

1. 明确评价目标

美国教育家布鲁姆曾说,有效的教学始于准确地知道需要达到的目标。他所说的这个目标既是教学的目标,又是考评的目标。过程性评价指的是在日常教学中对学生学习状况的评价,主要用于了解学生学习的表现，目的在于诊断、反馈、纠正和督促。教师强化过程性评价的反馈与纠正功能，让评价服从于并服务于教师的教学和学生的学习，应用考试来诊断教学，改进教学，服务教学。教师从容地基于学生的学习导向，循序渐进地进行教学。

2. 综合素质评价

综合素质评价主要反映学生德智体美劳全面发展情况，是学生毕业和升学的重要参考。从评价的类型和方法来讲，综合素质评价采用的主要就是表现性评价和成长记录评价。表现性评价主要有以下几种方式：口头测验、辩论、论述题、写作测验、过程反应题、实验技能教学考试评价。成长记录评价也称学习档案录，根据教育教学目标，有意识地将学生的相关作品及其他有关证据收集起来，通过合理的分析与解释，展现学生在学习与发展过程中的优势与不足，反映学生在达到目标过程中付出的努力与进步，并通过自我反思激励学生取得更高的成就。

## 第三节　学习导向型教学行为研究的前提、思路与实践目标

学是教学的出发点、落脚点，教学的中心、重心在学而不在教，教学应该围绕学来组织、设计、展开。从哲学角度讲，学是内因，是学生学习和发展的内在力量；教是外因，是学生学习和发展的外在力量。内因对外因起关键作用，就要求教师改进教学行为，将教师的“教”转变为学生的“学”，以学定教，先学后教，多学少教。

学习导向的教学行为所追求的课堂，其过程的组织要尽可能让学生能动、独立的学习成为学生学习的基本状态，并让学生能动、独立的学习占据主要的教学时空。教师的作用以激发、引导学生能动、独立的学习为最高追求和根本目的。简单而言，就是要改变教学设计模式，变教材中心式教学设计模式为学生中心式教学设计模式，优化教学过程、改进教学行为、提升学习能力、发展核心素养，全面提高教学质量。

## 一、学习导向型教学行为研究的前提

长期以来,教学一直被看成是一种特殊的认识过程,这种认识过程以传递知识或搬运信息为己任,学习的过程则被视为是在头脑仓库中储存信息以备再现之用。传统的课堂教学往往过于注重知识传授,过于强调学科本位,过于注重书本知识,过于强调接受学习、死记硬背、机械训练。这样的教学往往是以教材、教师、课堂为中心,呈现出强烈的封闭性。

以学生的发展为中心的、学生主动建构的课堂教学,必须克服重教材轻学生、重结论轻过程的弊端,把重心从着眼于教师的教转变为着眼于学生的学,一句话,要以学定教。

### (一) 问题意识

古人云:“学贵有疑,小疑则小进,大疑则大进,无疑则不进。”《儿童学习导向的教学行为改进研究》作为我校立项的江苏省教育科学“十三五”规划课题,旨在从实际教学中发现问题、分析问题,最后解决问题。

1. 解决教学文化的转型问题

随着教育改革的不断深入,教学文化也在不断改良和优化。表现为从教师的教转向学生的学,从关注知识传授本身到关注服务学生发展;从关注教学群体要求走向关注学生个体发展需要;从关注整体学生到关注每一个学生;从培养“善于考试的人”转型为“善于自我实现的人”;从偏重智能训练转型为“人文精神与科学思维并举”的训练。教学文化的转型呼吁我们要寻求以学生学习为导向、服务学生学习的教学新模式。

2. 解决教师教学行为方式改进的问题

传统的教学设计一般包括教学内容、教材分析、教学目标、教学媒体、教学流程和教学反思六大块。备课中尤其强调备教材,却很少研究学生。传统的教学方式一般以纪律教育来维持组织教学,以教师讲授来传授新知识,以背诵、抄写来巩固以学知识,以多做练习来运用新知识，以考试测验来检查学习效果。新课改实施以来，我校教师的教学理念有了明显的改变，从关注自身如何“教”转变为不断关注学生的“学”。但落实到具体的教学行为上，还缺少相应的策略和技术支撑。因此，为顺应教育发展需要，教师教育教学方式急需改变。

3. 解决满足每一个学生的学习需要问题

随着时代的飞速发展，特别是大数据时代的到来，学生的学前基础水平、能力等都随之发生了很大的变化，学生之间的差异也越来越大。每个学生的基础不一样，兴趣不一样，学习进度和速度也不一样，整齐划一的学习已经不能适应学生多元化的学习需求。因此，教师应不断改进教学行为，给学生提供更广阔、更适合的成长发展空间，满足学生多元需求，促进学生多元发展，促进每一个学生的发展。

4. 解决学校整体教学行为改进问题

我校自 1999 年建校以来，秉承“厚积薄发、追求卓越；探索发现，实践创造”的朱棣文精神，积极投身教育教学改革。历经省“十一五”“十二五”规划课题的研究，全体教师已经自觉地将“朱棣文精神”有效落实到日常教学行为之中，学校的办学特色日益彰显；教师学会了从课程的角度来思考问题，形成了较强的课程思维能力和课程开发能力，自觉改进教学行为，提升教育质量。2016 年，我校荣获了“江苏省教育工作先进集体”“江苏省文明校园”两项省级荣誉。如何在现有的平台上进一步提升教育质量，进一步彰显学校的特色和品位呢？我们认为，力求使教师个人教学行为改进和学校整体教学文化改进一体化，为促进儿童学习而服务是一条很好的途径。

5. 国内外教学改革趋势

对于“先学后教——以学定教”的课堂教学研究，国内已经涌现了一批成功的案例，例如江苏洋思中学“先学后教，当堂训练”模式、山东杜朗口中学“三三六”自主学习模式、郭思乐教授的“生本教育”、如东景安初中的“分层合作问题伴学”模式等。这些成功的案例都给我们提供了宝贵的经验。

国外教育家围绕学生的学也展开了深入的研究，取得了丰硕的成果。皮亚杰认为:所教的东西,要能引起儿童的兴趣、符合他的需要,才能有效地促使他的发展;蒙台梭利博士提倡儿童的一切教育都必须遵循一个原则,即帮助孩子的身心自然的发展;布卢姆的"掌握学习"告诉我们一切教学都必须从学生实际出发。这些教学理论也为我们提供了有力的理论支撑。

### (二) 观念更新

课题研究的精髓在于更新观念,如果不解决认识上的问题,不转变陈旧的观念,就不能实现教学行为真正的改进。我校课题精准定位"儿童学习导向",是以关注学生的生命价值为核心,遵循学习者的心理和认知规律,促进学生主动探索,促进自身更好的发展。

1. 强调从重视"教"转向重视"学"

回顾20世纪以来教学所走过的路大体沿着"知识本位—智力本位—人本位"的发展轨迹。传统的教学往往以"教"为中心,根据教师的知识、能力、素养以及教学条件等,从教师的导入、传授、讲解、组织等环节设计教学过程。这种教学主要依据教师的教进行设计,过于关注知识和技能,而忽略了学生的全面发展。当今教育亟需改变传统观念,要发展学生的核心素养,就要建立以"学"为中心的教学过程,强调从学生的学习出发,根据学生的多元学习需求,设计探求新知和获取新知的学习过程,培养学生的创新精神和实践能力,在获得知识与技能的过程中形成正确的价值观。

2. 从"面向全体的教"转向"面向全体与个体相结合的教"

新课程要求教师在教学中面向全体学生,突出学生的学习主体地位,发挥学生的主动精神,培养学生的创新能力,使学生真正成为学习的主体。随着教育现代化的演进,人才的个性培养又成为教育改革的核心,"关注每一位学生的发展",教师必须重新认识学生,尊重每一位学生作为人的尊严和价值。面向全体,重视的是学生群体的共性;因材施教,尊重的是学生的个体差异。二者的完美结合,预示着新一波教育思潮的推进。教师既要做学生能力的培养者,使每一位学生获得新知识、形成新能力；又要相信学生的潜能，因势利导，审时度势，引领每一位学生走进个性的知识天地。

3. 增强人文关怀的力量

人文关怀是指尊重人的主体地位和个性差异，关心丰富多样的个体需求，激发人的主动性、积极性和创造性，促进人的自由全面发展，其核心在于肯定人性和人的价值。《基础教育改革纲要》将“具有初步的创新精神、实践能力、科学和人文素养以及环境意识作为新课程培养人的重要目标之一”。教师教书育人，面对的是一个个鲜活的生命体，每一个个体都有其独特的思想性和发展轨迹，教师应体会到生命的深刻性和唯一性。教师在思想上要将“关怀每一个学生”放在首位，在课堂教学中把学生作为生命主体，帮助学生行使学习的权利，培养学生积极的学习态度、大胆的探索精神、独立的个性品质。学生应掌握的不仅仅是学科知识，更是学科背后的文化内涵，以及在学习过程中应该体悟的优良品格。

### （三）教师的专业能力转型

教师专业能力作为履行教师职责的适应程度和承受水平，是决定教学效能的基本因素。新一轮基础教育改革提出的学习方式的转变的关键还在于教师专业能力的发展，基于此，教师需要加强自身能力，如教学设计能力、课堂驾驭和调控能力、教师的综合实践能力、合作能力、指导学生学习的能力、创新能力和反思能力等。

1. 需要提升学生研究能力

随着新课程改革的不断深入，提升学生研究能力成为教学改革的突破口，也是教学工作的核心问题。现代教学理论认为：“教学不止是传授知识，更重要的是培养学生独立获取知识和应用知识的能力。”基于这一理论，教师角色应当转型，其专业身份应从传授者转型为引导者，教学任务应由单纯地教给学生知识，转变成引导学生掌握寻找真理和发现真理的方法。

2. 需要强化学习理论学习

学习理论是探究人类学习本质及其形成机制的心理学理论。它重点研究学习的性质、过程、动机以及方法和策略等。学习理论主要有:行为主义学习理论,认知主义学习理论,人本主义学习理论。教师应清楚地认识到:教学要以关注学生的生命价值为核心,遵循学习者的心理和认知规律,通过教师有效引导,促进学生主动探索,自主支配学习的时间和空间,最终将新知纳入已有的认知结构,促进学生更好地发展。

3. 需要提高学习活动的设计与组织能力

教学行为是指教师"教"的行为,即教师为完成教学任务、达成教学目标而采取的可观察的外显的教学活动方式。它大体包括两个方面的内容,一是直接指向教学内容的各种行为,二是为了使上述行为得以顺利实施而对自己和他人行为进行组织管理的行为。教师的教学行为设计能力直接影响学习活动的质量,而教师在学习活动中所表现出来的组织管理能力也决定了学习活动能否顺利开展。教师的教学行为应当建立在学生学习的基础上,这样可以给予学生一个新异刺激,来引导学生去探索去发现,并用各种不同的方式来促进学生的这种主动学习。另外,根据不同的学习需求来实施个别化教学,在课堂上对学生进行个别关照;从学生的兴趣特长出发,使学科教学有选择性,学科教学和作业体现个别性。

4. 需要提高对教材的二次开发能力

新的课程观强调,教与学是师生共建新知识的过程。课堂教学要达到师生双赢的满意效果,教师就要钻研教材,变"教教材"为"用教材教",提高自身对于教材的二次开发能力。教材的规范性与统一性为教学活动提供了一般思路或设计,教师应把其看作"原石",从每个学生的具体学习需求出发,对教材进行切割和打磨,在保证教材应有价值的基础上,树立以生为本的教学理念,通过设计学生探究式的学习活动,发挥教材的最大作用。

## 二、学习导向型教学行为研究的思路

教学行为改进有多种模式,本课题倡导的是一种新型的校本研究模式:立足学生需求,强调以儿童学习为主,以服务儿童学习为追求,进而不断优化教学行为。通过构建以儿童学习为导向的教学行为改进模式,优化教学过程,改进教学行为,提升学习能力,发展核心素养,全面提高教学质量。

### (一) 以学生学习前测为基础的教学设计模式研究

随着新课程改革的大力推进,“以学生发展为本”的教学理念已深入人心,广大一线教师正将关注的焦点从教师的“教”转向学生的“学”。对学生学习需求的分析,即学习前测,已然成为教学活动的基本环节。

1. 进行学生学习前测是教学行为改进的必要前提

学生学习前测,就是在课堂教学前,教师运用多种方法、手段和工具,对学生的学习基础、学习能力、学习习惯、学习兴趣等多方面的情况进行测试与分析。学生学习前测的结果是设计教学、实施教学和评价教学的重要依据。早在17世纪,夸美纽斯就提出了教育适应自然的原则,要求教师要尊重儿童发展的顺序和特点;到了18世纪,卢梭的“自然主义”更是强调教育过程要适应人的内在自然发展;奥苏伯尔也说:“影响学习的最重要因素是学生已经知道了什么,我们应当根据学生原来的状况去进行教学。”叶澜教授主持的“新基础教育”扎根学校,形成新的学生观——学生是“具体的人”,有主动性、潜在性和差异性。这些理论都强调了学生的主体地位,要求教师深刻地理解学生。

2. 开展学生学习前测的主要研究内容

学生学习前测,就是立足于这些教育理论和新课程“以生为本”的理念,在日常教学中逐渐摸索、研制出来的学情研究方法。通过这一子课题的研究,旨在让教师重视前测工作,掌握前测的设计与分析,基于前测充分了解学生的学习需求,精心设计教学方案。努力把自主的权利还给学生,把合作的本领交给学生,把课堂的时间让给学生,把探究的情趣留给学生。主要涵盖以下七个方面:(1) 学情分析现状的调查;(2) 分学科分学期学习前测方案的研制;(3) 各学科前测以及分析工具的研究;(4) 基于学习前测教学设计流程研究;(5) 基于学习前测教学设计框架研究;(6) 基于学习前测教学设计的案例研究;(7) 基于学习前测教学设计的督导体系研究。

3. 开展学生学习前测研究的方法

文献研究:学习国内外各级教育专家关于学习前测的设计、作用、价值等相关文献研究资料,梳理同类课题和研究已有的成果,为本研究提供理论借鉴。

调查研究:以观察、问卷、访谈等调查方式,对教师教学设计现状进行调查,对比分析基于学习前测的教学设计与不基于学习前测的教学设计的主要异同,形成调查报告,为具体研究内容的确立提供现实依据。

个案研究:在研究过程中,追踪不同年龄、不同学科的教师若干名,重点加强以学习前测为基础的教学设计模式研究,探寻教学设计的规律,并总结出教学设计的有效策略。

行动研究:针对确立的研究主题,分学科分年段进行研究,精心设计学习前测的具体内容,每次完成前测之后熟练前测分析,然后基于对学生充分了解的前提,确定最佳的教学设计,以此帮助学生更好地学习。

## (二) 基于学生多元化需求的个别化教学行为研究

基于学生多元需求的个别化教学行为研究,以研究儿童学习为起点,以关注儿童多元的学习需求为基础,以个别化教学为手段,以服务儿童学习为目的,即以学定教,不断改进教学行为的一种校本研究的新模式,以此促进儿童发展,提升教师素养,提高学校教育质量。

1. 满足学生多元化需求是教学行为改进的重要内容

新课程倡导的学生观:学生是独特的人,独特性是个性的本质特征。学生作为一个个独立、鲜活的生命个体,有自己的思想和个性,由于先天素质的区别,再加上每个学生的家庭环境不同,所处的社会环境不同,父母给予的教育不同,因此,形成学生各自不同的性格特征和个性差异。这种差异必然会影响学生的学习兴趣、学习动机、学习习惯、学习能力。为此,学校教育必须承认和珍视个体的差异,树立有差异的学生观,把学生看作一个个鲜活的生命体,具有自己思想、意志的独特个体,并竭尽所能提供良好的环境,使受教育者所独有的人性特质得到全面、健康、和谐的生长。个体差异是有利于个体发展的资源,把差异当成学生发展的资源去开发,关注他们的个性,善待每一位成长中的学生,鼓励和引导他们在各自的基础上全面发展。个别化教学主张尊重个体的需要、尊重学生差异、尊重学生鲜活的生命特点;既尊重教育者的需要,又满足受教育者的需要,使其向有利于个人身心健康和促进社会进步的方向发展,满足每一个学生的教育需求、身体需求、心理需求,追求每一个学生身心的和谐发展。

2. 个别化教学行为研究的主要内容

个别化教育,是相对于一致化教育而言的,也就是我们常说的因材施教。它旨在创设最有利于每个学生得到最好发展的环境,针对每个学生的个别差异:能力、兴趣、需要、性格等方面的不同差异,通过设计不同的教学计划和方案,采用不同的教学资源、不同的教学方法和不同的评价方法对学生进行不同的教育,从而使每个学生都获得最大程度的进步。主要包括以下几个方面:(1) 教学方法的个别化;(2) 学习内容的个别化;(3) 作业的个别化;(4) 基于产品的个别化;(5) 基于个别需求的评价变革研究。

3. 个别化教学行为研究的方法

文献研究:学习国内外各级教育专家关于基于多元需求的个别化教学相关文献研究资料,梳理同类课题和研究已有的成果,为本研究提供理论借鉴。

调查研究:以观察、问卷、访谈等调查方式,对教师教学设计现状进行调查,对比分析基于学生需求的教学设计与不基于学生需求的教学设计的主要异同,形成调查报告,为具体研究内容的确立提供现实依据。

个案研究:在研究过程中,追踪不同年龄、不同学科的教师若干名,重点加强以个别化教学设计模式研究,探寻教学设计的规律,并总结出教学设计的有效策略。

行动研究:针对确立的研究主题,分学科分年段进行研究,精心设计个别化教学模式,确定最佳的教学设计,以此帮助学生更好地学习。

### (三) 学科学习图式与学科教学行为双向建构的研究

本课题是学科学习图式和学科教学行为双向建构的研究,是基于学生学习方法的研究。学生在学习图式的引导下来理解、解释、预测、组织、吸收外界的信息,以此达到理解掌握所学的知识,并在这一过程中提升自己的学习能力,学会学习;而教师通过学习图式的方式引导学生主动探究新知,并根据学生学习的具体情况及时调整自己的教学行为,优化教学过程,提升教学质量。

1. 学科学习图式与学科教学行为双向建构切实提高学生的学习能力

华东师范大学教授皮连生的"图式教学"认为,将固定的"教"的程序转化为学生"学"的程序,也就是"学"的图式,形成指导学生学习的脚本。何谓图式?图式不是图画,也不是图表,它是大脑中贮存的一般概念的数据结构,是一种上层认知结构。设计合适的学习图式引导学生学习,对于学生已经接触过的信息,通过适当的问题支持和引导提示,能尽快激活学生头脑中已有的图式,使之活跃起来,从而指导学生自上而下进行解码;对于学生不曾接触过的信息,通过适当补充以弥补学生图式的不足。经过长期不懈的图式建构和巩固训练,学生逐渐将新的信息丰富到自身的知识库中。

学生自主学习能力不强是培养和发展学生核心素养中面临的一个重要问题。表现为学生不知道学什么、怎么学,获得知识的途径过于依赖教师。另一方面,教师注重教学结果却忽视了对学生学习方法的指导。显然,教师的"教"没有转化为学生的"学"的能力,新课程倡导的"自主、合作、探究"的学习方式也就很难加以实施。因此,培养和发展学生的学习能力也是学校教学的重要目标。

2. 学科学习图式与学科教学行为双向建构的主要内容

本课题着力于根据不同学科的教学内容,结合合适的图式策略,从双向建构出发,建立每个学科适切的图式教学模式,形成相应的双向理念与表征。教师通过图式策略的课堂教学渗透,进一步鼓励学生学会使用学习图式,自我构建学科的知识体系,提高学习兴趣、认知水平,形成良好的情感态度等。最后通过开展学科学习图式与教学活动相结合的研究,形成理论模型与教学案例,实现教学行为的改进。主要分为以下几个方面:(1) 构建理论框架;(2) 建立每个学科适切的图式教学模式;(3) 利用学科的学习性来指导学科的教学性;(4) 形成案例,基于学生学习前测以及学科特点,从双向建构出发,设计体现学科性的多种教学模式,并以案例的形式呈现,最终形成实践框架与表征。

3. 学科学习图式与学科教学行为双向建构的研究方法

文献研究法:学习国内外教育专家对学习图式、学科学习行为、方法、模式、规律的相关文献研究资料,梳理同类课题和研究已有的成果,为本研究提供理论借鉴。

调查研究:以观察、问卷、访谈等调查方式,对学生学习行为和教师教学行为现状进行调查、分析,查找主要问题,形成调查报告,为具体研究内容的确立提供现实依据。

案例研究法:根据不同学科图式教学模式呈现的案例,进行分析、反思、归纳、总结、提炼,及时调整学习图式以及教学模式。

行动研究:针对确立的研究主题,通过进行学科学习图式设计、活动任务设计、课堂观察、微格教学、同课异构等方式,在行动研究中探索一般规律。

### (四) 促进学生深层学习的教学行为变革研究

促进学生深层学习的教学行为改进,是课堂学习的核心。从学习自身的科学性出发,明确学生深层学习的行为表征,完成促进深层学习的工具开发,研究促进学生深层学习的活动设计,持续改进教师的教学行为,从而促进课堂教学的改革,形成新型的课堂教学模式。

1. 促进学生深层学习具有重要意义

深层学习是一种理解性学习,是与批判性思考、新旧知识联系、多元视野、自我反思、意义探寻、学以致用、终身学习等联系在一起的学习。深层学习的提出,既是对教学规律的尊重,也是对时代挑战的主动回应。深层学习的研究与实践,确立了学生个体经验与人类历史文化的相关性,落实了学生在教学活动中的主体地位,使学生能够在教学活动中模拟性地“参与”人类社会历史实践,形成有助于未来发展的核心素养,而教师的作用与价值也在深度学习中得以充分实现。

2. 关于学生深层学习的主要研究内容

本课题从深层学习的特征研究、工具开发、活动设计、师生互动及师生关系等方面着手,为主课题的研究提供有力的工具支持、案例支持,同时构建一种不断改进教学行为的新型课堂教学模式,从而更好地促进教师的专业发展和学生的最优化发展。具体可分为以下几个方面:(1) 学生深层学习的行为特征研究;(2) 促进学生深层学习的工具开发;(3) 课堂教学中学生深层学习活动的设计;(4) 推动学生深层学习的教学方式变革;(5) 促进学生深层学习的师生关系转变;(6) 实现学生深层学习的课堂教学案例。

3. 关于学生深层学习的研究方法

文献研究:学习国内外各级教育专家对深层学习及教学行为改进的相关文献研究资料,梳理同类课题和研究已有的成果,为本研究提供理论借鉴。

调查研究:以观察、问卷、访谈等调查方式,对教师对深层学习这一概念的了解情况进行调查、分析,查找主要问题,形成调查报告,为具体研究内容的确立提供现实依据。

个案研究:在研究过程中,追踪不同年龄、不同教学水平、不同学科的教师若干名,着力于研究以改进教师教学行为手段,促进学生深层学习的内在规律。

行动研究:针对确立的研究主题,通过进行课程分析、课堂观察、微格教学、同课异构等方式,在行动研究中探索一般规律。

## 三、学习导向型教学行为研究的实践目标

以学为中心的教学，强调以学生学习前测为基础，关注学生多元需求，设计从感知到学习到实践和评价的学习过程，实现学习图式与学科教学行为的双向建构，保证教学过程按照学生的学习特征开展，从而促进学生深层学习。

### （一）创新教学设计模式

教学设计模式是指运用系统方法对不同教学系统进行教学设计的各种标准化形式。传统教学设计观念把教学设计过程看作纯粹是个人经验的产物，缺少一定的理论基础。现代教学设计模式则已经跳出这种传统框架，反映了现代教学设计理论与实践的状况，重点不再限于描述教学设计的具体步骤，而成为连接理论研究与实践操作之间的桥梁，其主要功能是便于教学理论在教学设计中的运用。尤其是进入 90 年代以来，教学设计者和教师们逐渐意识到学习往往是个人的事情，学习是否成功与学习者先前已有的知识和经验有关，而且学生获取知识和经验的范围不断增加和扩展，更新和变化的速度也大大加快。教学设计目的不再是建立一系列学习步骤，更重要的是帮助学生建构自己的知识和世界。教学设计者和教师分别变成了学习背景的设计者和说明者。

"儿童学习导向"的教学设计模式强调以学生为中心，学生要成为信息加工的主体，要成为知识意义的主动建构者，而教师要从知识的传授者、灌输者转变为学生主动建构意义的帮助者、促进者、引导者。近年来教育技术领域的专家们，在建构主义学习理论的指引下，力图建立一套以"学"为中心的、能与建构主义理论相适应的全新的教学设计理论模型，和全新的教学设计模式。本课题对于教学模式的创新，主要包括以下四种：以学生学习前测为基础的教学设计模式、促进学生深层学习的教学模式、基于学生多元需求的个别化教学模式、学科学习图式教学模式。这四种模式都把"学生学习"放在首位，重视教学活动中学生

的主体性,重视学生对教学的参与,根据教学的需要合理设计"教"与"学"的活动,着力打造"学生中心"的教学模式。

### (二) 建构课堂教学模式

课堂教学是教学工作的重心所在,是落实新课程、深化素质教育、改进教学行为的主渠道,也是实现学生、教师充分和谐发展的主阵地。课堂变则教育变;课堂新则教育新;课堂教学效益高则学校教育教学质量就高,师生发展就好。

我校课堂教学模式构建,是建立在"儿童行为导向"引领下的模式构建,这就决定了构建的新模式,应该能体现出"以学生为中心"的理念,必须准确定位构成课堂教学中的四个关键要素:(1) 教师角色转变,由知识的传播者转变为学生学习过程的组织者、引导者、合作者;(2) 学生角色转变,由被灌输的"容器"转变为学习的主体;(3) 教学方式的转变,由灌输、填鸭转变为启发、引导的教学方式;(4) 学习方式的转变,由被动地接受学习转变为自主、合作、探究的学习方式。

在传统的教学模式中,教师起主体作用;学生往往局限于从课堂、书本掌握知识,是知识的被动接受者。课堂是学生学习的场所,课堂教学是实施创新性教学的主渠道。课堂教学模式即教师在课堂上针对学生学习而使用的教学方法,也就是孔子说的"因材施教",教师在不同课堂以及对待不同学生而采取不同的课堂教学模式会取得更好的效果。学生和教师是课堂教学的两大主角,在以"儿童学习为导向"的课堂教学中,应将儿童学习需求摆在首位,让学生真正成为学习的主人,把课堂真正还给学生。而教师所要做的就是精准地有针对性地帮助学生学习,强调的是师生双边互动,质疑与探究并行,求索与遐想共进。

### (三) 提高学习质量

新课程标准的实施,颠覆了传统的教学课堂,也转变了师生的教学关系,学生的主体性被放大之后,其发展的空间也迅速扩张。

"儿童学习导向"这种教学模式充分调动了学生学习的主动性和积

极性。所以,从课堂教学方案的设计、目标的确立,到学习内容的选择、学习策略的采用,都要充分尊重学生的需求与情感、能力与发展,提供学生自主选择的权利和机会,提供学生交流互动的时间与空间,让学生在能动的学习中提高个人综合素养。

学习导向型教学行为,以研究学生的学习为起点,以发展学生的学习能力为终点,一切从学生出发,切实提高学生的学习质量。学生从"要我学"转变为"我要学",在学习中行使自主的权利,通过合作探究的形式,逐步养成良好的学习习惯,不仅提高学习质量,更将受益终身。

### (四) 促进教师发展

教师始终是教学行为的实施者,有好的教师,才有好的教育。一个富有思想的教师,能将先进的教育理念植根于自己的课堂教学中,让它生长开花,最终结出理想的教育果实。

教师专业发展水平决定了学校的教育质量和学生的发展水平。通过教学方式变革促进教师的专业发展主要基于两点思考:第一,教育目标的转变要求学校进行教学方式的变革。世界范围内的教育改革走过了知识立意、能力立意、情感态度及价值观立意的发展阶段。如今,培养学生核心素养,以面对加速发展变化的外部世界,成为全球教育同仁的共识,学生的创新精神、实践能力、责任意识等成为教育的重要目标。因此,转变被动单一、被动接受式的学习方式,转向以学生为中心,以自主、探索、合作为主要特征的学习方式是教育改革的一个重点。第二,教师教学力的形成孕育在教学之中,教师专业发展来源于教师的专业实践。从理论上讲,教师的教育观念具有引领作用,但实际上,教育观念的改变必须建立在教师的教学方式改变所带来的教学行为转变的基础上。没有教学方式的改变,就不会有教师教学行为的转变,就不能观察到教师教育观念的真正改变。

对"学习导向"的解读、实践与思考,是教学行为改进的重要体现,也是我校每一位教师对全新教学行为模式的追求。我们要遵从"以学生为中心"的理念,善于从前测中寻找教学突破口,不断探索深层学习和学生多元需求的内涵,利用学科学习图式与学科教学行为进行双向建构,营造和谐高效的教学课堂。

### (五)探索新型教学文化

新课程改革实施之前的课堂教学文化,被称作传统的课堂教学文化,其围绕"传授—接受"为主导,与新课程提出的"为了每个学生的发展"的核心理念是背道而驰的。新课程的核心理念是以学生发展为本,让学生主动参与到学习活动中来,就必须要以学生学习为导向,设计服务学生学习的教学新模式。教师不再处于"传道授业解惑"的权威地位,而是处于与学生平等的地位,是学生学习的伙伴。通过师生之间交流与互动,建立彼此信任、教学相长的学习关系,从而构建一种和谐、融洽、高效的教学模式,使学生在学习中始终掌握主动权。可以说,"新教学文化"的探索与研究,为学校的可持续发展奠定了坚实基础,同时也促进了学校文化的深度构建。因此,以学习为导向可以促进新的教学文化的形成,从而促进学校教学的变革。

# 第二章　需求是行走的路标

## ——学习理论视野中的教学行为

促进学生个性化的教学是国内外教育理论创新的趋势。尤其是近几年来，随着家庭教育的投入以及社会信息科技的发展，很大一部分学生的学习水平已经超出了我们过去的认知，他们不需要每一分钟都投入到教师组织的教学中。我们也看到，另一些学生的认知能力在平均水平以下，他们即使能认真听讲，也需要在课后花大量的时间跟进。落实到具体的教学行为上，如何顾及到每个儿童人性化的需求，同时保证他们的学习质量？这是奋战在教学一线的教师们的共同期盼。因此，怎样在 40 分钟的课堂上顾及每一个孩子不同的学习节奏、以人为本？如何促进学生个性化的学习？这是新理念下所有教师努力追求的目标。

## 第一节　学习需求、学习投入与学习结果

需求是个体行为积极性的动力，学生的需求能够促进教育的发展。教师要从多种角度了解并掌握学生的学习现状和需求。一是学习背景，主要了解学生的基本情况，包括年级、性别、学习成绩、父母受教育程度等；二是学习内容，了解学生对目前各科学习内容的评价以及今后需求；三是学习方式，了解学生对教师的教学方式和自己学习方式的看法，以及自己的期望；四是学习需求，了解学生在学习中遇到的困难及寻求帮助的需求。只有全方位了解学生，老师的教学才能做到事半功倍。

## 一、学习需求既是学生学习的动力,也是教学的依据

学习需求是学生学习的原动力,是学生学习动机、学习兴趣的源泉。让学生产生学习的需要并使学生的这种需要得到满足,才能让学生在学习过程中获得成功的喜悦,我们的教学才能收到较好的效果。

### (一) 学习需求理解的多种视角

1. 心理学视角

从心理学角度来看,需要的含义具有广义和狭义之分:"广义的需要是指所有生命物(生物、人和社会)的生存状态,有生命的东西与无生命的东西不一样,它们的生存与发展总是同外部的环境保持一定的交换关系,而这种交换关系就表现为有机体的需要问题。狭义的需要专指人的需要,人的需要是指对有利于自身存在和发展的客体做出心理的反应,是人为了生存与发展而对外界事物的倾心、期望和需求。需要是有机体缺乏某种东西时,或受到某种刺激,特别是受到强烈刺激时,产生的一种主观状态,是有机体特有的一种寻求自我保护和自我发展的心理倾向、心理状态。"

马斯洛指出,人们按照一定的顺序排列需要层次(hierarchy of needs),从最低层次的生存需要、安全需要,到较高层次的求知需要,以及最高层次的自我实现需要。自我实现(self-actualization)最早由马斯洛提出,是对自我满足、个人潜能实现的总称。只有每个低层次的需要得到满足后,人们才可能去考虑下一个更高层次的需要。

马斯洛将四种低层次的需要——生存需要、安全需要、归属需要和自尊需要统称为缺失性需要(deficiency needs)。当这些需要得到满足后,追求这些需要的动机就会减弱。而三种较高层次的需要——求知需要、审美需要和自我实现的需要统称为存在性需要(being needs)。当这些需要得到满足后,人们进一步追求这些需要的动机非但不会减弱,反而会更加强烈。与缺失性需要不同,存在性需要永远不会完全得

到满足。例如,当你努力成为一名教师时,你体验到越多成功感,会越渴望更大的进步。

2. 日常学习行为的视角

如果课堂环境能支持学生的自我决定和自主需要,那么学生对学习会更感兴趣和充满好奇(甚至是家庭作业)、更有胜任感、更有创造性,他们的概念学习、学业成绩、学校出勤率和满意度、课堂参与度、自我调节学习策略的使用、心理幸福感都会提高,同时他们也更愿意去迎接挑战。与此相反,控制型课堂只能促进学生的机械记忆学习。当教师强迫学生学习,学生就会试图寻求最简单快捷的途径。在与学生互动时,教师应该更多地关注于提供信息,而非控制行为。

每个学生在学校都会有不同经历:受到表扬或批评,被迫在规定期限内完成作业,得到不同分数,拥有选择权,接受规则教育等。认知评价理论(cognitive evaluationtheory)认为,这些事件之所以能改变学生的内部动机,是因为它们会影响学生的自我决定感和胜任感(Deci & Ryan,2002)。认知评价理论指出,上述各种不同事件都包含有两方面的特征:控制性和信息性。如果教师行为是高控制性的,也就是说教师强行要求学生按照特定的方式学习和体验,那么学生就会感到缺少控制力,从而导致内部动机减弱,相反,如果教师行为主要是提供信息,就会增加学生的胜任感,从而提高学生的内部动机。当然,如果教师提供的信息令学生感到太难、无法胜任,也有可能减弱内部动机。

3. 学生发展要求的视角

建构主义认为,知识不是通过教师传授得到,而是学习者在一定的情境即社会文化背景下,借助其他人(包括教师和学习伙伴)的帮助,利用必要的学习资料,通过意义建构的方式而获得。学生才是学习的主体,要让他们真正学得知识,首先得从培养学生的内在需求开始。美国当代心理学家威廉·格拉瑟的《了解你的学生:选择理论下的师生双赢》一书中写道:如果学生不愿意读书,任何处罚都无法逼他们就范。所有的动机都源自内心,一个学生在学校里表现不佳,是因为他没有在学校里找到足以令他满意的学习动力。孩子不是知识的被动接受者,教师需要给予更多探索发现的机会,让他们通过自身需求去建构知识。

“以学生的发展为本”是课程改革的出发点,自身有需求才能更好地促进发展,但目前的教学模式经常建立于压抑学生需求的基础上,重成绩不重发展的现象仍然存在。其实发展与成绩本身并不矛盾,有了学习需求,再加上合理的学习方法,完全可以带动学生成绩的增长。教师应正确看待发展与成绩的关系,从激发学生学习需求这个基点抓起,既帮助学生应对外部的升学压力,又完成带动学生发展的目标。

### (二)学习心理学视野中小学生学习需求的种类及基本特征

学生的需要有很多,在教育教学中,主要有认知需要、情感需要、生活需要和成长需要。

1. 认知需求

认知需求指人们在信息加工过程中是否愿意从事周密的思考,以及能否从深入的思考中获得享受。它反映人们愿意思考和探索真实世界的倾向。作为发展中的主体,学生处于未成熟的状态,他们充满着强烈的好奇心。对知识的渴望,对生命的探寻,使他们产生了认知的需要,这种需要给他们的学习活动带来了动力,驱使他们在知识的海洋中探险。

(1) 思考的需求

“思维始于疑难或不确定,它表明一种探索、搜索和寻觅的态度,而不是掌握和占有的态度。通过思维的批判过程,真正的知识得到了修正和扩充,我们对事物状况的信心得到了改造。”学生的认知需求正是源于学生的好学多思,这是一种积极主动的心向,表明学生正在独立思考、潜心体会。

学生对未知世界的探索源于对问题的解答,他们需要通过思考、质疑来获取答案。学是思的基础,思是学的深化。比如一节语文课上,学生无法理解“断肠”的意思,经教师的讲解还是存有疑惑,于是追问:“为什么不说断手、断脚、断别的什么呢?”学生的这一追问是极其精彩的,是符合他的知识水平和思维特点的,证明学生正在积极思考,体现了学生对知识的渴求。学生的思考需要对教师的教学活动是具有调控与指导作用的，教师根据学生的提问，讲述了“断肠”的来历，并将“断肠”与“极度悲伤”联系起来，使学生有了更清晰的认识，疑惑也就彻底解决了。

(2) 自主探索的需求

学生的认知不仅仅是通过教师的传授而得到满足，在课堂上有的学生“吃不下”，有的学生“吃不饱”，所以学生会根据自己的实际情况去调控学习进程。他们需要一个自主探索的空间，在探索的过程中发现问题、解决问题。

学生的自主探索正是基于他们的兴趣，源于老师的引导。只有他们感兴趣的知识才能激发起求知的欲望。当然，学生的认知需要是多方面的、动态的、分层的。根据不同的教学内容，学生的认知需要是不同的，一般由低向高递进。由于学生有的认知需要处于较低层次，所以教师就必须在满足低层次需求的基础上引导学生向高层次的需求靠拢，这也就是学习的循序渐进，由易变难，最后学生的认知需要的层次也得到了提升。

2. 情感需求

与其他物种不同，在漫长的人类发展历史进程中，人逐渐形成为一种复杂的生命体。在这个复杂、丰富的生命体内，情感占据了主要位置。情感是人的一种主观意识，它是人在和客观事物发生关系的过程中产生的。对学生来说，情感是一种精神需求，它不仅可以促进学生的学习，还可以形成完满的人格以及实现幸福的人生体验。一般来说，情感是具有两极性的，即正情感与负情感。正情感包括爱、满足、乐观等一切积极的情感；负情感是恨、痛苦、悲愤等一切消极的情感。而在学生的学习中，需要的就是正情感，是一种能够给他们带来愉悦、快乐的情感，比如宽容、理解、成就感等等。学生置身于积极向上的情感状态中，就会生成出有效的自我监控，学习就在这种个体情感支配的意识行为中产生了。当学生的情感需要得到满足时，他们的思维就会更加活跃，更能产生创新的火花。学生的情感需要主要包括被关注的需要、取得成就的需要、归属集体的需要以及尊重的需要。

学生的被关注需要正是对自我存在的认同感的获取。人并非只是简单地生存在世界上,而是与周围的一切有着密切的联系。人能够清楚地意识到自我存在,同时也希望得到别人的认同。学生在成长的过程中并不是一帆风顺的,总会有各种坎坷,他们希望自己并不是孤独地前进着,而是一路有人关注着自己,帮助自己,肯定自己。就在他人的关注以及自己的审视中,不断提高生命的质量,做一个有价值、有意义的人。

另外,学生取得成就的需要是一种渴望获得成功的心理倾向。这种需要反映了学生积极进取的精神状态,也为学习提供了动力。归属集体的需要是学生希望自己能够融入班集体中,从中获得帮助和爱,这种需要有利于提升学生的责任感。尊重的需要不仅来自同伴,也来自教师、家长,亦或是其他社会成员。学生的尊重需要得到满足,就更能形成和谐的学习氛围,使其健康快乐地成长。

3. 生活需求

学生的学习首先就是要满足生活的需要,那么何为生活呢?“我们使用‘生活’这个词来表示个体和种族的全部经验。当我们看到以《林肯传》命名的书时,我们并不指望里面有一篇关于生理学的论文。我们期待有关社会背景的叙述;有关于家庭的环境、情况和职业的描写;有关性格发展的主要情节;重大的斗争和成就;个人的希望、爱好、快乐和苦难。……‘生活’包括习惯、制度、信仰、胜利和失败、休闲和工作。”这是杜威对生活的阐释。简而言之,生活就是人们为了生存和发展而从事的所有活动。学生的生活需要表现在为了生存与发展而掌握的一整套知识、技能与方法。

学生学习的起点是已有的生活经验与体验,这是课堂教学最重要的资源。学习只有延伸到学生的实际生活中才能得以展开,才能使学生的发展获得持久的动力。所以,学习来源于生活。同时,学习又回归生活,这正是学生的需求所在。学生的生活包括现实生活和未来生活,因此学生的需求要围绕这两个方面。对于现实生活,也就是此时此刻的生活，学生最主要的就是要掌握丰富的知识，形成一定的知识体系，启迪智慧，开发思维；还要掌握最基本的生活技能，以便适应日常生活需求。对于未来的生活，学生需要的是在储备知识的基础上掌握方法、技巧，使其有能力地实现社会性发展。学生就是在现实生活和未来生活的交互作用中，实现着自身的需要，形成一种生活化的循环。

4. 成长需求

学生的成长需要是在生活需要基础上的进一步深化。成长的需要是从动态的角度去认识学生发展的各种可能性，全方位地去洞察学生的能力、兴趣、特长等。学生的成长需要可以从历史性的视角和差异性的视角去关注。

历史性的视角主要体现在学生过去的经验影响着后来的需求；心理发展具有不可逆性，曾经产生的心理活动不会再次发生。学生的同一行为在不同的时间内所蕴含的意义是不同的，这是因为学生的身心发展具有阶段性，所以同一个学生在不同的年龄阶段所呈现出来的需要是不同的。

差异性的视角主要体现在不同的学生具有不同的成长需要。美国的心理学家加德纳将人的智力分为言语-语言智力、逻辑-数理智力、视觉-空间关系智力、音乐-节奏智力、身体-运动智力、人际交往智力、自我反省智力、自我观察智力等多种智力。每个学生都有自己的优势智力领域，多种智力在每个人身上以不同的方式组合存在。根据多元智力理论，每个学生都有自己的独特智力，所以他们在成长中表现出的需求是不同的。每位学生都有各自的优势潜能，每个人都有多样化的选择，因此，教育工作者就要唤醒学生的潜在能力，满足不同学生的成长需要，培养不同类型的人才。学生的成长需要是潜在的，所以必须靠成人的引领，从外到内，由表及里，帮助学生在更高层次的发展轨道上生成出新的成长需要。总而言之，学生的成长需要是建立在人的主动建构过程中的，是人的终身发展的内在需要。

### (三) 学习需求是学习的动力

人需要光明,故发明了电灯;需要留存和传递思想,故发明了文字……可见,需要是创新的起点,是各项活动的动力。“如何让学生更主动地学习,我们必须找到学生学习的原动力。”一个人从出生到上学前的几年里,由于生命延续的需求,自然而然地学会了走路、说话、吃饭等一些生活技能,这些不需要正规教育而学到的对人类来讲至关重要的知识,完全是凭着人的需求而学到的。可见,学习需求是学习的原动力。

1. 学习内容

统一的学习内容导致有的学生吃不饱,有的学生吃不了。相同的教学内容在各个层次的学生眼中难易程度不一样,优秀生觉得太简单,学困生完全听不懂。这样的教学导致两头的学生都得不到很好的发展。因此,要提高教学质量,让每一层次的学生都得到发展,教学时必须要根据学生的学习基础分层设计教学内容,这样才能让不同层次的学生都能在适合他们最近发展区的学习中得到提高。

学生对学习内容的需求呈现多样化。以书本知识为主的学习内容不能满足学生需求,大部分学生都希望拓展学习内容,增加书本以外、与生活紧密联系、当堂练习和动手实践等内容,这为教师进行学习内容的分层设计提供了方向。

学生对作业需求体现层次性。当出现不同难易度的作业时,学生选择各类题型的都有,说明各类层次的学生对作业难易度的需求是不一样的,大部分学生都能根据自己的能力来正确选择适合自己的题目类型。

2. 学习方式

学生当前的学习方式相对集中于被动式。学生认为学习上做得好的习惯相对集中于专心听讲和认真完成作业,而对于不懂就问、积极交流、动手操作等主动、互动式行为则比例不高。

合作探究式学习方式深得学生喜欢。学生最希望的课堂学习方式为“师生一起讨论”“和同学一起自由讨论或分组合作探究”，从学生对学习方式的需求可以看出，改革传统的以教师为主的教学方式，实现师生互动、生生互动的互助合作式教学成为必然。但是还有学生喜欢传统的“老师讲学生听”的学习方式，这说明传统的教学方式对学生的影响根深蒂固。同时，只有个别学生喜欢“自学自研”，这说明学生年龄较小，他们的学习必须在老师的指导和帮助下才能完成，因此提倡以学生为主的学习方式的同时也要充分发挥好教师的指导作用。

3. 学习需求

学生在学习上遇到不少困难。学生在学习中遇到的困难各不相同，以无人辅导最为突出。由于父母忙于工作，孩子主要依靠祖父母养育，他们遇到学习困难时得不到及时有效的帮助。另外又说明课堂教学存在问题，教学的针对性不强，教师不能因材施教，导致部分学生上课听不懂、作业不会做。

解决学习困难的方式以求助老师为主。在学生的眼中教师是知识传播的权威，因此，学生对教师的依赖性较重，而自己主动解决、求助网络的解决方式选择的比例相对较少。

### （四）学习需求是教学的依据

瑞士的著名教育家皮亚杰说过：“儿童是具有主动性的人，所教的东西要引起儿童的兴趣，符合他的需要，才能有效地促使他的发展。”在课堂教学中，只有努力满足学生的学习需求，激发学生的学习兴趣，使学生能够爱学、喜学、乐学，激活和加速学生的认知活动，才能促使学生积极主动地参与教学过程。这就迫使教师的教学观从教师教的探索转到学生学的探索上来。教学有效与否是针对学生而言的，要提高教学的有效性，就必须从学生的实际出发，以学生的学习需求为教学的依据。

1. 备课研究学生知识本质的需要

主要在备课阶段，深入研究课程标准、教材内容，把握学生在知识体系上所处的位置，教师深入思考知识的形成过程，思考面对一个问题或现象时如何从第一反应走向思路的形成和解决过程，也就是确定教学内容所具有的学生发展空间。教师要思考“这节课学生需要什么？——我要发展学生什么？——二者结合点在哪里？——通过什么教学活动让学生把问题呈现出来？学生哪里会有障碍？——教师在哪里需要出现？”但是此环节只是教师主观上的判断。

2. 调研了解学生认知基础的需要

对于单元教学或与小学知识衔接教学，可以通过问卷调查和访谈，了解学生的知识储备和对新知识的感性认识。此时，由于调研的学生的局限性、片面性，不能全面把握所要上课的学生的情况，但能为自己的教学方向定位提供依据。

3. 课堂诊断学生生成问题的需要

对于学生没有基础的新授课，教师可以作为主体，引导学生生成知识，对于已有基础的新授课或习题课，学生已经有研究的方向，让学生自己去做。但无论是哪种方式，教师都要深入学生中通过观察、聆听、掌握学生的问题，把握学生真实需求，教师以问题作为教学资源进行教学改进，将备课方案与课堂教学中学生暴露的问题相结合，教师诊断性地进行教学，然后有针对性地组织交流探讨，并且在此过程中教师要根据课堂观察有针对性地选择学生进行交流，形成共识。

## 二、学习投入是学生有效学习的基础，也是教学有效性的保障

学习投入（student engagement，academic engagement），常被译为“学生投入”“学生参与度”和“学习参与”等，指的是学生在学习过程中，采取深度学习策略和元认知策略，积极参与课内外学业活动，与他人结成深度交往关系，并伴随着积极的情感体验的一种学习活动。学习投入是以行为投入为载体，情感投入、认知投入和行为投入三者交互作用的统一体，它是学习投入在学科领域的具体化。学生的学科学习投入不仅能预测学生的学业成就，而且是评价学生学科学习过程质量的重要指标。

### （一）教学实践语境中学习投入的理解

对投入的研究最初源于对工作倦怠的研究，学者把工作倦怠界定是一种感觉无效能、耗竭以及疏离的状态。由于积极心理学的发展，“投入”进入研究者的视野，他们把工作投入界定为一种感觉充满精力，并能有效地进入到工作状态、与他人和谐相处的状态。学习投入的涵义在工作投入的涵义基础上发展而形成，主要有行为、情感、认知投入层面和活力、奉献、专注层面这两种涵义。

综合研究者的观点，从学习的行为、情感和认知层面分析，学习投入包括行为、情感和认知投入三维度。其中，行为投入是个体参加在校期间的学业或非学业活动的高度投入。情绪投入（又称情感投入或心理投入），是个体对学业任务或学校老师和同学的积极情感反应及对学校的归属感。认知投入是学生对学习时认知策略的使用和心理资源的高度卷入，它是一种思维训练。

从学习的心理活动分析，学习投入是一种与学习相关、持久的、积极的情感和认知的心理状态，活力、奉献和专注是它的核心维度。其中，活力是学生愿意为学习付出努力，不易疲倦，且面对困难时具有容忍力和坚持性，表现出持久的学习精力与韧性。奉献是个体充满强烈的学习热情、对学习意义的肯定使他对学习强烈地卷入。专注则是全身心投入到学习中的愉悦的状态，这种愉悦体验具有依赖性，使学生不愿从学习中脱离出来。

从课程的层面分析，学生投入是一种主动的个体化的课程经验，是以学生行为投入为载体的心理活动。学生通过心理资源的投入，不断建构旧经验与新知识的联系，主动地对学习内容调整和适应，形成个体对学习内容的理解。

我们认为学习投入是一种与学习相关、持久的、积极的情感和认知的心理状态，这种状态包括：学生的行为投入，表现为持久、积极的学习行为；包括情感投入，表现为积极的学习情感并产生学习动机；包括学生的认知投入，表现在不断地建构新旧知识的联系等心理上的投入和韧性。

### (二) 小学生学习投入的表现及基本特征

行为投入是学生个体参加学校的学业或非学业活动的投入,它包括学生在课堂上的积极行为、投入学习任务的行为和参加学校活动的行为。这三种行为互相影响、互相支持。学生在课堂上表现积极,对学习任务的行为投入较多;参与课堂讨论,也会积极参加学校各种活动。但小学生参与学校活动的行为与其学习投入行为不是正相关。通过调查研究发现,一些学生由于不喜欢学习没有投入学习任务,但他积极参与学校的各种活动,而投入学习任务的学生由于对学习责任感和学习紧迫感,没有积极参与学校活动。

情感投入是个体对学业任务或学校老师和同学的积极情感反应及对学校的归属感。学生的学习情感是学习过程中体验学习内容的情感及态度,其情感投入受学习内容和环境的影响,如不同的学科、教师、同学。

认知投入是学生在学习时认知策略的使用和心理资源的高度卷入,认知策略的使用和心理资源的卷入互相影响和融合。二者是判断学生是否较高投入学习的指标。

学生为了得到优异成绩使用认知策略,但缺少对学习的动机和努力的心理投资;学生努力学习,却缺少使用认知策略的技巧。这两种情况都解释了缺少认知策略或心理资源的投入,学生不会有较高程度的学习投入。

学生的行为投入、情感投入和认知投入三者互相影响和作用,学生在学习的过程中,积极卷入学习任务,参与提问、讨论等学习活动,其行为投入带动学生参与思维的训练,使学生深入思考并应对挑战,投入一定的心理资源,这种努力的心向和思维的认知体验促使学生产生继续学习的意愿和情感,投入学习的愉悦体验具有依赖性,它促使学生专注于学习,不愿从学习中脱离出来。

### (三) 学习投入是有效学习的基础

美国实用主义教育家杜威主张学生是学习过程的主动参与者,采用一切以学生为中心的教学,教师作为学生学习的协助者,为学生提供促进其主动学习的条件。他提出“做中学”教学过程的五个步骤:呈现问题、提出假设、动手实验、交流讨论、记录所得。在“做中学”的过程中,学生需要思考、假设和验证要解决的问题。只有学生通过尝试性解决问题而进行学习,他才会真正学到知识,这与学习投入中对学习任务的行为、情感和认知投入观点一致。“做中学”思想强调通过活动培养解决实际问题的能力,同时强调学习具有创造性和反思性,它关注反思性的思维探究过程,注重学习过程的体验,即思维的过程。学习投入包括学生学习行为的主动参与、认知思维的投入,这与杜威的“做中学”理论的学生主体性、学习反思性思想一致。因此,我们说学习投入是有效学习的基础。

### (四) 学习投入是教学有效性的保障

罗杰斯反对传统教学中单向的信息交流,强调师生交流情感的互动性、参与性,认为情感和认知是不可分割的有机组成部分,培养能在知识、情感和意志三方面均衡发展的人。他提倡教师应该成为学生学习的促进者,为学生提供学习手段和学习资源、学习氛围等。为了使学习者充分发挥其潜能,要设置良好的学习环境,提供各种学习资源,以此促进学生的全身心投入学习。通过组织小组学习和活动,形成探究学习的环境,促使学生自主学习、自我评价。其中,良好的师生关系对学生学习有重要作用,教师要尊重学生、相信学生的潜能,减少学校教育中威胁、不平等、不安全的学习气氛。皮亚杰认为,学习者通过个体的经验与环境之间相互作用来建构知识。他强调学习的主动性,提倡学习者积极主动地认识和理解事物,运用灵活的学习方法,建立自己的知识结构;主张问题解决的学习方法,通过探索、分析问题引起认知冲突,激发学习者的思维活动。因此,我们说学习投入是教学有效性的保障。

## 三、学习结果的分类与层次

### (一) 布鲁姆的教育目标分类

美国著名心理学家布鲁姆(Bloom)将教学目标分为了认知、情感和动作技能三大领域,每一个领域的目标又都分为从低级到高级的不同层次。认知领域的教育目标分类是其教育目标分类理论中非常重要的一部分,目的在于为学生学习结果的评价提供标准,来更好地指导教师的教学。布鲁姆的教育目标分类理论有两个版本,包括1956年的原版和于2001年由安德森(Anderson)等人进行修订的版本(简称修订版)两种。在原版中布鲁姆将认知领域的教育目标分为知识、领会、运用、分析、综合以及评价六个层次。而在修订版中认知目标分类打破了原版中的单维度分类体系,将其分为"知识"和"认知过程"两个维度,而认知过程又被细分为记忆、理解、运用、分析、评价和创新。鉴于修订版是在原版的实践反馈和其他心理学相关认知研究基础上进行的重新分类,因此更加具有科学性,并且分别用名词和动词对两个维度的目标进行标识,对教师准确地把握教学目标和完成教学过程更有指导性和可操作性,所以笔者以修订版的认知教育目标分类作为本研究的理论基础。具体详细的分类如表2-1所示:

**表2-1 修订版认知领域教育目标分类**

| 知识 \ 认知过程 | 记忆 | 理解 | 应用 | 分析 | 评价 | 创造 |
|---|---|---|---|---|---|---|
| 事实性知识 | | | | | | |
| 概念性知识 | | | | | | |
| 程序性知识 | | | | | | |
| 元认知知识 | | | | | | |

对知识维度和认知过程维度,新修订版也分别做了亚类划分,更加清楚明白,便于指导教学,能够让教师更准确地选择行为动词,全面科学地设计教学活动。详细分类见表2-2、2-3:

表 2-2　知识维度具体分类

| 知识维度 | 分　类 |
| --- | --- |
| 事实性知识 | 术语知识、具体细节、要素的知识 |
| 概念性知识 | 分类和类别的知识、原理和通则的知识、理论模型和结构的知识 |
| 程序性知识 | 具体学科的技能和算法的知识、具体学科的技术和方法的知识、确定何时使用适当程序的准则的知识 |
| 元认知知识 | 策略性知识、关于认知任务的知识、关于自我的知识 |

表 2-3　认知过程维度具体分类

| 认知过程维度 | 分　类 |
| --- | --- |
| 记忆 | 再认、回忆 |
| 理解 | 解释、举例、分类、总结、推断、比较、说明 |
| 应用 | 执行、实施 |
| 分析 | 区别、组织、归因 |
| 评价 | 检查、评论 |
| 创造 | 产生、规划、创作 |

### (二) 马扎诺的教育目标分类

针对布卢姆分类中的有关认知活动，按照认知难度分层次的缺陷，马扎诺提出，由于智力活动不能以难度进行排序，在马扎诺分类学中，人的认知活动是按照人的学习行为的控制情况来排序的，即一些活动控制其他活动，基于这种认识，马扎诺提出人的学习行为模式和新教育目标分类的二维框架图。

马扎诺认知目标分类学是建立在其有关人的学习行为模式的认识基础上的。在对学生的思维、学习以及学校的管理等许多方面进行考察之后，马扎诺在 2000 年出版的《设计一种新的教育目标分类学》一书中提出了一个有关人的学习行为(广义上还包括了人的工作行为和生活方式)模式。2007 年马扎诺在对该书进行修订时，确认了人的学习行为模式图，如图 2-1 所示，并在此基础上进一步明确勾勒了新教育目标新分类学的二维维框架(图 2-2)。

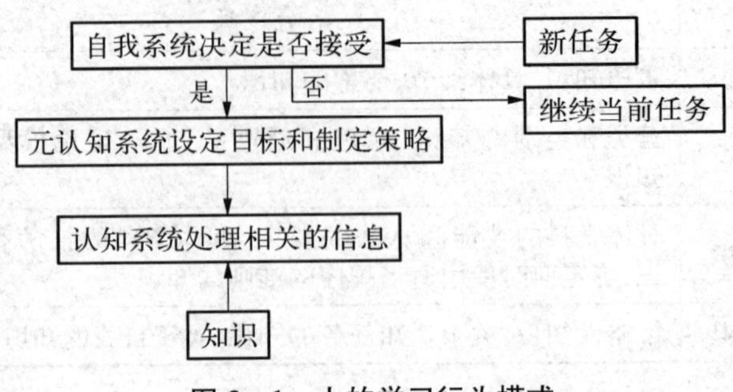


**图 2-1 人的学习行为模式**

马扎诺提出的这一行为模式,用于说明人是如何进行学习或行动的。在这个模式中,可以看到四个系统:自我系统、元认知系统、认知系统和知识系统,由图 2-1 可以看出四个系统是如何各司其职、依次发挥作用的。人的学习行为模式图清晰地解释了学生在教学活动过程中的思维活动过程,马扎诺在此基础上提出了教育目标新分类的二维模型,如图 2-2 所示。

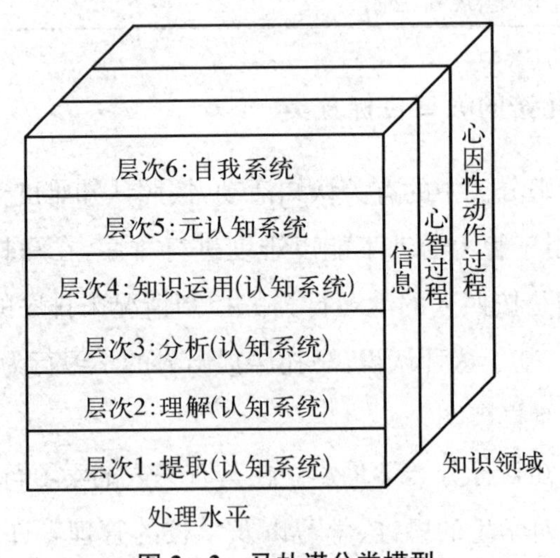


**图 2-2 马扎诺分类模型**

## (三) 从教育目标分类看学习结果的分类与层次

加涅将人类习得的性能划分成五类,也就是五类学习结果,包括言语信息、智慧技能、认知策略、态度和动作技能,并且说明了不同的学习结果具有不同的学习条件(包括内部条件和外部条件)。

1. 言语信息,指可用言语表达的信息,日常生活中有关事物的名称、我们周围存在的许多事实以及大量的有组织的信息都属于言语信息,是回答世界"是什么"的陈述性知识。它对学生的能力要求主要是记忆。言语信息的学习是其他类型学习的基础。

2. 智慧技能,是指使个体应用符号或概念与他们的环境相互作用,是回答"怎么办"的问题。智慧技能的学习始于低年级的如读、写、算学习,而进行到哪一水平都是跟个体的兴趣和智力相一致的。智慧技能构成了正规教育的最基本和最广泛的结构,从造句这样最基本的语言技能到科学、工程和其他学科的高级技术技能。智慧技能可以细分为五个小类,这五个小类之间带有明显的层级关系,从低级到高级依次为:辨别—具体概念—定义概念—规则—高级规则,学习较高级的智慧技能是以较低一级的智慧技能为先决条件的。

3. 认知策略,指的是支配个体自身的学习、记忆和思维行为的性能,是个体对认知过程进行调节和控制的能力,是回答"怎么学"的知识。与智慧技能不同,这是一种对内的能力,智慧技能是处理外部世界的能力。认知策略学习的内部条件就像其他智慧技能的学习一样,与学习或思考的学科内容相关的先前知识(指智慧技能和言语信息)必须能够提取出。但需要指出的是,认知策略通常本身结构简单(如"划出主要观点""将问题分成部分");外部条件是指通常可以通过言语交流提示给学生或以简单形式向学生演示,从而使学生获得认知策略。

4. 态度,是一种习得的影响个体行为选择的相对稳定的内部反应倾向,回答"怎么对待"的问题。学习者在校需要学习对人、对社会、对科学、对祖国等各方面的态度,从而决定其行为选择。我们所说的学习兴趣、意志、信心、科学态度和创新精神等都属于态度的范畴。

5. 动作技能,指的是人类习得的有意识地利用身体动作去完成一项任务的能力,是回答"怎么操作"的知识。

### (四) 学习结果分类的教学意义

学习结果的分类对教学有重要的意义,一是明确哪些是可教的,哪些不易教的,哪些是不能教的;二是要明白不同的学习结果需要不同教与学的方式;三是改变我们对学习内容的粗放状态,以前我们对学习内容只知道三点:知识点、重点、难点,通过对知识和学习结果的分类,我们对研究教学的颗粒度变得更精细化和专业化。

1. 从分类角度看

加涅的分类主要是从"内容"的角度对目标进行分类,为教师设计教学目标时全面考虑教学目标内容提供了一个参考框架。

2. 从着眼点看

加涅的学习结果分类理论,阐明了不同的学习结果具有不同的学习条件(分为内部条件和外部条件),从而达到有效学习的目的。加涅的学习结果分类的观点作为建立教学设计的框架而贯穿于整个教学设计过程之中。

3. 从适用性看

因为加涅为每类学习结果都规定了不同的学习条件,所以加涅的学习分类理论更适用于教学设计。

## 第二节　儿童学习是教学行为的起点与归宿

教育的出发点是人,归宿点也是人,即教育以人的发展为中心,又以人的发展为终极目标。人的发展是每一个教育工作者共同追求的价值指向,在全面推进素质教育的过程中,反思传统教育,正视素质教育大讨论的同时,我们更应有开放的心态,转变教育观念,突破思维定势,重新确立一个被忽视了的基本原则:教师之所以进入教学过程,根本目的是为学生的"学",为了"学"能够最终摆脱教师的"教",从而走向独立地、自主地获取知识的自由王国,并超越知识走向智慧。

“教师是学习活动的组织者和引导者”，提出了教师的角色转变——是学生学习活动的“引导者”，这对于我国基础教育的广大教师来说，无疑是一个崭新的角色。我们认为，虽然教师仍然免不了要传授学生知识文化、知识技能，但“引导”学生学习，特别是“引导”学生自主学习、合作学习、探究学习则更是教师的核心职责。

站在教育发展的视角，我们必须改变现存的不合理的课堂教学行为，转变教师的课堂教学观念，在课堂教学中科学地落实教师的主导地位。只有教师主导地位“不越位”，学生在课堂上才会真正地自主学习，学生的生命活力才可能在课堂上得到表现。

## 一、教学的意义在于引导儿童学习

在教室里，应以“学”为中心。这个世界上存在着无数值得学习的东西，与同伴一起相互学习具有无限丰富的内容，通过这种学习，我们能够改变自己的人生，也能够改变我们所生活的世界。教师自身通过引发、支持、促进学生的学习，也能够实现自己实实在在的价值追求。

学生的学习是教学的全部意义，学生的学习不发生，教学便没有意义。没有儿童学习的教学是不存在的，服务儿童学习的教育才是有意义的。

### （一）学生是课堂的主体

1. 课堂诸要素服务学生的学习

课堂教学是由“学生”“教师”“教材”“学习环境”四个要素构成的。在这四个要素中，更多的都集中在“学生”这要素上。教科书编者在编写教材时应该充分考虑学生的年龄特点，依据学生的特点进行教材的编写。而教师也应该充分考虑学生的学情，从学生的实际情况出发，进行教学活动的设计和学习环境的选择，这样的组织活动才是有效的、符合学生发展的。特别是在重视学生的“需要、愿望、态度”的“新学力观”提倡之后，学生自主地设定课题、主动探索、自己解决问题的“自我学习”形式等，均被树立为理想的教学形态。“自主合作探究”的学习方式,更是对学生的"主体性"绝对化的倾向,现在日常的教学中几乎都能看到这一倾向与体现。

2. 教师教的最终效果取决于学生的学

所有的建构主义理论都认为,知识是学习者试图理解他们的经验而发展起来的,"所以,学习者并不是一个被动等待灌输的容器,而是一个积极寻求意义的有机体"。这些学习者建构了心理模型或图式,并继续修正这些模型或图式,以更好地理解自身经验。再次强调:我们是知识的创造者,而不是"档案柜"。"尽管关于建构主义理论的解释尚未达成一致,但大多数人仍认为,这个理论是一个巨大的变革,因为它主张学生是教学的焦点,处在教育的中心位置,教师应该让学生通过自己的努力来理解问题"。当然重视学生的主体性,并非意味着教师放弃教学的责任。

### (二) 学习活动是教学的主要活动

在学校里的学习既不是学生一个人孤立的活动,也不是没有教师介入而进行的活动。它是在教师的介入下,学生自主、合作地进行的活动,这才是学校中"学习"的本质。确认了"学习"的意思,再来看"學"这一繁体字的结构,可以说它是这意思的象征。"學"字中包含着有助于思考的"学习"究竟是什么的重要线索。首先看"學"字的上部,其中间的两个メ表示"交往"的意思,上面的一个メ表示祖先的灵,也就是和文化遗产的交往,下面一个メ表示学生之间交往的样子。那包着メ的两侧,形为大人的手,意味着大人千方百计地向儿童的交往伸出双手,或者说,表示大人想尽方法支持学生在交往中成长。下面的子,是指孩子,意为小孩子是学习的主体。这就是"學"字的结构,这一字体显示了对以儿童为中心的交往的支持。因此,可以说,在"學"这个字里,以"学"为中心的教学状况被表现到了极致。在教室里正是要构筑这样一种关系,即学生在相互交往中共同成长的关系,而展开这种能触发与支持这关系的教学的人就是教师。

要实施以"学"为中心的教学,应当以在教室里构筑一种新型的关系为出发点，即让每个儿童持有自己的课题，相互探究，相互交流，相互启发，我们将之称为“活动的、合作的、反思的学习”，即是让那种与物与教材对话，与学生与教师对话，与自我与自身对话的学习成为教学的中心。具体地说，就是组织和指导有任务的学习，有小组活动的学习，有学生将自己理解的东西用作品表现出来与同伴共享、相互欣赏的活动的学习。也可以说，就是从个体出发，经过与同伴的合作，又再返回到个体的学习。

### （三）教师的职能在于帮助学生学习

建构主义认为，知识不是通过教师传授得到的，而是学习者在一定的情境即社会文化背景下，借助他人（包括教师和学习伙伴）的帮助，利用必要的学习资料，通过意义建构的方式而获得的。有意义的建构必须以学习者原有的经验、心理结构和信念为基础的信息重新认识和编码，建构自己对知识的理解。

以学生的“学”为中心的教学究竟是为了什么呢？要创造以“学”为中心的教学，既不是追求“自学自习”，也不是让教学解体为零散的个体活动。从实际情况来看，在以学生的学习为中心的教学中，有不少教师认为自身的作用是很消极的。而实际上，以学为中心的教学较之集体划一的教学，恰恰需要教师更积极地与每个学生更复杂的互动。在划一的教学中，教师的主要精力是用在让全体学生集中听讲，一起思考问题，维持教室良好的秩序，把活动控制在一个方向上。而在以学为中心的教学中，教师的精力集中在深入地观察每个学生，提出具体的学习任务以诱发学习，组织交流各种各样的意见或发现，开展多样化的与学生的互动，以让学习活动更丰富，让学生的经验更深刻。各种引发“交往”和“联系”的活动构成了教师工作的主轴。然而从目前大多数教室的现状来看，教师的洞察力或观察力是发挥得不够的，在支持学生战胜学习上的挫折、促进学生之间的相互交流、让学生表达自己的见解、提高其思维能力等方面，教师的工作都没能够有效地展开。这当中，存在着教师们对以学为中心的教学的认识上的混乱。

## 二、教学设计重点在于儿童学习活动的设计

课堂教学的设计重点是儿童学习活动的设计,教学设计要把教材加工转化为儿童学习活动。课堂上儿童学习活动设计有着不同的要求,既要有明确的目标,也要有丰富的形式,还要有严密的组织过程。课堂上儿童学习的类型也是多样的,教师主导、学生自主活动,还有的类型是小组合作学习。

### (一) 教学设计要把教材加工转化为儿童学习活动

教学的方法多种多样,最为常见的有两种:一种是教师传授、学生接受知识为主的,现今教学中单纯地用这种方法的已经越来越少。如今的课堂上教师往往会穿插一些讨论交流、思考感受、拓展迁移等;另一种就是学生通过不同形式的独立活动建构知识,问题解决学习、项目式学习、探究性学习等就是比较典型的学习方式。对于后者这个形式的教学,教师主要的任务是设计学生的学习活动,而后组织实施教学,在实施过程中给予学生学习所需的脚手架。我国的课堂以传授和讨论(师生对话为主,有时还包括小组活动、问题解决)相结合的方式居多。这种教学,教师也要设计学生的学习活动,重点是对于讨论、小组合作学习活动进行安排,这种模式也是两种教学方法的结合。

教材是学生学习的材料,是传承文化的载体。在传统课堂教学中,教师往往把教材当成学习目标,在课堂上牵着学生的鼻子去钻教材、学教材,甚至去背工具书。作为教师应该以学生活动的设计为主体,重新审视教材,加工教材、创造性地使用教材,灵活地借助教材,设计学生的学习活动。

设计和实施学习活动支持儿童的主动探索行动,如果从广义上讲,仍然可以有不同的目标指向,如:指向教材知识点、指向教材知识点之间的联系和教材知识结构、指向教材知识方法与测试题目之间的关系、指向教材知识方法与实践情境之间的关系等。学习活动的实施过程就是通过主动探索行动连接学习者和这些目标指向的过程。因而,从广

义上讲，让儿童自己去分析测试题目也是一种学习活动，这种学习活动指向的是教材知识方法与测试题目之间的关系，目的是让儿童学会用教材知识方法解答测试题目。但是，我们从学习活动角度思考学科教学，内隐的价值观还是倾向于让学习者有机会探索实践问题（包括真实世界的实践问题和学科领域的实践问题），建立学科知识方法和实践情境之间的关系，从而让儿童有机会发展自己的实践能力、知识应用能力、自主思考和解决问题能力。因此，教师在进行教学设计时应该有意识地把教材加工转化为儿童的学习活动。

### （二）课堂上儿童学习活动设计的基本要求

课堂教学就是由一个又一个学生学习活动组织而成的。教学设计的关键就在于设计科学合理的学生学习活动，将教学着眼点放在“学生学习”上，放在“学习实践”上。那么，设计课堂“学习活动”需要考虑哪些要求呢？

1. 学习活动要有明确的目标

设计一项学习活动，需要有明确的目标指向。以听说读写的基本要素为抓手，设定课程目标、课时目标。有时，就同样的教学内容，设计多种不同的“学习活动”，只是其功能并不相同，要实现的目的也并不相同。所以，我们设计学生“学习活动”，在考虑采取何种形式的时候，一定要认真考量：我们设计这样的学习活动的目的是什么。

2. 学习活动要有丰富的形式

课堂教学中的“学习活动”有多种形式。以语文为例，从大的方面看，有“听”“说”“读”“写”四种形式。但任何一种形式又都可以细分为若干种不同形式。比如“读”，有默读、朗读、精读、泛读等几十种不同形式。又以朗读为例，还可以再进一步进行细化，设计成多种不同形式的朗读，比如齐读、个别读、轮读、打着节拍读、吟诵、美读等等。又如“写”，有扩写、缩写、续写、补写、仿写、改写、创写等，其中任何一种写的形式，还都可以进行创造性运用，创造出诸多“写”的变种形式。在具体的课堂教学情境中，采用何种形式的“学习活动”组织学生学习，取决于教学内容和教学目的。不同的教学内容和教学目的,需要采取不同的学习形式。

3. 学习活动要有严密的组织过程

有了"形式"的设计,有了"目标"的考量,我们设计课堂"学习活动"还需要认真思考"过程"的安排。即在学习活动之前、之中、之后,我们各需要做什么和怎么做。"学习活动"自身的过程又该怎样合理安排,有没有必要的步骤等,都是需要我们认真思考的问题。

### (三) 课堂上儿童学习活动的主要类型

为了使学生主动去探究学习,促进认知、情感、个性行为等全面发展,着眼于形成学生的主体意识,注重形成学生的独立人格,开发学生潜能和创造性,促进每个学生素质的全面发展,教师在教学中应创设多种自主学习活动的形式。

从学习形式上分有教师主导类型、学生自主活动类型、小组合作学习类型等。

1. 以教师主导的学习活动类型

教师主导是学生依据教师的引导进行有效的学习。主要分为以下几个类型:

(1) 在游戏活动中学习

游戏是低年级儿童感兴趣的学习活动。在他们的生活中游戏与学习是不能截然分开,而是互相渗透的。学生在游戏中可以顺利地掌握新的学习内容,同时,学生创造性的自我表现、独立性和积极的情感体验正是在游戏中形成和发展起来的。游戏在整个小学教育过程中起着重要的作用。教师要尊重儿童喜欢游戏、喜欢玩的特点来设计学习活动。例如:在语文课教学中用念儿歌的方式学拼音,用猜语的方式学记生字,用"角色表演游戏"学习课文。这些活动设计都有效地调动了学生学习的积极性,使他们主动投入到学习中去。

(2) 在求变求异活动中学习

"在求变中学"即是要求师生在教学过程中要主动变化学习内容,

要善于发现问题，发现自己不懂的问题。“在求异中学”即是要求学生在求“不同”、求“新”中学习知识，获得思维的发展。在教学过程中，让学生说与别人不同的话，想与别人不同的想法，用与别人不同的方法，提与别人不同的问题，教师鼓励学生不怕说错，不怕失败。培养学生善于思考、勇于创新、举一反三的习惯与能力。

*2. 以学生自主活动为主的学习活动类型*

课堂教学应以学生的学习为主体，而在课堂教学中主要体现在以下几个类型：

(1) 在转换角色活动中学习

在教学中，我们让学生转换角色，尝试从“教师”的角度钻研课文，在教师的指导下“讲课”并与同学展开讨论。例如在语文教学中的一些自读课文，让学生选择自己喜欢的内容，然后自己钻研教材，经教师指导后再讲给其他学生听，最后由学生集体评议教师点评；在课堂上尝试“小先生制”，让学生体会成功的喜悦。

(2) 在观察活动中学习

传统的教学只拘泥于教室，通过课堂这单一的渠道来学。而活动教学强调拓展学生获得理解和认识的渠道，拓展实践活动的空间，重视引导学生对周围环境、人和事进行观察，并提供观察的条件，把观察内容引进课堂，把观察的地方变成课堂，重视组织学生外出综合性学习，使学习与生活紧密联系。

(3) 在选择归类活动中学习

社会是纷繁复杂的，社会上的现象千奇百怪，这就要求学生从众多的复杂条件中选择有效的、有用的条件来解决同题，在思维上就存在一种分析与综合、选择与归类的思维方法的问题，在平常的课堂教学中也创设这类活动进行训练。例如：语文课中可让学生在众多的描写春天的作品中选择描写得最好的，并说出理由。低年级识字教学也可采用归类学习，举一反三，帮助学生习得更多的学习方法。

*3. 以小组合作学习为主的学习活动类型*

新课程倡导“自主、合作、探究”的学习模式，而小组合作学习也是现今的课堂上常见的学习模式。

(1) 在操作实践活动中学习

学生的亲身体验和感知利于获得感性经验,从而实现其认识的内化,促成理解力和判断力的发展。学生正是通过摆弄客体获得关于客体的表象,进而上升为理性认识。教师尽量给予学生更多的操作实践机会,提供丰富的材料,使他们可以亲自进行实验,体验成功和失败。比如语文课上可通过做简易实验来帮助学生理解《乌鸦喝水》《曹冲称象》等课文。

(2) 在交流研讨活动中学习

教师要在交流研讨中营造一种民主的氛围,使学生由被动地听讲变为主动参与、敢于发表自己独特的见解,并学会倾听,尊重他人的意见。在交流研讨的过程中使学生的思维方式、认知水平、交往能力等得到一定的提高。如经常采用让学生交流汇报预习情况、交流观摩作品、交流习作、交流体验感受等这些自主的学习活动方式。有交流有思辨的课堂,往往课堂气氛活跃,研讨层层深入。

(3) 在探究发现活动中学习

在教学中,师生共同创设引导发现概念、问题的活动情境,让学生重演科学家的“认识历程”,让学生的学习过程成为再创造、再发现的过程。这种过程突出学生自己如何探究知识、如何生成“结论”,突出思维方式和思维习惯的训练与培养,突出解决问题的途径和方法的获得,而不仅仅在知识结论的记忆上。教师改变了过去那种先告诉学生结论然后阐述讲解的教学过程,而是采用先给学生“材料”(文字材料、实物材料等),让学生在操作和观察中发现规律,得出结论,掌握新知,获得发展。

(4) 在合作互动活动中学习

现代心理学研究表明,教学中学生之间的互动能提高学生的学业成绩和社交能力,改善人际关系,形成良好的意志品质。学习活动不仅强调师生之间的互动,更强调学生之间的合作互动,要求教师给予学生更大的自由活动空间以及更多的相互交流机会,在组织形式上多采用小组学习方式，在教室环境设计上探讨改变学生的座位排列方式，以利于学生更主动地进行交流合作，互帮互助，共同发展提高。

(5) 在情境体验活动中学习

通过活动情境的创设，让学生或体验现实的社会生活，或体验某个典型角色，或体验某种社会情感，通过身临其境来获得关于实际的真实感受，以激发学生学习的内趋力，激发学生学习的兴趣和热情，促使学生参与学习、主动学习。同时，这种内心体验也有利于学生形成正确的认识，陶冶情感，并转化为行动。

教师一旦转变课堂教学观念，就会根据学生身心特点教学内容、学科特点进行教学，设计学生的学习活动，在众多的学习活动形式中选择有效的方式与方法，让学生在自主活动中学会发现、学会探索、学会创新。只有这样的课堂学习，才会焕发生机和活力。

### (四) 重视儿童学习活动指导行为的设计

教学的重点在“学”而不在“教”，学生是学习的主体。自主学习的落脚点是引发学生“内化性”的学习方法，但学生自主意识的觉醒和自主能力的发展还需要教师的主导性教育和学生自我调控评价，因此教师的“教”，必须重视儿童学习活动指导行为，必须蕴含着倡导学生自主性的实质。

1. 有指导的、学生参与的学习是有意义的学习

教师是学习的组织者、引导者，他不仅调控自己的施教活动，同时也对学生的学习活动进行调控。学生是学习的主体，由于年龄阶段的特殊性，他们是否在接受教师指令后进行学习活动的自我调控，是否能自主学习，就要看教师能否给他们提供自主学习的方向和保证；他们是否愿意自主学习，就看教师是否调动起他们自学的积极性；他们怎样自主学习，则要求教师根据学生学习水平的不同进行相应的指导。所以说，我们提倡的自主学习是在教师激励和指导下进行的。

2. 教师的指导注意时机和策略

在自主学习过程中，作为学习主体，学生在教师引导下，共同参与

学习目标的设定,把握学习的动态平衡。教师在学生自主学习过程中,通过一定的方式和渠道促进学生对知识的梳理,提高学习效率。教师在儿童学习活动中的作用在于帮助学生厘清其想要学习什么,帮助学生安排适宜的学习活动,提供贴切的材料,帮助学生发现所学知识的个人意义,维持某种滋养学习过程的心理气氛。教师的指导更注重支持而非批评,更注意理解而非控制,更注重真诚而非扮演角色。

## 三、教学的有效性取决于儿童学习的有效性

新课程最基本的价值取向就是为了每个学生的发展,学生的学习能力、实践能力、创新能力发展是衡量课堂教学有效性的重要标准。课堂教学是否有效,取决于有多少学生实现了有效的学习,获得了良好的学习效果,取得了较大的进步和发展。

### (一) 教学中儿童学习有效性的内涵

1. 学习的内涵

学习是"学"和"习"复合而成的词,什么是学习?在我国,"学习"二字最早是分开使用的,见于孔子的《论语·学而》中的"学而时习之,不亦说乎!"最早把"学习"二字直接连在一起使用的是在《礼记·月令》中的"鹰乃学习",用以表达小鸟学习飞行的行为。中国古代的"学习"包含"学"与"习"两个环节,"学"是指人的认识活动,"习"则是指人的实践活动,二者统一起来才构成学习的完整概念。按照孔子和其他中国古代教育家的看法,"学"是闻、见与模仿,是获得信息、技能;"习"是巩固知识、技能的行为。学习是一种认识与实践相结合、相统一的活动。在现代汉语表达中,"学习"二字已经连用,《辞海》中对"学习"的释义为"学,效;习,频频起飞,小鸟反复学飞;求得知识技能,引申为效法"。《现代汉语词典》关于"学习"的理解中也强调了学习的模仿、练习和在实践中获得知识或技能的特点。学习就是获得知识,形成技能,获得适应环境、改变环境能力的过程,实质上就是学思、习、行的总称。在英语中,用来表达"学习"的词主要为 learn 和 study,它将"学习"描述为一

个有意义的、积极的、有收获的过程，并强调学习付出“时间和精力”。心理学中一般将学习界定为个体在特定情境下由于练习或反复经验而产生的行为或行为潜能比较持久的变化。在教育学领域中，一般认为学习是人类个体在认识与实践过程中获取经验和知识、掌握客观规律、使身心获得发展的社会活动。在我国教育界，关于“学习”的界定很多，其中林崇德和刘善循最具代表性，他们都从广义和狭义两个层面对“学习”进行了界定。从广义的角度，他们都认为学习是指动物和人的经验的获得及行为变化的过程。“狭义”角度，他们也都强调了学习的目的性、计划性、组织性的特征和重视实践技能和外在行为的变化的特点，不同的是刘善循强调学习的主动性和被动性并存的特征。日本学者佐藤学对于“学习”的理解突破了以往对于学习的界定，他认为“学习”就是跟客观世界的交往与对话，跟他人的交往与对话，跟自身的交往与对话。通过对“学习”的汉语、英语的词源分析，以及专家对学习含义的探讨，我们认为，学习不仅是一种认知活动，还是一种实践活动，不仅需要模仿，还需要交流和对话。

2. 学习有效性的内涵

什么是儿童学习有效性？它是指儿童积极主动参与学习，并能够运用适合自己的学习方法高效率地、批判反思地获得新知、提高能力和培养情感的学习活动。这一定义强调了有效学习中积极主动的学习准备，适合自己的学习方法，高效率的、批判反思的学习过程和提高能力、培养情感的学习结果。因此，要理解儿童学习有效性，必须重点关注三个方面的内容：一是学习准备方面。儿童要进行有效学习，应该进行两个方面的积极准备，一方面是内在学习动机的情感准备，适当强度的内在学习动机有利于促进儿童的有效学习，也是维持有效学习的动力系统，如果一开始儿童的学习动机就非常弱或者过于牵强，必然影响儿童的学习兴趣和学习投入；另一方面是先验材料以及辅助材料的准备，这里的先验材料是指儿童头脑中已有的知识或者经验储备，如果没有一定的知识或者经验基础，那么更进一步的学习就很难进行或者效果难以达到最好。所谓辅助材料是指能够促进深入学习的物品或媒体，辅助材料能够帮助儿童更有效地理解新的学习内容。二是学习方法方面。儿童学习有效性强调学习方法的个体性,每一个学生在学习某一项内容时都有适合自己的学习方法。三是学习过程方面。儿童学习有效性是一种在批判反思的基础上追求效率的学习,不仅强调学习中要花更少的时间学习更多的知识,还强调学习过程中批判反思地接受新的学习内容。这里的反思可以是儿童自我内在反思,也可以是同伴学习群体在共同学习活动中集体反思。四是学习结果方面。儿童学习有效性不仅重视学习准备、学习方法和学习过程,也非常重视学习结果。儿童学习有效性所关注的学习结果不仅包括儿童的知识和能力的发展,还包括儿童获得知识和能力的策略的提升。

关于儿童学习有效性,通过查阅相关文献发现,对其研究和解读并不多。从目前已有的研究看,主要有以下几种理解:其一,儿童学习有效性是指儿童在教育者的指导下,应用恰当的策略对学习内容进行主动的加工,在一定时间内较好地完成学习任务,达成学习目标,使自身获得发展的过程。其二,儿童学习有效性是指在教育者的指导下,儿童在学习活动中能够积极有效地运用各种学习资源和学习策略主动地学习,以最少的时间投入取得最佳的学习效果。它包括学习过程的有效性和学习结果的有效性,一方面体现于儿童在学习过程中的会学,另一方面又表现在学习结果具有较高的达成度,即学会。其三,儿童学习有效性是指儿童在教育者的引导下,充分调动学习积极性,优化学习环境,选择有效的学习内容和科学的学习方法,以达到学习目标、获得自身发展的学习活动。其四,儿童学习有效性不仅是指儿童有效掌握课本现有那些知识,还指儿童学会学习、学会应用,思维得到训练,能力得到提高,各方面得到和谐的发展,并为今后的终身学习打下扎实的基础。

笔者认为,儿童学习有效性应该从儿童这个学习主体进行思考,这是学习行为的发生者,儿童基于自己生存的需要、基于同伴竞争的需要、基于个体兴趣的需要以及基于人生理想、目标实现的需要而进行的学习。它强调的是儿童自主的、内发的、自我提高的学习,是儿童基于自我发展的内在需要而投入精力和心思的学习。

### （二）教学中儿童学习有效性建立在每一个学生学习有效性的基础上

任何教学活动都要以满足学习者的学习需要为出发点和落脚点，促进学习者更好地学习。以语文学科为例：

叶圣陶先生教导，“教是为了达到不需要教”。“教”是手段，“不需要教”是目标，“达到”是过程。语文课的“最终目的为：自能读书，不待老师讲；自能作文，不待老师改。老师之训练必作到此两点，乃为教学之成功”（《叶圣陶语文教育论集》）。于漪老师倡导“教师为‘学’而‘教’”。她说，“学生是学语文的主人，‘教’是为学生服务的，‘教’不是统治‘学’，也不是代替学生去‘学’。教师的‘教’是启发学生‘学’，引导学生‘学’。施教之功在于启发、引导、点拨、开窍……教师为学生学懂、学会、学好、会学而教，因为任何教学方案都是为学生而存在而起作用的”（《语文教学谈艺录》）。如今，“为学生的有效学习设计活动”成为我们对语文教学的现实理解。语文课程是一门综合性、实践性课程，教师应根据学生的实际需要，分析教学内容、选择教学策略、设计有效的教学活动，力求使有效学习发生在每个学生身上。作为教师，应该要面向全体学生，关注每一个学生，承认和接受他们身心发展、认知水平的差异，尊重他们在学习过程中的感受、认识和体验，努力为不同个性、不同背景的学生设计适合他们学习的教学。作为教师，应该要面向全体学生，关注每一个学生，要调动和促进他们参与学习活动，在意他们在活动中对问题的思考，形成问题意识，设计可以让学生学会学习、主动探究、深入思考的教学。作为教师，应该要面向全体学生，关注每一个学生，要培育和创设有利于思维发展的学习情境，设计有价值的学习活动，让每个学生在有效学习中获得长足进步。

### （三）从儿童学习有效性看教学有效性

课堂教学有效性研究的生长点、原动力和目标诉求是儿童学习有效性，有效的学习是建立在学生能学、会学和乐学的基础之上，而能学、会学和乐学需要在教师的指导下才能实现。因此,以教学有效性的出发点——儿童学习有效性为根本宗旨,并为教师的教学有效指导提供策略。

在我国,近年来关于教学有效性的研究较多,它们既是大众对教育质量的呼唤,也是对教育现状的忧思。在学校教育教学活动中,教学有效性与儿童学习有效性是始终联系在一起的,它们是不可分割的统一体。在对教师的有效教学问题进行研究的同时,必须关注儿童的有效学习。其实,儿童学习有效性是有效教学的出发点与归宿。在两千多年前,我国古代教育著作《学记》里就已经说过“善学者师逸而功倍”“不善学者师勤而功半”。因此,明确儿童学习有效性与教学有效性的辩证关系有其重要的理论和现实意义。

1. 儿童学习有效性是教学有效性的根本目的

教学是教育目的规定下的、教育者的教与儿童的学共同组成的一种有效教育活动。它是一种多功能的教育活动,既要引导儿童掌握系统的科学文化基础知识和基本技能,发展儿童的智能、体能和创造才能,又要培养儿童的品德、情感、意志和个性特征。它是实现教育目的、培养合格人才的基本途径,是促进儿童发展的最有效形式,以促进儿童学习的有效性为根本目的。

在教育教学活动中,教育者面对的群体是儿童,教育者教学的对象也是儿童。教育者有效教学的目的已不仅仅是儿童学到多少、学到了什么,而是使儿童自主地学、主动地学。对于儿童或人之个体来讲,未来唯一持久的优势,不是金钱的多少,也不是地位的高低,而是内发的、自我的不断学习。所以,促进儿童积极有效的学习,改变或改善儿童的学习态度,应成为每一位教育者教学追求的根本目的和毕生努力的方向。从这个意义上讲,学校和教育者的一切教育教学活动都应为了儿童的有效学习。教育者的种种努力,启发、引导、传授、示范、督促、检查,都要归结到一个目的——使儿童知道应该学、怎么学、喜欢学、主动学,使儿童离开了教也能学。做到这样,才能取得教学的实效,有效促进儿童的学习,让儿童积极学习,主动发展。

2. 教学的有效性是有效学习的关键条件

认知心理学理论也认为，有效学习的发生需要儿童的学和教育者的教二者的相互影响和相互作用。其中，教育者的教通过儿童的学发挥作用，并成为影响或促进儿童有效学习的关键性因素。对儿童而言，与其学校学习活动关系最为密切的是教育者的“教”，教育者的专业理想、专业知识、专业能力、专业自我等构成的教育者专业发展水平直接或间接地影响着教育者“教”的水平。教育者的职业道德和人格特征、教育者对教学方法的选择和运用、教育者对教学内容的理解与组织等，都是影响儿童有效学习发生的关键性条件。这种条件的品质及其呈现都直接影响儿童学习的效果和效率，影响儿童自发性学习行为的产生。

3. 教学的有效性取决于儿童的有效学习

在教学的有效性与有效学习的关系上，部分学者将儿童学习的有效性建立在教育者的教学的有效性基础上，儿童学习的有效性离不开教育者教学的有效性，是伴随着教育者教学的有效性而产生的；部分学者认为儿童学习的有效性是儿童学习策略和学习内容的选择和加工，强调的是单位时间内的学习效率和效果。显然，他们关注的只是儿童学习的有效性外在的影响因素，只是儿童学习的有效性此时的效率效果问题，缺乏从学习者主体——儿童内在的、自我的、需要的有效学习进行研究，缺乏对儿童学习的有效性是长远的、持久的行为的思考。当下，不少教育者感叹儿童越来越难教，其实就是感叹自己认为的有效教学没有取得应有的效果或没有效果。为什么教育者自认的有效教学没有取得应有的效果呢？其关键是教育者的教学没有转化为儿童基于自我生存需要的学习，没有转化为儿童基于个体兴趣需要的学习，没有转化为儿童基于自己人生理想、目标实现需要的学习。很明显，教育者教学的有效性之“有效”，必然取决于儿童学习的有效性。

## 第三节　服务儿童学习的教学行为研究综述

新一轮基础教育课程改革和教学改革的环境背景下,学生的主体地位得到彰显,课堂教学已经不再是教师单方面的传授活动。教师的课堂教学行为发生了很大的变化,对与之相关的包括教师与学生在内的教学活动的各个层面都产生了非常大的影响。对于学生来说,有效的课堂教学行为能帮助学生进行有效的学习,更好地达到预期的教学目标;对于教师来说,是教师专业素质的体现;对于课堂氛围来说,教师的课堂教学行为是维持良好融洽的师生关系关键之所在。因此,课堂教学行为到底如何服务儿童学习？如何改善儿童学习方式？诸多问题需要我们去研究和探讨。

### 一、有关儿童学习的理论综述

"儿童是怎样学习的"是近年来教育学界出现的一个新的跨学科"热点"。从20世纪20年代开始,皮亚杰认为可用复杂的认知结构对儿童的心理做恰如其分的描述,得出了认知发展阶段说的结论,每一阶段都涉及完全不同的认知图式。之后,其他学者也开始探究儿童的感知世界。尽管这些理论方法上存在着重大差异,但是他们都重视把儿童看成主动的学习者。为了更准确和深入地把握儿童学习的环境,儿童学习的特点,有必要梳理一些相关的文献,并以此为基础探讨这种观念的准确含义和历史价值。

#### (一) 儿童学习课程价值取向的演变

由于社会对儿童学习的要求不断发生变化,于是在不同历史阶段形成不一样的课程价值取向。这些价值取向各有侧重点,有的注重教师的不同素养具备,有的强调儿童学习与发展的提升。

1. 知识取向

20世纪中期以前,社会期待教师担当起学者的角色、掌握全面扎实的知识,直接导致了知识取向的出现。知识取向的内涵是:课程以造就学者型教师为主,突出知识的重要性。侧重教师应具备渊博知识,让教师借助深厚的学科或教育理论功底,为儿童在社会中的生存打下夯实的智力根基,帮助儿童认识五彩斑斓、多姿多色的大千世界,有效地激发儿童的求知欲和好奇心。具体而言,19世纪的课程以传授任教学科知识为主。20世纪上半期,进步主义教育改革倡导以儿童为中心,强调儿童从生活中学习,注重儿童发展,教师成为儿童的向导或引导者的角色,因此,与任教学科知识相比,教育学科知识的价值显得更重要。教师需要具备如何激发儿童兴趣、鼓励儿童解决问题、为儿童提供建议等方面的教育学知识。自19世纪上半期创建到20世纪60年代初的历史发展可看出,贯穿在其中的一条主线是:受知识取向的影响,课程始终指向学者型教师,意在让教师通过课程学习掌握丰富的知识,这是其优点的体现,因为深厚的知识基础是教师成功教学的前提和必要条件,毕竟"记向之学,不足以为人师",但同时这也是其缺点所在。在一种以知识传授为特征的教师教育中,教师被"看作是一个巨大无比的'容器'",里面要装满日后为胜任教学而需要的知识,以便将这些新的知识运用于实践中,这显然忽视了理论性知识与实践性知识之间的区别。教师的实践性知识对影响教师的信念与教学实践起着重要的作用,而这种知识又是无法系统陈述,也无法通过外部的灌输来获得的。纵使教师可以通过知识取向掌握丰富的理论性知识,却无法获得制约教学实践的实践性知识,因而也就难以把握教学的全貌。

2. 技术取向

20世纪60—70年代的教师被期待成为技术人员,即能按照教学流程依次展开教学、熟练掌握各项具体的教学行为或能力。技术取向的内涵是:课程旨在培养技术人员,让教师熟练掌握不同的教学行为,成为胜任各项教学能力的"工匠"。技术取向的形成与流行与20世纪工业社会的价值观和期待密不可分。就像科学管理影响着工业和商业领域中的工作性质一样,它也影响着学校教育,影响到了教师的工作。提倡科学管理的人认为需要把复杂的工作任务分解成具体的、简单的组成部分,然后训练工人以一种最有效率的方式逐项完成这些被分解后的工作。教师采用了科学管理中的该思想,通过对教与学进行研究,客观地确定出一名有效教师应完成的具体任务和应具备的特征,然后让教师掌握这些任务和特征。它的问题在于"强调对教师行为和技能的训练,但轻视对这些行为的思考:倾向于让教师照本宜科和遵循教学常规,而不容许他们慎重思考有关教学信念与假定、儿童思维以及教学行动的后果与替代方案等问题"。教师由于缺乏对教学技术背后价值的关注,较少探究或反思教育的过程,被视为教学流程的操作者,只起到工具性的作用,因此,其主体性和创造性被抑制,更不利于其自身的专业发展。

3. 反思取向

从总体来看,20 世纪 80 年代至 90 年代中期,在教师专业发展运动的作用下,这些专业标准回答了"作为一名专业教育者所应该知道的和所应该做到的事情",强调教师作为反思型实践者的角色,这便是促成了反思取向的形成。反思取向的核心概念是"惊讶"和"困惑",它们意味着没有"正确的答案"。让教师撰写自传、记录及分析自我的教育体验是一种重要的知识形式,它能推进教师的自我反思,能刺激他们的洞察力和思维视角,修正原先某些不恰当的观念。众所周知,在从教之前,十多年的家庭、社会及中小学教育熏陶已经教师对教学工作形成了自己的看法。这些看法在他们的学生时代就已建立,且一直保持着,对其接受教师教育的整个过程都会产生或正面或负面的影响。由于教师带到课堂中的看法只是源自个人对学习与生活的体验,其科学性未经证实,它会让教师有选择性地吸收课程所呈现的内容,例如重视自己认为是正确的或重要的,忽视或过滤掉那些"不正确""不相关"或不感兴趣的。这些已有的认识与体验严重影响着他们对教师角色及教学工作的概念再建构。总之在教师培养过程中,让教师从事研究可以锻炼其收集与分析数据的能力、反思与分析课堂教学实践的能力,促进其专业上的成长；可以自主建构出有关学的知识，并把它用来指导当下的实践。

4. 儿童学习结果取向

到20世纪90年代后半期，教师成为儿童学习结果提升者、促进儿童认知与非认知方面的共同提升已成为社会对教师的角色要求，这直接波及教师教育。也就是说，儿童学习结果应成为判断教师教育课程质量的核心因素。就在同一时期，有研究者对传统教师专业发展的模式提出了批判，认为其过于关注教师个体的需求，各种专业发展的最终指向仍旧限于教学知识、技能和策略的传递。这些研究者极力倡导教师专业发展的新模式，即以关注儿童学习结果为核心，鼓励教师通过对教与学进行探究并最终达到教师个体及整个学校体系的共同发展。只有当儿童的学习结果成为教师专业发展或学校改善的中心任务时，教学实践才会有质的变化，儿童才会有真正的发展。

越来越流行的关于教师教育课程及教师专业发展须服务于儿童学习结果的观念与实践，也促使了美国教师教育认证机构调整其评价标准。具体要求是：未来教师通过精确地评估与分析儿童学习从而恰当地调整教学，并对所有儿童的学习结果都产生了正面、积极的影响。这种影响将通过不同类型如定性或定量的证据来证明，它们可包括：儿童标准化学术成就测试、儿童作品样本及未来教师作品样本。作品样本可包括：

（1）课堂情境及儿童背景描述；

（2）理想学习目标的描述；

（3）教学设计；

（4）评估儿童学习的方案；

（5）基于儿童前后评估比对的儿童学习结果分析；

（6）对儿童学习、教学过程、评估方法等的反思。

随着标准对教师教育与儿童学习结果二者关系做出明确的界定，儿童学习结果取向正式形成。

### (二) 儿童学习结果的提升

20世纪末期,基础教育的重点已放在儿童学习成绩上。它意味着教师须聚焦儿童,确保儿童学习成绩的提高以回应对成绩的问责。要想提高儿童成绩、促进其智力因素的发展,就必须也要对儿童的生理、成长环境及各种非智力因素有所了解,因为诸如个体差异、成长规律、多元背景、兴趣与需求、学习态度与风格、动机与情感、学习环境、人际交往等会密切影响到儿童的日常学习。也就是说,社会的发展已要求教师在“学者”、“技术人员”、“反思型实践者”的基础上成为儿童学习结果的提升者,促进儿童在认知和非认知两方面的共同长进。而这又要求教师做到以下几点。

1. 了解儿童的学习与发展

要想促进儿童在智力及非智力两方面的共同长进,教师首先必需对儿童在每一成长阶段的学习及发展的特征有深入的了解。可以说,了解儿童的学习与发展规律或特征牵涉儿童能否成功地学习、健康地成长并成为一名民主社会中受过良好教育的公民。了解儿童的学习与发展意味着教师要做到以下几点:首先,熟悉儿童学习与发展的一般规律。明了影响儿童认知及非认知发展的因素有哪些,这些因素在什么条件下、通过什么方式对儿童起了怎样的作用,如何利用或转化这些因素,扬长避短,趋利避害,最大程度地让儿童在认知及非认知方面都得到长进。其次,知道儿童成长领域间的不均衡性和相互联结性。教师需要学会把儿童视为具有多维度的个体:不是“机灵”“迟钝”或“害羞”的个体,而是表现出成长的不同水平的复杂个体。掌握儿童的个体差异性。由于每个人的遗传条件不同,受环境影响也不同,因而在身心发展上会表现出差异性。在同一个班级里,不难发现儿童在诸如学习风格、专注力、对成功与失败的情感反应、自信、脾气、社会化程度、阅历等方面的区别。为此,教师都应尊重差异的合理性和个体不同的存在形式,知晓如何利用个体差异巧妙地为学习服务,从而让所有儿童在不同领域都能获得发展。总之,每个儿童都是独一无二的,都有只属于他们自己的特点，教师必须了解全部儿童，在教学过程中努力做到因人而异，化个体差异性为教学资源，有的放矢，让每个儿童都得到成长。

2. 能基于对儿童不同背景的了解开展教学

教师要促进儿童的学习与发展，离不开对儿童背景的深入了解。教师应在教学中充分考虑儿童不同的生活经验及学习需求。不少研究已证实：在设计和实施教学时，如果教师运用了有关儿童社会、文化、语言背景等的知识，儿童的学术成就将会提高。也有研究指出，如果教师懂得如何解决儿童由认知上的差异或缺陷而派生出的不同学习需求，儿童的学术成就也会有所增加。另外，一项对数学教学及科学教学的调查研究表明：当教师在所教学科领域拥有学位，并且接受过多元文化教育、智障儿童教育、英语语言发展教育，这些教师能更好地提升儿童的学术成就。为此，教师需掌握与有着多元背景的儿童沟通、打交道的知识以及基于这些知识为儿童提供不同协助的能力。

3. 善于通过不同途径诊断儿童学习结果是否有提升

教师要提升儿童的学习结果、促进儿童认知及非认知因素的发展，还必须懂得通过多种途径诊断儿童的学习结果。无论是工作数年、已积累了丰富经验的老教师，还是刚刚迈入课堂、教学经验欠缺的新教师，他们都需要掌握多种诊断儿童学习结果的方法，了解每种方法在诊断上的恰当性，清楚它们各自具有的优劣势，灵活变通，化解不足。通常而言，评估儿童学习结果最常见的方法莫过于标准化考试。通过考试，教师可以在一定程度上判断儿童对所教内容的掌握、运用情况及在身心方面发生的改变，同时也可以知道自己教学的效果。这种方法强调客观化、标准化，追求的是精确性。然而儿童学习结果除了体现在智力方面外，还体现在伦理道德、意志、情感、态度、社交等方面，这些都是标准化考试所难以测量的。基于此，教师还应借助多种质性方法以弥补量化方法在诊断儿童学习结果上的不足，它们包括：提问、观察、倾听、复述或解释、学习作品展示、等级评定、作文范本、反思日志、角色扮演、课堂或家庭任务、同伴互评或自评、成长记录袋、儿童记录与观察报告、问卷、访谈、读书报告、方案设计、班级活动、微型论文等等。它们可以是正式的,即儿童知道自己正在被诊断,也可以是非正式的,即数据的收集完全是在教学过程中进行。

总之,教师应通过灵活、适当的方法或途径,真实、准确地诊断出儿童学习结果,多角度、多层次地记录下他们发展的过程并为其给出综合立体的评价,引导所有儿童健康地成长。

## 二、有关儿童中心的教学理论研究综述

从西方教育历史的角度看,“儿童中心”最初是作为一种特定的概念而出现的。因为这个概念本身具有独特的表现力,以及由此产生的特殊魅力,它逐渐成为现代教育的一个具有标志性意义的口号,并被不断泛化、升华,最终演变成为现代教育的信条。为了更准确和深入地把握“儿童中心”论的本质含义,有必要还原西方和我国这种观念的生成和发展过程。

### (一) 西方国家儿童中心教学文化的发展轨迹

在西方,儿童中心的教学文化可以上溯到古希腊唯心主义哲学家、教育家苏格拉底(前469—前399),他在教学中采用启发式教学,创造了“苏格拉底问答法”,即著名的“产婆术”。他认为,知识本来就存在于儿童的心灵深处,“教师的任务不在于臆造和传播真理,而是要做名‘知识的产婆’,把存在于学生内心的知识导引出来,变为学生的实际知识与技能”。苏格拉底的教学思想蕴含着儿童主体观,他主张充分调动儿童的主观能动性和积极性,激发儿童的思维,营造一种有利于儿童自我省思、分析问题、解决问题的教学文化场景,促进儿童自主地获得真知,并逐渐成为道德完善的人。他的学生柏拉图对教学的认识秉承了苏格拉底的先验论,并形成了以儿童和谐发展为中心的教学思想。柏拉图在《理想国》中反复强调儿童自主“反思”和“沉思”的作用,反对教师强制性地向儿童灌输知识,倡导采用以儿童为中心的问答式教学,建设和谐的教学文化环境,完善儿童的人格。他的以儿童为中心的教学文化精神影响了后来的卢梭、福禄倍尔等一大批教育家。亚里士多德秉

持柏拉图的教学思想，并将儿童中心教学文化推到崭新的境界，他倡导教师鼓励儿童思考，帮助儿童学会坚持真理，他那“吾爱吾师，吾尤爱真理”的誓言便是这种精神的真实写照。

古希腊的教学文化思想直接影响了后来的古罗马教育。古罗马教育家昆体良在其“雄辩术”教学思想中极力反对教师体罚和凌辱儿童，主张以儿童为中心，因材施教，量力而行，强调要重视发展儿童的兴趣，培养儿童的智慧。他的儿童中心的教学文化思想直接影响了后来的人文主义教育者夸美纽斯。

即使是在欧洲基督教统治最黑暗的中世纪，儿童中心教学文化仍然不时闪现美丽的光芒。牧师和教师也非常注意以儿童为中心循循善诱、春风化雨，鼓励儿童自已去思想和抉择。例如，经院主义教学思想的集大成者托马斯·阿奎那注重儿童潜能的自我发挥和因材施教，认为教学要充分考虑儿童的个性差异和心智活动，同时，儿童也应主动地学习，他还主张自我发现学习和语言接受学习要巧妙地结合，这些教学思想无不闪烁着儿童中心教学文化的智慧之光。

随着历史的车轮碾过文艺复兴的康庄大道，人文主义教学思想鼎盛一时，儿童中心教学文化掀起新的时代巨浪，造就了维多利诺、伊拉斯谟、拉伯雷和蒙田等一批著名的教育家。他们反对经院主义教学对学生的禁锢，倡导关心儿童，尊重儿童的人格，重视儿童个性的发展，培养儿童自主学习的兴趣。他们认为只有如此，才能发挥儿童独立自主的探索精神，才能博采众长，形成儿童自已的知识。这些真知灼见对启蒙时期的教学文化产生了巨大的影响。启蒙运动掀起的思想解放运动给教育注入了新的活力，诞生了诸如夸美纽斯、卢梭、裴斯泰洛齐、第斯多惠、福禄倍尔等教育家，他们否定“天赋观念”，要求冲破思想禁锢，弘扬人权，主张自由平等博爱，强调人的尊严与独立人格。夸美纽斯提出教学的“自然适应性原则”，认为教学要顺应自然的规律，发展儿童的个性。卢梭通过《爱弥儿》表达了他的自然主义教育思想，主张培养自然人，以儿童为中心，顺应儿童自然的天性，引导儿童内在的发展潜能。裴斯泰洛齐和福禄倍尔主张以儿童为主体，发展他们的天赋能力，后者在幼儿教育实践中做出了卓越的贡献。第斯多惠则承接裴斯泰洛齐的教学文化精神,提出了发展式教学思想,主张以儿童作为教学的中心,教师起引导作用,要把适应儿童的特点和发展儿童的能力放在首位。

随着现代教学时代的来临,欧洲新教育运动和美国以实用主义哲学为基础的进步主义教育思潮浪涛汹涌,它们在教学文化思想上坚持"以儿童为中心",教学的出发点是学生的需要、兴趣和爱好,一切教学活动都应该围绕学生展开。杜威成为这一时期儿童中心教学文化的杰出代表,他提出,"教育即经验的不断改造""教育是一个社会的过程""教育即生活""教育即生长",并认为,教学是围绕儿童与环境相互作用所形成的经验展开,应培养儿童的反省思维和解决问题的能力,提倡"从做中学"的教学方法。值得关注的是,杜威虽然倡导儿童中心的教学文化,但他并不否定教师的作用,认为教师应是儿童生活生长和经验改造的启发者和诱导者。随着杜威教育实验的失败,儿童中心教学文化进入了短暂的沉寂。

在 20 世纪 60 年代,人本主义教学文化崛起,以罗杰斯为代表的非指导性教学思想继续彰显儿童中心的教学文化精神。他强调以儿童为中心,突出儿童的主体地位,要让儿童自我生长、自我实现,提倡教师要营造一种自由民主和谐、充满关怀和真诚的教学文化氛围。同时,苏联著名教育家赞可夫的发展性教学思想也集中体现了以儿童为中心的教学文化精神。此外,在苏霍姆林斯基和巴班斯基的教学思想中都可见到以儿童为中心的教学文化精神。在 20 世纪 80 年代,建构主义教学思想在世界范围内获得了空前的发展,它十分注重以儿童为中心进行教学,营造接近实际的教学文化情境,强调学生间的协作学习,这些观点无不彰显着以儿童为本的教学文化。

20 世纪 80 年代后期以来,后现代主义教学文化思潮的滥觞孕育了新一轮儿童中心教学文化范式,它主张解构教师中心的教学文化,倡导以儿童学习为中心,师生交往对话、精神沟通、意义建构,使儿童从教学活动的边缘走向中心,追求教学主体相互间的平等和理解。教师应成为“平等中的首席”，应帮助儿童弘扬主体精神，使儿童成为自我发展的人。

### （二）我国儿童中心教学文化的发展轨迹

在中国，儿童中心教学文化可以追溯到春秋时期的孔子，此后，儒家教学文化思想作为基线贯穿于整个中国教学文化史。“因材施教”和“启发诱导”集中体现了我国以生为本、以儿童为中心的教学文化。以孔子为代表的儒家向来主张平等地对待每一位学生，提倡“有教无类”，认为儿童“性相近，习相远”，承认儿童的个别差异，充分了解儿童的兴趣能力、气质、个性，针对儿童的不同特点施教；顺应儿童不同的个性心理进行不同的问答，并主张“不愤不启，不悱不发”，并在师生互动中，注重营造教学相长的教学文化气氛。墨家也同样坚持以儿童学习为中心，因材施教、“量力所至”，并主张“强说强为”。道家则秉持顺应儿童天性的自然教育观，倡导“绝学弃智”“闭目塞听”“涤除玄览”“顺应自然”“自知独化”等教学思想，形成了独特的以儿童内心体验、自然成长为特色的教学文化。

秦代以法治教，主张惩罚式教育，儿童中心教学文化受到压制。至汉，黄老学派主张“因性而教”，董仲舒强调因材施教，都不同程度地反映出了儿童中心的教学文化思想。魏晋南北朝和隋唐时期，佛教思想鼎盛时出现了许多重视儿童主体精神发挥的教育思想，道教教育家葛洪提倡因材施教，主张根据儿童的个性、气质和道德品质施教；唐代韩愈提出“弟子不必不如师”的学生观，强调根据儿童不同的素质施以不同的教育；柳宗元在《种树郭橐驼传》中提出“顺天致性”的以生为本的教学文化思想。至宋，程朱理学的教育家们在教学实践中进一步弘扬以儿童为中心的教学文化，如朱熹常与学生质疑问难，启发诱导，诲人不倦。至明清，教育家更加强调培养儿童自主怀疑的求学精神，注重以儿童为中心，启发导引，如王阳明、王夫之等。清代大教育家王筠则大声疾呼：“学生是人，不是猪狗，人皆寻乐，谁肯寻苦？”他极力主张依据儿童的兴趣、爱好进行教学。近代以来，随着欧风东渐，以及经历了

1919年五四运动新文化思潮的洗礼,教学文化中学生的主体意识觉醒,在中国产生了蔡元培、胡适、陶行知、陈鹤琴等具有新思想的教育家,他们在不忽视教师责任和义务的同时都秉持了儿童中心的教学文化精神,如陶行知的"生活教育"、陈鹤琴的"活教育"、晏阳初的"乡村教育"等。

自1949年新中国成立后,我国开始学习苏联的教育教学经验。凯洛夫教学思想持续了30多年,具有特定的历史价值,其中也不乏尊重儿童、发挥学生能动性的教学实验,到20世纪80年代,学生的主体性教育受到了教学领域的热情关注,直至当前,许多以学生学习为中心、充分发挥学生主体性的教学文化依然占据着教学理论与实践领域。

## 三、儿童中心的教学改革实践综述

教学改革实践的本质就是按照一定的目的和要求,把落后的课堂教学思想和观念、方法以及师生在课堂教学交往活动中不合理的部分改成先进的、能适应一定社会政治经济发展需要和学生个性全面和谐发展的一种实践活动。教学改革实践往往把复杂的课堂教学改革实践过程,简化为一种"先进教育文化"取代另一种"落后教育文化"。"儿童中心"教学对中国教育实践产生极大的影响,下面梳理了我国儿童中心的教学改革实践的两个方面的文献。

### (一)"儿童天性"受推崇

作为实用主义教育思想的创始人,杜威对美国及世界的影响力是空前的,他的著作被翻译成各种文字在世界各地广泛传播,当"儿童中心"的思想飘洋过海来到中国,便迅速掀起一阵中国教育界的"杜威热"。"儿童中心"在以陶行知为代表的杜门弟子的广泛传播下,形成了一股推崇"儿童天性"的热潮。清末的新学制实施以来,我国在教学上一直沿用的是"教授法",即教师作为课堂的主体传播知识的方式,这种教育很少关注学生是否学进去了,学了些什么。深受杜威影响的陶行知吸收了杜威儿童教育思想中的合理因素,首举改革的大旗,用"教学法”代替“教授法”,倡导“教学做合一”。这种“教学法”遵循了杜威“儿童中心”理论中的基本精神,力求以学生为本,充分调动学生的积极性和主动性,培养学生个性。除了“教学法”的变革之外,陶行知与杜威在教育内容上也有着同源异流的理念,杜威认为,只有当儿童的教育与社会生活紧密相连,学校才能成为一所充满了艺术、历史和科学之精神的理想圣地。陶行知的“生活教育”,并非完全生搬硬套,而是结合中国的实情,“翻了半个筋头”,提出“生活即教育”“社会即学校”,他反对老八股、洋八股这些脱离儿童生活的东西,确立了儿童生活教育的特质:生活的、大众的、前进的、世界的和有历史联系的。

以陶行知的“儿童创造教育”思想为例,他认为每一个儿童都具有巨大的创造潜力,我们成人需要做的就是解放并培养这种潜力。他在“创造的儿童教育”中提出四点要求:首先,要加入儿童队伍成为一员;其次,要认识儿童的力量,重视儿童的创造力;第三,要解放儿童的创造力,即解放儿童的头脑,双手、嘴、空间和时间;第四,培养儿童的创造力。对于儿童世界中的“玩”,他更是给予充分的肯定,认为“玩”是培养才能的最好契机,“读万卷书与行万里路”相配合的实践的生活教育才是适合儿童发展的教育。

同样师承杜威门下、深受杜威“儿童中心”理论影响的郭秉文倡导启迪并发展学生的兴趣爱好,尊重并重视学生的个性发展,培养他们的创造能力;陈鹤琴的“活教育”思想认为,儿童“具有主动学习的能力”,应该基于儿童的天性进行教学;个性教育思想的阐发者蒋梦麟认为:“个人天性越发展,则其价值越高,一社会之中个人价值越高,则文明之进步愈速;杜威教育理念的重要传人胡适更是对“儿童中心”极度推崇,践行到学校教育中,他主张必须使学生养成独立观察、思考和判断的能力,形成这种能力的关键就在于充分尊重学生的主体作用,训练他们学习的主观能动性,培养创新意识。杜威的这些弟子对杜威教育观的广泛传播,不仅为20世纪初中国的新文化运动注入了新的生机和活力,也为“学生为本”理念的确定提供了肥沃的精神土壤。

### (二)"学生主体"得认同

由于历史和现实等原因,新中国成立初期,杜威的实用主义教育思想曾一度被误认为是资本主义腐朽的象征,受到强烈的批判。改革开放以来,一批思想先进的教育家将儿童中心与学科教育紧密相连,创造出新的生机和活力。

著名语文教育学家钱梦龙先生提出的"三主四式"语史导读法正是对"儿童中心"向"学生为本"的推进。他独创的"导读法",实现了学生角色的转变,即由"被支配""被灌输"的对象,一变而成了"主动的求知者""学习和发展的主体";教师的角色由高高在上的主宰者,变成了与学生处在平等地位的"指导者、帮助者、鼓励者、合作者"。钱梦龙把这次教有模式的变革称作"教学由'教师中心'向'学生中心'的一次阵地转移"。

华南师范大学教授郭思乐在1999年提出并开展"生本教育"。"生本教育"理论主张教育应由"师本教育"向"生本教育"转变,实现学生积极、主动、活泼、健康地发展。历经十余年时间,在中国大陆部分省市、港澳地区的多所幼儿园、中小学、中专职校的广泛实验中,"生本教育"收获了可喜的实践效果,大多数学生能够享受学习的乐趣和生命的神奇。教学通讯《郭思乐和他的生本教育》则以郭思乐提出的"生本教育"为主体,对"生本教育"的理论和实践成果进行综合评论,在教育界引起很大反响。许多一线教育实践者也对"生本教育"提出了许多有益的见解。梳理归纳总结如下:1. 在"生本教育""一切为了学生,高度尊重学生,全面依靠学生"的核心理念指导下,尊重学生的主体地位,提出创设民主平等的"生本"课堂。2. 以"生本教育""先学后做,先学后教,以学定教,不教而教"的教学策略为基础,提出切实有效的教学措施。3. 在实践"生本教育"过程中,注重引导学生采用自主合作探究学习方式。

在新课改理念的指引下,许多学校都在努力寻求学校教学改革之路,以寻找素质教育和应试教育的平衡。山东杜郎口中学的教学改革就是一个很好的例子。在校长崔其升的带领下,杜郎口中学通过十多年的探索和努力，逐渐总结出了杜郎口模式。所谓“杜郎口模式”是指在中学教学中，充分鼓励学生自主学习，学生对于知识的获得主要是自己通过自学以及学生间的相互讨论来完成的。课堂上的绝大部分时间是由学生自主支配的，而老师则是在一节课将要结束的时候，根据学生的探究和发现进行必要的总结。老师不再是课堂上的讲授者、知识的传播者，而是转变为教学的组织者和引导者。“杜郎口模式”主要内容包括两个方面，一是由杜郎口中学在刚开始改革时大胆提出的“0＋45”的模式发展而来的“10＋35”的课堂模式。也就是说一堂45分钟的课，教师只能讲10分钟，其他的35分钟时间要交给学生支配。二是杜郎口中学的“三三六”自主学习模式。即课堂自主学习三特点：立体式、大容量、快节奏；自主学习三模块：预习、展示、反馈；课堂展示六环节：预习交流、明确目标、分组合作、展现提升、穿插巩固、达标测评。

在当前形式下，杜郎口中学已成为全国教学先进单位，杜郎口模式也受到一部分专家和学者的好评，其独特的教学模式形成了一股“旋风”，引起了众多学校的关注。尽管对杜郎口模式的评价存在争议，许多学校仍纷纷派教师去参观学习并借鉴其教学模式。因此，学校如何借鉴此模式便成了值得研究的问题。

总结我国不断变迁的教育理论，可以发现，由过去强调教师中心、知识权威到逐渐关注学生的地位，进而提出“教师为主导，学生为主体”的教学模式，再到提出“学生为本”这一基本理念，“儿童中心”的指导作用不容小觑，它不仅将儿童从传统教育的枷锁中解放出来，还为中小学教师开展教学活动提供了依据。新课程改革提出核心理念“以人为本”“以学生的发展为本”；同时，2011年颁布的《中小学教师专业标准》把“学生为本”作为第一条基本理念。由此可见，无论从课程的创生与开发，还是师生的交往与互动方面来看，“儿童中心”都是中国教育改革路上的关键，在提倡素质教育的今天仍具有指导和借鉴作用。

# 第三章　绘制精准的教学地图

## ——学习导向的教学行为改进模式

教学行为改进模式是指总体模式，是基于儿童学习的、概括儿童学习状况的总体学习图式。皮亚杰认为，心理结构的发展涉及图式、同化、顺应和平衡。在四个概念中，皮亚杰把图式作为一个核心的概念提出来。他认为，图式就是动作的结构和组织，这些动作在相同或类似环境中由于不断重复得到迁移或概括。主体为什么会对环境因素的刺激做出不同的反应，这是因为每个主题的图式不同，以不同的内在因素去同化这种刺激，做不同的反应。图式最初来自先天遗传，以后在适应环境的过程中，它不断地得到改变，不断地丰富起来，也就是说，低级的动作图式，经过同化、顺应、平衡而逐步结构出新的图式。教育者基于学生学习导向，总体建构教学模式，绘制精准的教学地图，类似流程，实现多元融合。这种教学模式剖整体为部分，又给片断以综合；化抽象为具体，变形象为抽象；使繁复概念直观化，化难为易；又给教学内容以本质认识，揭示逻辑。

## 第一节　学习导向型教学中的教师、学生、教材与环境

儿童学习导向的教学行为改进研究，以研究儿童学习为起点，以关注儿童学习的需求、方法、能力、个人差异、可能的结果、动机、兴趣为基础，是以服务儿童学习为目的，不断改进教学行为的一种校本研究的新

模式。在这种教学中，教师、学生、教材、环境都在发生变化，发生了怎样的变化？它们之间有什么关联？变的要点在哪里？

## 一、学习导向型教学中的教师是服务者与诊断者

我国当前的课堂教学正在经历一个由以教为中心向以学为中心的转变过程。儿童学习导向下的教学以学生自主、创造性的学习为整个课堂教学过程的中心。在这种课堂中，教师的教学行为不只是讲授，教师也不仅仅是讲授者，而是教学的服务者和诊断者。具体的教学行为包括处理学习内容、组织学习活动、调动学生积极性等。

### （一）教学转型需要教师转变角色

教学是一个信息和情感交流、沟通，师生积极互动、共同发展的过程。新课改以来，人们对教师在基础教育新课程发展中的地位和角色等问题的认识发生了很大的变化，教师的地位和角色也随之发生了变化。

1. 教师由知识的传授者转变为学生学习的引导者和学生发展的促进者

教师再也不能以传授知识作为自己的主要职责和目的，而应该把激发学生学习的动机，指导学生的学习方法，组织管理和指导学生的学习过程，培养学生自主学习、合作学习的能力作为自己工作的主要目标。现代社会的发展要求教师不仅仅是向学生传播知识和社会规范，更要关注学生人格的健康成长与个性发展，真正成为学生发展的促进者。

2. 教师从课程的忠实执行者转变为课程的建设者和开发者

新课程要求教师具有强烈的课程意识和参与意识，改变以往学科本位的观念和被动实施课程的做法。教师要整体理解基础教育课程的结构系统，熟悉国家课程方案，理解国家课程、地方课程、校本课程的关系，理解课程实施中从“专家课程”到“现实课程”的转变过程，正确认识教材在课程中的地位和功能，变过去习惯的“教教材”为“用教材教”，创

造性地使用国家课程教材,积极进行国家课程地方化、校本化的实践探索。

3. 教师要从“教书匠”转变为教育教学的研究者和反思的实践者

新课程要求教师应该是一个研究者,在教学过程中以研究者的心态置身于教学情境中,以研究者的眼光审视和分析教学理论与教学实践中的各种问题,对出现的教学问题进行研究,总结经验,并形成规律性的认识。

4. 教师要从学校的教师转变为社区型的开放的教师

新课程特别强调学校与社区的互动,重视挖掘社区的教育资源。在这种情况下,教师的角色不能再仅仅局限于学校和课堂,教师不仅是学校的一员,而且是整个社区的一员,是整个社区教育、文化事业建设的共建者。

### (二) 教师作为服务者

在《给教师的一百条新建议》这本书中的第 85 条写道:“每个人都应成为优质服务的提供者。”对我们每一位教育者而言,教育是一种特殊的服务,这是一种精神性的服务,服务者与学生之间应该是一种平等的关系。“为了每一位学生的发展”是新课程改革的核心理念。随着“以人为本”教育理念的深入,教育比以往更加民主了。在一所学校里,要追求真正的办学高质量,就要实施全校、全员、全岗位、科学的质量管理,也就是让学校每个人都成为服务者,还必须是优质服务的提供者。

1. 为学生的学习服务

教师要树立为学生提供优质服务的观念。在教学中,要调动学生的学习积极性,鼓励学生参与教学;针对学生的实际情况,创设智力操作活动,展开深度教学。用学生生活中需要的知识去教学,选择适合学生的方法去施教,教给学生思维的方法;指导学生了解学科特征、掌握基本的学习过程和学科研究方法,培养学生良好的学习习惯。

2. 为学生的发展服务

教育并不只是单纯为学生升学而服务的，在学习新课改理念过程中，教师应深刻理解教育的目的就是为了使学生获得生存、发展的能力，是使学生的生命质量不断提升的全过程，教师是为学生的终身发展而服务的。教育要为人的发展服务，是教育使命，是教师“传道授业解惑”的职业属性，是通过人的发展为社会发展服务。将学生放在教育工作的中心，能够在一定程度上满足学生的发展需求，让其可以更快速地实现自我价值，能够将自身的潜能全面发挥出来，让人格全面健全。因此，在实际的教育过程中，教师一定要科学地对教育资源进行利用，有效地采取教育方法，让学生能够自由且健康地发展，促进其能力以及水平的发展和提升。

3. 为学生的心育服务

在学生思想教育方面，要根据学生的心理需要，开展针对性的心理教育课程，要关注每一位学生，关注学生的情绪生活和情感体验，关注学生的道德生活和人格养成。在配合学校工作方面，要努力做到上传下达，积极配合学校各部门的工作，为学生在校的生活学习提供良好的硬、软件设施，给孩子们提供良好的生活、学习环境，保障孩子们的身心健康。

总之，作为教师，应该尽可能真正去感受每一名学生的处境，了解每一个孩子的需求，成为他们学会把握自己追求幸福权力的守望者，为学校和家庭教育提供优质服务。

### (三) 教师作为诊断者

教师的教学工作不仅仅是教学生知识，更重要的是指导学生学习，帮助学生克服学习的障碍，使学生学会学习。教师对学生的诊断，是在课堂观察基础上获得教学反馈信息、捕捉教学复杂现象、分析研究教学情况，及时调整教学思路、教学内容和教学方法的重要手段；同时能够唤醒隐藏在教师心中的教学智慧，改进教学行为，提高教学效率。

1. 学生学习需要的“诊断者”

学习需要是指学习者当前的学习状况与被期望达到的学习状况之间的距离,或者说,是学习者已经具备的水平与期望学习者达到的水平之间的差距。学生学习需要是整个教学过程的前提和基础。“以学生为中心”,首先应该关注学生的学习需要,学生学习需要是整个“以学生为中心”教学设计的基础。教师对学生学习需要的“诊断”就是鉴定教学问题,并在此基础上形成总的教学目标,为分析学习内容、编写学习目标、制定教学策略、选择和运用教学媒体以及进行教学评价等各项教学设计的工作提供真实的依据。教师通过对学生学习需要的诊断,可以让教师本人、参与教学设计人员、学生的精力、时间以及其他资源被有效地利用,去解决教学中真正的问题,从而提高整个教学效益。

2. 学生学习过程的“诊断者”

苏联大教育家赞可夫曾提出过“使学生理解学习过程”的原则。教学过程是一个教学相长的系统的过程,在这个过程中,学生是整个过程的中心,所有的教学活动必须围绕着学生这一主体,教师作为学生学习过程的“诊断者”,要全面了解学生的学习历程,注重纠正学生不正确的学习和思考方法,发扬学生好的学习和思考方法,激励学生的学习和改进教师的教学,积极探索适合学生个性发展的教育方法,创新和改革课程内容、教学活动和教学手段,通过诊断结果促进教学发展。诊断时,要加强学生学习过程管理,优化和延伸学生学习过程评价,建立学生、教师、学习同伴、社会需求等主体共同参与、交互作用的评价制度,探索项目驱动型教学,促进学生学习过程评价与外部需求衔接,培养学生创新精神和实践能力。

3. 学生学习结果的“诊断者”

学习结果诊断是学校教育效果评估和教学质量保障体系的重要组成部分,设计与学习结果评价相匹配的教学适应机制是促进教学改革、改进学生学习成效的重要管理手段。它是教育者对学生学习结果达到预先设定目标的程度进行衡量的过程,是教学评价的重点和核心,是以学生发展为目标,依据学习目标对学习过程及结果进行价值判断并为教学决策服务的活动。教师作为学生学习结果的“诊断者”,可以了解学生的学习态度、对知识的掌握程度、学习能力以及应用知识的能力,可以针对当前重要的学习目标,及时跟进,选择最重要的、与学习目标相关的学习产品进行分析,结合学生的表现,针对出现的主要问题进行分析,改进教学,提高教学实效。

4. 教学行为改进的“诊断者”

教师教学行为指教师引发、维持及促进学生学习的所有行为。教师的教学行为不应是简单的重复劳动,教师每天面对心智发展中的学生,每天面对着新情况、新问题的挑战,因而经常记录、观察自身或他人的教学情况,并及时地予以“诊断”,是帮助自己排除教学障碍、促进自身专业发展的不竭动力。“诊断”旨在促进教师教育教学能力的提升,教师对教学诊断、反思工作要保持严肃的态度,对教育教学工作要以认真学习、深刻认知为基础,以教学内容、教学方法、教学活动、学习方式和评价方法等方面为入手点,对教学工作进行诊断与改进。新课程强调教学反思,对教师来讲,从之前的教学经历中不断地积累教学经验,将更先进的教学经验和教学方法应用在实际教学过程中,通过不断的自我反思来实现自我能力和水平的充分发展。

## 二、学习导向型教学中的学生是行动主体与自我管理者

英国思想大师怀特海在《教育目的》一书中说道:“我们现在仍坚持认为,发展的本能来自内部:发现是由我们自己做出的,纪律是自我约束,成果是来自我们自己的首创精神。”他认为学生是发展的主体,发展是主体的主动行为,而学生的发展的主要方式是通过学习来实现的,学习是学生发展的主要方式。所以,我们也可以认为学习是学生自己的事。

### (一) 教学转型需要赋予学生新的地位

1. 学生由知识的接受者转变为建构者

传统的教学以教师为中心,采用教师讲、学生听的填鸭式教学。教

师直接向学生传授知识,学生毫不费劲地接受知识。课堂以教师活动为主,学生只是“观众”。学生学到的是具体的知识,而忽视了对学生能力的培养,忽视了对学生学习方法的指导,学生缺乏学习的基本技能。一旦离开了老师,将无法进行新的学习,造成学生的终生学习受到限制。“一切为了每一位学生的发展”是新课改的最高宗旨和核心理念。在此背景下,教学转型需要赋予学生新的地位,体现在:学生是完整的人,他们的身心发展是有规律的;学生具有巨大的发展潜能,是处于发展过程中的人;每个学生都有自身的独特性,学生之间存在着差异。“学生主体地位”的重新认识——学生是教学活动的认识主体和价值主体,明确教学中学生主体地位的实施途径,课堂上要保证学生自主活动的时间,教学中要根据学生的学习情况调控教学节奏。

2. 学生由回答者转变为质疑者

布鲁纳认为:最精湛的教学艺术,遵循的最高准则,就是学生自己提出问题。对学生来说,学习的过程实际上是一个不断产生疑问并解决疑问的过程,并不是单纯的知识接受或技能的训练,而是伴随着交往、创造、追求、意志努力、喜怒哀乐等的综合过程,是学生整个内心世界的全面参与。传统的课堂教学束缚了学生个性的发展,使学生对学习产生厌倦情绪。现在的学生再也不会容忍在课堂中担任这样的角色,因为他们有思想,有个人的主见,也更乐意向别人表达个人的见解。教师要结合学生的心理特点,有的放矢地把学习的权力交给学生,开展学习活动。在知识面前,鼓励学生大胆地发表自己的见解,并以理说服其他同学,而且不畏教师的权威,敢于和教师探讨质疑,能发掘老师没有发现的新问题,充分展现自己的聪明才智。

3. 学生由模仿者转变为创造者

传统的教育存在一些弊端,如满堂灌、机械训练、死记硬背等,学生纯粹被动接受知识,唯“标准答案”是从,唯教师是从。学生便会懒于思考,等着教师对标准答案。这无疑束缚了学生的手脚,忽略了学生学习的主动性与独立性,最终使学生失去探索未知领域的兴趣,不利于学生创造性潜能的开发。新课程背景下的教学模式,为学生提供一个释放创造力的宽松环境，真正解放学生的大脑和双手，学生主动参与、自主探究、合作交流，不断迸发出思维的火花。对学生而言，其创造性并不限于他首创了多少前所未有的新知识、新见解，而应包括更多的内涵：在学习上能举一反三，灵活运用知识，有丰富的想象力，喜欢出新点子和解难题，爱标新立异和发表与别人不同的见解，善于利用所学知识解决日常生活中遇到的各种问题，喜欢小发明、小制作和小设计等等。

### （二）学生作为行动主体

《辞海》对主客体的注释为："主体指认识者，客体指同主体相对立的客观世界，是主体的认识和活动的对象。"在教学过程中，学生作为行动主体，是教学活动的主体，教师则是这一活动过程的组织者和指导者。教师水平、教学内容、教学方法、教学设备等对学生来说虽然重要，但外因再好，终究还要靠内因起作用。

1. 学生是自我学习行动的主体

新课程标准指出：教学中应坚持以人为本的原则，倡导学生主动参与、乐于探究、勤于动手，从而形成主动的学习态度，培养学生自主学习的能力。要让学生自主地学习，教师要营造自主学习的氛围，尊重不同学生的情感、思维、兴趣、爱好，允许学生对问题有不同看法，允许并鼓励学生根据自己的素质和兴趣发展自己的特长，允许学生有选择学习内容、学习方式、学习方法的权利，调动并形成强烈的学习动机，增加学习的兴趣，使学生愿学和乐学。教学中要尊重学生在解决问题时所表现出的不同水平，问题情境的设计、教学过程的导入、练习的设计等要让所有学生都能主动参与，提出各自解决问题的方法，并引导学生在与他人的交流中选择合适的策略，提高思维水平。

2. 学生是同伴合作的主体

同伴合作学习提倡将课堂还给学生，让学生成为课堂的主人，让学生以研究者的身份与同学、老师共同发现问题、分析问题、解决问题。采用这种学习方式，能充分调动学生学习的兴趣，促进学生自主管理，培养学生合作和竞争能力，增强学生的责任意识。在教学过程中，通过同伴间的相互讨论交流,充分发挥每个人的优势,让学生能够感受到学习的乐趣,在自主分析与分工合作中,不断提升效率。这在一定程度上可以有效地提升学生的学习效果,促进彼此的学习能力的提高。

3. 学生是学习决策的主体

杜威说:“如果学生不能筹划他自己解决问题的方法(自然不是与老师、同学隔绝,而是与他们合作),自己寻找出路,他就学不到什么……”这也就是说学生的学习决策权在学习过程中有着不可替代的作用与位置。学生作为学习决策的主体,要对学习目标、学习内容、学习方法、学习策略和评价方式以判断和选择为核心而进行选择、确定和应用。

4. 学生是自我评价的主体

学生不仅要把学习内容作为认识的客体,而且要将自己作为认识的客体。学生行使自己的学习决策权之外,还更需要自我管理的精神,要能为自己的选择负责,为自己的目标做出承诺,并实践到底,要对自己作出客观正确的自我评价和反思,从而对自己的行为进行自我激励、自我控制、自我调节,形成健康的心理品质,使自己的注意力、意志力和抗挫折能力不断提高。

### (三) 学生作为自我管理者

学生作为主体对自己的状态及在教育中的地位等要有自我认知,成为自己学习的管理者。学生自我管理得以进行的前提是唤起学生的主体意识和自我意识,使学生能对自己的学习习惯和行为表现有一个客观的清醒的认识,并能与学校要求相对照,在自我评价和自我反省的基础上,调整或修改自己的学习行为方式。

1. 学生是自我发展的管理者

自我管理活动是一种主观的活动,它有赖于管理主体的知识为出发点,将具有客观规律性的管理付诸实践,变为现实。学生作为自我发展的管理者,要做好自我规划,根据自己的天赋、兴趣和客观环境等因素,选择目标,然后脚踏实地、按部就班地实现这个目标。

2. 学生是学习过程的管理者

课堂教学是学校教育教学的基本组织形式，学生主要是在课堂教学中接受教育，开展学习活动。每个学生都是一个自组织系统，一个独立的物质实体。在整个学习过程中，他们可以在多种目标、多种活动中进行选择，对自己的学习活动进行有目的的调整和控制，可以超越教师的认识，时代的认识，科学地提出不同的观点。学生自主有效的管理学习过程，科学形成自觉学习的习惯，能提高其知识自我消化能力和独立思考能力，提高自身的学习能力。

3. 学生是学习结果的管理者

学生对学习结果进行管理和反思，有利于促进其逐渐成为自律学习者，通过学习结果的分析和评价，了解学习目标、学习内容和学习方法等的掌握程度，明确学习中存在的优势和问题，及时回顾总结，查漏补缺，合理地分配时间，有针对性地去攻克、落实，有效地调控后续的学习行为，改善学习策略，改进学习方法，进而促进自身自主学习能力和学习效率的提高。

## 三、学习导向型教学中的教材是资源选择的平台与学习路线图

《基础教育课程改革纲要（试行）》明确提出，“教材改革应有利于引导学生利用已有的知识与经验，主动探索知识的发生和发展……”这就对教材建设提出了具体要求：教科书内容要从儿童生活经验出发，要能够调动学生学习的主动性，让学生通过自己的经验来学习，使学生从自己的经验学会认识并建构自己的认识；教科书要注意培养学生的问题意识，应当引发学生产生问题，学生可以通过对教科书的学习形成真正意义的自学能力。

### （一）教学转型需要改变教材的地位

教材（教科书以及相应的教学参考书等）是学校教育的中心，是保证学校基本教育质量的“依靠”和“凭借”。我国近代教育家陆费逵在

《中华书局宣言书》明确提出了“教科书革命”的口号,他说:“国立根本,在乎教育,教育根本,实在教科书。”

1. 原来的地位

教材是教师执教的依据,也是学生学习的依据。教材不但界定教师教的任务,也界定学生学的任务,教材才是教学过程真正的核心。没有教材或不依赖教材的课堂,教学就会失去内涵,失去方向,质量也就没有了依据,没有了根基。特别是就具体的课堂教学活动而言,一定要以教材为本,忠实地、全面地教好教材的内容,做到不肢解教材、不脱离教材、不边缘化教材,把教材内容教好,把教材任务落实好,把教材问题解决好。教材就算是个例子,也要把它教好、教到点子上,对例子的补充、延伸、拓展和超越、批判、质疑都要基于例子。

2. 现在新的地位

从教材本身来看,教材不仅是课程标准的代言人,更是集中了众多专家、学者的专业智慧和学科水平,它是学科知识的精华、智慧的结晶。教材不是一般的材料、读物,它是根据教育目的和学生身心发展规律和认识特点,专门研制和编写的文本,适合于相应特定阶段的学生学习。教材不完全等同于课本,凡是有利于学生学习和教师教学的材料,都可以称之为教材。从这些视角来看,教材是基于学生导向的教学工作的中心和关键。对此,我们要有正确、辩证的理解。一方面,要确立教材的中心地位、基础地位,既要防止把教材边缘化,又要防止矫枉过正,把教材“神圣化”。基于学生导向的教学转型需要改变教材,不是具体的技术层面的用教材“教”,而是一种思想和理念,它时刻提醒我们,任何教学归根结底都是为学生的学习服务的。

### (二) 教材作为资源选择的平台

《课程标准》对教材的使用也提出了一些相关的要求,就是“教师要善用结合实际教学的需要,灵活和有创造性地使用教材,对教材的内容、编排顺序、教学方法等进行适当地取舍和调整”。教材是我国学校教育的主要课程资源,是教学的基本内容,是学生学习的材料,是传承文化的一种载体，但不是惟一的课程资源。教学资源无时不有，无处不在，而且会不断再生。

1. 教材作为教师的教学资源

教材本身并不局限于学生用的课本，比如教师用书，练习册，还有光盘、课件，甚至是卡片、挂图等等，都属于教材的组成部分。随着现代教育技术的不断完善，网络、电视节目、报纸，这都可以作为教学材料的一部分，教材已然不是预先规定好教学目的的凝固不变的东西，而是不断变动、不断更新的教学资源。把整个教育过程看作一个信息系统，在运作学生所要学习的不仅有以课本为载体的信息，声音、图像等多元化的信息都将作为教学内容引入课堂，这些都属于课程资源，都是课程的核心学习材料。教师用教材不是为了完成“教”的任务，而是为了更好地有计划地帮助学生“学”。教师要重视挖掘教材资源，拓宽、延伸知识结构，活用教材，使教学从课内到课外，从点到线到面，从已知到未知延伸。这种教学打破了封闭的教学格局，形成了开放的态势，力求学得更广博、更创新，在更大程度上把知识的教学伴随在能力培养、态度形成的过程中。

2. 教材作为学生的学习资源

教材，是非常有系统、有条理的资源，能为学生提供有效的学习方法和学习平台。现在施行的教材，多是依据各门学科背后的学问进行组织，具体说就是实现课程内容的压缩与精选。在当今信息技术综合和趋同的时代，随着电子网络媒体的兴起和全球知识网的建立，“基于资源的学习”日趋成熟。因此，学生“用教材学”，要立足于自身实际和发展的需要，在充分分析自身学习特征的基础上，根据教材内容确定学习目标，制定学习计划开展学习，在教师指导下不仅要知道学的“是什么”，还要知道“为什么”，并在这一知其然又知其所以然的过程中，获得情感体验和正确的价值观、人生观。

### （三）教材作为学习路线图

立足于学生的教学，是为了使教材服务于学生，是为了让教材成为教学活的载体,是为了教师的教学能与学生的背景知识和经验有效的对接,以及与学生的思维发生关联、碰撞,并促进学生智能的发展,提升学生的情感态度价值观。总而言之,是为了满足学生的学习而教学。

1. 学生总是在教材范围内展开学习

教材是教师开展教学活动和学生获取知识的载体,是学生和教学目标之间的纽带。在新课程理念下,教材的一标多本成为一种趋势。面对多样化的教材,新的教材观必然是"用教材去教,而非教教材"。从理念的要求而言,教师可根据学生的需求和水平,对统配教材认真钻研、理解教材所承载的知识体系、具体内容、重点难点和文化内涵,认真分析、理解其设计(选材)意图和活动策略及其对学生学习策略、情感态度和价值观的影响,再进行必要的调整、取舍、整合,体现基于学生实际和发展需要的个性化创设。如现在用的语文部编版教材不同于传统的语文教材,它以单元为载体,以"人文主题"和"语文要素"双线并排的编排体例,将"工具性语文"与"人文性语文"融于一体。这样的编排方式有助于提升学生的语文学习力,发展学生的语文核心素养。

2. 教材编写体系提供学生学习的路径

要使学生积极参与、全身心投入学习,让学生亲身(用自己的身体、头脑和心灵)经历知识的发现、形成、发展的过程,不可能、也不需要重复人类最初发现知识的过程,而是简约地经历知识形成的关键性"步子",教师要借助教材编写体系为学生提供学习的路径。"学案导学",是基于教材,以学案为载体,以导学为方法,教师的指导为主导,学生的自主学习为主体,师生共同合作完成教学任务的一种教学模式,是为学生的自主学习提供了一幅"知识地图",用于引导学生自主学习、合作探究、展示提升的学习方案。这种新型的教学模式,旨在通过学生的自主学习教材,培养学生的自学能力,提高教学效益。

3. 教材不仅是知识体现,还要成为学生的学习主张

我国著名的教育家叶圣陶先生曾说过:教材只能作为教课的依据,要教得好,使学生受益,还要靠老师的善于运用。教材重在体现知识的传授,强调理论结构的系统性和完整性,但是在实际教学中,学生可能

成为教材的再度开发者。如在数学教学中，教师在解读教材时，精心创设问题情境，科学设计探究活动，引导学生通过“再创造”，“模拟”经历人类发现知识的关键环节，将静态的知识打开、激活，建构属于自己的、富有个性的知识，并使学生在知识的发生、发展过程中激发学习的热情和兴趣，体验实事求是的精神、严谨的科学态度，培养勇于克服困难的意志品质、不断追求进取的精神，在运用知识解决现实问题的活动中体验学习的价值，增强应用意识和创新意识。

学生整理回顾教材中某一知识体系的过程，可以制作成“思维导图”。这是一种大脑图式思维工具，是将发散性思维更加具体化的思维方式，其知识表征方式及过程、对知识的表达与理解，与科学教学有其共通之处。可让学生更容易掌握学科知识结构，理解其抽象概念，提升逻辑思维能力，加强记忆能力。图文并茂的形式能激发学生的学习兴趣，充分发挥学生的自主性、创造性，开拓学生的动脑能力、提高学生的自信心、培养学生做事情的条理性，推动自主学习，促进学生思维发展。

## 四、学习导向型教学中的环境是资源载体与分享空间

我国学者田慧生认为，教学环境系统分为物质环境和社会心理环境。教学环境是学校教学活动所必需的诸客观条件和力量的综合，它是按照发展人的身心这种特殊需要而组织起来的育人环境，贯穿于教学过程中的影响教师和学生的生理、物理与心理因素的总和。课堂教学环境是影响、作用于教学活动的外部条件，它对教学效果会产生重要的影响，良好的教学环境可以激发学生的学习热情，使学生产生积极的学习情绪，从而提高教学活动的质量。

### （一）教学转型需要赋予环境新的地位

#### 1. 原来的地位

在以往传统的教育方式中，课堂教学往往就是老师对学生进行强制性的知识灌输。教师借助课本辅助，成为知识的来源和解释者，利用黑板和粉笔进行教学，往往要花一半或大半的时间叙述资料和讲解习

题,学生的学习也仅局限在教室中,从而忽略了教师自身水平和教学环境对学生的具体影响。传统教学环境下,学生的学习主要是基于对“客观”知识的识记。在教师传授知识之外,学生完全可以根据自己的特点完成这些识记任务,学生的学习基本上是封闭的,不易实现学生的个性化要求。这种方式不利于学生的发展,也大大降低了学生的学习兴趣和学习效率,同时学生之间的成绩差异也会越来越大。

2. 现在新的地位

课堂教学是学校教育的主阵地,需要“求真”。“求真”的本质就是遵循教育规律,以学生为中心,关注学生的全面发展。随着信息化时代的来临,信息技术和多媒体资源教学已经在学校中广泛地发展起来,这种智能化的教学环境给学生的学习带来了很多便利,同时还能够从多个方面培养学生的个性,使学生能够德、智、体、美全面发展。在新课程背景下,教师利用多媒体技术和网络技术相结合的信息技术教学环境及特点,在课堂创设良好的教学环境,引导学生在有趣、和谐、生动的教学环境中学习,才能更好地培养和提高学生对所学知识的感受、理解、体验、表现能力和创造能力。

### (二) 教学环境作为资源载体

教学环境是一个由多种不同要素构成的复杂系统,广义的教学环境是指影响学校教学活动的全部条件(包括物质的和精神的),校园环境、制度环境、人际环境、心理环境等都属于教学环境。教学环境作为一种特殊的人类生存环境,特别是作为按照发展人的身心这种特殊需要而组织起来的专门育人环境,具有自身特定的环境区域(校园)、特定的环境主体(师生)和特定的环境内涵(规范性、可控性、纯化性和教育性)。

1. 教学环境作为教师教学的资源载体

教学环境是课程资源合理组合和教学活动顺利进行的保证。作为课程资源不可忽视的一部分,教学环境越来越受到人们的重视,同时运用信息化的教学手段来提高学生的学习效率也得到大家的认可。从运用技术手段实现教育过程中，通过优质教学资源的配置，创建虚拟的教学环境，也成为一致的发展方向。

2. 教学环境作为学生学习的资源载体

教学环境对学生学习过程中的认知、情感、动机、行为乃至学习成绩等，也有着十分明显的影响。传统的课堂教学往往是单向型的教学，如“填鸭式”“满堂灌”等，让教学陷入了窘境，尽管教师讲得激情澎湃，但学生却听得云里雾里，课堂的效率不高。新课程标准强调，要让学生成为学习的主体，教师在课堂教学中主要起主导作用，要促进学生个性发展，以达成高效课堂。呈现在学习环境中的学习资源，是一种广义的学习资源。建构主义认为的资源是多视角的，凡是进入教学环境，对学习活动起支撑性作用的所有因素、事物、任务等，都在这种广义的学习资源的范围中。现代网络教学环境，资源量丰富，能有效解决传统课堂资源匮乏的问题；更易开展自助探究学习，学生根据自身已有知识和经验，选择适合自己的内容进行学习；适合学生开展小组合作学习，利用网络交流的及时性和可视性，让学生的所学所思得到及时呈现交流，给予每个学生展示自我的平台；便于教师因材施教，有利于师生、生生互动，提高教学实效。

### （三）教学环境作为分享空间

建构主义学习理论告诉我们，知识不是通过教师的传授获得的，而是学习者在一定的社会文化背景下，借助于他人的帮助，利用必要的学习资源，通过主动的意义建构方式获得的。在老师教学和学生学习的过程中，教学环境作为学习共享空间对于学生的耳濡目染，能够有效地将学生学习的主动性以及热情激发出来。教学方法的选择，教学手段的运用，教学组织形式的安排，教学模式与教学策略的确定，课堂信息的交流与传递，师生课堂交往的形式以及教学活动的程序、进度和效果，都直接或间接地受着各种教学环境因素的影响。

1. 教学环境是教师教学的分享空间

教学环境是影响教师教学效果的重要因素。在教学的过程中积极地创设有利的学习环境和情景对于学习综合效率的提升来讲有着重要的意义。随着信息技术的不断发展,教育理念的不断更新,教师把信息技术作为意识和观念,更作为一种手段和方法,融于学科教学之中,注重信息技术与其它学科的渗透与融合。老师积极地调动自身和已具备的教学资源来为教学环境的创设服务,为孩子创设祥和安宁的学习环境,鼓励孩子静心学习。在教学的过程中,老师通过积极发挥自身的优势条件,并对学生的作用和教学设备条件的作用进行积极的利用,教学环境的创设工作必然会取得很好的效果。在课堂教学过程中,多媒体教学软件可以呈现教科书以外的教学内容,这些软件依据学科特点,由教师选择集成在计算机中以便于在课堂教学中随时使用,从而实现对教学内容最有效地组织与管理。

2. 教学环境是学生学习的分享空间

教学环境,是学生学习活动开展的过程中赖以持续的情况和条件。良好的学习环境能使我们的学习取得事半功倍的效果。因为在这样的环境中,自然会有一种气息在感染着学生,促使学生加倍努力学习。在新型的教学环境下,教师创设符合学生实际的教学情境,基于学生利用已有的经验,学生从被动的知识接受者的角色地位中解放出来,实现对知识意义的主动建构。学生在知识意义建构的过程中,各种信息的检索、分析、整理、加工乃至最终结果的呈现都是学生在独立或合作的大背景下完成的,学生在知识分享的过程中提高对知识的理解、运用、拓展延伸的能力。在特定的教学环境中师生、生生交往互动、合作互助,学生以个体原有经验、方式、信念为基础的学习,对同样问题会有多样化的理解,共享和交流同一问题的不同看法、不同认识、不同理解和不同信念,并在此基础上形成共识,开展有效的深度学习。

## 第二节 学习导向型教学的设计、实施与评价

学习导向型教学与传统的教学模式相比,更关注生命的成长、个性

的发展和价值诉求,更注重交互探究、合作共享、智慧生成,更适应新时代的“因材施教”。那么如何根据学生的认知现实,顺应学生的认识规律,因势利导;如何更好地服务于学生,促进师生的共同发展?下面将结合实际教学从学习导向型教学的设计、实施与评价三个方面加以诠释。

## 一、学习导向型教学的设计

传统教学模式的设计主要强调教师的讲授,在一定程度上忽视了学生的积极参与,束缚了学生的个性和创造能力的发展。缺乏对教学信息的适时检测和反馈,不能实现对教学过程的及时调节和最佳控制。其培养的人思路不活,迁移能力差,不能适应未来社会发展变化的需要。学习导向型教学的设计对传统教学模式的设计提出了新的要求,其核心是以儿童学习为起点,关注儿童学习的需求、方法、能力、个人差异、可能的结果、动机、兴趣等,重在资源开发与学习活动设计,以此促进儿童发展。学习导向型教学设计由“学情分析”“目标设计”“教材加工”“活动设计”四个方面组成。

### (一) 学情分析

学情分析是教学设计的重要组成部分,是编写有效学案的先行条件。学情分析,也是对“以学生为中心”“以学定教”教学理念的具体落实。

#### 1. 国内研究者达成的共识

苏联心理学家维果茨基提出的“最近发展区”的教育思想是学情分析的理论基础。随着“学情分析”研究的不断深入,国内研究者基本达成了共识:学情分析即教师为了有效教学而开展的对影响学生学习各因素的诊断、评估与分析,其目的是为教师的有效教学行为提供准确的信息和依据。最近发展区理论也是朱棣文小学开展学情分析的理论支撑。

2. 学情分析的主要内容

一线教师在分析学情时,往往限于片面或者笼统,如这个班的学生基础比较好或者学习兴趣不高、习惯不够好等等。这样的描述不能很好地切合每一门学科每一节课的学情,因为不同的教学内容会有不同的变化着的学情,每个班学生的具体情况也很不相同。学习导向型的教学的学情分析的内容主要可以分为:学生的生理、心理特征分析;已有的知识经验水平分析;个体差异分析;学习中可能遇到的困难分析等。

### (二) 目标设计

教学目标是关于教学将使学生发生何种变化的明确表述,是指在教学活动中所期待得到的学生的学习结果。在教学过程中,教学目标起着十分重要的作用。教学活动以教学目标为导向,且始终围绕实现教学目标而进行。

1. 关于目标设计的理论基础

布鲁姆根据教学目标分类的对象和应遵循的原则将教学目标分为认知、情感、动作技能三大领域,每一个领域的目标又由低级到高级分成若干层次。格若劳德也曾提出,先以概括性的术语来界定目标,然后附上恰当的、清晰的具体目标加以阐释。这两个观点正是朱棣文小学学习导向型教学设计的理论源泉。

2. 学习目标的设计

基于以上理论的认识和具体学情的分析,学习导向型的教学在目标设计时要遵循以学生为主体,教师为主导的原则。充分尊重学生的主体地位,但也考虑到学生知识经验的有限性,教师应当为学生概括和设立易于学生理解的学习目标,更好地引导学生明确学习方向,确立学习任务,激发学习动机。在确定具体目标时不仅指明单元整体的教学目标,还要明确具体的课时目标;不仅指向学习内容,更关注认知过程;不仅指向学习方法,更关注学生的情感态度价值观。

### （三）教材加工

所谓的教材加工，是指在深层次理解教材编排内容及其意图的基础上，能准确把握教学重点和难点，根据教学目标和学生的实际情况对教材进行适当的、创造性的处理，使得教材更好地为教学服务。

比如苏教版小学数学一年级下册《认识元、角、分》，“分”的使用已经慢慢离开了我们的生活，而对于真实的人民币的使用学生也比较陌生，因此在教学设计时对于分的认识就可以淡化一些，而对于元的认识可以增加一些内容，如对实物的感知、换币的体会等。在小学语文教学中，更应该基于教材，将学生从课内带向课外，如教《三顾茅庐》时，可以把学生带向“三国”这个朝代，沟通课堂内外，让学生在感兴趣的自主阅读中全面提高语文素养。

### （四）活动设计

学习导向的教学活动是一个完整的教学过程。具体来说它是教师根据学情和实际情况对教材进行加工从而确定合适的教学内容和教学方法，设计出具有联系性、递进性等特征的教学环节，从而达到教学目标的过程。

苏教版小学数学二年级上册《认识平行四边形》，与传统的照本宣科的活动相比，学习导向的教学活动的设计更注重基于学情的设计，其板块清晰，层次分明，各环节意图明确，形式开放。学生虽是首次认识平行四边形，但已经直观认识了长方形、正方形、三角形、圆形等图形，同时具备了一定的操作能力、语言表达能力和初步的空间观念。教材先引导学生通过现实场景中找四边形的活动，初步感知平行四边形的形状特点，再引导学生利用各种学具“做”出平行四边形。最后，通过长方形框拉一拉变成平行四边形，体会平行四边形易变的特征。基于对学情和教材的分析，设计了如下的四个活动：1. 生活中“找”平行四边形，初步感知平行四边形。2. 小组合作“做”平行四边形，深化对平行四边形整体特征的感知。3. 图形中“感”平行四边形，体会图形之间的密切联系。4. 七巧板“品”平行四边形,激发学生学习兴趣,又体现回归生活的数学理念。本课的活动设计注重让学生“做”这个任务导向,通过经历不同形式“做”的过程,让学生认识平行四边形,并且内化平行四边形的整体特征。

## 二、学习导向型教学的实施

在学习导向型的教学中,学生是主体,教师是引导者、组织者和合作者。学习导向型教学实施的重心在学习指导上,同时也要关注在学习活动中的组织和管理,灵活运用多种方法,让学生多感官齐参与,充分激发学生的学习积极性。此外,还应该特别关注学习过程中个体学习情况的及时且多方面的反馈。

### (一) 加强学生学习指导

加强学生学习指导的基本思路是在“以生为本”的理念下,以实际课堂为抓手,对学生的学习给予及时的帮助。对学生学习的指导不是传统的知识灌输、无需整节课处处都要指导,可以在几个关键处根据实际课堂情况加以指导。

1. 教学重点、难点处的指导

教学重点和难点是整个教学的核心,是完成教学任务的关键,也是教学设计的重要内容。教学中重点突出,难点明确,有利于学生掌握教学总体思路,高效完成学习任务。而教学难点具有暂时性和相对性,作为“引导者”的教师应当抓准每节课的重难点,并在课堂实施过程中根据实际教学内容和学生学习情况及时地调整、适当地给予指导。比如苏教版小学数学三年级上册《认识分数》,本课的重点是让学生经历分数的产生过程,了解将一个物体平均分成若干份,其中的一份是几分之一。因此,教师就要课堂上抓住这一重难点,创设情境让学生产生学习需求,并在操作中给予一定的指导,帮助学生抽象出分数的本质。

2. 教学断层处的指导

知识是一个紧密联系、环环相扣的体系,但是在实际课堂教学中,往往有很多时候教学过程不会那么顺利，学生自己无法很好地将新旧知识衔接起来，出现“断层”的现象，这就需要教师给以及时的指导、适当的点拨，帮助学生自主搭建知识之间的“桥梁”，主动建构知识体系，帮助学生重拾对学科学习的自信心，全心地投入到接下来的学习活动中。比如苏教版小学数学三年级下册《长方形和正方形的面积计算》一课，本课的内容属于度量范畴，学生的认识往往停留在推导面积计算公式上面，不会主动地将前后知识进行勾连。教学中要与前面学过的测量长度的方法进行比较，从而提炼出度量内容学习的方法，形成“度量”知识的特有的思维结构，为后面学习度量内容做好充分的准备。将数学知识整体化教学，让学生的思维在整体化学习中不断结构化。

3. 教学疑惑处的指导

比如在小学数学苏教版三年级上册《轴对称图形》一课教学中，当教学完“对折后能完全重合的图形叫轴对称图形”这个概念后，其实学生是存在疑惑的，如“完全一样”等于“完全重合”吗？这里就需要教师给予指导，通过深度的交流和实际操作等方法明确概念。再次是在教学提升处的指导，充分利用与开发习题，激发探究欲。比如，六年级上册“长方体和正方体”课后“整理与练习”一题：“用小棒和橡皮泥团，可以做出不同的长方体和正方体框架。小组合作，先填写选料单，再做一做。”可以让学生准备好以上橡皮泥材料，并进行拼搭，指导学生更加直观地体验长方体和正方体棱、面、体积之间的关系。而在这样进一步提升难度的过程中，学生往往会遇到不同程度的困难，需要教师给予一定的点拨和提示，引导学生掌握多种不同的拼搭方法，发现不同搭法之间的相同点。让学生在积极动脑发挥想象力的同时，通过动手操作增强对长方体和正方体的理解和掌握。

4. 加强学生的个别指导

“黄沙入海，找不到完全相同的两颗沙粒；绿叶如云，寻不到完全相同的一双叶片。”这句话深刻地揭示了大千世界中的万物存在着多样性和差异性的哲理。没有差异的学生是不存在的，因此，在教学过程的各个环节中,要注重学生的个别差异,对于不同的学生给予不同的指导,帮助每个学生都能积极参与教学活动,在原有的基础上都有不同的发展。

5. 利用“学习单”加强学习指导

学习单是依据课标和学情,把教材内容与要求以及相关教学资源转化为具有目标性、整体性、层次性、建构性和可操作性的学生活动方案。其使用对象是学生,所以应从学生的立场设计与表述,更重视学什么和怎么学。在编写时以学生为中心,符合学生的认知规律、语言特点和思维习惯。教师可以结合“学习单”的使用,发现学生存在的问题并给予一定的指导。

### (二) 重视学习活动的组织与管理

教师是学习活动的“组织者”,学习导向型教学的实施要重视学习活动的组织和管理。比如在“小组合作活动”中的组织和管理。

小组合作学习就是以合作学习小组为基本形式,系统利用教学中动态因素之间的互动,促进学生的学习,以团体的成绩为评价标准,共同达成教学目标的教学活动。在苏教版小学数学二年级《有趣的七巧板》这节综合实践课中,本着“组内异质,组间同质”的原则,课前将学生分为4—5人一组的若干组,每组民主选举一名组长,在进行小组合作学习前,根据学生实际明确合作的要求:1. 组长拿出图画纸。2. 像这样合作创拼美丽的图形。3. 把整幅图编成故事。4. 推荐一个代表准备交流。本环节的活动时间为5分钟,在此过程中,教师也要给予适当的点播,引导学生积极参与实践和讨论,让他们充分发挥自己的想象力与创造力。虽然只是二年级的学生,但是在教师这样的组织管理下,他们能开展有效的小组合作,在组长的带领下完成学习任务。当然,这样的分组和分工不是一成不变的,不同的学科会有不同的分组,不同的学习内容也会有不同的分工,小组合作学习活动的组织可以根据教学设计提前预设安排,也可以根据实际课堂动态生成,实时调整管理。

同理,课堂中的其他学习活动也离不开教师的组织与管理,教师应当从细节入手,利用恰当的方法组织和管理,使学生的学习活动更科学、更有效,从而提升学生的探究能力,发展学科素养。值得一提的是在每个学习活动后教师应该有一个及时的行为反思环节,以改善下次活动的组织与管理,提高活动实效。

### (二)激发学生学习的积极性

"兴趣是最好的老师",在实际课堂上,我们要尽可能地激发学生的学习积极性,让学生自主发挥主观能动性,才能让学习更加深刻更加有效。那么,如何激发学生的学习积极性呢? 可以从以下几个方面着手。

1. 课前预习激发学生的学习积极性

学习导向型教学的有效实施,必须以学生的积极参与为基础。首先,可以通过课前预习来激发学生的学习积极性。课前预习是一个自我探索的过程,学生能够从中体会到独立获取知识的乐趣,激发求知的内驱力;同时,在预习的过程中,学生会发现自己的不足之处,促进学生自主地在课堂上有针对性地听讲,自觉将注意力集中在自己不明白的地方,提高学习的效率;此外,课前预习的过程也是一个吸收知识、综合提升的过程,通过课前预习有助于学生了解学科知识以外的更为丰富的其他知识,促进自身素养的提升。

2. 创设情境激发学生的学习积极性

我们的学习主体是7—12岁的孩子,针对学生的年龄特征和教学内容,创设合理的情境有助于激发学生的学习积极性。比如苏教版小学数学五年级《转化的策略》一课中,学生对于"转化"一词是很模糊的,如果上课一开始就教学生图形的转化、数的转化,学生会觉得特别枯燥乏味,因此,上课伊始,教师创设了一个"曹冲称象"的情境,激发学习积极性,学生很快进入状态,通过复述故事感受"转化"的巧妙,为后续探索数学中的转化奠定基础。

3. 课堂有效交流激发学生的学习积极性

问题作为一种重要的交流载体,它不仅能增强课堂教学的趣味性,提高学生的学习积极性,还能进一步揭示问题的本质,带动学生进行更深层次的思考。例如进行计算教学时,课堂中出现了多种不同的方法,但课后去观察,发现大多数学生依然守着自己原有的方法,对别人的方法不闻不问。便这样提问:“谁听懂他的意思了?能不能解释一下?”“有没有和他差不多的?”“这些方法中,哪些有相同之处?又有什么不同?”“哪种方法计算起来最方便?选择最快捷的方法进行计算。”通过具有导向性的问题,在对算法进行优化的过程中进行深层次的交流,实现算法多样化。

4. 多种鼓励相结合保持学生的学习积极性

学生的学习积极性就像学生的注意力一样,无法自始至终地存在,这就需要我们运用“鼓励”来保持学生的学习积极性。这里的“鼓励”可以是来自老师的鼓励,也可以是自己的鼓励,还可以是同伴间的鼓励,在课堂上,要灵活运用多种鼓励来保持学生的积极性,让学生更全心全意地投入学习中。

总之,教师在教学时只有充分发挥学生的主体作用,才能充分地调动学生的学习积极性,真正提高课堂教学质量。

### (四)加强学生个体学习情况的反馈

学习导向型的教学在实施过程中要注重面向全体和关注个体相结合,并要特别重视加强对学生个体学习情况的反馈。可以从学习态度、学习习惯、知识理解、学习能力等方面及时地给予反馈。

在平时的教学中,特别是在练习环节,我们通常会通过举手示意等方式来大概地了解学生的对知识的掌握情况,但是这样的操作不够真实也不够具体。随着现代信息技术的日新月异,可以通过信息技术来帮助我们掌握。如每个人配备一个电子设备,学生每一题的做题情况和用时教师都可以很清晰地看到,并可以及时反馈给学生,了解每个人的掌握程度和他在群体中的水平。

在现实的教学中,我们可能还不能都具备这样的硬件设施,那么就需要教师人为地关注到个体学习情况,比如在苏教版小学数学五年级

《转化的策略》一课的课堂观察中，就关注到教师非常注重个体学习，并能给予及时反馈。如在学生交流“曹冲称象”故事的时候，观察到有个别学生在“发呆”，让课堂观察者惊讶的是老师居然能第一时间发现这个学生在走神并点名说道“小青同学，刚才其他学生交流的过程中，老师发现你听得最入神，相信你一定在认真思考，接下来的活动中期待你精彩的发言哦!”此时，小青同学才缓过神来，会意地点了点头，接下来的课堂学习中，他都能比较全心地投入。教师一句善解人意的话，保全了一个五年级男生的面子，也对他的个体学习态度作了及时的反馈，让他能立刻恢复状态，参与学习。因此，对学生个体学习情况的及时反馈能帮助学生认识到自己当前的学习状态并及时做出调整，以便更好地参与到接下来的教学活动中。

## 三、学习导向型教学的评价

评价是一项不断发现价值、判断价值和提升课堂教学价值的活动。学习导向的教学评价，不仅要关注学生的学习结果，而且要关注学生成长发展的过程。学习投入、学习管理、学习效能是学习导向型教学评价的三大支柱。

### (一) 学生学习投入的评价

“学习投入”对于我们来说是一个新的概念，但在国外对其的研究已经趋于成熟。按照国外学者的观点，学生的学习投入是指在学校生活中，学生表现出来的行为、努力、坚持性以及在这一过程中所伴随着的积极情感。学习投入有三方面组成，即行为、情感和认识。学习投入是可测量的，学习投入的评价可以从以下五个方面着手。

1. 学习成绩

可以通过向教师、家长和学校调查和问卷的方法，了解学生的平时成绩、花费的时间、付出的努力程度、家庭作业的完成程度等。

2. 课堂行为

对学生的考勤情况、课堂上是否积极参与教学活动、是否积极发言、是否破坏课堂纪律、知识探索过程的努力程度等作出评价。

3. 课外参与

许多研究将课外参与作为预测学习投入的一个指标,主要是通过与学生或家长的沟通,了解学生参加课外活动的数量和质量情况来评价学生的学习投入。

4. 人际关系

主要是学生与教师的关系以及与同伴之间的关系,如该生对各科教师的喜欢程度、是否向教师主动请教问题、是否感到是与同伴一起努力学习的、遇到困难,是否能与同伴共同努力克服、是否能相互倾听对方的意见、和睦相处等方面作出评价。

5. 学校生活

主要是通过调查学生对学校生活和在学校参加活动的总体感受来评价学生的学习投入。

总之,我们可以通过量化的方法从以上几个方面进行评价。研究表明,自信的学生能得到较高的评价结果。因此,我们应该积极地发现学生的优点,当学生表现好的时候给予及时的鼓励,增加强化的数量,激发学生在学习中的投入和参与。

### (二) 学生学习管理的评价

学生学习管理主要包括教师管理和自我管理,在具体的课堂中,主要表现为教师“教的行为”和学生“学的表现”,对这两方面的评价我们可以通过设计课堂观察记录表,并确定一些重要的观察指标,通过实际课堂观察来予以评价。

针对学习导向型的教学特点,制定了如表 3-1 所示的评价表。以资源的选择性、分层教学、个别辅导、异质合作、活动为主设计五个重要指标,各指标又细分三个方面,通过课堂观察来实现学习管理的评价。在具体观察评价时,我们通常进行分工、分点的观察、记录评价。

**表 3-1　“学生多元需求的个别化教学行为改进”课堂观察记录评价表**

观察班级________　执教教师________　观察对象________　观察者________

| 活动流程 | 教的行为 | 重点观察指标 | | 学的表现 | 观察反思 |
|---|---|---|---|---|---|
| 活动 | | A 资源的选择性 | A1 贴近学生<br>A2 激发兴趣<br>A3 多样化 | | |
| | | B 分层教学 | B1 分层目标<br>B2 分层评价<br>B3 矫正调节 | | |
| | | C 个别辅导 | C1 及时反馈<br>C2 理解新知<br>C3 鼓励认同 | | |
| | | D 异质合作 | D1 小先生制<br>D2 学会倾听<br>D3 相互尊重 | | |
| | | E 活动为主 | E1 批判质疑<br>E2 迁移运用<br>E3 自我反思 | | |

说明：1. 教的行为：主要记录教师的讲述、提问/追问、呈现、活动说明、活动参与、评价等行为，可具体化；2. 学的表现：主要记录学生学习活动中的语言、行为、神态、状态以及学习结果等，如果出现观察指标的表现，可用 A1 等符号表示，但有的仍需做些简单描述性记录（观察者明白即可）；特别要记录学生对重点的学习、难点的突破、小组合作、亮点、生成等；3. 观察反思：针对学的表现，反思教的行为，提出自己思考（成功启示、改进之策等）。

如苏教版小学数学五年级《转化的策略》一课的课堂观察，一位教师专门从分层教学这一指标出发，记录教师是如何开展分层教学的，学生又是如何表现的。课上，教师在练习部分设计了“夺星大挑战”内容，将每道练习题进行了星级划分。对学生来说不仅是目标，也是自我评价的一个标准，学生能清楚地知道自己对今天所学知识的掌握情况；而对老师来说，也可以根据各星级题目的正确率初步了解不同层次学生的收获情况，从而给予不同的评价。有一个交流四星题环节，题目是一个大正方形里面有个斜斜的小正方形，要用分数表示小正方形的面积。小组合作后交流，学生说道：“我是从从涂色部分入手，先将中间 4 格描出，再将外面部分分为 4 个三角形，两两组合成 2 个长方形，面积为 6

格,加上中间的 4 格,一共是 10 格。”此时,教师说道“这是一个好方法,你真会动脑筋,四星题都做出来了,想想还有没有其他方法了?”这样的评价不仅肯定了学生的说法,更促进学生进一步思考,寻求解题方法多样化。在此环节,观察者给予学生的自我管理评价是:“主动参与合作,能动手尝试验证猜想,认真听取他人建议,顺利完成解题,能透过知识表象发现数学本质。”给予教师管理的评价是:“关注分层评价,鼓励不同层次的孩子在不同的起点上前进,有效地帮助学生认识自我,提高学习自觉性。”通过对学生独立做题、校对后画星自评、自我反思练习过程等环节实现自我管理的评价。通过对教师围绕某指标的设计、课堂上如何展开、过程中对学生及时的评价、根据课堂情况矫正调节等环节实现对教师管理的评价。

### (三) 学生学习效能的评价

学习效能是指学生个体对自己能否胜任学习任务的主观判断和以及对自身学习效果的客观表征,是影响学生学习动机、学业成就的重要指标,是学生学业负担形成的核心要素。

处于不同学习阶段的学生有着不同的心理特征、思维方式和学习内容,在学习效能水平上存在着显著的差异,因此,我们要根据具体课堂教学内容结合学生的阶段性特征制定学习效能评价表,主要有自我评价、同伴评价和教师评价三项内容。学生学习效能的评价不仅关注学生学习结果的评价,更强调对学生学习过程的监控和调节,积极地建构过程性评价体系。如表 3-2 是苏教版小学数学四年级下册《三角形、平行四边形和梯形》单元教学后制定的对学生学习效能的评价表。

**表 3-2 学生学习效能评价表**

——《三角形、平行四边形和梯形》单元

班级:________ 姓名:________

**一、自我评价**

1. 本单元学习的结果:

<table>
<tr><td rowspan="3">算一算：<br>本单元补充习题的作业共(　　)次，全对的有(　　)次。<br>本单元单元练习的等第是(　　)。</td><td>想一想：在作业的过程中又出现了哪些问题？</td></tr>
<tr><td>1.</td></tr>
<tr><td>2.</td></tr>
</table>

2. 本单元涉及的是图形与几何领悟的内容，其中你最感兴趣的是：________________________________。

感到最枯燥的是：________________________________。

3. 在本单元的学习中，你学到的数学思想方法有：请在你选择的前面打"√"，并在后面的横向上举例说明。

□推理，如________________________________。

□迁移，如________________________________。

□转化，如________________________________。

□数形结合，如________________________________。

□类比，如________________________________。

□分类，如________________________________。

□符号化，如________________________________。

□其他，如________________________________。

4. 合作学习中，我认为自己的表现：很好□、尚可□、不好□

5. 在本单元的学习中，是否经常得到老师和同学的关注？(是□、否□)如"是"，老师和同学关注的是：__________；如"否"，原因是：________________________，如何改进：________________。

为此，我感到：自豪□、自责□、无所谓□、其他□

<table>
<tr><td colspan="2">自我评价</td><td rowspan="4">对自己说的话是：</td></tr>
<tr><td>优秀</td><td></td></tr>
<tr><td>良好</td><td></td></tr>
<tr><td>一般</td><td></td></tr>
</table>

## 二、同学互评

| 评价项目 | 评价情况 | | |
|---|---|---|---|
| | 优 | 良 | 一般 |
| A 该同学在本单元的“研讨交流”在讨论到______时表现。 | | | |
| B 该同学能否发现问题并提出问题。 | | | |
| C 该同学在小组合作中能够积极承担学习任务。 | | | |
| D 该同学在学习中是否有独特的见解,其观点经常引起同学们的关注。 | | | |
| E 该同学能否吸取其他同学的学习经验和方法,是否乐于与其他同学共同探究并分享成果。 | | | |
| F 与该同学学习是否愉快。 | | | |
| G 该同学是否及时完成作业。 | | | |
| 该同学在学习中还有什么值得学习的地方? | | | |
| 该同学在学习中还有什么有待改进的地方? | | | |

| 同学测评 | | 评分说明:在以上 7 项中,有 4 项“优”,无“一般”者,可总评得“优秀”;有“优”,且只有一项“一般”者,可评为“良好”;无“优”且有两项“一般”,可得“一般”。 |
|---|---|---|
| 优秀 | | |
| 良好 | | |
| 一般 | | |
| 评分人 | | |

## 三、教师评价

**提出问题:**________________________________。

**回答问题:**________________________________。

**讨论问题:**________________________________。

**总评:**___________________________________。

综上所述,对于学生的学习效能的评价是发掘学生学习潜质,形成学生学习动力的根本方式、策略、路径与手段。从评价的主体来看,可以分为自我评价和他人评价。自我评价能增进学生的学习效能,帮助学生建立自我生命成长的个人坐标。从某种意义上说，学生学习的自卑与超越，就取决于学生学习中的自我评价。而他人评价则更侧重客观性，有助于学生更为清晰地发现自己的问题所在，给予评价对象建设性的改进建议，帮助评价对象分析和解决问题。不管是自我评价还是他人评价，都应当客观合理，注重评价对象的主体性，以促进评价对象的发展为目的，将量化评价方法和质性评价方法相结合，丰富评价方法，提高评价的实效性和可操作性。

## 第三节　学习导向型教学行为改进的要素与实践框架

学习导向型教学行为改进是基于反思的一种新型的校本研究模式，是教师立足儿童需求，强调以儿童学习为导向，以服务儿童学习为追求，不断改进教学行为的一种教学实践模式。经过实践研究，找到了教学行为改进的要素，建构了符合本校实际的教学行为改进的实践路径，为教师独立开展教学行为改进提供了行动指南。

### 一、学习导向型教学行为改进的要素

改进教学行为的要素有很多，为了更好地服务儿童学习，促进儿童不断提升，在改进教学行为时主要要落实以下要素：三大学习导向、三大教学行为、五大学习范畴。一线教师只有明晰要素的内涵与价值，才能更有效地改进自身的教学行为。

#### （一）关注三大学习导向

以学生为中心的教学行为有指导行为、反馈行为、倾听行为、评价行为等，以师生互动为中心的行为有提问行为、理答行为等。改进教学行为，首先要关注三大学习导向：以学习起点导向、以学科要求导向、以学习规律导向。

1. 以学习起点为导向,了解学生真实学习水平

教学起点是根据学生的学习起点确定的。所谓学习起点,是指学生在从事新的学习活动时,原有的知识水平、心理发展水平对新的学习的适应度。学习起点分为学习的逻辑起点和现实起点。把握学习起点,可以使教学更有针对性,可以克服教学中的浅层性。确定学生的学习起点有以下几个途径:① 借鉴经验,包括自己和别人的经验,可以是报刊上的案例和教学经验文章,可以是同校教师的经验,可以是专门针对学生现实学习起点的调查报告和研究报告。② 课前调查,是指上课前通过调查了解学生的已有知识和生活经验,找准学生的学习起点。这种方法适用于一个单元起始课或教师上研讨课、借班上课等。③ 设计相应的导入环节,根据课堂反馈确定学期起点。课前调查使我们全面了解学生的现实起点,但我们不能每节课都去调查,这时我们可以本着寻找学生现实起点理念,设计一些有利于正确确定学生学习的现实起点的导入,在上课开始时就寻找学生的现实起点,并在此基础上展开学习活动。

2. 以学科要求为导向,准确把握学科知识本质

每个学科都有其独特的学科要求及育人价值,培根有过经典的阐述:读史使人明智、读诗使人灵秀、数学使人周密、科学使人深刻、伦理学使人庄重、逻辑修辞使人善变……因此教学要以学科要求为导向,要超越简单的具体知识,去理解和把握具体知识背后的学习方法、学科思想与学科价值;要超越表层的符号形式,去理解和把握形式背后的逻辑根据、思想方法与价值意义;要超越庞杂的知识点本身、去理解和把握同类知识的组织结构和属性特征,唯有如此,学科知识的教学才能有助于学科核心素养的形成。据此,我们可以将体现学科本质的教学内容识别为一个包含价值与精神(内层)、方法与思想(中层)、问题与概念(外层)的三重结构。简单说,学科方法、学科思想、学科观念、学科精神等隐性的内容(学科深层结构),也即学科本质。

3. 以学习规律为导向,科学规划学科学习图式

以前我们常说,教学有法,教无定法。但其实应该是,以学定教,学

有规律，教有优法。图式在某种意义上可以称之为一种学科教学规律性的东西。以学习规律为导向的教学设计，要求每一位老师把“教什么”“怎么教”和“教得怎么样”统一起来，即时追问自己三个问题：我要带领学生去哪里，我如何带领学生去那里，我怎么确信学生已经到达那里。其实这三问就是教学目标、教学方法、教学检测与评价的问题。这三问指明了教学的方向、为有效教学提供了实实在在的保障。例如小学语文学科主要有两类规律性知识适宜于图式表征：其一是文本结构图式（句子结构图式、段落结构图式、文体与篇章结构图式）；其二是阅读图式（教与学两方面的程序性图式，如五步识字程序、学生独立阅读一篇课文的基本程序）。

### （二）基于五大学习范畴

这里的范畴主要指范围，一个完整的学习过程主要包含五大范畴：学习组织、学习指导、学习管理、学习诊断、学习反馈，这五大范畴相辅相成，各自发挥着独特的作用，引领学生更好地学会学习、乐于学习，这五大范畴也是教师改进教学行为的重要关注点。

1. 强化学习组织，建构学习共同体

学习组织，是企业家、经济学家和管理学家们都在探寻的、一种更有效的、能顺应发展需要的管理模式。美国麻省理工大学佛瑞斯特教授提出了学习型组织最初构想：层次扁平化、组织信息化、结构开放化，逐渐由从属关系转向工作伙伴关系，不断学习，不断重新调整结构关系。作为佛瑞斯特学生的彼得圣吉，是学习型组织理论的奠基人，1990年完成了《第五项修练——学习型组织的艺术与实务》，标志着学习组织理论框架的基本形成。学习组织有三大特点：共同的愿景、创造性、善于不断学习（全员学习、全过程学习、团队学习）。成功的学习组织一般要具备以下要素：建构多元反馈和开放的学习系统，重在开创多种学习途径，运用各种学习方法引进知识；形成学习共享与互动的组织氛围，重在班级文化；具有实现共同目标的不断增长的动力，重在共同目标不断创新；引导学生体验生命的意义，重在激发人的潜能。

2. 强化学习指导,引领学生深度学习

学习指导是教师对学生的学习动机、过程、方法进行指导和引导,从而促进学生发展的教学行为方式。学习指导必须遵循学习活动的规律和原则,做到有的放矢。常用的原则有明确目标原则、充分准备原则、学贵有恒原则、学以致用原则、善于质疑原则、针对性原则、操作性原则、系统性原则。学习指导的途径有:让学生成为认知主体、激发学生的学习兴趣、鼓励学生大胆想象,充分发挥学生的个性,引导学生积极求知,勇于探索。

3. 强化学习管理,促进学生自我管理

学习管理的首要任务是赢得学生的合作,协调好课程、材料、时间、空间和人员分配是促进学习的有利方法。其次要明确课堂管理的目标,一是为了创造有效的学习途径,二是创造更多的学习时间,三是促进学生的自我管理。为学生创造学习的有效途径,就需要确保每一个孩子都清楚应该怎样参与到课堂活动中,让不同文化背景和家庭环境的学生理解你的规则与期望是什么?你是否向学生有效传达了参与的信号?创造更多的学习时间,除了延长学习的有效时间外,还要通过让学生积极参与有价值的、合适的学习活动,有效地增加学业学习时间。让学生在求学早期就积极地投入到学习之中,对于学生的今后发展非常重要。促进学生的自我管理,可以通过做决策、处理结果、管理时间、协作学习、调停争执等方式来达成。

4. 强化学习诊断,启发学生查漏补缺

学习诊断作为教学的一个必要环节,使学生在学习过程中做到更有针对性。学习诊断可以是老师根据学生作业或考试完成情况,既有规律的总结又有方法的点拨;既有知识的梳理又有学习问题的诊断和学习效果的检测。如列出错误率高的知识点清单,并有针对性地给出巩固提高的建议。学习诊断也可以是学生独立完成,通过填写《学习情况自我诊断表》,来回顾反思自己的学习。如学习计划性强吗?经常总结反思吗?注意知识系统化吗?找到适合自己的方法吗?……这样的自主学习诊断既可以帮助学生掌握学习方法又培养了他们的学科能力。

5. 强化学习反馈，引领学生修正错误

学习反馈是指将学习活动的结果提供给学习者的活动。反馈的目标是引导学生到达预期的最终目标。学习反馈的本质是自身的认知与反馈源形成反馈回路来修正认知偏差，当自身的认知与反馈源存在误差的时候，根据反馈来修正偏差。当学生在反馈环境里面探索时，错误的认知会被纠正，正确的会被夯实。要给予学生正确及时的反馈，让学生感受到满足和成果的喜悦，激励学生愿意继续学习；及时反馈可以给学生提供新的推理方式，改变学生对某一事物的思考方式，引领学生不断接近目标。及时的学习反馈很重要，因为"离错误越近，修复它的成本就越低"。

### （三）落实三大教学行为

一项教学研究发现，教师使学生对课发生兴趣的最重要的一个原因，就是他们善于采取多样的教学行为。每类教学行为都有各自的适用范围与条件，优势与不足，教师只有对此有清楚的了解，才能合理地运用这些教学行为。下面重点讨论三大行为的功能以及具体的运用策略。

1. 落实个别化教学，满足学生多元需求

个别化教学是为了适合个别学生的需要、兴趣、能力和学习进度而设计的教学方法。个别化教学并不意味着独自学习。它与"个别教学"不同，个别教学仅是一种"一对一"的教学实施形态，它可能是个别化教学，也可能不是个别化教学，关键在于其是否为符合该生能力需要而特别设计的教学方案。个别化教学包括三个要素，一是学习能力的个别诊断，采取多元评价方式，应用客观的检验、课程本位评量、观察、交谈、资料档案查阅等方式，挖掘学生学习的长短处及当前的成就水平；二是教材的个别设计与提供，根据评量诊断的结果，设计教材、教法等；三是个别的成绩评鉴，采用多元的评量方式，根据教学目标是否达成来决定量评方式，以配合学生学习方式的需要。个别化教学具有四个不同特点，一是教学目的明确；二是试图使学习适合学生个别差异，打破传统教学固定模式,学生能自定学习步调;三是采用掌握学习法;四是重视课程内容的选择和组织。

2. 完善选择性资源,提升学习深度与广度

课堂教学资源是为学生学习服务的,因此要进行合理选择,教学资源的内容要有思想性、科学性、独创性、整合性、教育性、艺术性。教学资源的选择要注意四个问题:(1) 资源的选择和应用要最优化。即所选的资源内容要能最好地呈现教学的内容,最有效地激发学生的学习兴趣,诱导学生的学习动机,能最大限度地提高学生的积极性和主动性,能让人产生参与学习、主动学习的冲动;(2) 资源的使用要适可而止、恰到好处。不能用多媒体代替教师对教学问题的深度剖析,更不能用它取代学生的探究活动;(3) 资源使用时要减少"伪资源"的干扰。去伪存真、去粗取精才能把握各种资源的真谛,凸显教学资源对有效教学的辅助作用;(4) 资源应用时要关注课堂的弹性。要依据学情和学生在课堂上反馈,调节资源使用的长度和广度。有时可以顺水推舟或另辟蹊径,使教学过程更加灵活多样。

3. 开启展示型对话,提升学生核心素养

展示型对话的课堂中,学生成了主角,他们不再是被动的听讲者,而是要发挥主观能动性,以各种方式将自己的学习成果展示,这样的活动极大地促进了学生的智力因素和非智力因素的开发。展示一词体现了生命的两种本性:作为个体的自我需要成长、发展,作为群体中的另一个自我需要交流、欣赏或被欣赏、评价或被评价。新课程教学理论将教学的本质解释为"交往"。生生、师生在课堂学习中通过各种方式和途径的交往,达到丰富情感、激活思维、开启智力、促进发展的教育目的。在"学"为中心的课堂教学活动中,展示对话学习方法是一种树立自信心、锻炼逻辑思维能力、培养表达能力和分析问题、解决问题能力、促进情感发展的社会化学习方法。展示对话学习的意义概括为:尊重学生人性,呵护生命价值;深刻理解知识,实现融会贯通;提高学习能力,促学习方式转型;培养交往能力,促进个性绽放。展示型对话教学正在以极强的生命力走向中小学课堂,教师们学会了智慧地"闭上自己的嘴,启开学生的嘴"。

## 二、学习导向型教学行为改进的实践框架

学习导向型教学行为改进主要包括三大要素：三大学习导向、五大学习范畴、三大教学行为，这些要素之间紧密联系，相互促进。教师只有准确把握三大学习导向，才能更好落实三大教学行为，才能更好指导五大学习范畴；只有当教师的三大教学行为有亮点、有创新时，才能更好激励学生热爱学习、学会学习，充分凸显教师教学引领的价值；只有当学生经历五大学习范畴，真正参与学习全过程，学生的学和教师的教才能相得益彰。

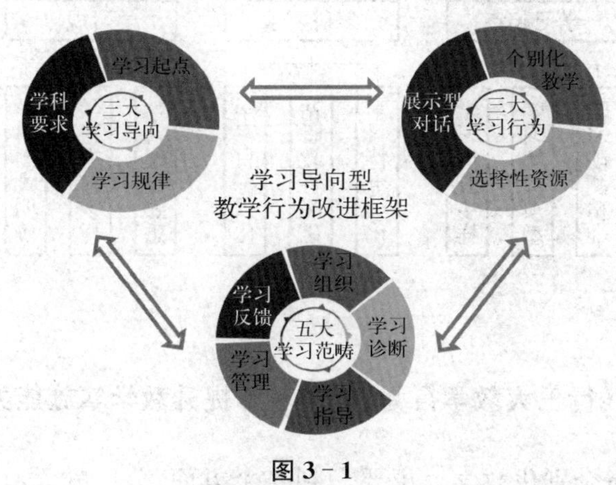


图 3－1

### (一) 坚持三大学习导向，促进教师提升教学设计能力

1. 坚持学生起点导向。主要做到三个方面：学习前测精准、学习访谈典型、学习调查多样。尤其是要进行设计单元前测问卷，基于所得的数据分析，找准学困生真实的薄弱点、以及错误的主要原因，以便在课堂教学中能有机设计个别化辅导；找准大部分学生的最近发展区，力求在原有知识和未来知识间架起一座“桥梁”，有目的地实施分层教学，让学生顺利达到知识的彼岸。

2. 坚持学科要求导向。主要做到三个方面：学科特点细化、钻研教材深化、学习目标强化。尤其是读懂教材，熟悉教材的编排意图，精

准把握每个年级的教学目标,既要关注整册书的教学总目标,也要明确各个单元的分目标,还要明晰每节课的三维目标。只有提纲挈领,才能更好把握学科本质。

3. 坚持学习规律导向。主要做到三个方面:学习理论要熟悉、学习方式要多样、学科图式要明确。学习理论是开展学习活动的科学指南,只有熟悉了解学习理论,才能更好理解当今课堂上的教和学、才能把课堂建设成学习共同体、才能更好地凸显教学的互动。

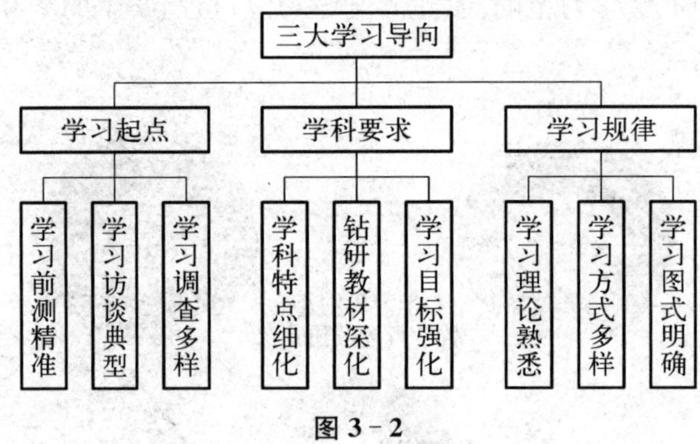


图 3-2

## (二) 践行三大教学行为,促进教师提升教学实施能力

1. 践行个别化教学。主要做到三个方面:分层教学有创新、学困辅导有耐心、提优引领有匠心。在大班额教学的课堂上,基于不同层级学生的学习需求,教师不仅要落实分层教学,更应结合具体的教学内容设计出新颖的分层练习题目,让学困生掌握最基本的知识与技能,让学优生灵活运用知识技能解决开放有思维含量的实际问题。

2. 践行选择性资源。主要做到三个方面:资源重组讲策略、资源开放促发展、资源链接增兴趣。教师面对形式多样的教学资源,要有所取舍,为了更好激发学生的学习兴趣、提升 40 分钟的课堂实效,教师课前要精选有价值的教学资源、课中要及时捕捉有思维含量的生成性资源、课后提供可继续研究的开放性教学资源。

3. 践行展示型对话。主要做到三个方面:对话中启迪思维、对话中鼓励表达、对话中学会反思。教师要开放时空，让学生成为学习的小主人，基于核心问题独立思考，通过生生对话、小组对话、集体对话等形式，学会倾听、学会表达、学会质疑、学会分享、学会合作。

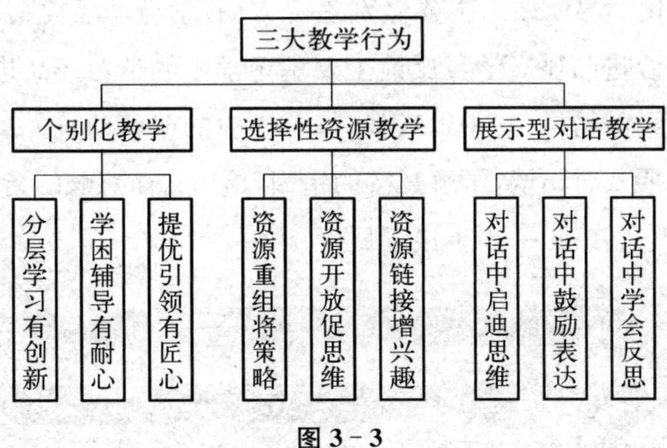


**图 3－3**

## (三) 践行三大教学行为，促进教师提升教学实施能力

1. 强化学习组织。主要做到三个方面：学习预案专业、学习环节合理、学习过程有序。学习组织贯穿一节课的始终，也影响了一节课的成败。因此教师要重视营造民主和谐的学习氛围、要创设有效的学习活动情境、带给学生真实的学习任务，要提倡由易到难、多元开放的学习途径，强化学习的过程性、系统性。

2. 强化学习指导。主要做到三个方面：学习探究有效、学习帮困及时、学习资源丰富。学习指导体现教师的主导作用，学生的学习离不开自身的努力，也离不开教师的点拨指导。学生在教师有主题的指导下，学习思考会更加深刻、学习难度会不断减低、学习方法会更加完善、学习内容会更加丰富，学习感悟会更加独特。

3. 强化学习管理。主要做到三个方面：学习氛围民主、学习参与积极、学习生成灵动。在课堂上特别关注一些违规行为，及时制止一些捣乱行为，确保每个孩子都学会专心听讲。同时基于班级文化，进一步梳理课堂行为准则，让大家一同遵照执行，形成良好的班风和学风。

4. 强化学习诊断。主要做到三个方面：学习作业分层、学习难度适宜、学习评价中肯。诊断是为了更好地学习,通过观察、访谈、问答、考试等不同的诊断行为帮助学生明晰自己的学习情况,进而可以有的放矢地查漏补缺,巩固优势,弥补薄弱。

5. 强化学习反馈。主要做到三个方面:学习产品典型、学习对话真实、学习改进凸显。学习反馈主要基于学生的学习产品进行展示交流,树立学习的榜样,并予以表扬,培养学生的成就动机。对于典型的错例,教师要及时访谈,了解真实的错因,给出言简意赅的指导意见,让学生学会不断修正、一步步接近目标。

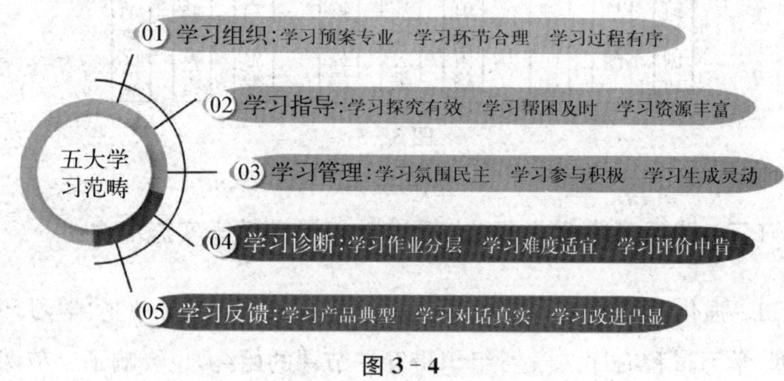


图 3-4

## 三、学习导向型教学行为改进的基本思路

确定了学习导向性教学行为改进的因素、理顺了这些内容的先后顺序及内在联系,就形成了教学行为改进的基本思路。

### (一) 在建构改进框架的研究过程中,提升教学认知力

学习导向型教学行为改进框架是教师改进教学行为的行动指南,学校课程研修中心成员承担了起草、完善改进框架的任务,分析框架从初稿到定稿,经历了半年多时间。为了使改进框架有更多的理论支撑,我们反复研读了《义务教育的课程标准》、伍尔福克编著的《教育心理学(原书第 12 版)》、阿兰兹编著的《学会教学:第 6 版》、简妮、爱丽丝、奥姆罗德编著的《学习心理学(第 6 版)》等书籍。通过阅读,我们对当今

课堂上的教和学、教学的引导、教学的互动、教学的组织等有了更为深入的领会。在学习领会的同时，精选了一些我们认为有效教学必须具备的要点，并尝试用简明扼要的语句表达出来。这一过程虽然漫长，但却使我们积淀了更为厚实的教学理论。最后拟定的学习导向型教学行为改进框架主要的因素有三大学习导向、三大教学行为、五大学习范畴。

### （二）在落实改进框架的教学实践中，提升教学执行力

在正式确定学习导向型教学行为改进框架之后，一线教师通过仔细阅读细化的改进要素，就能从理论上整体把握教师的教学行为，并以此为工具，一一对照，逐一落实，进而慢慢学会教学，提升教学。

1. 课前实现教学整体的自觉

上好课的关键是备好课，备好学生。备课不是照本宣科，备课要理解教材的编排意图，了解学生的实际认知；备课要坚持面向全体，因材施教，发展个性；备课要优化教学过程，重视资源开发、情境的创设、练习的设计……教学行为改进框架就是备课的指南，如果每个教师在备课前能自觉思考这些要点，并将要点融入备课之中，那么教师教学设计能力就会不断提升。

2. 课中打造互动和谐的课堂

有了一份精心设计的教案，课堂教学也仅仅成功了一半。因为课堂中学生的反应、表现有时往往超出教师的预设。因此执教老师在课堂中要全心关注学生，顺着学生思路而又高于学生思路。不断的立障设疑，不断地创造“不平衡”，激发学生内在的学习动机。凡学生能探索得出的，绝不替代；凡学生能独立发现的，绝不暗示、尽量给学生多一点的思考时间，多一点真实的对话交流，多一点中肯的学习评价，多一点典型的分层练习，多一点品尝成功的喜悦。

### （三）在运用改进框架的教学分析中，提升教学反思力

听评课是教师同伴合作实践的重要活动之一，因此，教师需要“从

业余的思维走向专业的思维”,摒弃那种“无需知识基础”“谁都可以评课”“随意点评”的做法,倡导那种理解课堂、重在合作、关注学习、基于证据的听评课。

1. 结合改进框架,学会专业分析

《学习导向型教学行为改进框架》可以作为观课的一种工具,观课时,集中精神关注学生的一言一行,即时记下成功的片段或商榷的地方,更主要的是要进行教学分析,教学分析要言之有物、观点鲜明,以便在教学研讨时和大家一起分享,对大家有启发。这样的教学分析可以有理有据。不仅提高了教师本人的反思能力,也为教学行为改进提供了学习案例,进而让更多的一线教师学会专业分析。

2. 结合改进框架,学会自我分析

美国心理学家波斯纳提出了教师成长的公式:成长=经验+反思。提升教师教学行为的理想境界是每位老师能自觉运用改进框架,对自己的常态课进行自我分析,在教学中碰到问题时,不怨天尤人,不轻易把问题敷衍过去,而是直面聚焦问题,仔细分析问题形成的原因和应对的方法。这样,在下次遇到类似的问题时,就可以胸有成竹,解决起来游刃有余。长此以往,在不断的反思中,教师的教学行为也日趋成熟,最终形成自己关于教育教学的观点和认识。

# 第四章　体验知识的缤纷绚烂

——学科学习图式与教学

华东师范大学教授皮连生的“图式教学”认为，将固定的“教”的程序转化为学生“学”的程序，也就是“学”的图式，形成指导学生学习的脚本。何谓图式？图式不是图画，也不是图表，它是大脑中贮存的一般概念的数据结构，是一种上层认知结构。设计合适的学习图式引导学生学习，对于学生已经接触过的信息，通过适当的问题支持和引导提示，能尽快激活学生头脑中已有的图式，使之活跃起来，从而指导学生自上而下进行解码；对于学生不曾接触过的信息，通过适当补充以弥补学生图式的不足。经过长期不懈的图式建构和巩固训练，学生逐渐将新的信息丰富到自身的知识库中。

每个学科都有自己的特色，自然也都具有独特的学习图式。建构学科性的学习图式，从学科性出发，遵循学习者的心理和认知规律，通过教师有效、有针对性地引导教学，促进学生主动探索，自主支配学习的时间和空间，最终将新知纳入已有的认知结构，这样的学习才是真正有效的学习，才能从根本上促进个体的全面发展，并在学习中更深入地体验知识的缤纷绚烂。

## 第一节　学习图式、学科学习图式与学科教学行为

学生自主学习能力不强是培养和发展学生核心素养中面临的一个重要问题。表现为学生不知道学什么、怎么学，获得知识的途径过于依

赖教师。另一方面,教师注重教学结果却忽视了对学生学习方法的指导。显然,教师的"教"没有转化为学生的"学"的能力,新课程倡导的"自主、合作、探究"的学习方式也就很难加以实施。因此,培养和发展学生的学习能力是学校教学的重要目标。

那么如何培养和发展学生的学习能力呢?形成学科学习图式,在教学中实现学科学习图式和学科教学行为的双向建构才能真正从根本上培养和发展学生的学习能力。也就是说学生在学习图式的引导下理解、解释、预测、组织、吸收外界的信息,以此达到理解掌握所学的知识,并在这一过程中提升自己的学习能力,学会学习;而教师通过学习图式的方式引导学生主动探究新知,并根据学生学习的具体情况及时调整自己的教学行为,优化教学过程,提升教学质量。

一个寓意深刻的教学比喻说:学生需要跨过一些障碍才能来到老师的身边,来到学校学习新知识。机智的教育者们则认为需要跨过障碍的不是孩子,而是老师,老师必须知道学生此刻在哪里,了解他们正遇到什么样的困难,然后站到孩子身边,从而帮助孩子了解要跨过去的地方,为孩子寻找有效的方式引导他们顺利走到另一边。构建学科学习图式正是帮助孩子自己认识到要跨过去的地方,引导他们利用有效的方式顺利走到提高了理解力、创新力,增强了应用能力,实现了深层学习的另一边。

## 一、学习图式的内涵与学习活动设计的意义

"图式"作为心理学的重要概念之一,其来源可追溯到康德哲学,是康德"先验逻辑"之重要组成部分。康德把感性(直观、感觉)和知性(所谓纯概念、范畴)形而上学地加以割裂之后,借助于图式,把对象和范畴加以结合,以说明"知识何以形成"的问题。在近代心理学研究中,格式塔心理学最早从理论上对图式给予高度重视。其强调经验和行为的整体性,认为整体不等于并且大于部分之和。瑞士著名的心理学家、教育家皮亚杰对图式概念进行了重要研究。图式理论是皮亚杰认知发展理论的重要组成部分,是建构主义发展观的核心概念。计算机科学与信

息科学在心理学领域的应用，使得关于人的认知的研究产生了重大的变化，20世纪70年代后期现代图式理论应运而生。如今心理学理论与教育领域相结合的研究趋势使得图式理论仍在不断的完善与发展，已由心理学领域逐渐渗透到各个学科与各个学段的研究，在实现实践意义的同时，拓展了图式的理论内涵。其中图式理论与学科学习相结合是图式理论的重要组成部分之一。下面主要就图式理论、学习图式的内涵，及其与学习活动设计的意义作一简要概括。

### （一）图式理论

图式（Schemata）指的是已知信息在头脑中的贮存方式；过去经验在头脑中的反映或重组；已知信息对新信息的加工并通过筛选，吸收或同化新信息的过程；在图式结构中，每一个组成成分构成一个空档（slot），当人们在理解、吸收新的信息时，人脑中已存的信息图式、框架或网络就会对新信息进行解码或编码，并将其填充到图式的空档中，当图式的空档被具体信息填充，图式便具体实现了。图式的概念最早来自19世纪德国哲学家康德，他把图式看成是"原发想象力"的一种特定形式或规则，借此，理解可以把它的"范畴"应用到实现知识或体验的过程中的多种感知中。

1781年，康德首先提出了图式理论（schema theory）。他在自己的著作《纯推理批评》中指出："新的概念只有同人们已有的知识建立关系，才会变得有意义。"瑞士著名的儿童心理学家皮亚杰在20世纪20年代就考察了"图式"在儿童成长中的作用。然而，直到60年代皮亚杰提出"同化"和"顺应"的概念，图式理论才真正引起了专家学者们的广泛关注。

在皮亚杰的发生认识论中，图式是一个特别重要的概念。皮亚杰给图式下过一个定义："图式是指动作的结构或组织，这些动作在同样或类似的环境中由于重复而引起迁移或概括。"皮亚杰说："图式就是同一活动在多次重复和运用中共同具有的那个东西。举例来说，我们把幼儿堆积木的行为或较大的儿童搜集物品加以分类的行为称为'聚集图式’。像这样的图式形式我们可以发现很多,甚至把两类事物联系起来的逻辑运算也是一种图式。”

按照皮亚杰的观点,认识发生、发展于主体和客体之间相互作用的过程中。如果我们把活动和图式纳入主体与客体相互作用的过程加以考察,可以这样认为,在这个过程中,活动是过程的内容,而图式则是在过程中形成起来的并组织活动的形式或结构。在对图式作这样的理解时,我们应当注意,这种“形式”或“结构”只是一种智力的、认识的结构。对此,皮亚杰也指出,图式“只是具有动态结构的机能形式,而不是物质形式(在具有任何具体形式的意义上)”。从前述皮亚杰对图式的定义和说明中,我们可以看出,如果用比较简单的话来说,图式就是主体对于某类活动的相对稳定的行为模式或认识结构。

皮亚杰在他的著作中把图式分为初始图式、初级图式、高级图式等不同的发展水平。初始图式主要是遗传性的图式或反射图式。初级图式主要指感知-运动图式、习惯等。高级图式主要指运算图式、智力图式、思维结构等。随着图式的不断增多和复杂化,图式的发展水平也不断提高,进而发展起多种图式的协同活动,表现为人的心理水平不断地由低级向高级的发展。

20 世纪 70 年代以来,图式理论在语言学、人类学、心理学和人工智能等领域获得长足发展和广泛应用。现代心理学研究中最早应用“图式”概念的当属英国认知心理学家弗雷德里克·巴特莱特(Frederick Bartlett)。图式是个不断发生作用的既存知识结构,遇到新事物时,只有把这些新事物和已有的图式相联系才能被理解,因此图式又被称为认知框架。巴特莱特指出,任何的学习和记忆都是在我们已有图式(即在我们过去经验中形成的信息分类的方式)的基础上进行的。当这些图式与正在记忆的内容相冲突时,人们便会歪曲记忆内容,使之更适合于我们头脑中原有的观念,或者说更适合我们已有的图式。

### (二) 学习图式的实践阐释

理论研究是为了更好地指导实践,图式作为心理学的概念,不断有研究者从不同角度开展研究，充实了图式理论，并在各个学科、学段的教学中具有指导性的作用。

1. 学习图式是一种认知结构，是我们理解机制进行信息处理时所依赖的认知单元。美国认知心理学家奥苏伯尔强调，有意义的学习就是把新知识和原有知识联系起来，将新知识纳入原有知识结构中。由此看来，学生的认知结构是新知识的生长点，帮助学生建立起良好的认知结构是学生的基础。图式对认知结构具有积极的影响，能够帮助学生建立良好的认知结构。学习图式是学生个体得以开展学习的一项工具，学生依据图式来理解、解释、预测、组织、吸收外界的信息。

2. 学习图式是一种行为框架，图式是围绕某个特定主题的行为框架，帮助我们处理和归类新信息。当主题出现时，触发了读者心理中合适的图式，被激活后的图式开始发挥作用。图式一旦被启动，就会像程序一样被严格执行。以语文阅读教学为例，教师设计合适的学习图式引导学生学习，对于学生已经接触过的体裁，通过适当的问题支持和引导提示（主题出现），能尽快激活学生头脑中已有的图式，使之活跃起来，从而指导学生自上而下进行阅读解码。对于学生不曾接触过的体裁，通过适当补充以弥补学生图式的不足。通过长期不懈的图式建构和巩固训练，学生逐渐会通过自上而下的课文结构了解段落之间的逻辑关系，从而能快速掌握文意、获取信息，促进阅读能力的大幅度提升。

3. 学习图式是一种习惯固化，图式一旦形成，具有相当的稳定性，图式决定着人们做信息选择时相应的内容和倾向偏好。例如数学教学中，学习图式把知识串点成线，织线成网，沟通知识间的联系，突出了数学知识的系统性。通过固化的学生图式，学生可以习惯性地得到简约的、结构化的知识，有利于学生系统地掌握知识，有利于学生把知识加工组成有联系的网状结构，从而促进学生头脑中的图式的形成和发展，培养学生思维的整体性和敏捷性，优化学生的思维方式。学习图式为数学学习提供了以建构数学图式为中心的整体认识观，促进学生从整体上把握数学知识、方法和观念，从而有效地克服肢解数学知识和方法的现象；图式有助于克服教学只注意知识点增长以及把解题模式作为学习重点的倾向,增强学生数学学习的整体意识和结构意识:图式能使学生在已有知识的基础上,向新知迁移以及增大洞察新知的倾向,因此有助于提高数学教学的效率。

### (三)学习图式对学习活动设计的意义

学习图式是代表个人对事物、人或环境的知识的认知结构,它包括对所认识的对象的特点以及这些特点的相互关系的认识;学习图式是对一个整体的抽象,侧重于许多事例的相似之处,可以帮助人们简化现实,更重要的是指导学生处理新的信息;建立对未来信息的期待,帮助学生把外在刺激的若干细节与一个总体概念相联系,而与之不一致的信息则会被过滤掉;所以,好的学习活动设计必须触发学生的学习图式。

1. 学习图式是一种高级的学习策略。学习图式一方面有利于知识结构化。结构化的知识可被浓缩成框架,组成网络,容易记忆;另一方面,它能优化学生的认知结构。被优化的认知结构使所储存的知识都是“产生式”的,知识节点间具有高度组织化,易于激活,便于迁移。

2. 学习图式还是一种高级的教学策略。常规教学强调以教师为中心,重视陈述性知识和知识的陈述,学生被动甚至机械地接受知识,难以形成框架清晰且富有连动性的认知结构。而学习图式教学重视学生完整的知识结构的建构与活化,并因此而消减了因为知识难度增加所带来的认知障碍。人的记忆容量是有一定限度的,学习图式的概括性与抽象性,恰能促进教师有效的组织知识,形成有效的教学策略,减轻学生的记忆负担,因此学习图式在学习活动中的应用是实践的需要。

3. 学习图式在学习活动之中体现学生个性和个别关注。学生参与学习活动时总是带有愿景,所以学生有权期待活动能够符合自己的图式;比如,科学实验激活了学生的探究图式,学生已经理解了提出问题、作出假设、制定计划、搜集证据、处理信息、得出结论、反思评价这个探究模式,这使得更进一步的复杂互动更容易学会;因而,学习活动的最重要的目标之一是关注学生需求,帮助学生理解并运用适切的学习图式,这也是学习图式必然体现在学习活动之中的原因所在。

4. 学习图式对学习活动的设计具有指导作用。以语文学习活动的设计为例,语文阅读研究表明,结构化的知识是基本概念、基本原理和主题思想作支柱,重点突出、体系简约、易被领会、便于激活。为此,它一方面能够最大限度地减轻记忆负担,一方面为记忆提供支撑点。从这个意义上说,在语文学习中,实现语文知识结构化就显得十分重要和非常迫切。如何实现语文知识结构化,其理论依据是什么呢?研究表明,学习图式具有重要的指导作用。首先,语文知识可以被浓缩成框架。图式理论认为,框架是事物的组织、结构,也是图式。它具有指向性和开放性。指向性是指构成图式框架的元素是各种变量,这些变量为学生理解课文确定了目标。其次,语文知识可以被提炼成记忆线索和"组块"。图式理论指出在阅读理解过程中,知识的内在联系越紧密,结构化程度越高,识记和存贮效果越好。图式具有知识内在联系紧、结构化程度高的特点。最后,语文知识可以被重新组合成网络。

## 二、小学学科有鲜明的学习图式

学习图式的存在性已得到证实,并在语义理解方面具有重要的作用。建立起相应的图式有助于快速理解文字内容,相反,如果大脑中不具备相应的图式则会不知所云,难以达到理解的程度。不止语文、英语等语言领域,图式在数学、科学等学科中都具有不可替代的作用。

### (一) 学科学习图式的理解

儿童解决学科问题的心理实质主要表现为个体头脑中原有认知结构的重新建构,而问题解决的内部机制主要表现为在认知成分的作用下,个体头脑中的内部表征与外部表征不断地进行双向建构的过程。学科学习图式是学科问题解决的基础和中介,儿童对问题解决的过程是一个主动对自己的认知结构进行重新建构的过程,一个迁移的过程。因此,在教学中,对儿童学科学习图式的关注应该成为我们教学的重点。这就提示我们,教学的主要目的应该放在促进儿童学科学习图式这方面认知的发展上。

### (二) 基于学科的认知规律

儿童认知能力的发展过程要经历从动作性再现表象,经过唤象性再现表象,到象征性再现表象的顺序,这个顺序可以说是儿童开始学习的最好方法。更具体地说,就是根据儿童的认知能力水平来呈现相应形式的知识。幼儿时,在活动中学习知识;小学生时,通过形象的形式呈现知识;到了中学时,再通过象征性再现表象系统接受抽象的知识。当然,动作性思维和形象性思维发展较早,应用它来理解知识更容易一些。

按照皮亚杰的认知发展阶段论,认知发展规律遵循这样的过程:动作感知—前运算—具体运算—形式运算,这是一个不可逆的过程,前后顺序是不变的。第一阶段是感知运动阶段。从出生到 2 岁,相当于婴儿期。第二阶段,2—7 岁,相当于幼儿期。第三阶段是具体运算阶段,7—11 岁,相当于小学阶段,也正是我们要着重研究的阶段。在此阶段,儿童开始具有逻辑思维和真正运算的能力,先后获得各种守恒概念,但运算的形式和内容仍以具体事物为依据。此时儿童的思想开始有较大的易变性,出现可逆性,能解决守恒问题,可凭借具体事物或形象进行逻辑分类和认识逻辑关系。但是,这种运算仍有其局限性。第四阶段是形式运算阶段,始于青春前期,约 11、12 岁,接近于成人的思维。小学生正处于认知发展的第三阶段——具体运算阶段,小学生的认知规律既有学科普遍性,又有学科的特殊性,而且,学科的特殊性作为一个值得特别研究的问题,在儿童认知规律发展的研究中显得特别重要。

布鲁纳认为任何一门学科都有一个基本结构,即具有其内在的规律性。它反映了事物间的联系,包含了“普遍而强有力的适应性”。不论教什么学科,教师都必须使学生理解学科的基本结构,而学科的基本结构即各门学科的基本概念、基本原理和规律。“基本”就是一个观念具有广泛的适用于新情况的能力，它是进一步获得和增长新知识的“基础”；“结构”则是指学科的基本概念、基本原理以及他们之间的联系，是指知识的整体和事物的普遍联系即规律。

### （三）学科学习也有基本的程式

学科学习都具有基本的学习程式，没有基本的学习程式，学生就很难获得良好的学习效果。当孩子需要自学时，更会觉得无从下手。小学各学科也是得法于课堂，得益于课外的学科，如果学生在课堂中不得法，在课外就无法得益。利用程式学习，让学生学会学习，养成良好的学习习惯，同样是课堂教学的首要任务。学习程式的设计符合学生的认知规律，为了让学生形成科学的学习习惯，循序渐进地获得知识，从而达到对知识的实际理解、感悟、应用，学科学习都形成了基本的学习程式。如魏胜先语文阅读的“五步程式”，第一步，预习字词，提出疑难；第二步，分析文章思路，划分段落层次；第三，评价式阅读；第四，纳入网络系统，揭示规律；第五，完成创造性的作业练习。数学学习是学生把人类积累的数学知识，通过认识活动转化为个体头脑中的知识结构的过程，数学学习的一般程式如：在数学情境中获得感性认识；通过操作、测量、比较等方式发现规律，练习巩固，应用输出。

不管是基于学科的认知规律，还是学科学习的基本程式，都是研究知识怎样高效被学生记忆，怎样被吸收以及怎样被大脑调动而形成新的知识的过程，因此这些规律和程式也都呈现出学习图式的特点。处理任何信息，图式都在其中发挥作用，没有图式，学生就无法不断学习进步，无法将新认知和已有认知串联起来，建构整体模块，分类、梳理、归纳、汇总。

### （四）学科学习图式在实践中是不断发展变化的

皮亚杰的图式理论中有两个非常重要的概念——同化和顺应。同化是指把外界的信息纳入原有图式，使图式不断扩大。顺应就是当环境发生变化时，原有图式不能再同化新的信息，而必须经过调整建立新的图式。用皮亚杰的话来说,“刺激输入的过滤或改变叫做同化;内部图式的改变以适应现实叫做顺应”。通过图式的同化作用可以使已有的图式在量上得到丰富和扩大;通过顺应的作用,图式可以发生质的变化。同化和顺应在图式的建构中是相互联系、相互制约、不可分割的。通过图式的同化作用,才能发现已有图式不能适应新情况,才能了解对图式作何种调整和改造。

学科学习图式在实践中同样是不断发展变化的,学习过程中,学生利用自己已有的学习图式,对新学习内容进行加工和改造,并将其纳入到原有的学习图式中去,从而扩大原有的认知结构,当原有的学科学习图式不能接纳新的学习内容时,必须对原有的学习图式进行调整和改造,以适应新学习内容的需要。更具体地来说,当学生知觉某一事件或理解某一情况后,头脑中会留下理解的痕迹,这些痕迹构成了提取的基础。学生由于从新的经验中获取了新信息而使概念不断精确化和完善化,使已有的学习图式在量上得到丰富和扩大,得到发展。渐渐地,通过修正的手段复制旧的学习图式来创造出一个新的学习图式。如果某种学习图式的时空完形反复多次出现,这个特殊完形就成了一个有意义的概念,原有的学习图式因而发生质的变化,于是这个完形便构成了一个新的学习学习图式,也就是实现了发展变化。

## 三、学科学习图式内隐于教学行为之中

图式是大脑中的关于某一主题的知识结构,学科学习图式的形成是基于对基础知识的理解与把握,是对具体知识的概括,同时在面对具体的情境时又能通过对图式中的变量赋值来应对多变的问题情境,因此学科学习图式是内隐于教学行为之中的。

### (一) 教学行为有结构,有要素

教学行为是指教师在教学活动中“教”的方式,或者说是为了达成教学目标、任务而采取的教学方式。教学行为是教学的核心和实体部分,是构成教学活动的细节和内容,也是教学系统中最具能动性的部

分。教师的教学行为应当建立在学生学习的基础上，是会影响学生学习的一切活动或表现的行为。教师的这种行为，可以给予学生新异刺激，来引导学生去探索去发现，并运用各种不同的方式促进学生的主动学习。

在传统教学中，教师的教学行为要产生学习结果，仅有一条路径，即教师直接作用于教学内容，将知识传递给学生，学生对于知识的接受即为学习结果。儿童学习导向的教学行为结构要素则更为复杂，有三条选择路径：直接作用于教学内容、直接作用于学习和直接作用于学生。直接作用于教学内容，即教师分解学习内容，使之适合学生自学。作用于学生的学习活动，即教师组织学习活动引导学生自学。直接作用于学生主要包括两个方面：一是直接向学生传递知识。二是调动学生的学习积极性让学生自学，重视学生的非认知因素。

### （二）教学行为的结构要素具有图式性

从上述教学行为的结构要素来分析，在儿童学习导向下，教师是根据学生的具体学情，对教学内容进行分解，使之从生硬的课本成为生动具体的学习材料的，学生因此而获取适当的学习资源，由此而产生的学习结果，更重要的是学生对经过教师提炼的知识的自我吸收和建构。仅有学习材料还不能使所有学生都进行自主学习，还需要教师直接作用于学习，通过设计多样化的学习活动来引导学生进行自主学习，保证和提高自学效率，多样化的学习活动具有图式性。学习内容、学习活动都是教师为促进学主学习、实现有效教学而创设的外在环境和条件，而“学生自身的能动活动是促进学生素质发展的基本机制”。因此，教师还必须直接作用于学生，调动学生的积极性，让学生自觉、自愿地借助教师给予的学习资源进行自主学习。综上所述，儿童学习导向下的教师行为必须包括对教学内容、学习、学生三个方面的处理，任何一个方面的缺失都将折损儿童学习导向的实践效果，而任何一方面都涉及到学生知识的建构，都具有鲜明的图式性。

### (三) 学科教学行为与学科学习图式有同构性

学科教学行为与学科学习图式有同构性。以皮亚杰为代表的建构主义理论的核心思想在于知识是学习者在已有经验的基础上,通过建构性的学习活动建构而成的。问题解决也是一个双向建构的过程,是问题解决者在已有认知结构的基础上,通过主动的双向建构活动,使原有认知结构得到重新建构的过程。这是问题解决的心理实质和内部机制的主要表现,也是我们进一步对问题解决认知过程进行研究和分析的思想基础。

布鲁纳强调学生的知识学习要掌理学科的知识结构,而知识结构则主要是由基本概念和基本原理构成的。这样,学习各学科知识的基本概念和原理就成为学生学习的核心内容。实际上,人们学习各学科知识的主要目的就是掌握其基本概念和原理,并应用原理去解决实际问题。概念和原理是对事物的本质特征和事物间内在联系的概括表述。人们认识事物就是要认识和掌握事物的本质特征和内在规律。任何一门学科知识都以一些基本概念和原理为核心内容。而教师在教学中围绕基本概念和原理所列举的那些事例、例证、解释和说明等都是为了帮助学生理解和掌握基本概念和原理而设置的。

## 四、学科学习图式是教学行为设计的依据

教学过程中,可以发现学生经常会出现知识提取困难的现象,归根结底是没有真正理解所学的知识,知识点即使记住了,也只是零散的存在于大脑中,缺乏对知识之间联系的认识,没有掌握学科的基本结构,未形成完整的学习图式,孤立的知识点在应用时难以有效提取。因此在教学行为设计时,应基于学科学习图式强调学生对知识间的联系性的认识,对知识的整体把握,引导学生透过表象认识知识的内在基本结构,使学科学习的基本结构转化为学生头脑中稳定的认知结构。

### （一）学科教学行为的内涵

教学行为不是简单的教学形式、手段、方法和技能的构成体，它是一个包括教和学两个动因在内的，结构复杂的、内容丰富的目的性行为，是由行为主体（教师和学生）以及与行为主体相联系的起着直接与间接作用的因素所构成的，在动静交替转换过程中反映出来的一种态势。教学行为是教学的核心和实体部分，是构成教学活动的细节和内容，也是教学系统中最具能动性的部分。以教师为中心的行为主要有陈述行为、展示行为、管理行为、观察行为、反思行为等；以学生为中心的行为有指导行为、反馈行为、倾听行为、评价行为等；以师生互动为中心的行为有提问行为、理答行为等。学科教学行为即基于不同学科的教学行为。

### （二）学科教学行为的设计主要是要素和结构的设计

低效的学科教学大凡是教师观念的落伍，学生学习的被动，方法的陈旧所致，其中最为典型的情形是教师独霸课堂，学生没有主动学习的时间和机会，没有产生对知识形成过程的体验。要提高课堂教学效率，必须要改变教师的学科教学行为，明确教师是课堂的组织者、参与者、指导者。

学科教学行为的设计主要是教学行为要素和结构的设计。教学行为的设计要发挥教学行为要素——学生的主体性。学生的独立性、目的性、选择性、创造性和自我调节性等主体性特征，制约着教师教学活动的质量、对学生的吸引力以及取得学生积极配合的程度。教师在教学中必须要把学生作为学习活动的真正主人，学生的认知风格才能得到张扬，教学效果才能得到提高。其次，教学行为的设计要设计合适的教学支架。教学支架是指通过提供教学支持，帮助学生完成他们起初不能独立完成的学习任务，成功地通过最近发展区，并最终能够独自地完成学习任务。教学行为的设计同样要重视认知策略。认知策略是指导认知活动的计划、方案，技巧或窍门。人脑的信息加工能力是有限的,不可能在瞬间进行多种操作,为了顺利地加工大量的信息,人只能按照一定的策略在每一时刻选择特定的信息进行操作,并将整个认知过程的大量操作组织起来。

### (三) 教学行为要素和结构设计必须基于学科学习图式的结构与要素

儿童学习导向的教学行为,是"用学来指导教"的教学行为,实际上完成了教师从关注"教"到关注"学"的教学价值取向的转变。就是根据学生的需要进行针对性教学以促进学生进步。因为只有教师传授学生需要的东西、感兴趣的东西,他们才会去主动地学习、参与并吸收。在以学定教的空间内,学生可以依照教师提供的框架,调节自己的学习进度、内容,可以选择自己熟悉的问题、热点来学习,可以进行适当的活动。

从学科学习的角度来研究,强调学科性的建构,分析不同学科学习的基本方法、模式以及学科教材的学习规律和特点,根据这些内容来改进和设计教学行为。从学生学习的角度来研究,以学科学习图式为抓手,将学习目标、学习方法、学习活动的设计、学习过程和学习结果表征五大要素融入到教学中,根据学生的学习规划来设计教学行为,体现"以学定教"的思想和教学设计模式。通过了解学生在课堂上如何讨论、交流、合作、思考、获得结论及其过程等行为表现,评价课堂教学的成败。即使关注教师的行为,也是关注教师如何促进学生的学习,如教师如何组织并促进学生的讨论,如何评价和激励学生的学习,如何激发学生学习的热情和探究兴趣等,来评价教师课堂行为表现对学生"学"的价值。因此课堂教学行为要素和结构的设计必须基于学生学习图式的结构与要素,充分利用学科的学习性来指导学科的教学性。

## 五、学科教学行为创新能够推动学科学习图式的建构

依据图式理论,当图式不能适应刺激时,就要对原有图式进行调整、改造、补充和修正,使之能够适应新的需要,顺应新的图式;当相关

的图式积累发展到一定程度时，会组成一个新的综合图式。因此学科学习图式不是一成不变的，当教师的教学行为不能利用原有的图式接受和处理当前的教学刺激时，教师的认知结构由于刺激的影响会发生相应的改变。学科教学行为会在原有的学科学习图式的基础上，不断通过同化、顺应，从平衡到不平衡，再通过学科教学行为的创新达到另一个平衡，以便更有效地接纳和处理新的外界信息，这样的演进过程改变了已有的学科学习图式，推动了新的学科学习图式的建构。

### （一）学科教学行为的创新是教学要素与教学行为结构的创新

随着教龄的增长，每位教师都会逐渐形成自身独特的学科教学风格，并依据课堂教学情境适时调用并发展自己的教学行为储备源。合理的课堂预设、端正的教学态度和充实的教学方法库使得教师不论在课堂中碰到何种情境都能游刃有余，原来的有意识的课堂教学行为选择逐渐内化为无意识的自动程序化教学行为，这就是学科教学行为的创新。资深教师在日常课堂中有意识的行动内容仅仅是其教学行为中的冰山一角，冰山水下有着成果丰厚的教学行为创新，如课堂组织形式、课堂互动模式、课堂反思程序的创新。这些学科教学行为的创新体现了教师对教学方法的娴熟运用，也体现出教学要素与教学行为结构的创新。

### （二）新的结构、新的要素也是学习图式的结构和要素

资深的教师和学生一起评价自己的教学效果，他们反思课堂上发生的一切，并对自己的教学行为做出相应的调整。教学不是一个抽象或深奥的活动，对于专业发展来说，教学行为是一个经过严格训练的系统的方法，通过教师独自或与其他有批判意识的同事，一起对自己的教学实践进行反思和评价，他们逐渐掌握了改进教学行为的方法，实现了学科教学行为的创新，在这个过程中必然伴随着教学要素与教学行为结构的创新，这些新的要素和结构也丰富了学科学习图式的要素和结构。

### (三)创新的学科教学行为的广泛认同就是新的学科学习图式的形成

教师通过学习图式的方式引导学生主动探究新知,学生在学习图式的引导下来理解、解释、预测、组织、吸收外界的信息,以此达到理解掌握所学的知识,并在这一过程中提升自己的学习能力,学会学习的目的;教师再根据学生学习的具体情况及时调整自己的教学行为,优化教学过程,提升教学质量,实现教学行为的创新。当这些创新的学科教学行为得到广泛的认可时,就实现了学科教学行为和学科学习图式的双向建构,有了新的学科学习图式的形成。

## 第二节　基于学科学习图式的教学行为设计

图式理论认为,人们在理解新事物时,需要将新事物与背景知识联系起来,人们过去具有的知识和知识结构对其认知活动起决定作用。在课堂教学行为设计研究过程中,我们以学习图式为抓手设计教学过程,将学习目标、学习方法、学习活动的设计、学习过程和学习结果表征五大要素融入教学中。教师通过学习图式的方式引导学生主动探究新知,并根据学生学习的具体情况及时调整自己的教学行为,优化教学过程,提升教学质量。

### 一、小学语文学习图式的教学行为设计

阅读是学好语文的重要途径,但国内小学语文阅读教学存在着学生兴趣淡薄、缺乏自主性、参与度不高等问题,学生的整体阅读水平还有待提升。将图式理论应用于小学语文阅读教学,旨在聚焦核心问题,以开放的形式引导学生自主探究文本,并辅以多元评价激励学生,有利于提高阅读教学质量。

## （一）小学语文阅读教学图式理论的构建

根据小学生的年龄特点，合理构建图式。具体可分为语言图式、形式图式、内容图式三大部分。其中，语言图式作为基础，主要是指语音和词汇语法。为帮助小学生更好地阅读，教师通常会创设相应的情境。以拼音教学为例，汉语拼音包括声母、韵母等，通过创设情境，令学生在脑海中形成图式，比如波浪（b）、爬坡（p）、蘑菇（m），用这些押韵的词汇配以相应的图片展示，把几个声母运用到具体的语言环境中，加深印象和理解。教材中，情境图和语境歌有着完美的结合，每一篇课文的情境图中都能找出本课拼音发音词，比如 bpmf 一课就有"爸爸带我爬山坡（p），爬上山坡看大佛（f），大喇叭里正广播（b），爱护大佛不要摸（m）。"这样的儿歌读来琅琅上口，把本来枯燥的拼音朗读变得生活化，趣味化，既帮助学生理解，也能增加孩子朗读的兴趣。词汇教学同样如此。人、山、太阳等简单词汇，学生较为容易掌握。可将太阳、月亮、星星、地球等归为一类，帮助学生通过"太阳"认识其他几个表示星球的词。或者提及金秋，就能联想到收获、枫叶，建立图式网。对于一些概念模糊的词语，如"不畏艰难""大义凛然"等，更需创设合适的情境，在情境中建立图式。

形式图式主要是指对文章结构和体裁的熟悉程度，每种体裁都有着不同特点，每篇文章也都各有特色，学生在攻克语音、词汇之后，还需掌握全篇结构。比如记叙文，该体裁可以是叙事、写人的，也可以是写景、写物的，叙述方式则有顺叙、倒叙、插叙等多种。另外，我们往往会总结出记叙文的六要素，即时间、地点、人物、起因、经过、结果，而阅读的最终目的是了解作者的写作意图和内心想法，从文章中有所收获，这就要求在阅读时抓住关键词和中心句。小学生应掌握多种阅读方法，如精读、粗读、朗读等，对于一般性的文章，运用形式图式可锻炼学生的逻辑思维能力，从而提高阅读效率。

内容图示主要是指文章资料的背景和相关知识，阅读材料经常只是片段的，信息量不足，若能掌握更多的背景，无疑有助于提升阅读质量。比如,将《鞋匠的儿子》《聂将军与日本小姑娘》《高尔基和他的儿子》《我和祖父的园子》等归类为亲人篇。对于比较熟悉的亲人,每个学生都能讲出很多故事,但这几篇文章显然不同于一般人,老师只有充分地介绍其背景,学生才能有更深一层的理解。在《三顾茅庐》《草船借箭》《负荆请罪》等经典片段中,不妨引导学生思考,如为何要借箭,仅仅是因为周瑜的嫉妒吗?显然并非如此,诸葛亮借箭成功,借箭的目的是对抗曹军,战果如何?教师有必要对其背景加以介绍,并引导学生拓展课外阅读,更完整地掌握赤壁之战这一部分,使得角色更加立体化。

**(二)小学语文阅读教学图式理论的完善**

图式并非一成不变的,随着年龄增长,阅读量不断增加,阅历越来越丰富,图式也在不断完善,具有动态性的特点。如果阅读过程中新的信息可以纳入旧的图式,则便于学生理解,能很快转化为己用;但若不能同化,则需要对旧的图式进行修改,建立新的图式。汉字是一种历史悠久,有趣又很复杂的文字,拼音则是近代才出现,两者之间的联系也很有意思。比如韵母是“ang”的汉字,狼、浪、朗等,韵母相同,外形也颇为相似。另外,汉字中为表达同一个意思,往往有很多同类的词,加以总结归类,可建立起相应的图式。比如表达“看”的意思,除了看,还有“瞅”“瞧”“睹”“望”“瞰”“观察”等,不难发现,带“目”字旁的基本都与“眼睛”、“看”有关,但具体的情状又有所不同。引导学生分类时,还要能够分清楚其间的差别。词语亦是如此,汉字词语常常除了本义还有延伸义,应教会学生掌握其内在规律,即使遇到生僻的字词,也能根据其结构猜测出大意。以“读书”这个主题为例,教师可通过总结归类来帮助学生建构图式。常见成语有“十年寒窗”“学富五车”“凿壁借光”“映雪读书”等,当然也有“读书百遍其义自见”“纸上得来终觉浅,绝知此事要躬行”等名言。

既然图式具有动态性,学生头脑中的图式也由简单逐渐变得复杂,那么这一动态过程是如何实现的呢?在此,以小学高年级语文阅读的内容图式加以分析。首先要注重导入环节,激活学生已形成的图式,尤其是其旧图式与教学关系不大时，导入就显得更有必要。具体的方法有很多，如卡片介绍法，在《天安门广场》《春联》《詹天佑》等文章中都可以使用，能够快速吸引小学生的注意和兴趣。直观形象法与其类似，主要是利用小学生易于接受直观事物的特点，比如《庐山的云雾》《秦兵马俑》《莫高窟》等，借助相关图片，能够令学生更好地品味文章。故事导入法则比较有趣，老师可通过设悬念、讲故事等方式导入，另外还有话题讨论法、质疑法等。无论采用哪种方法，都要遵循目的性、灵活性、趣味性等原则。

导入之后，还需层层递进，构建起新的图式。比如《看菊花》一文，"一朵朵、一丛丛、一片片"是课文教学的难点。在教学中，教师可以从"一朵"的图片展示入手，依次添加花儿，以此理解"一朵朵"。然后再出示反映"一丛""一丛丛""一片""一片片"的图片提示，让学生进行观察。这样，学生就能了解到这是由于花儿在不断增多，于是人们的表达方式也进行了改变。最后再结合生活实际，让学生也来说说"生活中我们还会怎样运用这样的词语"，以此达到实际生活中灵活运用的目的。

### （三）小学语文阅读教学图式理论的运用

阅读不仅仅是为了拓展眼界、提升成绩，还要在实际生活中灵活运用从阅读中获得的知识。因此，在构建并完善图式的同时，还要进行迁移并灵活使用。以《高尔基和他的儿子》一课为例，主题是亲情。课文中展现的是父子关系。教材中除了父子关系以外，还有很多文章中有父女、母子、母女，以至于师生、祖孙等关系，都可划分到这一类型。通过图式培养小学生举一反三的能力。比如萧红的《我和祖父的园子》，可按照《高尔基和他的儿子》一课的分析方法，逐步构建起该课的内容图式。在这篇文章中，作者为我们展示了一幅童年多姿多彩的画卷，抒发了对疼爱自己的祖父的怀念，也抒发了作者对故乡的怀念。另外，文章的写作技巧和手法值得借鉴，基本都是通过一些事件展现人物关系，最后成功塑造人物形象，这一框架在同类文章中较为常用。

当然，阅读不能局限于教材，教师还应推荐课外阅读。教师可根据小学生的年龄特点,推荐适合的书籍期刊,最好与课堂所学有直接关联,便于学生把课堂上构建的图式应用于课外阅读中。同时,教师还应注重反馈和交流。如通过举办读书会了解学生的阅读情况,根据其不足调整教学方法。另外,写作是对阅读的综合运用,小学生可先通过模仿,巩固已有的图式,随着经验增加,不断丰富修正。

图式理论是认知心理学的重要内容,对小学生的认知和学习大有裨益,它和传统的语文阅读教学并不冲突。所以,教师可保留传统教学模式的优点,合理运用图式理论,促进二者结合,从而提高学生的阅读教学水平和综合能力。

## 二、小学数学学习图式的教学行为设计

新知的学习过程就是学习者头脑中原有的相关图式变得丰厚的过程,数学学习亦如此。图式是一种结构和组织,它们在相同或类似的环境中,会由于重复而引起迁移或概括,在人脑中对已有知识经验形成网络。这就意味着,使用图式理论来指导解决问题的策略教学,可以有效促进小学生数学知识体系的构建,有利于提高学习效率。

### (一) 小学数学教学图式理论的构建

图式即学生个体得以开展学习的一项工具,学生依据图式来理解、解释、预测、组织、吸收外界的信息。数学学科学习图式是一种模式、一种结构,用来帮助学生认识、理解信息;也可以是一种记忆模型,学习的程序。恰当、合理地运用"图式",把知识串点成线、织线成网、沟通知识间的联系,突出数学知识的系统性,彰显重点难点,梳理逻辑顺序。从这点上来说,"图式"无疑为科学的学习方法提供了一条路径。通过建构"图式",学生可以得到简约的、结构化的知识,因此,"图式"的建构有利于学生系统地掌握知识,有利于学生把知识加工成有联系的网状结构,从而促进学生头脑中的图式的形成和发展,培养学生思维的整体性和敏捷性,优化学生的思维方式。

我校对学习图式在小学数学教学中的运用进行了深入研究,在理

论构建上确立了“教结构、用结构”的主张，强调框架性，将学科模型转化为思维导图和学习模型，以此来促进学生更好地学。在数学知识体系中，有些知识类似于大树的根，会由这些知识衍生出其他的知识，因此在教学前，应梳理出这些根知识，将其确定为教结构阶段。例如：在小学数与代数领域内，自然数，小数，分数等都是非常重要的基本概念，在整数的认识教学时，我们将其确定为教结构阶段，教师要解释和呈现整数认识的内容框架（见表 4－1）。即数的意义、数的读法和写法、数的组成、数的大小比较、数的分类等，让学生知道要学习什么、可以怎样学，帮助学生建立学习的框架性结构。后面的小数、分数、负数、百分数的认识可以看做是用结构阶段，引导学生运用整数学习的框架性结构，以主动的心态参与学习。在用结构阶段，教师要尽量帮助学生建立起新知与整数认识的结构关联，逐步形成运用结构、主动迁移的意识。因此，在教学中采取的教学策略是“整体—部分—整体”，即先要引导学生整体感悟知识学习的框架性结构，再进入知识整体中的每一部分的知识学习，最后再对整体中各部分知识进行系统的复习整理，沟通各部分知识之间的内在联系，从而形成对知识整体在超越第一次整体感悟意义上的个性化和创生性的占有。

**表 4－1**

| 内容 | 整数 | 小数 | 分数 | 正负数 |
|---|---|---|---|---|
| 数概念 | 意义、读写、组成、排序、分类 | 意义、读写、组成、排序、分类、性质 | 意义、读写、组成、排序、分类、性质 | 意义、读写、组成、排序、分类 |
| 数运算 | 整数加减乘除、运算类型、算法结构、运算法则 | 小数加减乘除、运算类型、算法结构、运算法则 | 分数加减乘除、运算类型、运算法则 | 正负数加减乘除、运算类型、运算法则 |
| 数量关系 | 简单/复合/特殊数量关系 | 简单/复合/特殊数量关系 | 简单/复合/特殊数量关系 | 数量关系方程运用 |
| 数规律 | 因数和倍数的特征研究和关系研究 | | | |

续 表

| 内容 | 整数 | 小数 | 分数 | 正负数 |
| --- | --- | --- | --- | --- |
| 运算规律 | 加减乘除不变规律、组合运算不变规律、加减乘除共变规律 | 加减乘除不变规律、组合运算不变规律、加减乘除共变规律 | 加减乘除不变规律、组合运算不变规律、加减乘除共变规律 | 加减乘除不变规律、组合运算不变规律、加减乘除共变规律 |

### (二) 小学数学教学图式理论的完善

改善课堂教学行为的方式和方法是多样的,但归根结底离不开研究教师的教和学生的学。而我们的学科学习图式教学是与教学行为分不开的,需要进行双向建构。基于教材,从知识入手,找知识之间的关联,建立知识模型;通过课例研究,帮助学生形成学习模型,提高学习效率。

在苏教版小学数学教材中,有些知识通常以一个单元或几个单元的知识为板块,尤其是概念和公式较多的单元。在学完全部内容后,可以让儿童尝试寻找、梳理概念之间的内在联系,把零散的知识点串成线,再把知识线索连成网络。例如:小学阶段的多边形面积计算,长方形和正方形的面积计算为整体感悟阶段;平行四边形的面积计算教学为教学结构阶段,要努力引导学生掌握学习的方法结构;三角形、梯形以及其他图形的面积计算教学为运用结构阶段,要引导学生运用方法结构进行主动迁移和类比创造。具体做法如下表(见表 4-2):

**表 4-2**

| 教学内容 | 教学策略 | 教学目标 |
| --- | --- | --- |
| 长方形<br>正方形 | 整体感悟 | 在从上位到下位的学习过程中把握图形面积计算问题解决最基本的方法,能从概念、度量单位、度量方法等方面区分图形周长和面积之间的差异 |
| 平行四边形 | 教结构 | 在直觉转化的基础上理解图形转化前后的内在联系,明白直觉转化背后的道理,能够举一反三进行类比迁移,知道转化的基本方法,了解"变已知一找关系一推结论"的学习方法结构 |

续　表

| 教学内容 | 教学策略 | 教学目标 |
| --- | --- | --- |
| 三角形 | 用结构 | 运用学习方法结构进行实践探索，学会发现和利用图形转化前后面积之间的相等、加倍和减半关系得出三角形面积计算公式，尝试运用符号表达推理的过程 |
| 梯形 | 用结构 | 能自觉运用学习方法结构开展学习活动，能发现和利用图形转化前后面积之间的相等、加倍和减半关系得出三角形面积计算公式，尝试运用符号表达推理的过程。知道平行四边形和三角形的面积计算公式是梯形面积计算公式的特殊情况 |
| 多边形<br>组合图形 | 整体感悟 | 在从思维策略到具体方法的学习过程中把握问题解决的基本策略，掌握解决问题的"割、补、拼"等方法，能根据情境选择恰当的方法灵活地解决问题 |
| 圆 | 用结构 | 掌握图形转化或分割的方法感受化曲为直和无限逼近的数学思想，能根据关系用符号表达推理的过程 |

由于数学知识是高度结构化的，因此，从数学学科结构、单元或主题结构的角度来看，利用"图式"把握和分析数学知识是非常重要的，这样可以让学生在"见树木，更见森林""见森林，才见树木""知道低头拉车，也知抬头看路"的情境中学习数学，使学生充分体悟和把握数学知识和方法的结构，体验数学知识的发生、发展过程。

### （三）小学数学教学图式理论的运用

心理学研究表明，迁移有两种方式：一种是训练的特殊迁移，在教学中体现在学校教授的某些技能以后可以迁移到社会或工作中去；另一种是非特殊迁移，属于原理和态度的迁移，即已开始不是学习一种技能，而是学习一个一般观念，然后这个观念可以用作认识后续问题的基础。上文分析表明：知识结构具有较知识点更强的迁移能力，要让学生掌握学习的主动权，最有效率的是掌握和运用知识结构。因此，我们以典型课例为抓手，强化整体感悟阶段，帮助学生自主建构学习模型，帮助学生建立从整体到局部，从策略到方法，从上位到下位的思维习惯和方式。

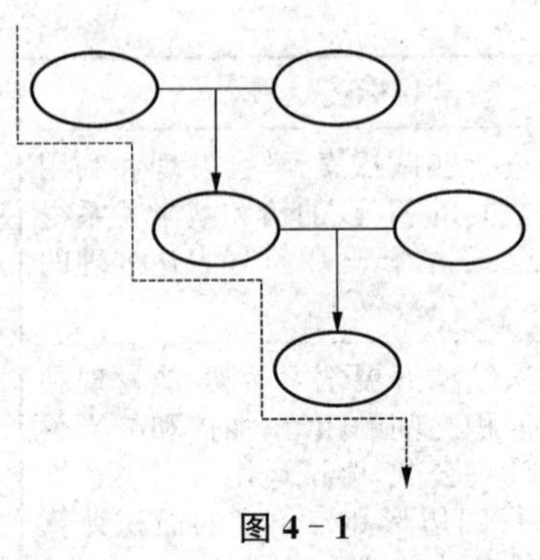

图 4-1

以苏教版三(上)解决问题的策略(从条件想起)一课为例,谈一谈我们的具体做法。

首先,对本节课的内容进行梳理,确定本节课的教学内容是通过解答一些数量关系简单且趣味性较强的实际问题,引导学生实践并体验从条件出发的策略,初步感受策略运用的过程和特点。从而确定本节课教学的思维导图是(见图 4-1):

简言之,就是找到相关联的两个条件解决一个新问题,再将这个刚刚解决的新问题作为一个条件,再和另一个有关联的条件解决另一个新问题,这样有序地进行下去,解决最终问题。因此,确定本节课的学习目标为:① 学生在解决实际问题的过程中初步学会从条件发展开思考,分析并解决相关问题。② 学生在对解决实际问题过程的不断反思中,感受解决问题策略的价值,发展分析、归纳和简单推理能力。③ 学生进一步积累解决问题的经验,增加解决问题的策略意识,获得解决问题的成功体验,增强学好数学的信心。其次,基于以上认识,我们确定本节课的教学结构为:① 理解条件信息;② 不同方法解答;③ 展示交流;④ 比较归纳反思,最后是课堂实践。

由于本节课是学生小学阶段第一次接触解决问题的策略,因此我们将本节课定位在整体感悟、教结构的阶段,帮助学生建立起学习解决问题策略内容的框架性结构,形成学习模型,为学生后续学习解决问题策略的相关内容奠定基础,同时在潜移默化中让学生体会到数学学习的过程就是不断建模的过程。

“学科学习图式”能将抽象的数学概念形象化、复杂的数学计算简约化、孤立的知识点结构化,体现了操作性强、理解性好的特点。不仅如此,学科学习图式教学还与儿童的思维特质高度吻合,给儿童以具体的思维支撑、想象支撑、问题解决支撑,儿童在“学科学习图式”教学的引导下,左右脑共同运作,想象力和创造力都得到发展。总之,教师运用学科学习图式教学，要基于教材，对教材内容进行结构化处理；从学生入手，转化成可学的过程；从学科模型入手改进教学行为，将学科知识转化为教的知识、学的知识，实现教与学行为的一体化。

## 三、小学英语学习图式的教学行为设计

将图式理论运用于小学英语语篇教学，能更好地促进学生语篇学习能力的发展以及综合语言运用能力的提升。小学英语语篇教学的主要任务是：基于“任务型教学”的一般要求，以阅读语篇为基本形式，在培养和发展学生的英语阅读理解能力（获取信息、整理信息、处理信息、加工信息和利用信息的能力）和英语语篇阅读技巧的同时，使他们在学习过程中发展语言运用能力，提高人文素养，增强实践能力，培养创新精神。然而，语篇教学中还存在诸多问题：学生在阅读前没有动机，缺乏语篇教学语境体验；学生在理解过程中，没有做到整体把握文章脉络，思维凌乱；阅读后，学生没有对文章进行延展探究，巩固新知。针对这些问题，教师可以在各环节设计图式，帮助学生理解英语语篇，提高综合语言运用能力。

### （一）小学英语语篇教学图式理论的构建

图式不是图画，也不是图表，它是大脑中贮存的一般概念的数据结构，是一种上层认知结构。设计合适的学习图式引导学生学习，对于学生已经接触过的信息，通过适当的活动支持和引导提示，能尽快激活学生头脑中已有的图式，使之活跃起来，从而指导学生自上而下进行解码。

在英语语篇教学中运用图式理论的核心是强调利用背景知识去激活相应的内容或形式图式，以促进学生对语篇的理解。阅读前，要充分发挥背景知识的图式“预热”功能。如译林版五上《Unit 4 Hobbies》中的 Story time，主要通过 Mike 谈论自己和朋友们的爱好，从而引入本单元的新词“dance，draw，play the piano，read，sing，watch films”，在对新单词的学习上，通过多种让学生感兴趣的方式达到记忆的效果。

本课的重点句型有“I/We/You/They like...”“He/She likes...”,并在交际活动和写作活动中学会运用。在教学语篇前可设计以下导学活动,激活并构建语言图式:1. 让同学们回忆一下,学过了哪些兴趣爱好类的单词,如 sing,dance...这种图式类似于通常所说的“头脑风暴”,教师列出几个关键词,要求学生根据已经有的知识说出与之相关的一些信息,从而建立起与材料有关的信息桥梁,帮助学生建构知识,拓展技能。不仅如此,这些图式的出现还能帮助学生降低学习的难度,培养他们仔细观察和认真思考的好习惯,提高英语的综合运用技能。2. 试着用句型 I like...写一下自己的爱好,注意 like 后面要加 doing。这两道前置性的练习提前渗透了重点句型 I like...而且兴趣爱好类的单词横向扩充了学生的知识点,为下面文本的学习作铺垫。

通过阅读前的预测推理可以帮助学生引出适当的背景知识,激活必要的图式。一旦学生的知识储备被激活,他们便不是简单被动地接收信息,而是结合自身经验,主动对外部信息进行选择、加工、处理和构建,不断促进语言能力的提升。

### (二) 小学英语语篇教学图式理论的完善

在阅读教学时,教师可结合阅读材料的语篇内容及语篇结构,整合已有的内容图式和形式图式,对于学生不曾接触过的信息,通过适当补充以弥补学生图式的不足。经过长期不懈的图式建构和巩固训练,学生逐渐将新的信息丰富到自身的知识库中,不断完善相应的语篇图式。

1. 完善图式理解,感知语篇结构

图式理解是指通过图式,对英语语篇有个大致的了解,能回答一些问题。学生通过图式,还能掌握文章中所内含的深层信息,即了解语篇的含义,把握语篇的文章脉络,对语篇进行深层次的理解。在教授 Hobbies(Story time)时,教师通过和学生交流互动,学生之间交流互动,顺理成章地让学生从第一人称过渡到第三人称来表达自己和他人的爱好。接着教师出示文本,用“Jigsaw reading”的理念要求学生根据段落提到的内容找到能够与之匹配的图片。继而开始分段学习这篇文章，在介绍五个主人公爱好的时候，分别以不同的方式让学生去寻找答案，获得不同的小贴士。根据教学内容和教学目标，通过图式使学生对所学知识形成系统、完整的认识，从而提高学生对语言的感受以及对语篇结构的初步理解。

2. 完善内容图式，理解语篇脉络

在进行语篇教学时，常常会因过分强调了语篇中的字词而忽略了语篇的整体性，即“只见树木，不见森林”。因此，在语篇教学中，教师应尽量把词和句放在语段中，让学生结合语境来理解。如文本中有一个重要的词组 be good at...为了不单纯地讲解语法知识，教师出示了两个句子，让学生比较哪个句子更好。学生通过比较发现 A 更好，在此基础上教师呈现了一个 Learning tip：表达时，句式灵活，避免重复。紧接着，在教授 also 和 too 时，让学生找出刘涛也喜欢打乒乓球的句子，学生找到了 He also likes playing table tennis. also 和 too 都表示“也”，also 放在句中，too 放在句尾，于是呈现了第二个 Learning tip：表达时，用词求变，切记雷同。然后过渡到 Yang Ling 的爱好，杨玲喜欢阅读和弹钢琴，请在横线上补上一句话，证明杨玲是否喜欢弹钢琴大部分的孩子都能想到 Yang Ling plays the piano every day. 于是教师呈现了第三个 Learning tip：表达时，展开联想，适当扩充。因此，在帮助学生理解语篇脉络的时候，可以分析内容图式，一些重点的字、词、句可以直接整合在语段中，这样才能真正实现字不离词，词不离句，句不离篇。

3. 完善图式体系，分析语篇内容

在学生理解完语篇内容以后，教师呈现了文本中的一些图片并出示问题 What do you know from their hobbies?（你从他们的爱好中还能猜出什么信息）让学生用句型 I think... Because...来回答。这是个开放性的问题，有学生回答 I think Mike likes PE lessons because he can play basketball very well. 还有的学生说 I think Yang Ling is good at playing the piano because she plays the piano every day. 学生的思维很活跃，他们能根据教师呈现的图式体系进一步分析语篇内容，并找出语篇内容所隐含的深层含义，实现语篇的深度学习。

### (三) 小学英语语篇教学图式理论的运用

图式理论认为,学习的过程并非单向作用,而是通过知识与学习者脑中已有的图式相互作用的过程。语篇教学后,要对语篇内容进行深化和巩固,在泛读、精读后,基于学生对文本的理解,出示问题:What does Tim like doing? 这个问题需要学生细心地在文本中寻找,学生很快在文章的第一段 Mike 的自我介绍中找到答案 I usually draw in the park with my brother Tim.由此可见,Tim likes drawing.学生灵活地运用了图式内容,进一步挖掘了语篇内容的细节,更深层次地理解了语篇。

阅读后,应充分发挥图式信息的"运用"功能,指导学生利用已建立的图式进行各种活动,如复述、改写、讨论、评价等。在教授完 Hobbies 的 Story time 以后,可以让学生根据老师给出的图片在小组内任选一个进行复述,运用所给的关键句 He/She is... He/She likes... He/She can...加以描述。在学生充分理解语篇的基础上,老师利用板书梳理课文的重点内容,利用图式直观、条理清晰的特点,帮助他们形成记忆图式,从而有效地整合新旧图式,提高学生综合运用语言的能力。

我们深知,如果学生头脑中的图式越丰富,对理解知识的帮助就越大。由于学生间的基础、学习能力参差不齐,教师应针对不同层次的学生设计不同难度的练习,因材施教,让更多的学生敢于尝试,积极思考。如教学六上 Unit 7 Protect the Earth 课时,教师结合学校的德育活动让学生体会到爱护地球的环保行动就在身边,在最后的拓展运用环节设计了一个 poster 作为范例,给学生一些话题作为参考,让他们制作海报,激发学生的发散性思维和热爱地球、保护地球的意识。传统的抄写背诵让部分学生深感乏味,优等生常常会觉得此类作业缺乏挑战性,而后进生面对背诵抄写也实在提不起兴趣。制作海报、思维导图、课文录音或写倡议书等形式的作业则可以"兼顾两头、促进中间",学困生可以根据自我特长绘制个性趣味的思维导图,图文并茂,提升学习的兴趣,增强自信心;中等生可通过基础知识的巩固训练提升技能技巧;优等生则可以在原有基础上拓展提升，查阅探索相关联的知识。教师可充分运用图式理论设计多样化的作业，让学生根据自己的实际水平分层作业。

德国哲学家康德把图式看作是“潜藏在人类心灵深处的”一种技术、一种技巧。教师可以通过学习图式的方式引导学生主动探究新知，并根据学生学习的具体情况及时调整自己的教学行为，优化教学过程；学生在学习图式的引导下理解、解释、预测、组织、吸收外界的信息，以此达到理解掌握所学的知识，并在这一过程中提升自己的学习能力，学会学习。

## 第三节 基于学科学习图式的教学创新案例

图式教学是认知学习中一个重要的概念，是儿童在教师的支持与引领下，运用图式展开学习的过程，它是儿童自己的学习，更重视学习的过程与学习体验。我们拟根据儿童学习的特点进行适度延伸，形成一套具有本校特色的认识与实践系统。

为此，我们基于学生学习前测以及学科特点，从双向建构出发，设计体现学科性的多种教学模式，并以案例的形式呈现，最终形成实践框架与表征。将现代认知心理学中的图式理论引入小学语文、数学、英语教学，从知识模型、思维导图、学习图式和教学行为入手，进行科学的教学设计研究，以期解决教学中的重点、难点问题，增强教学的科学性、有效性。以下呈现的三个学科的案例，均通过设计思考、教学实施以及实践启示三个环节来阐述。

### 一、语文案例

《学科学习图式与教学行为双向建构的研究——司马迁发愤写史记设计思考与实践》

## (一) 设计思考

1. 从知识模型来看

不涉及教材的结构,只涉及本课具体的知识内容。了解教材结构化体系,利用知识点之间的内在联系将零散知识提炼出来,形成知识的组块,有利于学生对知识的提取。

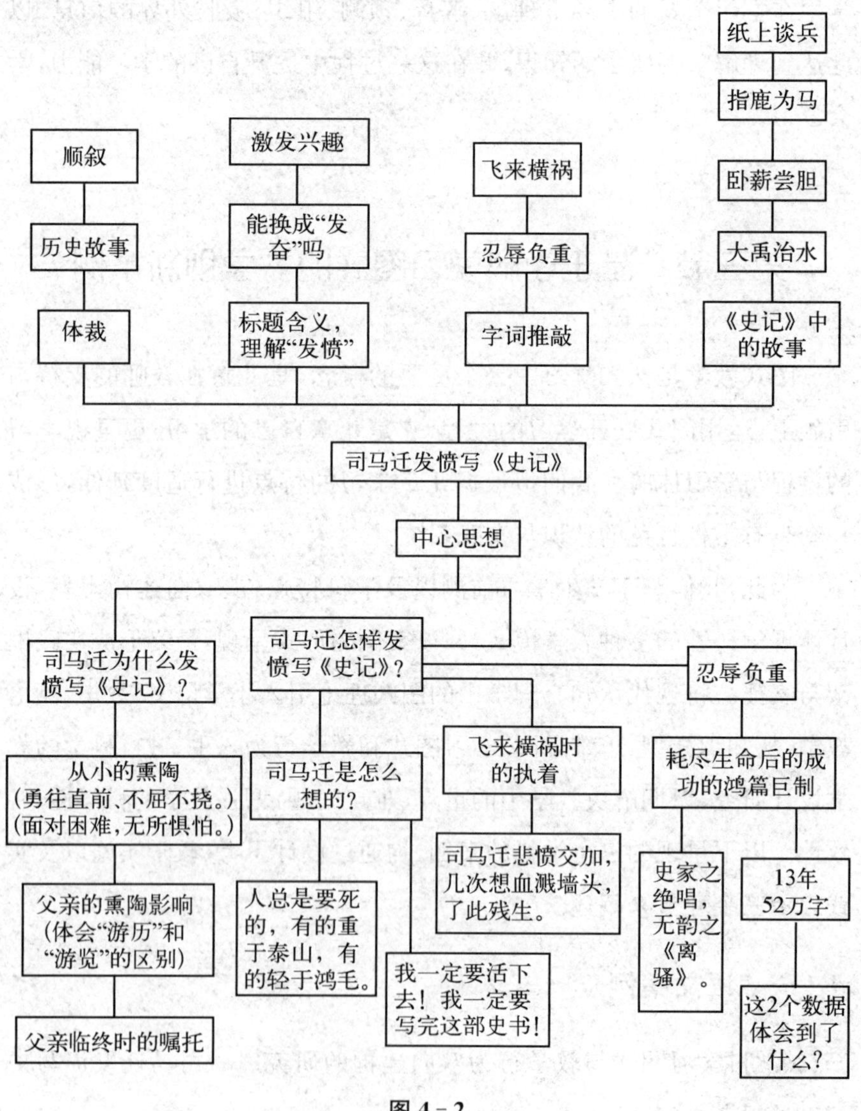


图 4-2

2. 从思维导图看

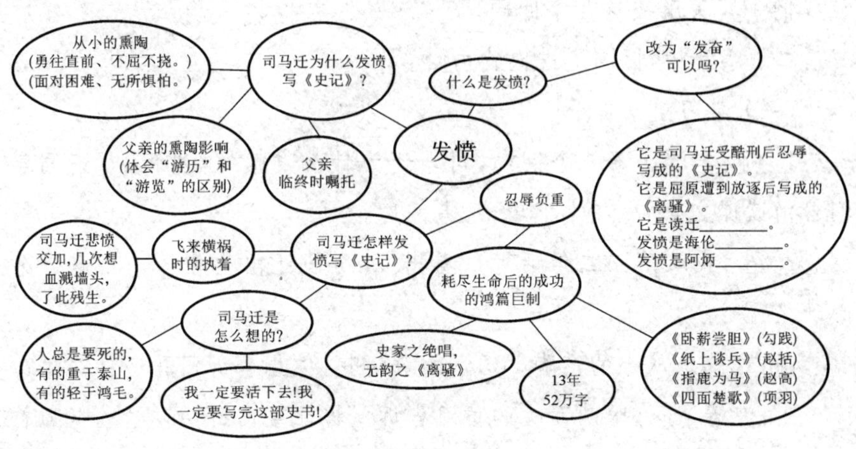


**图 4-3**

3. 教师教学行为图式

| 导学图式—— | 助学图式—— | 展学图式 |
| --- | --- | --- |
| ↓ | ↓ | ↓ |
| 引导、开展围绕“发愤”提出三个问题 | 提供帮助、指导从小熏陶受父亲的影响,早年的勤奋,飞来横祸时的执着,耗尽生命后的成功 | 引导应用、拓展联系学过的“强者”写写他们的成就升华主题 |

## (二) 教学实施

1. 教学实录

### 司马迁发愤写《史记》

第二课时

【教学实录】

一、抓住“发愤”,谈话导入。

1. 师:今天,我们继续学习第11课(出示课题),齐读课题。

2. 师:什么是“发愤”?(生:振作起来,努力去做。)师:再读,读出态度的坚决、意志的坚定。

3. 师：上节课我们围绕“发愤”提出了三个问题（出示），这节课就让我们一起去解决这几个问题。

二、感受“悲愤”，走进人物内心。

（一）学习第一部分

1. 师：先解决第一个问题，司马迁为什么发愤写《史记》？请同学们自由读课文第一、二自然段，思考问题。

2. 生：我从第一二句话可以看出。“司马迁出生在……心里十分激动。”

师：这就是从小的熏陶。滔滔的黄河啊，你想告诉司马迁什么呢？

生：波涛滚滚、呼啸而去的黄河告诉他勇往直前、不屈不挠。（师补充李白：“黄河西来决昆仑，咆哮万里触龙门”。）

师：你知道有哪些古代英雄的故事？

生：越王勾践卧薪尝胆的故事。

生：楚汉相争的刘邦和项羽的故事。

师：这些英雄故事告诉司马迁什么呢？

生：英雄们的故事告诉他面对困难，无所惧怕。

师：还有吗？

生：还有父亲的熏陶影响，因为父亲立志编写一部历时3000多年的史书。

师：早年的勤奋——不能付之东流。他不仅读万卷书，还行万里路。纸上得来终觉浅，绝知此事需躬行。

A. 出示：他还四处游历，广交朋友，积累了大量的历史资料。

B. 体会游览和游历的不同（一个侧重玩，一个侧重做。游历指参观、考察、访问、做记录等，四处寻访、搜集资料、考察遗迹、调查研究、访问交谈等）。

师：读到“四处游历”，你好像看到什么？

生：20岁的司马迁，在自己的家乡龙门，考察大禹治水的事迹。

生：他登上会稽山，参观了越王勾践卧薪尝胆的地方。

师：他还到九疑山，查明了顺帝南巡治水的历史；到汨罗江凭吊屈原，到江淮访韩信故乡，到曲阜瞻仰孔子故居……

读好词语和句子。

3. 交流第二小节（父亲临终时的嘱托）

师（出示父亲的话）读，说说体会到什么呢？

生：我感受到了父亲的无奈之心。

B. 师指导读：

万般情怀言辞中，这是一位临终老人的嘱托，谁来读——

一位泪流满面的老父亲，在向儿子倾诉他的遗愿，谁来——

一位紧紧拉着儿子的手的老史官，在倾诉他毕生、唯一的、最后的心愿——

师指导走进司马迁的内心：

看着奄奄一息的老人，司马迁啊，司马迁，你怎么想——

看着泪流满面的父亲诉说着唯一的心愿，司马迁，你怎么想——

握着骨瘦如柴的老父的手，你又怎么想——

C. 师引读：于是，司马迁牢记父亲的嘱托，每天——忙着研读历史文献，整理……

4. 师小结板书：刚才我们解决了第一个问题——司马迁为什么发愤写《史记》，知道了他因为深受英雄故事和父亲的影响、牢记父亲临终的嘱托，（板书：深受影响、牢记嘱托）所以发愤写《史记》。

（二）学习课文第二部分（飞来横祸时的执着）

1. 师：为了年少的梦想，为了对父亲的一句承诺，就在司马迁义无反顾地编写史书，向伟大的史家之路迈进时，一场飞来横祸降临了，请同学们默读课文第三自然段。

2. 师：谁来说说什么是“飞来横祸”？

生：“飞来横祸”就是意外的灾难。

师：“横祸”能换“灾祸”吗？为什么？

生：不可以。因为这是意外的灾难，不是一般的，是突如其来的。

你能说说当时发生了什么“飞来横祸”吗？

生：（介绍）当时，汉朝和匈奴进行着大规模的战争，飞将军李广的孙子李陵，深入敌方几千里，终因粮尽矢绝，被迫投降了匈奴。司马迁挺身而出，仗义执言，犯颜极谏，引得汉武帝勃然大怒，因而遭受了酷刑。

师：只因为替一位将军辩护，就得罪了汉武帝，入狱受了酷刑。这突然来临的灭顶之灾，就是——生：飞来横祸！

师：这飞来横祸让一个心系父亲嘱托、发愤为国编史的人，几次想——（出示课文齐读：司马迁悲愤交加，几次想血溅墙头，了此残生。）

师：什么是"悲愤交加"？他悲的是什么？愤即恨，恨的是什么？

生：为自己替李陵辩护，受到这样的酷刑而悲。"士可杀，不可辱"这是多大的侮辱啊。真让人伤心欲绝！

指导朗读词语，再读句子，读出悲愤。

师：这句话中，还有哪个词给你留下深刻感受？

生："几次""血溅墙头""了此残生"，说明了司马迁悲愤到极点。

师：此时，司马迁的内心是十分矛盾的，摆在面前的是怎么样的抉择？——生与死；生，意味着受到耻辱、遭人白眼，苟且偷生；死呢？意味着——了此残生，一了百了。

师："残生"能换成"一生"吗？为什么？

生：不行，因为司马迁受了酷刑，身体已经是残缺不全的了，只能用"残生"。

5. 师指导朗读：短短12个字，饱含着司马迁的屈辱、痛苦与绝望！孩子们，用你的心去读，读好这3个词、12个字。

6. 师：奇耻大辱、悲愤欲绝，也许此时，死对于司马迁是最简单、最好的解脱。但想到《史记》还没有完成，便打消了这个念头。他到底是怎么想怎么做的呢？请同学们默读课文第三自然段，在文章中找到答案，并多读几遍，用心体会。

师：司马迁是怎么想的？

生：他想："人总是要死的，有的重于泰山，有的轻于鸿毛。我如果就这样死了，不是比鸿毛还轻吗？我一定要活下去！我一定要写完这部史书！"

师:什么叫"重于泰山"? 什么叫"轻于鸿毛"? 出示:司马迁的原话是这么说的:"人固有一死,或重于泰山,或轻于鸿毛。"指名读,齐读。

师:所以他说(出示齐读):"我如果就这样死了,不是比鸿毛还轻吗?"你能换一种说法吗?

生:我如果就这样死了,就比鸿毛还轻。

师:司马迁呐喊道——生读:我一定要活下去! 我一定要写完这部史书!

师:"我一定要活下去! 我一定要写完这部史书!"这句话连用两个"一定"和两个"!",如果去掉,可以吗?)

生:不可以,因为两个"一定"、两个感叹号表达了司马迁要活下去的坚定的信心。

师:你真会读书,用慧眼发现——这时,不仅词语表达他坚定的决心,连标点也强烈地告诉我们——我一定要……让我们读好这句话。

师:在牢狱之中的司马迁仅仅想到这些吗? 不,远远不是。请结合一二两段说说。

生:他想到了父亲的嘱托。

生:他想到了自己少年时的努力。……

师:其实他还想到很多,请看他在给他的朋友任安的信《报任安书》中写到——(出示原文和解释)仲尼厄(è)而作《春秋》;屈原放逐,乃赋(fù)《离骚》;左丘失明,厥(jué)有《国语》;孙子膑(bìn)脚,《兵法》修列……孔子在周游列国的路上被困在陈蔡,后来编了一部《春秋》;屈原遭到放逐,写了《离骚》;左丘明眼睛瞎了,写了《国语》;孙膑被剜(wān)掉膝盖骨,写了《兵法》……

师:自己对照解释读读,想想司马迁为什么想到这些人?

生:都是不向厄运屈服,都是在厄运中写成流传千古的鸿篇巨制。

师:他想到孔子、屈原、孙膑……他再一次告诉自己——生读:我一定要活下去! 我一定要写完这部史书!

师:痛苦、耻辱,没有让司马迁屈服,那他是如何做的呢?

生:想到这里,他尽力克制自己,把个人的耻辱、痛苦全都埋在心底,

重又摊开光洁平滑的竹简,在上面写下一行行工整的隶字。(屏幕出示)

师:读到这里,你想到了哪个成语?(生:忍辱负重)忍什么辱?负什么重?

引读,想到小时候的耳濡目染,他——小组读。

想到早年的勤奋研读、博闻强记,他——

想到父亲的临终嘱托,他——

想到要死得有价值,他——

三年以后,由于汉武帝大赦天下,司马迁得以出狱。回到家,女儿看着父亲枯槁的面容泣不成声,司马迁用柔中带刚的语气说:“孩子,站起来!我活着回来,不是希望听到你们那悲怆(chuàng)的哭声,也不是为了能虚度残年,我是为了《史记》,我放不下《史记》,我要用眼泪、用热血、用生命来书写她。”于是,他坐到书桌前,尽力克制自己,把个人的耻辱、痛苦全都埋在心底,重又——齐读。

7. 师:这一行行工整的隶字哪是用笔墨写成的,分明是用司马迁的血泪、信念铸就的呀!板书:(忍辱写史)

(四) 学习最后一个自然段(耗尽生命后的成功)

师:血泪和生命终于凝成了辉煌巨著。引读:就这样,司马迁发愤写作——(板书:完成巨作)

师:说说体会,这些数字会说话,它好像在告诉你什么?

生:这些数字告诉我们司马迁写史记的艰辛,很不容易。

师:先说“52”,包罗万象、博大精深的辉煌巨著。再看一组数据:《史记》共 130 篇,包括十二本纪、十表、八书、三十世家、七十列传,共五十二万六千五百一十五字。它记录了从轩辕黄帝开始记起,中经唐、虞、夏、商、周、秦,下迄汉武帝太初年间近 3000 年的历史。这的确是一部——(生:鸿篇巨制)

师:解读“13 年”,从落笔到写成共花了司马迁 156 个月,4745 天,对于受过酷刑的司马迁来说,这 13 年即是——一生!所以说是耗尽了他毕生的心血,是他用整个生命铸就的!

师:怪不得鲁迅称他为——生:史家之绝唱,无韵之《离骚》。

三、全文总结，回归整体。

师：《史记》中有许多脍炙人口、家喻户晓的故事，你知道哪些？

生：大禹治水、指鹿为马、四面楚歌、背水一战、约法三章、负荆请罪、卧薪尝胆、完璧归赵、一鸣惊人、毛遂自荐……

师：同学们，今天我们认识了一位历史伟人，他叫——司马迁。了解了一部辉煌巨著，叫做——《史记》。

2. 回味课堂

“司马迁发愤写《史记》”这一课内容，教学结构上可分为三个板块：一、理解“发愤”的含义；二、探究司马迁发愤写《史记》的原因；三、感受司马迁是怎样发愤写《史记》的。课堂教学时应融合、渗透课文的体裁、叙述方式、抓关键词品读文本等学习方法。课文的脉络是：“深受影响——牢记嘱托——忍辱写史——完成巨作”。

但是在试教的过程中发现，高年级语文教学内容较多，一类文章的教学可以一篇带一篇甚至多篇。教学中如果能厘清板块，将各个环节更清晰地呈现，则更有利于学生在脑海中形成本课的知识结构，形成学习图式。课后，本组教师对本课的课堂教学进行研讨，并重构本节课的教学。我们可以围绕“发愤”进行阐述：一、什么是发愤；二、为什么发愤；三、怎样发愤，板块清楚。语言图式，各文体均有各自不同的结构图式，其掌握程度有助于学生对文体进行迅速而有整体性的把握。发现不同结构图式的共通点，当然不为教结构而教，而是以语言图式为抓手，知道同一类型结构的文章可以用一个相对便捷准确快速的方法来把握。例如，本课围绕主问题“发愤”，抓关键词句体会文章主旨、丰满司马迁的人物形象。此外，图式之间可以相互嵌套，可以进行相关联的新旧知比较，异中求同、同中求异以增强学生对文本的敏锐感、相关联的新旧知归类学：从《史记》带出大禹治水、指鹿为马、四面楚歌、背水一战、约法三章、负荆请罪、卧薪尝胆、完璧归赵、一鸣惊人、毛遂自荐等故事，辨析同类人物不同的个性。或者根据语言图式、已有知识储备，引导学生创造性地联想文章的意境、作者的心境等。文章学完后，要回归主旨——“发愤”，回归整体，体现主题单元教学的整体性。可以设计如下说话练习：我们这单元的课文都和一些强者有关。它是司马迁受酷刑后忍辱写成的《史记》；它是屈原遭到放逐后写成的《离骚》；它是谈迁________；发愤是海伦________；发愤是阿炳________。以此练习进行训练，达到对图式的迁移。

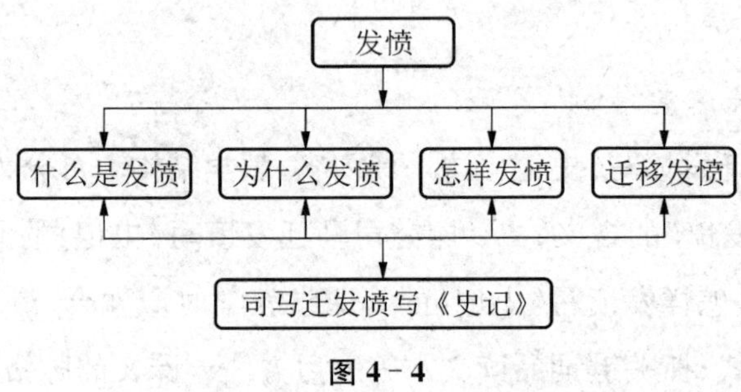


**图 4-4**

3. 教学重构

## 司马迁发愤写《史记》

### 第二课时

一、抓住“发愤”，谈话导入。

1. 今天，我们继续学习第 11 课（出示课题），齐读课题。

2. “发愤”？（振作起来，努力去做。）再读，读出态度的坚决、意志的坚定。

3. 上节课我们围绕“发愤”提出了三个问题（出示），这节课就让我们一起去解决这几个问题。

【设计意图：文题中的“发愤”是全文思维、语言、情感的精髓，它“通”则全文通，它“活”则课堂“活”，它“明”则教学“明”。教学中，首先以“疑惑”激发学生品读人物的愿望，接着以“巧引”搭设学生释疑人物的平台，最后以“喷涌”分享学生品味人物的收获。因此，以“发愤”为主线进行导学图式，提出三个问题，成为串联整节课的核心问题。】

二、感受“悲愤”，走进人物内心。

（一）学习第一部分

1. 过渡：先解决第一个问题，司马迁为什么发愤写《史记》？请同学们自由读课文第一、二自然段，思考问题。

2. 交流第一小节。（小小少年时的梦想）引导学生从以下几方面阅读交流讨论：

(1) 从小的熏陶——

A. 滔滔的黄河——波涛滚滚、呼啸而去的黄河告诉他勇往直前、不屈不挠。（可补充李白："黄河西来决昆仑，咆哮万里触龙门"。）

B. 英雄的故事——（三次路过家门不回的治水英雄——大禹，在龙门那儿有很多大禹的纪念点；卧薪尝胆的越王勾践；楚汉相争的刘邦和项羽……）英雄们的故事告诉他面对困难，无所惧怕。

C. 读好句子。

(2) 父亲的熏陶影响

——父亲立志编写一部历时3000多年的史书

(3) 早年的勤奋——不能付之东流。

他不仅读万卷书，还行万里路。

纸上得来终觉浅，绝知此事需躬行。

A. 出示：他还四处游历，广交朋友，积累了大量的历史资料。

比较：他还四处游览，广交朋友，积累了大量的历史资料。

B. 体会不同（一个侧重玩，一个侧重做。游历指参观、考察、访问、做记录等，四处寻访、搜集资料、考察遗迹、调查研究、访问交谈等）。读到"四处游历"，你好像看到什么？（20岁的司马迁，不仅在自己的家乡龙门，考察大禹治水的事迹；登上会稽山，参观了越王勾践卧薪尝胆的地方；到九疑山，查明了顺帝南巡治水的历史；到汨罗江凭吊屈原，到江淮访韩信故乡，到曲阜(fù)瞻仰孔子故居……）读好词语。

3. 交流第二小节（父亲临终时的嘱托）

A. 出示父亲的话，读，说说体会到什么呢？感悟语句，体会殷殷之情，无奈之心。

B. 指导读好话：

万般情怀言辞中，这是一位临终老人的嘱托，谁来读——

一位泪流满面的老父亲，在向儿子倾诉他的遗愿，谁来——

一位紧紧拉着儿子的手的老史官,在倾诉他毕生、唯一的、最后的心愿——齐走进司马迁的内心:

看着奄奄一息的老人,司马迁啊,司马迁,你怎么想——

看着泪流满面的父亲诉说着唯一的心愿,司马迁,你怎么想——

握着骨瘦如柴的老父的手,你又怎么想——

C. 引读,于是,司马迁牢记父亲的嘱托,每天——忙着研读历史文献,整理……

4. 小结板书:刚才我们解决了第一个问题——司马迁为什么发愤写《史记》,知道了他因为深受英雄故事和父亲的影响、牢记父亲临终的嘱托,(板书:深受影响、牢记嘱托)所以发愤写《史记》。

【设计意图:此环节,主要培养和发展语言图式。关注语言图式,注重朗读感悟,体现感性化的语文。引导学生反复地读,在读中体会,在读中感悟,用读来丰富学生的语言积累。每个学生通过不同形式读好几遍课文,体会司马迁的感受以及自己的感受,想象司马迁写《史记》的艰难过程。发展语言图式,重点让学生抓住"悲愤交加,血溅墙头,了此残生"几个词,利用文章所提供的信息和线索去调用大脑中的形式图式和内容图式,以此来体会司马迁当时所受酷刑对他的影响。发展语言图式,让学生抓住"重于泰山,轻于鸿毛,一定要活,一定要写"感悟司马迁的忍辱负重,调动大脑中原有的形式图式,感受发愤写史的精神。】

(二) 学习课文第二部分(飞来横祸时的执着)

1. 过渡:为了年少的梦想,为了对父亲的一句承诺,就在司马迁义无反顾地编写史书,向伟大的史家之路迈进时,一场飞来横祸降临了,请同学们默读课文第三自然段。

2. 理解"飞来横祸"。

(1) 指名说说意思。(意外的灾难)"横祸"能换"灾祸"吗?为什么?

(2) 教师介绍:当时,汉朝和匈奴进行着大规模的战争,飞将军李广的孙子李陵,深入敌方几千里,终因粮尽矢绝,被迫投降了匈奴。司马迁挺身而出,仗义执言,犯颜极谏,引得汉武帝勃然大怒,因而遭受了酷刑。

3. 小结:只因为替一位将军辩护,就得罪了汉武帝,入狱受了酷刑。这突然来临的灭顶之灾,就是——飞来横祸!

4. 过渡:这飞来横祸让一个心系父亲嘱托、发愤为国编史的人,几次想——(出示课文:司马迁悲愤交加,几次想血溅墙头,了此残生。)

① 理解"悲愤交加"悲的是——为自己替李陵辩护,受到这样的酷刑而悲。("酷刑",指什么? 出示说明司马迁所受的酷刑。"士可杀,不可辱"这是多大的侮辱啊。真让人伤心欲绝!

愤即恨,恨的是——汉武帝居然不了解清楚冤枉自己,汉武帝武断行事,多么愤恨啊!

指导朗读词语,再读句子,读出悲愤。

这句中,还有哪个词给你留下深刻感受。

② "几次""血溅墙头""了此残生"——悲愤到极点。

此时,司马迁的内心是十分矛盾的,摆在面前的是怎么样的抉择? ——生与死;生,意味着受到耻辱、遭人白眼,苟且偷生;死呢? 意味着——了此残生,一了百了。

"残生"能换成"一生"吗? 为什么?

5. 指导朗读:短短十二个字,饱含着司马迁的屈辱、痛苦与绝望! 孩子们,用你的心去读,读好这三个词、十二个字。

6. 过渡:奇耻大辱、悲愤欲绝,也许此时,死对于司马迁是最简单、最好的解脱。但想到《史记》还没有完成,便打消了这个念头。他到底是怎么想怎么做的呢? 请同学们默读课文第3自然段,在文章中找到答案,并多读几遍,用心体会。

(1) 司马迁是怎么想的? 学生交流。

① 出示:他想:"人总是要死的,有的重于泰山,有的轻于鸿毛。我如果就这样死了,不是比鸿毛还轻吗? 我一定要活下去! 我一定要写完这部史书!"

② 什么叫"重于泰山"? 什么叫"轻于鸿毛"? 出示:司马迁的原话

是这么说的:“人固有一死,或重于泰山,或轻于鸿毛。”指名读,齐读。

师:让我们再好好读读,记住这句千古名言吧。(齐读)

7. 所以他说(出示齐读):“我如果就这样死了,不是比鸿毛还轻吗?”你能换一种说法吗?

8. 为此,司马迁呐喊道:我一定要活下去! 我一定要写完这部史书!

比较:我一定要活下去! 我一定要写完这部史书!(这句花连用两个“一定”和两个“!”,如果去掉,可以吗?)

我要活下去,我要写完史书。

坚定:两个“一定”、两个感叹号。(真会读书,用慧眼发现——这时,不仅词语表达他坚定的决心,连标点也强烈地告诉我们——我一定要……)读好这句话。

③ 过渡:在牢狱之中的司马迁仅仅想到这些吗? 不,远远不是。请结合一二两段说说。(想到了父亲的嘱托,想到了自己少年时的努力,想到黄河母亲的熏陶)

其实他还想到很多,请看他在给他的朋友任安的信《报任安书》中写到。(出示原文和解释)仲尼厄(è)而作《春秋》;屈原放逐,乃赋(fù)《离骚》;左丘失明,厥(jué)有《国语》;孙子膑(bìn)脚,《兵法》修列……孔子在周游列国的路上被困在陈蔡,后来编了一部《春秋》;屈原遭到放逐,写了《离骚》;左丘明眼睛瞎了,写了《国语》;孙膑被剜(wān)掉膝盖骨,写了《兵法》……

A. 自己对照解释读读,想想司马迁为什么想到这些人?(不向厄运屈服,都是在厄运中写成流传千古的鸿篇巨制。)

B. 男生读原文,女生读解释。

C. 想到孔子、屈原、孙膑……他再一次告诉自己——我一定要活下去! 我一定要写完这部史书!

9. 过渡:痛苦、耻辱,没有让司马迁屈服,那他是如何做的呢?(指名交流)

想到这里,他尽力克制自己,把个人的耻辱、痛苦全都埋在心底,重

又摊开光洁平滑的竹简，在上面写下一行行工整的隶字。（屏幕出示）

读到这里，你想到了哪个成语？（忍辱负重）忍什么辱？负什么重？

【设计意图：注重价值引导，体现民族化的语文。此环节主要培养和发展内容图式，借助语篇情景的图式和读者已有的背景知识图式，帮助学生在阅读理解过程中把属于同一语义场的字词结合起来，借助储存在读者记忆中的有关知识的图式，帮助学生感受人类文化的重要组成部分，以及蕴涵的厚重的民族精神，民族文化。让学生在语文学习中体味中国人思想的广博和深邃，体味民族精神的深邃和永恒。从而达到课标所要求的“认识中华文化的丰厚博大，吸收民族文化智慧。”《司马迁发愤写〈史记〉》一文中涉及到相当广泛的民族文化，而《史记》本身就是一本具有文学性和史学性的文章。因此在教学中穿插地讲《史记》，让学生了解《史记》在中国历史学上的重要地位，是非常有必要的，引导学生在脑海中构建《史记》背景知识的图式，借助脑海中原有图式结构，潜移默化感受司马迁不顾个人荣辱，献身于事业的精神。能够“忍辱负重”，正是民族精神中个人讲究内修的最高境界。在教学中要引导学生热爱祖国的优秀传统文化，热爱祖国历史上伟大的人物，帮助学生形成自己丰富的精神世界。】

引读，想到小时候的耳濡目染，他——小组读。

想到早年的勤奋研读、博闻强记，他——

想到父亲的临终嘱托，他——

想到要死得有价值，他——

三年以后，由于汉武帝大赦天下，司马迁得以出狱。回到家，女儿看着父亲枯槁的面容泣不成声，司马迁用柔中带刚的语气说：“孩子，站起来！我活着回来，不是希望听到你们那悲怆（chuàng）的哭声，也不是为了能虚度残年，我是为了《史记》，我放不下《史记》，我要用眼泪、用热血、用生命来书写她。”于是，他坐到书桌前，尽力克制自己，把个人的耻辱、痛苦全都埋在心底，重又——齐读。

10. 小结板书：这一行行工整的隶字哪是用笔墨写成的，分明是用司马迁的血泪、信念铸就的呀！板书：（忍辱写史）

(四) 学习最后一个自然段(耗尽生命后的成功)

1. 过渡:血泪和生命终于凝成了辉煌巨著。引读:就这样,司马迁发愤写作——(板书:完成巨作)

2. 说说体会,这些数字会说话,它好像在告诉你什么?

A. 解读“52”(包罗万象、博大精深是辉煌巨著。再看一组数据:《史记》共130篇,包括十二本纪、十表、八书、三十世家、七十列传,共五十二万六千五百一十五字。它记录了从轩辕黄帝开始记起,中经唐、虞、夏、商、周、秦,下迄汉武帝太初年间近3000年的历史。这的确是一部——(鸿篇巨制)

B. 解读“13年”,(补充)从落笔到写成共花了司马迁156个月,4745天,对于受过酷刑的司马迁来说,这13年即是——一生!所以说是耗尽了他毕生的心血,是他用整个生命铸就的!

3. 怪不得鲁迅称他为——史家之绝唱,无韵之《离骚》。

【设计意图:注重朗读感悟,体现感性化的语文。应该引导学生反复地读,在读中体会,在读中感悟,用读来丰富学生的语言积累。每个学生要通过不同形式,读好几遍课文,体会司马迁的感受以及自己的感受,想象司马迁写《史记》的艰难过程。在教学过程中,我重点让学生抓住“悲愤交加,血溅墙头,了此残生”几个词来体会司马迁当时所受酷刑对他的影响。让学生抓住“重于泰山,轻于鸿毛,一定要活,一定要写”感悟司马迁的忍辱负重,发愤写史的精神。】

三、全文总结,回归整体。

1.《史记》中有许多脍炙人口、家喻户晓的故事,你知道哪些?(交流课外知识:如大禹治水、指鹿为马、四面楚歌、背水一战、约法三章、负荆请罪、卧薪尝胆、完璧归赵、一鸣惊人、毛遂自荐……)

2. 同学们,今天我们认识了一位历史伟人,他叫——司马迁。了解了一部辉煌巨著,叫做——《史记》。

3. 我们这单元的课文都和一些强者有关。填空

它是司马迁受酷刑后忍辱写成的《史记》。

它是屈原遭到放逐后写成的《离骚》。

它是谈迁________________________________________。

发愤是海伦______________________________________。

发愤是阿炳______________________________________。

四、作业设计：

1. 推荐阅读《上下五千年》。

2. 完成《补充习题》。

【板书设计】

12　司马迁发愤写《史记》

深受影响

牢记嘱托

忍辱写史

完成巨作

### （三）实践启示

《司马迁发愤写史记》是一篇历史人物故事，课文写了司马迁在遭到残酷的刑罚之后，不忘父亲嘱托，忍辱负重，耗费 13 年时间，写成辉煌巨著《史记》的事。围绕这节课，我设计了以下几个方面进行教学：

1. 质疑课题，图式导学，感受早年努力的司马迁

课文的题目非常清晰地展现出文章的主要内容，凸显出人物的主要精神。如同人炯炯的双眼，文题提纲挈领，引人关注。尤其是“发愤”一词更是司马迁人格精神最精练最充分的体现。于是，我在教学中紧紧抓住课题进行纵向、横向的展开，呈现一张网格图式，展开图式导学，在不断深入的品读中、在不断升华的情感中读出“发愤”的内涵，读出司马迁这个历史人物的厚重与深意，懂得人为什么活着，懂得人的精神存在的价值，这是在丰富人的内心世界中，唤醒学生的灵魂深处对于人性真善美的向往。

2. 紧扣“发愤”，用心感悟，解读发愤写史的司马迁

第二个问题是“司马迁是怎样发愤写史记的？”这个问题，借助学生

已有的知识体验在脑海中的语言图式,引导学生从"飞来横祸"入手展开学习。在"飞来横祸"面前,在"巨大耻辱"面前,司马迁几次想"血溅墙头,了此残生",但是他最终下了决心,"我一定要活下去,我一定要写完《史记》!"这就是"发愤"! 化屈辱为动力,化悲伤为动力,化悲愤为力量司马迁忍辱负重,百折不挠,终成《史记》。教学中,我抓住"我一定要活下去,我一定要写完《史记》!"这句话,让学生通过朗读一次又一次,一层又一层地体会着"发愤"的内涵,每读一次,都会受到心灵的震撼。

3. 表达心声,激发情感,回味一生伟大的司马迁

在本课的教学中,我注重"情感的熏陶、感染",注重教师语言,以情促读。《司马迁发愤写史记》一文,情节感人,是对学生进行朗读训练的好教材。为此,我设计了煽情的教师过渡语,旨在带领学生进入情节,进入人物的内心。主要是以展学图式进行学习,引导学生拓展应用,借助脑海中的内容形式和形式图式以更丰厚司马迁的人物形象。

## 二、数学案例

《以结构化的视角设计教学——和与积的奇偶性设计思考与实践》

### (一) 设计思考

1. 从知识模型看

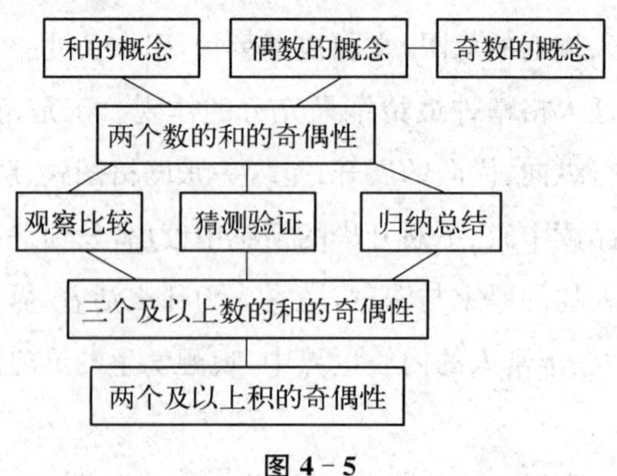


图 4-5

2. 从思维导图看

奇数＋偶数＝奇数

奇数＋奇数＋奇数＝奇数（其中“奇数＋奇数”为偶数）

奇数＋奇数＋奇数＋奇数＋奇数＝奇数（其中两组“奇数＋奇数”各为偶数）

………………

奇数的个数是奇数个，和是奇数

奇数＋奇数＝偶数

奇数＋奇数＋奇数＋奇数＝偶数（其中两组“奇数＋奇数”各为偶数）

奇数＋奇数＋奇数＋奇数＋……＝偶数（其中各组“奇数＋奇数”为偶数）

………………

奇数的个数是偶数个，和是偶数

3. 从学习图式看

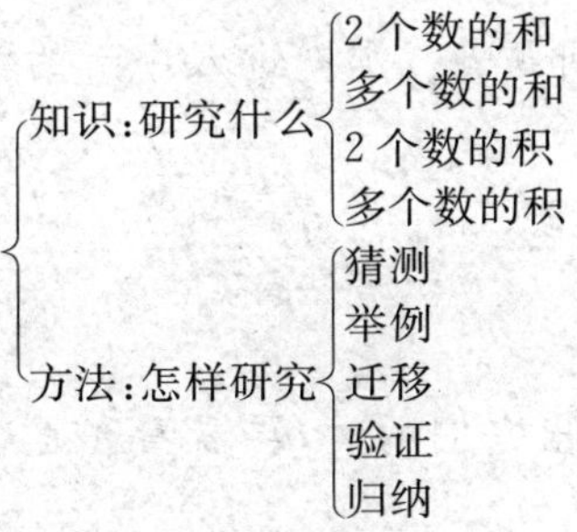


4. 从教学行为看

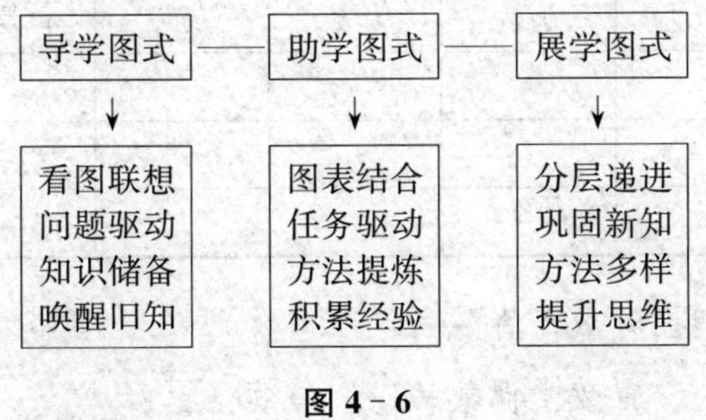


图 4－6

## (二) 教学实施

1. 教学实录

一、复习旧知

1. 谈话：还记得我们之前学的奇数和偶数吗？请大家回忆一下怎样的数叫奇数、怎样的数叫偶数？（2 的倍数是偶数，除以 2 没有余数；不是 2 的倍数是奇数，除以 2 余 1）

2. 谈话：张老师发现你们每个人身上都能找到一个不同于他人的

奇数或偶数,你知道是什么吗?(学号)

我们班有45人,学号也就从1～45,你们知道这45个数中有多少个是奇数吗?

(生思考后回答23个)

师:看样子这个问题没有难倒大家,下面这个问题谁能回答才叫真的厉害。

把全班45个同学的学号加起来:1+2+3+…+45的和是奇数还是偶数?(生一时回答不出来,或者回答不出判断的理由)

师:大家想又快又准确地解决这个问题吗?那就进入今天的学习"和与积的奇偶性"(板书课题)

二、初步探究:两个数和的奇偶性。

交流前置作业:

1. 任意选两个不是0的自然数,求出它们的和,再看看和是奇数还是偶数。

| (　　)数+(　　)数 | 加数 | 加数 | 和 | 和是奇数还是偶数 |
|---|---|---|---|---|
| | | | | |
| | | | | |
| | | | | |

2. 我的发现:奇数+奇数=(　　)数

奇数+偶数=(　　)数

偶数+偶数=(　　)数

学生举例、在小组中交流自己的发现。

师根据学生交流板书:

奇数+奇数=偶数

奇数+偶数=奇数

偶数+偶数=偶数

3. 打开数学书,左右两边页码的和是奇数还是偶数?任意两个相邻自然数的和呢?

4. 你们知道为什么吗?

PPT 演示图形结合

5. 比比谁的眼力好!

师:下面就是你们学以致用的时候啦!判断下面算式结果的奇偶性。说说理由。

10389+2004　　11387+131　　1678+2014

三、引导启发:几个数和的奇偶性。

师:刚才我们探究的是两个数和的奇偶性,如果增加更多的数,几个数和的奇偶性你能判断吗?

交流前置:

1. 任选几个不是 0 的自然数,写成连加算式,先想想和是奇数还是偶数,再通过计算加以验证。

2. 小组四人讨论交流发现(带着 2 个问题去思考)

学生交流汇报自己的举例以及发现。

组长汇总所有例子进行分类(和是奇数;和是偶数)

3. 组长汇报小组讨论结果:

加数中有 1 个、3 个、5 个奇数时,和一定是奇数;加数中有 2 个、4 个、6 个奇数时,和一定是偶数。

也就是说加数中奇数的个数是奇数个时,和是奇数;加数中奇数的个数是偶数个时,和是偶数。几个数和的奇偶性主要看奇数的个数。(板书:和—看奇数个数)

5. 谈话:还记得我们之前讲的学号问题吗?

1+2+3+……+45 的和是奇数还是偶数?为什么?

师:奇数的个数是 23 个,所以它们的和是奇数。

6. 1+3+5+7……+29 的和是奇数还是偶数?为什么?

四、自主探索:几个数积的奇偶性。

1. 师:看样子咱们的奇数起着非常重要的作用,咱们的偶数服气吗?(不服)下面就是证明的时候了。

刚才我们发现的都是几个数和的奇偶性,如果是几个数的乘积,也会出现像上面这样的一些规律吗？什么情况下是奇数？什么情况下是偶数？

2. 学生寻找探究的方法并交流

两个数的乘积——几个数的乘积

探究的过程中我们用到了举例、观察比较、猜想验证、归纳总结等方法。

自主交流发现规律。

3. 总结：

几个数相乘，乘数都是奇数，积也是奇数；

(乘数都是偶数，积也是偶数；)

几个乘数中，只要有一个偶数，积一定是偶数。(板书：积—只要有一个偶数)

4. 灵活应用

1×2×3×4×…×99，乘积是奇数还是偶数？

五、回顾总结

通过同学们积极地探索，主动地发现，归纳出了非常有意思的规律。那对于今天规律发现的过程，说说你的体会。

解决复杂的问题可以从简单入手；举例和验证是发现规律的好方法

【板书设计】

和与积的奇偶性

| 奇数+奇数=偶数 |  | 奇数 | 奇数的个数是奇数个 | 和——看奇数个数 |
|---|---|---|---|---|
| 奇数+偶数=奇数 | 和 |  |  | 积——只要有一个偶数 |
| 偶数+偶数=偶数 |  | 偶数 | 奇数的个数是偶数个 |  |

2. 回味课堂

“和与积的奇偶性”这一课内容，教学结构上可分为 4 个板块，一、探究两个数和的奇偶性；二、探究几个数和的奇偶性；三、探究几个数积的奇偶性；四、组织对活动过程进行回顾和反思。方法结构分为：“举例——观察比较——猜想验证——总结归纳”。

但是在试教的过程中发现，环节设计过于复杂，知识的整体性、结构性不强，很难建构学习框架模型，不利于学生形成这类知识学习的学习图式。因此，需要重构本节课的教学结构。通过研究发现，在小学规律探索教学的"教学结构"阶段，主要的目标是既要注意引导学生进行合理的猜想，又要着力于让学生了解探究规律。经历从发现猜想、验证猜想到概括结论的一般过程，从而总结提炼出学习这类知识的方法结构。就本课而言，其教学过程主要由两个教学层次构成：第一个层次是基本研究，围绕本节课的基本问题和基本结论的研究。由提出问题引发猜想、验证或证明猜想、归纳概括结论三个环节构成。第二个层次是拓展研究，围绕上述第一层次获得的基本结论作纵向或横向拓展延伸性的研究。这两个层次的教学过程结构我们概括为如下结构图：

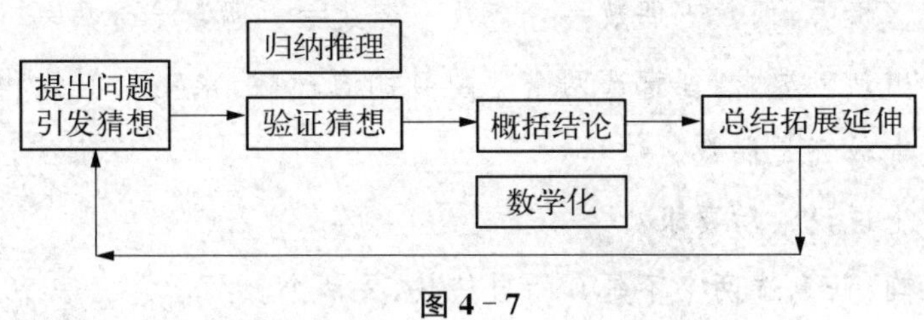


图 4-7

基于以上认识，我们对本节课进行了教学重构。

3. 教学重构

## 《和与积的奇偶性》教学设计

一、复习旧知，引出课题。

师：看了课题，你觉得需要复习我们以前学的哪些内容？

生 1：什么是奇数，什么是偶数？

生 2：什么是和，什么是积？

出示一些数进行判断：5　62　207　98　436　70　84794

师：判断一个数的奇偶性很简单，如果是一个运算，你也能很快地判断结果的奇偶性吗？今天我们就要一起来研究和与积的奇偶性。出示课题：和与积的奇偶性

【设计意图：找准知识的切入点，是建构图式的基础，通过奇数、偶

数的复习,为学生在情境中感悟到数学,在独立思考和小组交流中探索数学问题搭建脚手架,促进学生在“做数学”中体验到可以应用数的奇偶性解决生活中的问题。】

二、活动一:探索和的奇偶性(两个数)。

1. 师:我们先来研究和的奇偶性,大家准备从几个数开始研究?(2个)猜一猜,两个数相加会出现什么情况?(板书:和)

生:奇数或者是偶数。(板书:奇数　偶数)

师追问:可能是些怎样的数相加?

生:偶数+偶数=

奇数+奇数=

偶数+奇数=

(板书:偶数+偶数=　奇数+奇数=　偶数+奇数=　)

提出活动要求:任意选两个不是0的自然数,求出它们的和,再看看和是奇数还是偶数。

学生说说活动要求:

明确:任意选两个不是0的自然数,是两个。

| (　　)数+(　　)数 | 举例验证 | 和是奇数还是偶数 |
| --- | --- | --- |
| | | |
| | | |
| | | |

2. 出示表格,学生填表

师:举例时有什么要注意的吗?

生1:数不要太大,算起来太慢。

生2:要多举几个例子。

生3:举例时,不要都用特殊的例子。

3. 观察自己和小组其他同学的表格,说说你有什么发现?

4. 学生汇报发现,教师板书:

板书:奇数+奇数=偶数

奇数＋偶数＝奇数

偶数＋偶数＝偶数

师:你知道这是为什么吗?

生:因为奇数除以 2 余 1,两个奇数就余两个 1,合起来就死是 2。

师:我们一起来看看图形演示。(播放课件)

5. 巩固练习

(1) PPT 快速判断:

10389＋2004　1387＋137　1687＋2014

(2) 打开数学书,左、右两边页码的和是奇数还是偶数?(奇数)

师:从中你又得到什么收获?

生:翻开书左右两页,一个是奇数,一个是偶数,奇数＋偶数＝奇数

师:任意两个连续自然数的和是奇数。

6. 小结:通过刚才的活动,我们发现两个数相加有三种情况(奇＋奇＝偶数　奇＋偶＝奇　偶＋偶＝偶)

【设计意图:从简单的问题开始研究,先提出猜想,再分类,然后举例验证,最后得出结论寻找一些规律,再根据发现的规律来解决复杂的问题】

三、活动二:探索和的奇偶性(几个数)。

1. 师:刚才我们通过猜测、举例验证的方法,研究两个数相加,发现了这些规律。如果很多个数相加呢? 猜猜看有几种情况?(3 种)你打算怎么研究?

生 1:可以继续举例研究。

生 2:我知道规律,可以直接写出来。

活动要求:任意选几个不是 0 的自然数,写成连加的算式,先想想和是奇数还是偶数,再通过计算加以验证。

| 连加算式 | 和 | 和是奇数还是偶数 | 加数中 | |
|---|---|---|---|---|
| | | | 奇数的个数 | 偶数的个数 |
| | | | | |
| | | | | |

**续 表**

| 连加算式 | 和 | 和是奇数还是偶数 | 加数中 | |
|---|---|---|---|---|
| | | | 奇数的个数 | 偶数的个数 |
| | | | | |
| | | | | |

2. 学生自主探究

交流:1. 全是偶数的,让学生说说哪些情况?(偶数)

2. 全是奇数的,有哪些情况?(奇数或偶数)

师:为什么有的奇数相加还是奇数,有的是偶数?(引导学生从奇数的个数去讨论)

3. 有奇数和偶数的,有哪些情况?(引导学生只需要观察奇数的个数)

生:奇数个数有奇数个,和是奇数;奇数个数是偶数个,和是偶数。

师:那为什么奇数个数有奇数个,和是奇数;奇数个数是偶数个,和是偶数?

生:因为奇数+奇数=偶数,两个两个组成偶数,结果就是偶数。奇数+偶数=奇数,两个两个组成偶数后,再多一个奇数,结果是奇数。

师追问:怎么没有说到偶数呢?

生:偶数怎么加都是偶数,所以不用看。

3. 教师小结:

板书出示:

加数中奇数的个数是奇数个时,和是奇数;加数中奇数的个数是偶数个时,和是偶数。

6. (1) 练习:1+3+5+……+29 和是奇数还是偶数?为什么?

学生独立思考后交流。提醒学生用我们刚才发现的规律来判断。

情况预测:

一是用之前的知识,配对求和。则教师追问:配对求和还是要考虑加数的个数。

二是用我们今天学习的规律来判断。

教师 ppt 演示：

教师根据学生的回答小结：这里一共是 15 个奇数相加，和一定是奇数。

(2) 练习：1＋3＋5＋……＋99 和是奇数还是偶数？为什么？

教师根据学生的回答小结：这里一共是 50 个奇数相加，和一定是偶数。

7. 通过活动二的学习，你又有哪些收获？

根据学生回答板书：

奇数的个数是奇数个　　　奇数的个数是偶数个

【设计意图：先研究和的奇偶性，再研究积的奇偶性。在研究和的奇偶性时，给学生的指导比较多，过程与方法的安排比较细致。目的是帮助学生建构类似问题的研究框架，通过 2 个问题引导他们进一步分析决定几个数连加的和是奇数还是偶数的原因，启发他们透过现象把握本质。在探索、研究单的过程中，积累的数学活动经验，形成研究思路并应用到研究积的奇偶性上。】

四、活动三：探索积的奇偶性。

1. 回顾和的奇偶性的方法

师：刚刚我们是怎么探究和的奇偶性的？

(举例：两个数的和——几个数的和——猜想验证、观察比较、归纳总结)

谈话：那么几个数的乘积，什么情况下是奇数？什么情况下是偶数？比如：1×2×3×4……×99 的积是奇数还是偶数？

师：我们不妨大胆地猜测一下，并说说你这样猜测的依据。

2. 验证猜测

准备用什么方法来验证？

3. 教师 PPT 出示方法：

举例

两个数的乘积　　观察、比较

几个数的乘积　　猜想、验证

归纳、总结

4. 两个数相乘可能有这几种情况：

| (　　)数×(　　)数 | 举例验证 | 积是奇数还是偶数 |
| --- | --- | --- |
| | | |
| | | |
| | | |
| | | |

5. 提问:你发现了什么规律?

教师根据学生的回答板书:

板书:奇数×奇数=奇数(就是奇数个奇数相加,所以积定是奇数)

奇数×偶数=偶数(就是偶数个奇数相加,所以积定是偶数)

偶数×偶数=偶数(就是偶数个偶数相加,所以积定是偶数)

几个乘数中,只要有一个偶数,积一定是偶数。现在知道"1×2×3×4……×99"的积是奇数还是偶数,为什么?

【设计意图:在研究和的奇偶性的基础上,运用已习得的图式结构,通过方法的迁移,放手让学生自主探索,主动发现。】

6. 练习:

(1) 判断积的奇偶性

36×28×14×6　偶数

389×653×371　奇数

13×29×63×34×11×2　偶数

(2) 如果5×3×A×9×B是奇数,判断整数A、B是奇、偶性。

(3) 如果5×3×A×9×B是偶数,判断整数A、B是奇、偶性。

【设计意图:通过方法的梳理,帮助学生积累活动经验,感悟数学思想方法,形成研究类似问题的图式结构,突出举例、观察比较、猜想验证、归纳总结等关键环节的作用,启发学生总结每个环节的注意点。】

三、全课小结:

这节课我们经历了探索、发现规律的过程,探索规律时可以多写一些算式,并进行比较;从不同的算式中发现共同的特点,才能发现规律;举例和验证是发现规律的好方法。

四、课后探究

偶数－偶数＝？

奇数－奇数＝？

偶数－奇数＝？

偶数×任意的整数＝？

五、板书设计

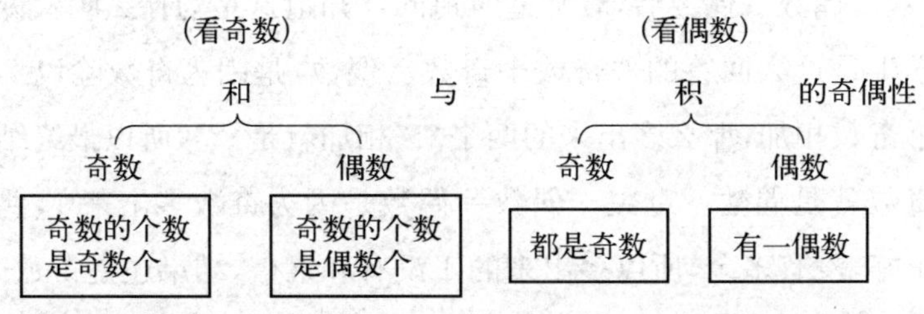


## (三) 实践启示

1. 精心设计活动环节,形成学习图式。本节课一共设计了三个逐次递进的探究活动,第一个活动是较为容易探究的,规律也是较为容易发现的:探究两个非 0 自然数的和是奇数还是偶数。由于有了表格为依托,有了明确的探究目标,所以学生通过自主探究,小组交流,能比较容易地找出两个非零自然数的和的奇偶性的规律,且能运用规律判断两个非零自然数的和的奇偶性。第二个活动是几个非零自然数的和的奇偶性。这个规律不容易看出来,所以教师把教材上的表格进行了重新设计,让学生把关注点放在了关注这些自然数中奇数的个数和偶数的个数上,这样一来,学生就能把探究关注点转入加数中奇数的个数,从而能较为容易地找到规律。实践下来,果真如预料的一样,探究活动还是很顺利的。第三个活动是,探究积的奇偶性。这个活动因为有了前面两个活动为基础,所以实践课堂教学中,当教师出示问题:"1×2×3×4……×99 的积是奇数还是偶数?"学生利用乘法的意义,很快就回答出来:只要乘数中有一个偶数,那么这个积就一定是偶数,因为它表示偶数个数相加,这个数不管是奇数还是偶数,它们的积总是偶数。而后学生验证自己的猜想就来得很自然、顺利了。因此,课堂教学中,教师是在教结构、用结构,将学科模型,转化为思维导图,转化为学习模型,以此来促进学生更好地学。

2. 利用图式结构让算理更为直观明确,让学生不仅知其然更知其所以然。当学生自主探究得出:奇数+奇数=偶数,奇数+偶数=奇数,偶数+偶数=偶数后,教师适时追问:"知道这是为什么吗?"课堂实践中学生是这么回答的:"奇数+奇数=偶数,是因为奇数除以 2 还多 1,两个奇数相加,那么多出来的两个'1'相加就是'2',所以最终结果奇数加奇数就是偶数。奇数+偶数=偶数是因为奇数多出来 1,偶数除以 2 正好,没有多余,所以多出来的 1 没有和谁搭,结果还是奇数……"这样的回答,思维活跃、深入的学生是能领会的,但是对于一些学习困难的学生虽然通过不完全列举能知道这个结果,但究竟是什么原因则很难理解。这时,教师适当地通过直观形象的课件演示,让这部分学生清楚明白了个中算理,非常有效、实用。

## 三、英语案例

《以生活化的视角设计教学——六上 Unit 3 A healthy diet 设计思考与实践》

### (一) 设计思考

1. 从知识模型看

学生从情景烘托中体会理解 healthy、diet 的含义,并能够准确发音。在课文学习中,结合插图理解并朗读课文,判断 Yang Ling 和 Mike 的饮食习惯是否健康并初步感知 a little 与 a few 的用法区别,在饮食金字塔图的帮助下尝试叙述自己或他人的饮食。

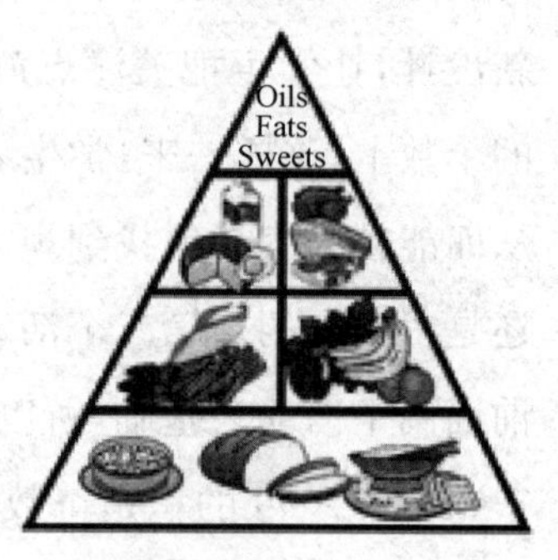

图 4-8

2. 从思维导图看

结合联想游戏,唤起学生的旧知,引导他们联想相同发音的不同音节组合,从而为本课的 Sound time 进行铺垫。Before-class activities 既是对导学活动的总结,又是对学生自主学习的督促。促使学生通过任务布置去自觉完成听读训练,奠定学习基础。

在饮食金字塔图的帮助下尝试叙述自己或他人的饮食,了解 a few,a little 的区别。

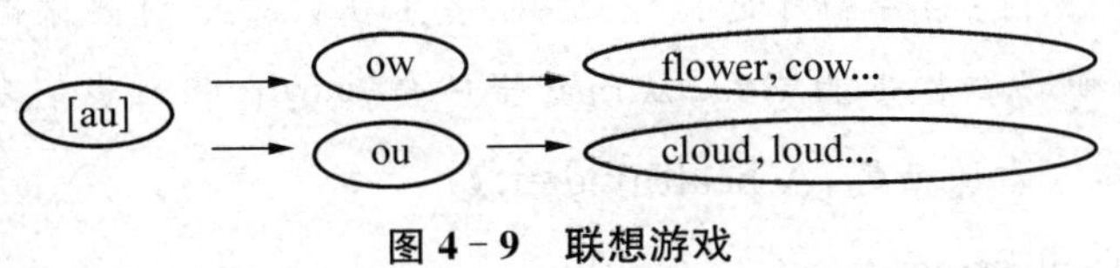


图 4-9 联想游戏

3. 从学习图式看

本课常用的教学资源是食物金字塔,这也恰恰是与学生每天的生活息息相关的内容。所以建议从生活的角度出发,先利用学生自身或多或少的常识和习惯构建自己的饮食习惯金字塔,然后通过对文本的解读和生生间的交流沟通,重新审视自己的金字塔是否合理,最后小组合作建立正确的、健康的饮食金字塔。通过这一系列的探究过程,真正用好金字塔的资源,让文本更贴近学生实际,更好地呼应英语图式链接生活的特点。

4. 从教学行为看

本堂课的目的在于让学生们有话题的意识,了解在英语课堂上大家同样可以进行事实争辩,而非从前老师的一言堂或灌输制。在学生学习活动设计时应当注意抛出的话题是否有意义,充分给予学生辩论的空间并及时引导他们自我总结,积极与他人分享讨论结果。

## (二) 教学实施

1. 教学实录

**Before-class activities**

1. Greeting & Free talk

Did you have breakfast this morning?

What do you usually have for breakfast? Let's do a brainstorming.

2. Do you have... for your breakfast? I have... for breakfast.

What about your lunch and dinner? Are they good for you?

I have some vegetables/meat/rice/noodles... They are good/bad for us.

3. Today we'll talk about healthy food.(教学 health—healthy)

We should eat more healthy food and have a healthy diet.

(教学:diet,并板书课题:Unit 3　A healthy diet)

【设计意图:结合图片进行谈话,让学生在谈话中对健康的食物和不健康的食物有初步的感知,从而知道吃健康的食物对我们身体的好处,由此导入本课话题:A healthy diet.】

While-class activities

1. Listen and number

Our friends Mike and Yang Ling are also talking about their diets. Now let's listen to the tape, and then number the pictures.

(学生听课文录音,并根据课文对所给图片进行排序)

2. Watch and answer

Please watch the cartoon, and then answer the questions.

Question: What do they like eating?

3. Read and finish the form

What do they have for three meals?

Let's read the text and then talk about the form in groups.

Good! But do you know how much food they have for three meals? (PPT 出示并教学词组:a lot of, some, a little, a few)

【设计意图:通过先找出三餐食物,再确定数量的方式让学生更好地感知这一类表示数量的词。】

4. Students read the text by themselves, and then finish True or false on p.28.

5. Finish Read and write on p.28.

6. Reading time: listen and repeat.

（跟读环节教师需提醒与讲解朗读时的语音语调、停顿、重音和连读等朗读技巧）

【设计意图：在 Story time 的主体教学环节，通过听音排序、观看回答、小组填表、随文习语等环节，帮助学生深度理解课文，并培养学生自主学习和小组学习的能力。】

Further practice

1. Can you introduce Mike's and Yang Ling's diets?（给学生一定的图片和关键词）

2. Introduce the healthy diet.

3. Let's talk

What do you think of Mike's and Yang Ling's diets? What about your diet? Is it healthy?

（学生在同桌或者小组间进行对话谈论，并选取几组进行汇报）

4. Wish everyone has a healthy diet, a happy life and a bright future!

【设计意图：在课文理解基础上，让学生对 Mike 和 Yang Ling 的饮食习惯做出判断，并思考自己的饮食是否健康，旨在考查学生的常识和对健康饮食金字塔的理解，并通过对话的形式进行输出。】

2. **回味课堂**

这节课主要围绕“健康饮食”这一主题，以介绍 Mike 和 Yang Ling 的饮食习惯为主线，围绕健康膳食金字塔，讨论人们生活中的饮食习惯。学习内容贴近学生的生活，具有指导性、实用性，体现了英语课程工具性和人文性的统一。通过学习，大部分学生学会了表达健康饮食的用语，了解健康饮食的标准，以此及时调整自己的饮食习惯，并能够模仿文本将学到的知识用于实际交流。

但梳理课文的过程中，发现部分学生很难准确合理地列举 Mike 和 Yang Ling 的饮食习惯，语言复述过于复杂。从教材内容看，知识的整体性、结构性不强，很难帮助学生建构学习框架模型。因此，需要重构本节课的教学结构，特别是复述 Mike 和 Yang Ling 的饮食习惯以及小组讨论自己的饮食是否健康等环节,可以引导学生通过图式进行小组讨论,另外在教授 a little,a few 等表示数量的词组时,可结合食物金字塔来进行教学,让学生能够更加直观地进行学习,从而激发学生的学习兴趣,引导学生归纳学习方法,最终提升学生的语言综合运用能力,发展学生的英语思维。

3. 教学重构

Read and finish the form

What do they have for three meals?

Let's read the text and finish the form, and then talk about the form in groups.

| Name | breakfast | lunch | dinner |
| --- | --- | --- | --- |
| Mike | | | |
| Yang Ling | | | |

【设计意图:通过阅读和图式的呈现来理清 Mike 和 Yang Ling 三餐的食物,再用确定数量的方式让学生直观地看到两人三餐的食物,进一步更好地感知这一类表示数量的词。】

Further practice

1. Can you introduce Mike's and Yang Ling's diets?(给学生一定的图片和关键词)

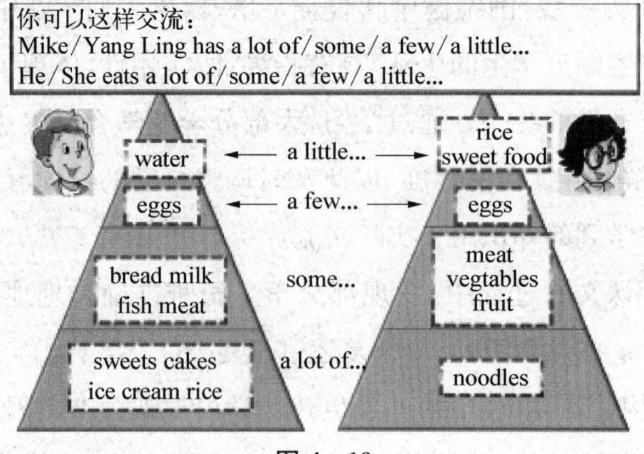


图 4-10

2. Show the "Food pyramid", and introduce the healthy diet.

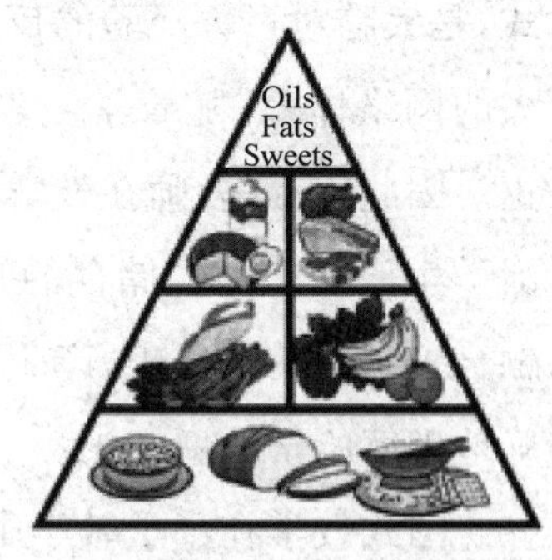

图 4 - 11

3. Let's talk

What do you think of Mike's and Yang Ling's diets? What about your diet? Is it healthy?（学生在同桌或者小组间进行对话谈论，教师选取几组进行汇报）

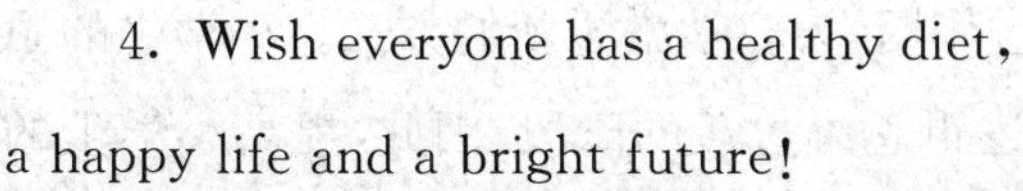

4. Wish everyone has a healthy diet, a happy life and a bright future!

【设计意图：在课文理解基础上，在图式的指导下，教师呈现饮食金字塔，然后进行小组合作学习，让学生对 Mike 和 Yang Ling 的饮食习惯做出判断，并思考自己的饮食是否健康，旨在考查学生的常识和对健康饮食金字塔的理解，并通过对话的形式进行输出，提升英语学习有效性，保证小组学习活动的顺利实施。】

### （三）实践启示

在英语教学改革背景下，传统以教师为核心的教育模式已经不适应学生的发展要求，甚至会影响学生学习潜能和主观能动性的发挥。科学合理的英语教学方式应以学生为中心，注重培养学生的英语思维和学习能力，从而推动学生综合素养的提高。图式学习法正好能满足这样的要求，有利于开发学生的潜能，让学生在自主学习中提升能力。在小学英语教学中应用"图式建构"学习法，有助于激发学生的学习兴趣，提升学生的学习能力，提高教学效率。

本节课教学中任务和图式贯穿始终，这样的教学要求教师在教学中不仅要关注学习的结果，还要关注学习的过程，关注学生是否可以很好地运用图式来进行学习，完成任务。学生利用图式完成任务的过程就是学生发现问题、分析问题和解决问题的过程，同时也是逐步提升阅读技巧，提高阅读能力的过程。每个人获得的知识在头脑中的储存方式,是大脑对过去经验的反应或积极组织。图式在人脑中形成一个庞大的网络体系,随着学习者视野的开阔、经验的积累而得到扩展和修正。因此,英语教师在教学过程中,不仅要传授新知识,更重要的是激活学生头脑中已经储存的知识结构,使新信息更容易被理解和吸收并融合到已有的图式中,产生新图式,丰富头脑中图式的内容,从而能正确地理解所学的新知识。

图式教学在小学教学中的应用十分广泛,具有重要的意义,对小学整体课程质量的提高具有促进作用,为教学增添新的方式。小学生的思维正处于从直观思维向抽象逻辑思维过渡的阶段,因此,提高小学生的思维能力,使之运用新知解决问题,是一个重要的任务。利用图式,可以交互运用抽象思维和形象思维,有效提高学生的学习效果;利用图式,我们还可以帮助学生将知识加以梳理、沟通,使知识点之间发生联结,形成知识的网络系统,这样形成的认知图式便于学生理解、记忆和提取运用。

关于学习图式,我们已从多个层面开展研究,一个层面为教科研组老师自主收集有关学科学习图式与学科教学行为的文献,借助信息化技术,上传至学校课题研究的网络平台,这样更加方便每一位老师随时点击学习,旨在让每一个老师都动起来,学起来。另一个层面是借助课程研修中心进行有关学科学习图式与学科教学行为的文献综述研究,文献综述一旦成文,就下发到各教科研组集体学习,旨在协调平衡每个教科研的理论学习程度,确保每一位教师都能了解有关课例研究的文献资料,有效提升课题研究的理论素养。由于科研适时介入,因而有效引领了教研的方向。我们将前期学习的图式理论运用于教学实践,开展课例研究,更好地辅助教学,让教研科研比翼齐飞、同生共长。

当然,在日常的课堂教学中,游戏、比赛、实验等教学方式能创设形象直观的生活情景和问题情景。我们也可以根据知识的特点和实际情况,总结出多种策略并加以运用。图式对学生来说是有效的学习方式之一,但并不是所有的教学都要用到图式。因此,如何恰到好处地运用图式,处理好图式化与多样化的关系,教会学生学会思考,需要教师在今后的教学实践中积极思考和探讨。

# 第五章　在起点处下功夫

## ——改进教学设计行为

学习起点是学生有效学习的重要前提，是教师教学行为的基础。研究学生学习起点，可以为教师有效教学设计提供依据。研究学生学习起点的方法有很多，学习前测就是在这样的背景下应运而生的。学习前测能让我们更好地进行知识链接、唤醒学生的学习经验、寻找学生的差异性。教师通过对学习前测内容和结构进行设计和实施，以此来撰写前测报告，依据报告结论来设计教学目标、设计教学活动、进行课程资源开发，对学生进行综合性的评价。

## 第一节　有效的教学设计需要在学生学习起点上用力

有效教学设计，应当从学生原有的知识水平、经验储备、技能基础等实际出发，找出解决问题最可行的方案。对学生的分析由很多方面组成，而最重要的就是分析学生的起点能力。本节将从学习起点及其教学意义、教学设计必须弄清学习起点以及研究学生学习起点的思路和方法三个问题入手，阐述有效的教学设计如何在学生学习起点处用力。

### 一、学生学习起点及教学意义

新课程教学改革进程中提出坚持学生发展为本、落实学生课堂主体地位的教学发展理念。“读懂学生”是构建有效教学设计的重要基础。只有将“读懂学生”置于教学首位,才能确保教学活动的开展,满足学生的认知发展水平。因此准确把握学生的学习起点,对课堂教学有着至关重要的作用。

### (一) 学生的学习起点包括经验及原有知识结构

建构主义学习理论认为,学生对知识和经验的获得是从原有的自身知识和经验中提炼的,因此教师在新授课前,就必须充分考虑到学生的原有知识和经验结构,这样才能进一步了解学生的思维水平,才能有所选择地运用不同的教学策略展开教学。学生的生活经验、技能知识以及思维方式都能帮助学生理解新的知识,探索新的领域。一个班级内,学习起点过高或过低的学生大约只占3%,绝大部分的学生的学习起点水平差异相对较小,因此借助学习起点开展教学内容极具教学意义。

在杜威看来,“经验包含一个主动的因素和一个被动的因素,在主动的方面,经验就是尝试;在被动的方面,经验就是承受结果。这两个因素以特有形式结合着。即我们对事物有所作为,然后它回过来对我们有所影响,这是一种特殊的结合。比如,一个孩子仅仅把手指伸进火焰,这还不是经验;当这个行为和他遭受的疼痛联系起来的时候,才是经验。从此以后,他知道手指伸进火焰意味着灼伤”。学生在走进课堂前不是“大脑空白”的,已有的生活经验不断影响着学生的发展。

学生原有知识结构是指学生在过去的学习中,所了解、理解、掌握的定义、定理、公理、公式、方法以及它们之间存在的联系;和从一定角度出发,用某种观点去描述这种联系和作用,总结规律、归纳形成的某一特定知识体系。保证学生有意义并高效学习的重要条件,就是合理地把学生原有的知识和新知之间建立实质性的联系。

### (二) 学习起点是学生有效学习的重要前提

每个孩子在接受新知识前都有自成的学习起点,这些自我生成的内容，直接影响着后期学生的学习。学习起点高的孩子，往往能在未来的学习中占据优势，而学习起点低的孩子，学习上则明显处于劣势。

有效学习主要是指在一定的学习时空内，学生的学习效率以及学习质量都相当高。学生的学习具备阶段性以及连续性的特征，但是由于个体差异的影响，导致学生在同一时空内所呈现的思维方式、学习态度以及知识领悟情况存在着不同。

如果教师对学生的学习起点把握不到位，就无法调动学生学习的动力，课堂效率就不高。起点过高，学生学得吃力，就无法达成预设的学习目标；起点过低，则没有挑战性，学生学起来无味，课堂教学耗时低效。全面掌握学生的学习起点，可让学生在原有知识学习基础上，不断增加新的学习知识点，提升学生的课堂学习效率。如一位语文教师在教授会意字的时候，往往就会在课文内容学完以后，进行会意字的拓展练习。通过设计不同有趣的训练方式，使学生对会意字这个概念有更深地理解。

### （三）学习起点是教师教学行为展开的基础

教师教学行为是在教学过程中，为了达到一定的教学目的，教师所采取的一些行为。着眼于学生的学习起点进而来组织课堂教学，已经慢慢成为教师的一种自觉教学行为。如果教师对学生的学习起点把握不到位，就会导致教学行为的偏差，那么最终也将影响学生对新知识的建构。

教师对学生起点的把握，主要存在以下两个问题：(1) 寻找起点的方法有误。有些老师只是把教材中的起点作为学生的学习起点，或是以自己主观认为来作为学生的学习起点，这些都不是学生真实的学习起点。这样寻找出来的起点，有的起点过低，无法激起学生的学习兴趣，有的起点过高，让学生难以接受。(2) 运用起点的意识不强，虽然课堂中教师有意识地通过一些形式来寻找学生的学习起点，但还是按照教案设计来开展教学，对课堂中的起点置之不问。“年、月、日”与学生日常生活联系密切，短短一节 40 分钟的课堂，要把这些概念理清理顺,教学安排的容量也是很大的。当老师讲到一年大小月的内容时,因为以前学生在语文学习中已经学过相关儿歌了,学生们都能通过动手看指关节进行交流。而这位老师仍然按照自己的教学设计,依旧重新安排了相关儿歌的学习。作为教师,要全面把握学生的学习起点,合理处理教材,调整课堂结构,才能明确学生的发展需求,为教师的教学行为提供参考依据。

### (四) 学习起点是教学评价的重要依据

《基础教育课程改革纲要》指出:“评价不仅要关注学生的学业成绩,而且要发现和发展学生多方面的潜能,了解学生发展中的需求,帮助学生认识自我,建立自信。发挥评价的教育功能,促进学生在原有水平上的发展。”诊断性评价作为教学评价首要的方式,有着不可估量的作用。在教学前,为了了解学生已有的知识体系、技能和情感等状况,往往就会采用这种评价方式。通过这一评估就能针对不同起点水平的学生来调整教学设计,真正在教学中有的放矢。

日常教学中,在新授之前,设计以已知、未知和能知三个为主要内容的学习起点分析,通过这样分析学习者原有的基础。例如教授《咏鹅》这首古诗时,已知的是孩子能通过拼音、识字等方式朗读和背诵古诗。能知的是学生能在教师问题的引领下,了解白鹅的外形特征。未知的是学生能够感受古诗的意境美,进而体会生活的情趣。

因此,教师如果对学生学习起点了解得越多,利用得越多,那么就能更客观评价学生学的行为。

## 二、教学设计必须弄清学生的学习起点

学生有差异,学习起点也不尽相同,在教学设计中,首当其冲就要了解学生学习起点。从了解学生的生活经验入手,从了解学生已有的知识储备入手,对学生的前概念进行分析,了解课堂中学生的真实学习需求。

### (一)教学设计必须弄清学生已有的生活经验

著名教育家杜威认为“教育就是经验的改组和改造”。人在出生以后便不断受到外界环境的影响,在这样的生存过程中,自然而然就会形成一套属于自己的生活经验,以此来应对生活中的各种问题。走进课堂的学生,都是带着自己“丰富经验”的个体,作为教师要学会唤醒这些生活经验,让学生的知识得以内化吸收。

这就意味着我们在教学设计之前,要充分了解学生的生活经验。把学生的生活经验作为一种课程资源来开发,教师既不能漠视,也不能忽视,应采取恰当的方式,将个体的生活经验整合成群体的生活经验,通过有效的教学设计,帮助学生建构新的生活经验。平常所说的“以学定教”就是基于学生生活经验而教,教学就需要研究学情。很多老师在设计单元整体教学的时候,都会对学情进行分析。例如语文学科,单元都有一定主题内容。比如神话单元就有《盘古开天地》《精卫填海》《女娲补天》这些耳熟能详的故事,很多孩子很早就接触到这些故事。基于此学情,教师就会把课堂教学的重心放在品读人物形象上。因此,对学生已有生活经验状况的解读是教学设计中的重要内容。

### (二)教学设计必须弄清学生已有的知识基础

美国著名教育心理学家奥苏伯尔说:“如果我不得不将所有的教育心理学原理还原为一句话的话,我将会说,影响学习最重要的因素是学生已经知道了什么,教师应根据学生的原有知识进行教学。”每一位学生在开始学习一门新的功课之前,都会以一定知识和技能为基础。例如一年级的孩子在数学课上学习数字的书写之前,在他的生活中,其实早就有了对这些数字的形象认识。这个形象认识可能是父母有意识的传输,也有可能是孩子在自己玩耍中无意的习得。

学生认知结构的建构,很大程度上取决于教师能不能从学生已有的知识出发,引导学生找到新旧知识之间的连接点,把握新知识的生长点,获得知识的内化和迁移,促使学生掌握学习方法。因此,我们在平常的教学设计中,要学会分析学生在旧知识中所掌握的方法结构,这样可以为新知识的学习提供更为有利的支撑。

### (三) 教学设计必须弄清学生的前概念

前概念是存在于人们头脑中相对于新知识的已有知识。它是在平常生活中的经验或是一些学习积累起来的,所以它可能是正确的,但也有可能是错误的。小学生因为受认知水平的影响,往往会产生一些错误的前概念,而这些前概念又往往在头脑中根深蒂固,短时间内很难对其进行纠正。所以在学习过程中,无论是对哪种知识的学习,都可能出现前概念和教学相冲突的情况,可以说,前概念障碍正是制约有效教学的重要原因。一年级的孩子学习拼音,很多家长都担心孩子跟不上学习进度,于是提前就开始教授。教学拼读时,很多年前的方法是韵母不带声调拼读的,而现在教学中则是带调拼读,所以那些提前学习错误拼读的孩子,在课堂上要纠正他们拼读的问题就非常困难。这就需要教师将这部分学生找出来,然后有针对性地进行个别辅导。

学生的前概念有时是内隐的,只会在特定的环境下暴露出来。建构主义强调:“在教学设计中,创设有利于学习者暴露已知的情境。”这就告诉我们,如果不充分考虑学生的前概念,那么教学设计则为无效。因此,教师必须敏锐而快速地捕捉到学生的前概念,把握好这一学习起点,顺着学生的前概念安排有效的教学设计,这样才是教学有效性的保障。

### (四) 教学设计必须弄清学生学习的现实需求

学生对教师教授的内容,总会有一些先入为主的理解,他们也会带着这样的理解进入课堂学习。而教师在设计教学时,也往往缺乏对学生学习需求的评估。研究表明,学生对课堂的氛围,学习材料的选择和课堂活动类型等都有较高的要求。

课堂本身是一个动态的学习过程,教师应该充分了解学生的学习实际,尤其是在这个动态的过程中,要不断去了解学生的探索需求,让学生的心理状态一直处于“瞻前顾后”的状态，这样就能让学生在不断地满足中不放松求索的脚步。

因此教师必须了解学生的真实想法，关注学生的真实需求，例如通过这节课，学生最迫切希望解决的是什么问题？学生希望通过怎样的学习手段解决学习中的重难点？在学习中最大的困惑是什么？教师如果可以全面获取这些信息，准确评估学生的学习起点，并以此作为照顾不同学习能力学生的工具，那么会极大程度地提高教学设计的最优化。

## 三、研究学生学习起点的思路与方法

学生学习起点的形成是多方面的，教师在研究学生学习起点的时候，要有一定的思路和方法进行引导。教师要以学生学习起点为基础来设计教学内容，在实际教学中打破教材的局限，不断调整教学的策略。同时辅以测试、访谈等方法来对学生的学习起点进行研究。

### （一）研究学生学习起点的思路

#### 1. 以学生的学习起点为基础切入教学内容

影响学生学习成效的重要因素在于学生已具备的知识技能，因此教师需要根据学生已具备的知识开展教学工作。在备课期间教师常常以主观臆想开展“备学生”的设计活动。学生的发展是不断变化的，因此教师对学生的真实水平无法准确估计。教师需要对学生的现实起点进行调查了解，规避主观臆测下开展的教学设计，防止选择与学生实际水平相差较大的教学内容。可以采取问卷调查、访谈、小提问等形式，在教学设计开始前寻找并了解学生的学习起点，根据学生已有的知识储备设计出具体的教学方案，活跃学生的学习思维，提升课堂教学效率。

#### 2. 以学生的学习起点为基础打破教材局限

教材内容更多程度上是在呈现关注知识的逻辑起点，这是教材本身要求关注知识体系的完整性而决定的。教材内部的知识是存在联系的，这是由于教材的编排是紧扣知识网络结构，但是教材设计并未全面把握学生的学习起点,因此需要教师突破教材的局限性,提升教学内容适用性。当学生的学习起点高于逻辑起点时,需要教师对教材呈现情况适当调整,帮助学生构建更为完善的知识架构体系。部编版一年级语文在第四单元结尾安排了口语交际:我们做朋友。主题是和班里同学聊聊天,做自我介绍,成为新朋友。把这个内容放在已经入学了两个多月的孩子身上,显然有点滞后了。而且在道法课的第一单元就安排了拉拉手交朋友的环节,当时孩子们已经通过不同方式去认识了新同学。于是,教师就可以做内容的调整,把交流的内容换成介绍自己认识的新同学则更为合适。

3. 以学生的学习起点为基础调整教学策略

课堂教学期间存在教师即便找到学习起点,也无法借助学生起点开展教学设计的情况。在日常教学活动中,常常可以看到学生的学习起点与预设教学设计存在出入的情况,让教师在课堂教学中无法完全照搬教学材料,同时也存在无法按照自身事先设计的教学方案开展教学工作的情况。对学生的学习起点进行探究,可调整和完善教学材料和教学设计,有效提升课堂教学质量,加快学生的学习进程。此外教师需时刻注意学生传递的信息,根据学生信息对教学设计进行调整,强化教学设计的针对性。新冠病毒的侵袭,使得学生经历了很长时间的线上学习。入学以后,老师们就会急切地想了解学生自主学习的情况。于是通过设计一些前测练习不断发现学生学习中的薄弱点,课堂上适时调整自己的教学内容。这样有针对性地复习巩固线上学习内容,就能使学生非常快地投入到学习中来。

### (二) 研究学生学习起点的方法

研究学生学习起点的有很多种方法,一般我们会采用测试方法、访谈方法、操作方法、观察方法、作业痕迹分析方法和课前调查方法相结合的方式来对学生的学习起点进行研究。

1. 测试方法

测试法的前测题目是以文字的形式进行呈现,学生以笔试形式进行回答。在测试法开展期间,教师需要引导学生认真对待前测题目,仔细审阅前测问题,监督学生独立完成前测题目。这种测试方法的好处就是能较为全面而快速地知道每一位学生的认知水平,统计的数据也都较为可靠,能够反映出一些客观问题。

2. 访谈方法

访谈法的开展是需要教师与学生建立融洽的师生关系。在课外时间教师与学生进行交谈沟通,更容易走进学生的心灵,对于学生学习起点的明确有着促进作用。教师可与学生进行面对面的交谈,在此期间教师对学生的表达不做任何提示和评价,教师可适当对学生进行追问,在事先设计的访谈记录表中做好记录,并开展同步录音工作。

3. 操作方法

操作法的应用是需要学生在教师创设的教学问题环境中,借助实践操作活动尝试解决教师提出的问题。教师可向学生提供多样性的操作材料,让学生自主选择解题方法。在学生解题操作过程中,学生需逐个向教师完成最终的操作结果,而教师则需要仔细观察学生的操作过程并进行文字记录。

4. 观察方法

观察方法可应用在访谈方法以及操作方法之中。为了帮助教师充分了解学生的学习起点,确保教学设计满足学生的现实知识水平,教师需要对学生的学习状况以及学习态度进行观察,在观察期间教师不能对学生的个人表现进行提示和评价。

5. 作业痕迹分析方法

作业痕迹分析方法的应用是需要教师对学生填写作业中的书写过程、书写格式、修改依据、解决算法以及典型错误等相关内容进行关注分析,教师的关注重点在于学生的独特性算法以及典型错误问题,教师需要对学生的典型错误进行原因分析,必要时需要对学生进行一对一的访谈。

6. 课前调查方法

课前调查方法能够帮助教师了解学生的学习生活状态。由于不同的学生其生活环境、家庭环境的差异性,因此其学习知识能力不尽相同。因此,教师想要了解学生的学习起点并不是一件简单的事情,课前调查方法可帮助教师了解学生的学习生活,明确学生的学习起点。

在当下科学水平不断提升的背景下,信息化技术已经普及到学生的学习生活之中。如今,学生接触和了解到的信息可能远远超出成人的认知。因此,在教学设计过程中存在教师错误地评估学生学习起点的问题。若教师高估学生的学习起点,将会导致教学设计内容过难,学生无法理解课堂教学内容;而教师低估学生的学习起点,在课堂教学过程中则无法调动学生的课堂学习积极性,同样无法实现课堂教学目标。为此,构建有效的教学设计,需要教师把握好学生当下的学习起点,有效处理好学生、教学内容以及教材之间的关系,适当调整教学设计内容,激发学生的课堂求知欲望,为学生的可持续发展奠定坚实的基础。

## 第二节 学生学习前测的设计与实施

我们通常所说的知识起点,往往是教学内容的逻辑起点,而不是学生已具备的累积的知识起点。如果仅仅将教学停留在知识的逻辑起点,而不能以学生认知为基点,这样的教学是肤浅生硬的。很多教师在制定目标时,一般会采用两种较为草率的方式:照抄教参式,缺少基本的个人思考;主观经验式,缺少根本的学生思考。无论哪一种方式,它们都是由教师行为目标代替学生学习目标,无视学生的存在。而课堂是师生双边的活动,课堂的根本目的是人的发展,即学生的成长。教师要关注学生的现有基础,确定合理的教学目标。学生对所学内容的现有基础,仅靠教师的主观判断是远远不够的,我们必须运用前测手段,深入了解学生学习新知识的现有基础。下面,以我校数学学科的学习前测设计为例,来谈谈具体操作方法。

## 一、学生学习前测设计的基本理念

学习前测是以整体把握教材为前提，通过不同的方式，对学生已有的知识基础，知识技能、生活经验等进行的、可以帮助教师科学合理地设计教学，组织教学提供依据的课前测试模式。通过对学习前测的分析，了解学生的知识储备情况，注重启发式教育，注重因材施教，了解学生的已有经验和方法，让学生经历知识形成与应用的全过程。

### (一) 知识链接

“影响学习最重要的因素是学生已经知道了什么。我们应当根据学生原有的状况去进行教学。”这“原有的状况”就是指学生学习新知识前的已有经验和认知水平。基础，就是通常所认为的学习起点。如果学生学习新知识之前的认知起点存在很大差距，势必影响到新知识的学习效果。有经验的教师，对于知识间关联较大的相关学习内容，新授前一般会准备 3—5 分钟时间用以复习旧知识，从而减少认知起点的差距。但这种建立在经验基础上的“了解学生”，针对性不强，特别是对于旧知识掌握并不理想的学困生来说，这短短的几分钟显然是不够的。为此，我们可以通过学习前测，全面了解学生的认知起点，发现差距较大的学困生，找到其困难所在，构建知识链接，并有针对性地进行查漏补缺，扫清认知路上的“障碍”，尽可能地让每个学生都能站在认知活动的同一起跑线上。

### (二) 唤醒经验

小学生原有的知识储备、生活中的经验积淀，以及正在逐步发展的对学科探究的浓厚兴趣，都构成了学科学习的“特定前提”。杜威现代教学论认为，教学应实现对儿童经验改造的任务，主张从儿童经验出发，通过丰富和扩展直接经验的方式来学习，并最终走向学科知识的系统掌握。脑科学研究也表明，只有将学生原有的经验呈现出来，并在此基础上重新建构新知识经验，才能真正为学生所掌握。因此，教学活动需要唤醒学生与学生学习有关的已有经验,寻找当前问题与过去问题的相似性,迁移解决过去问题的知识经验,从而解决当前问题。我们要基于学生的认知水平,联系学生已有的知识和经验,引起学生的认知冲突,引导学生主动探究,启发学生积极思维。结合学生的实际情况进行目标的制定,这样的目标才是合理有效的。

### (三) 呈现差异

学生是带着掌握的丰富信息进入课堂的,课堂是促进学生心智加工的个性化完善的重要途径。学情前测应关注学生的差异性。一是思维方式的差异。学生的思维感知是影响学生学习活动的重要因素。针对学生思维方式的差异,学习前测设计的形式应灵活多样,内容层次各异,努力贴合每个学生不同的最近发展区,使得学生乐于接受并感受思维挑战的乐趣。二是学习需求的差异。每位学生的知识结构、思维方式、个性特征等差异,使学生的学习需求也存在不同。学习前测应了解不同层次学生的认知发展水平,为接下来调整设计教学环节,改变教学方法作准备。三、智力水平的差异。学习前测的评价应立体化呈现,让学生智力水平的差异成为资源。便于教师基于学生个体智力差异进行思维的引导,让学生在自身基础上获得智力的提升,得到来自教师、同伴的鼓励和肯定。让"不同的人在学习上得到不同的发展"。

### (四) 指向问题

学习前测的结果会准确地告诉教师学生"现在已走到了哪里"。指向问题的学习前测,可以更好地了解学生学习新知识的真实情况。课堂练习是新知识得以巩固、技能得以形成的重要手段。但从平时课堂观察的效果来看,往往到了该环节,学生学习的积极性明显降低,厌烦情绪、注意力不集中等现象时而出现。究其根源,在于重复单调的练习太多,针对性不强,学生会的不断地练,学生易错(或困难)的地方练不到。出现这种情况的根本原因,在于教师在实施教学前没有真正把握学生学习本知识的难点(或易错点)。因此在课堂教学前,我们可以通过对学习前测的分析，了解学生学习本课知识的难点（或易错点），从而在练习阶段，设计针对性强、形式多样的变式题组供学生练习，以突出重点、突破难点、分辨容易混淆的知识，激发学生的学习热情，提高课堂教学效率。

## 二、学生学习前测设计的要求与形式

我们要改变原有的设计思路，以学生为本，关注学生的个性发展，准确地把握学生的真实状况。为了了解学生的现有水平、存在问题，以便有针对性地开展教学活动，可通过不同方式，对学生已有的知识基础、学习技能、生活经验等进行学习前测。

### （一）学习前测设计的要求

1. 了解学生认知起点

如学习“三位数乘一位数的笔算”时，学生所需的知识基础主要有三个方面：一是万以内数的认识，二是两位数乘一位数的算理与方法，三是整百数乘一位数的口算的熟练掌握。其中两位数乘一位数的算理与方法最为重要。学生对它的掌握程度直接影响着三位数乘一位数笔算的学习。为此，前测时可设计先对学生进行二位数乘一位数笔算以及整百数乘一位数口算的测试。从测试的反馈信息中排查出对于这部分知识掌握不够全面的同学，然后有针对性地对他们进行算理、算法的辅导，让他们拥有足够多的“三位数乘一位数”的认知前提。新授结束后，教师安排对“三位数乘一位数”这部分知识学习效果进行了测试。从后测效果看，大部分学困生取得了与优等生一样的学习效果。

2. 关注现有基础

苏教版数学教材四年级上册“找规律（间隔排列）”一课，教材在新授部分提供了一幅主题图，蕴涵的是单一的规律：“两端物体相同，排在两端的那种物体比另一种物体多一个。”为了了解学生学习本内容的现有基础，教师安排进行了前测。测试发现，大部分学生课前已经较好地掌握了间隔排列的规律，并能进行运用。通过访谈了解，其中部分同学课前上过奥数课,少部分学生是过独立思考后解决问题的。但是,个别学生情况不很理想,这部分学生没有接触过相关的内容。从以上分析不难看出,如果用教材中所呈现的单一规律作为目标要求所有学生,那这样的目标就太低了,而且可能是无效的。因此,要制定基础目标和差异目标。

3. 分析原有的认知基础

教学苏教版一年级上册“认钟表”一课时,为了摸清学生对钟表的认识程度,在教学前,教师对学生进行了该内容的书面前测。而后,又对全对与未填的学生进行访谈。全对的学生,由于生活经验的积累,以及家长有意识地提前渗透,对钟表的认识已经达到或超过了教科书的要求;也有部分学生知道钟面上有数字、时针分针等但不知道具体表示的时间;还有学生只认电子表,不会认有指针的表。由此可以看出,大部分同学对于钟表的认识仍是不全面的。另外,从书面前测与访谈的整体情况可以看出,对于“大约几时”大部分学生不能清楚地表达。显然,这是本课的难点。所以,本节课拟采取半扶半放的教法,通过教师引导、讲解、总结,学生说一说、拨一拨、写一写等形式来完成学习,以顺应学生原有的认知基础,提高教学效率。

4. 针对突出问题

在教学“解决问题的策略——倒推”一课时,为了弄清学生的认识基础,确定本课的教学难点,设计了一次前测。

| 前测内容 | 正确人数 | 正确率 | 典型错误 |
|---|---|---|---|
| 例 1 | 28 | 70% | (400－40)÷2＝180(毫升)<br>180＋40＝220(毫升) |
| 例 2 | 32 | 80% | 52＋24＋30＝106(人) |
| 练一练 | 7 | 17.5% | 25×2＋1＝51(人) |

从学生完成的情况来看,例 1、例 2 的正确率在 70%以上,说明大部分学生已具备用“倒推”这一策略解决问题的能力。“练一练”中的问题与例 2 相似,数量关系稍复杂一些,但“练一练”的正确率只有

17.5%,为什么会出现这么高的错误率呢？仔细研究在例 2 中做对的 32 人的两种解法,其中 12 人列式为 30－24＋52＝58(人)。这一部分同学的解法非常巧妙,他们通过对“又收集的张数”与“送给小军的张数”的比较,综合这两次变化,直接推算出小明原来的邮票张数。这种解法非常简捷,但由此也可以看出:这部分学生没有理清从原来到现在发生的过程和顺序,也就没有采用“倒推”策略从现在、按顺序追溯到原来的起始状态的一般解题方法。为此,确定了例 2 的教学重点是帮助学生理解并掌握事件从原来到现在的发展顺序,有条理地进行倒推,并在此之后,设计一定的专项练习,让学生形成“有条理地倒推”的思维方式。

### (二) 学习前测设计和实施的形式

1. 从设计内容上看

(1) 把握知识结构

这方面的研究内容包括知识基础、技能基础、生活经验、学习困难等。课堂教学的前提是准确判断学生的学习起点,在掌握学生真实学习状况的情况下确定科学合理的学习目标、研制合宜的学习内容、安排合理的学习活动,做到与学生已有的知识经验和思维特点相切合。而把握知识结构的学情前测,要兼顾知识起点的表里,寻找学生真正的知识起点、思维起点和情感起点等。

(2) 探寻学习需求

这方面的研究内容包括预习习惯、学习策略、合作能力等。学习前测要鼓励学生对同一个问题积极寻找不同的解法,拓展学生思维,引导学生学会多角度分析问题。让学生通过动手操作、合作交流等亲身实践体验,在探究中加深理解,提高能力,为学生学习以后的知识做好充分的准备。

(3) 尊重学习差异

这方面的研究包括学习兴趣、个性特点、个体潜能等。学习前测要根据儿童的年龄及认知特点,结合学段目标、课程内容,采用不同的方式进行。让学生积极参与探索和交流,尊重每个学生的个性选择,采用不同的知识与方法解决问题。

2. 从实施方式上看

(1) 纸笔测试式

纸笔测试可细分为问卷调查法和习题检测法。问卷调查法,适用于与生活联系比较紧密的内容。上课前教师设计好问卷,内容体现出层次性和递进性,填写统计后进行汇总分析,从而有效了解学生已有的生活经验,找到学生真实的学习起点,找到并确定课堂教学最佳的起始点和切入点。习题检测法是课前教师编制习题,内容涵盖学生学习新知所必备的知识和新知重点知识,分析发现学生的共性问题和个别差异。习题检测法能较好地反馈学生对相应学习内容的了解情况、有多少学生分别掌握了哪些知识,可以准确地定位学生的学习起点,减少甚至避免起点过低或过高所带来的无效学习活动。

(2) 操作探究式

操作探究法是让学生通过动手操作,自主探究发现新知。如教学《平行四边形面积》前发给学生一个平行四边形图片,在一定的时间内让学生自主探索研究求平行四边形面积的计算方法。操作探究法的优点是学生热衷于动手操作,在展示学生的活动经验同时为新课做好铺垫。

(3) 访谈式

谈话法是进行抽象教学内容学情前测的重要方法,如教学《认识公顷》前,让不同层次的学生交流"关于公顷这个内容,你知道哪些和它有关的知识?"等内容,了解学生对知识和技能教学目标的掌握程度,根据学生的反应进行有效的课堂活动。通过教师与不同类型、不同层次的学生进行谈话,了解学生新知生长点的掌握情况,确定怎样引导学生迁移或类推,从而选择最为有效的教学方式。

3. 统计方式上看

(1) 全体普查式

为了了解学生的学习起点,我们的目光不能仅仅停留在个别优等生或学困生上，更要关注的是全体学生，是每个学生。通过调研统计，去发现个体的学习方法、思维感知、情感态度的起点。教师尊重每一个学生的个性选择，允许不同的学生从不同角度认识问题，采用不同的方式表达自己想法，用不同的知识与方法解决问题。

(2) 分层抽样式

分析学生的学习起点，要面对全体学生进行研究。在很多时候，因时间和空间的限制，在操作中有一定的难度。因此，很多时候我们采用分层抽样的方法，兼顾差别，从知识经验、思维感知、情感态度等多角度进行考虑。既要关注静态的起点，也要分析动态起点的发展。通过横向和纵向的比较，进一步了解不同层次学生的认知发展水平，调整设计教学环节，改变教学方法。

## 三、学生学习前测设计和实施

在单元教学前，通过调查问卷、多样访谈、习题检测等多种方法对儿童已有的知识基础、学习技能、学习习惯等进行检测，而后针对具体的数据，进行理性分析，从关注学习结果转向关注学习起点，从关注理想化的儿童群转向正视“眼前的、实际的儿童”，基于儿童的学习困难点和最近发展区，那如何进行前测呢？

### (一) 确定测试内容

学习前测设计主要从把握学生的知识结构、探寻学生的学习需求、尊重学生的学习差异来进行。

如教师在教学六年级的《分数四则混合运算》时发现，教材内容比较多，而且与之前学过的《整数四则混合运算》《小数四则混合运算》有着密切的联系。为了清晰地了解学生的已有旧知、已有经验，以及学生的情感态度、学习习惯等，进行学习前测的设计。主要包括《基础知识技能检测》和《学习情态调查问卷》二份。《基础知识技能检测》主要考察学生加法交换律和结合律、减法运算律、乘法交换律与结合律、乘法分配律等运算律的综合运用。《学习情态调查问卷》采用判断形式，分别从学习心理、学习态度、学习习惯、学习情感、学习评价、学习方法等方面对学生进行调查问卷。

### (二)确定测试形式

学情测试的方法主要有问卷调查、纸笔测试、现象观察、学生访谈等。教师需要了解学生的生活经验、知识基础、思维方式、认知结构等,就要根据不同的教学内容、学生情况,灵活判断到底用何种方法。

1. 问卷中掌握学生的经验水平

问卷调查,即教师设计一张问卷(或表格),在课前让学生填写,从而了解学生的有关情况。这种学情前测的方法一般适用于概念课和起始教材的教学。通过问卷调查,教师可以了解学生的生活经验,预设适合学生、贴近学生生活的教学导入方案与活动。

例如,在教学三年级下册"认识千米"一课时,教师设计了一份问卷:

(1) 你听说过千米这个单位吗?

(2) 你在哪里见过千米这个单位?

(3) 你知道一个人跑1千米大约需要多少时间吗?

(4) 举例说说1千米大约有多长。

(5) 你知道千米和我们学过的米有什么关系吗?

分析数据,教师了解到,虽然大部分学生听过"千米"这个词,但对于1千米有多长并没有概念,不知道1千米有多长。基于学情预测得出的信息,教师如果只通过教材中几张图片引入教学,难以让学生清楚认识千米的概念,必须让学生对1千米有多长形成一定的认识。据此,在课堂教学时,教师先把学生带到操场上,让每位学生都走一走、量一量、比一比,实地感受"1千米到底有多长",为学生建立千米的概念,再教学单位之间的换算。

2. 测试中了解学生的知识基础

习题测试,即教师设计一些有针对性的题目,在课前让学生练习,教师可以通过练习情况分析学生的知识基础和知识掌握程度。教师要充分了解教材知识体系的编排逻辑，根据教材内容分析所需的知识基础，精心设计出合理、能检测出学生实际情况的测试题。

例如，在教学三年级下册“三位数除以一位数”一课时，笔者设计这样的测试题：

(1) 80÷2=？说一说你是怎么想的？

(2) 68÷2=？98—2=？97÷3=？用竖式计算，并说一说你是怎样计算的？

(3) 986—2=？用竖式计算。

通过分析测试结果，笔者认为学生对“两位数除以一位数”的基础知识掌握得比较扎实。因为两位数在有余数时只有一个数可以下移，而三位数除以一位数，当首位有余数时，后面还有两个数字。由此可见，本课内容的难点是移位。在学情前测中，说计算方法时，学生习惯只说算法而不说算理，因此，教师认为在教学时可以将算法与算理结合进行教学，让学生在清楚算法的同时理解算理。

3. 观察中了解学生的学习方法

对学生学习方法的了解，单靠问卷、测试这种结果指向的方法，教师很难做出合理的判断。基于此，观察法是教师了解学生学习方法的最有效的方法。教师可以在课堂、问卷、测试题、平时练习中对学生进行观察，了解学生的不同学习特点，设计适合的学习活动，使学生更好地学习。

例如，在教学“平移和旋转”一课时，在学生画图的过程中，教师仔细观察学生的作图过程，发现以下问题：

问题一：数格子时把起点一起数进去

问题二：数格子时数空格而不是数点

问题三：画完图形后不会与原图做对比

通过分析发现在教学该内容时，虽然教师在讲台上演示了错误的做法,意在让学生不要犯类似的错误,但是由于一些学生上课思想不集中,只看到错误的结果,反而误导了学生,甚至有的学生直接忽视了教师的演示。在教学活动中,教师让学生单纯地接受知识,远不如鼓励学生主动追寻答案取得的教学效果好。基于以上分析,笔者采用学生自主探究的教学方法,让学生上台展示自己的答案,在不同答案的对比中,让学生自主探寻为什么两位学生的答案会不一样、谁错了、为什么错了等问题。

4. 访谈中分析学生的思维方式

学生访谈是教师在处理学生心理问题时使用最多的一种方法。面对面的交流可以让教师更直观地了解学生的想法。在学情前测中,访谈同样适用。特别是在需要了解学生的思维方式时,教师必须与学生面对面地交流,倾听学生的想法,在与学生的交流中发现问题。

例如,在教学圆的认识一课中,笔者提问:圆与以前学过的平面图形有什么不同?学生的回答五花八门。学生未能在平面图形的学习过程中掌握学习图形知识的方式,其学习思维仍是最原始的形态。因此,如何让学生知道面对图形应该从什么角度去思考、研究,成为本节课新增教学目标。于是,笔者设计了一个开放的教学活动,通过问题"对于圆,你们想研究什么?"教师收集学生想研究的问题,将其分类、整理、归纳为特征、画法等研究角度,为学生展示研究图形的过程,引导学生建立研究图形的思维方式。

### (三)确定统计方式

常见的数据统计方法有:表格、折线统计图、条形统计图、扇形统计图。如果采用的是问卷形式,可用云技术中的"问卷星"来进行科学统计。统计方式确定的依据是学习前测的目标设定。

## 第三节 依据学习前测报告的教学设计

教学设计是有效教学的前提。通过教学设计,教师可以在课堂中教什么、如何教，直接影响着课堂教学的效果。如何使教师的教学设计更有效，更能贴近学生实际，促进学生知识和思维水平的提高？我们认为，对学生的学习进行前测，了解学情并发现问题，提出改进建议并形成前测报告；紧扣前测报告，以前测报告为依据进行教学设计是一个有效的办法。依据学习前测报告的教学设计具备发展性、开放性、生成性的特点，不仅能遵循学生的学习规律，关注学生的个性特点，同时还能关注课堂的预设与生成，促使教师灵活机智地调节教与学。

## 一、学习前测报告的撰写

前测报告作为教学和研究相结合的文体，要求在具体的写作实践中，针对前测中所呈现的问题，紧扣相关数据进行深入分析研究，并对接下来的教学提出切实可行的建议。也就是说，一篇高质量的前测报告，一定是有很强的针对性和实效性，是发现问题并有具体改进建议的科学的报告。

### （一）测试数据的分析与处理

1. 数据分析与处理的优势

首先，具有科学性。在前测数据的分析、处理中，研究者更理性，依据数据更客观、全面地进行分析，那么所阐述的内容一针见血，入木三分。其次，更形象化。在分析、处理的过程中，数据图表具有形象化表达、突出重点的特点，能够帮助人们更好地展现重要信息。再次，更有针对性。当研究者对于前测数据展开深入地分析及处理后，针对前测中突显的问题进行有针对性地分析，并且提出适切的建议，为后期教学设计的改进指明了方向，同时实现与学生发展相匹配的针对性教学，推进建设富有深度、富有活力的课堂。

2. 数据分析与处理的方式

数据分析、处理的过程中，研究者较多使用“经济适用图表”，它包括表格、饼图、柱形图、折线图、条形图、散点图等。制作表格时，有一些数据展现技巧，比如突出显示单元格、数据条、色阶、图标集、迷你图等。

3. 数据分析与处理的步骤

首先,收集数据。对部分学生或者全体学生进行前测,需要将前测表、访谈记录或者观察记录逐一整理、归类;其次,进行数据分析与展现。根据前测目的,有针对性地将数据进行归类、整理并以恰当的方式呈现,如:表格或柱形图等方式;再次,根据呈现的数据进行深入分析并指出相关问题;最后,针对前测中体现的优势及不足,提出具有可操作性且针对性强的建议,利于教者改进教学设计,并最终能呈现出精彩的课堂教学。

## (二) 分析学习导向教学的方向

通过前测数据的分析以及处理,可以了解学生对知识的掌握程度、学习需求和思维方式的一般情况和差异。分析者可通过结果明确学生“现在在哪里”,以及教学设计应该“往哪里去”。重点要突出几个方面:

1. 教学设计要关注学生差异性

在学习活动中,学生因自身的成长环境、思维模式等相关因素,呈现出较大的学习差异。例如,有些学生更喜欢听教师讲解;有些学生独立思考意识较强,更喜欢独自琢磨;有些学生喜欢通过同伴之间的热烈讨论来获取知识;有些学生对自然科学的兴趣浓厚,喜欢动手实验;有些学生偏爱社会科学,人文意识浓厚……也就是说,不同的学生他的认知风格也是不同的,教者通过有意识地观察,如学习态度、学习习惯、思维方式等来了解学生的个性特点,分析学生的反思型和冲动型,整体型和系列型,内倾型和外向型,场依存型和场独立型等认知风格。在了解学生的认知风格后,教学设计时便可依据这一点,既可以通过合作的方式,让生生之间互补,展现各自的优势,增强学生的自信;也可以关注个体认知特点上的弱势,补足短板,促进学生进步。

2. 教学设计要体现学生主体性

随着新课改和素质教育的不断推进,以生为本教学理念逐渐融入到小学教学之中。这种理念能够摒弃传统以教师为中心的观念,突出了学生在课堂学习中的主体地位,激发学生的主观能动性,促进学生综合素养的形成与发展。教育本身就是一个自由生长和发展的过程，不能根据教师的主观意愿作为判定标准，而是应该尽力延伸学生的学习生命力。比如，在小学语文教学中，在学习《槐乡五月》这篇课文之前，教师可以设计前测：这篇课文的生字中涉及到哪些音、形、义？这篇课文主要分为几个段落，哪个段落最能够表达出作者对于槐花的喜爱等问题，让学生带着问题去思考并完成前测。在对前测结果进行分析的基础上，分析者可以作如下设计：教学目标要体现学生主体性，并组织相应的小组学习活动来理解课文主旨，组织学生通过交流与合作完成学习任务。

3. 教学设计要体现生活味

著名的教育家陶行知说："生活即教育，社会即学校。"生活资源是教学的重要资源。教师应该充分利用现实生活这一资源，来建立课内与课外的联系。教学设计时应关注"让教学走进生活，让生活走进课堂"这一导向。例如，在教学《匆匆》一课时，教师在课前布置预习任务，让学生留心观察日常生活中的细节，思考它们与时间有怎样的关系，感受时间给人带来的体验。通过谈话法、观察法进行前测后，分析者可以作如下教学设计：师生共同讨论有关时间的问题。在思考与交流中让学生理解课文中"洗手的时候，日子从水盆里过去；吃饭的时候，日子从饭碗里过去……"等语句的含义，理解作者的写作意图和全文的中心思想；并安排学生就"如何珍惜时间"这一话题进行交流讨论，让学生在讨论中明白要珍惜时间的道理。

### （三）对教学设计提出明确建议

通过对前测数据的分析与研究，分析者从中找出问题，并提出改进建议。改进建议要做到：

1. 建议要具有概括性

通过对前测数据的分析、处理后，研究者依据数据从宏观角度提出客观的建议，不能泛泛而谈，长篇大论；也不能就事论事，事无巨细。要提纲挈领，言简意赅地概括要义，给教者提出明确的改进方向，使教学设计更完善。

2. 建议要具有针对性

研究者在分析时不能“鸡毛蒜皮”或者“眉毛胡子一把抓”,要找准重点分析问题,提出建议时应对症下药,直截了当地提出针对性强,切实可操作的建议。

3. 建议具有启发性

经过前测,在把握学生学情的基础上,教者也能大概清楚目前学生所存在的问题,并通过改进教学设计尝试解决。但事实上,并不是每个问题都是自身通过思考就能解决的。这时,就需要研究者能站在一定的高度,给出具有启发性的建议,使教者拨云见日、触类旁通。

### (四) 学习前测报告撰写的一般框架

1. 背景

在撰写前测报告时,要讲清楚前测的目的、前测的对象、前测的内容和形式及前测的意义。前测的内容重点反映学科前测试题的设计。

2. 前测过程概述

简要说明前测是如何展开的,重点了解学生的知识储备和学习能力情况、了解学生对新内容的思维状态、了解学生学习的难点和知识薄弱点、检测教学前学生对知识点的掌握情况等等。

3. 前测数据的分析与研究

根据前测中的数据,研究者进行深入分析。为了便于操作,设计成统一的表格形式,主要统计栏目有:测试对象、测试时间、测试题、典型答案、样本数、百分比、具体分析、反思改进。分析学生所存在的知识薄弱点,分析该知识薄弱点产生的原因,进而分析教者是否需要有改进之处。

4. 提出建议

通过前测,对于目前学生的学情以及教师教学这两方面进行了分析研究,通过分析,研究者可能会发现学生学习习惯中存在的问题,教师教学设计中存在的问题等,在此基础上,提出恰当的建议。

## 二、以前测结论为依据的课程资源开发

课程资源是指一切有利于或有助于实施课程，实现课程目标，全面发展学生的能力，提高教师综合素质的物质条件和包括环境、氛围等在内的其他非物质条件。在课堂教学中，我们要以前测结论为依据，关注并用好身边可利用的资源。

### （一）依据前测结果进行资源分层

按照课程资源的功能特点，可以把课程资源划分为素材性课程资源和条件性课程资源两大类。按照空间分布的不同，又可以把课程资源分为校内课程资源和校外课程资源，它们都可以包括素材性课程资源和条件性课程资源。部分教师缺乏课程资源意识，认为课程资源最好由教材配套提供，强求一律，忽视了个体差异和因为差异带来的学生对于课程资源的不同需求。学生的能力、天赋是存在着明显差异的。教学中，要根据学习者的能力进行资源分层，如：对于基础知识薄弱的学生可以多补充基础性知识资源以及恰当的作业；而对于拔尖的学生，则适当拓展延伸与本课相关的知识，拓宽学用渠道，做到因材施教、因地制宜，并根据不同的学生提供各种与学习有关的信息和一切可行的学习资源。

### （二）根据活动设计的需要增加资源的丰富性以及可选择性

认知风格与学习风格的差异，是教师应该意识到一个特别重要的领域。这些差异主要体现在学生感知周围世界、加工和处理信息方法不同。有些是由大脑的不同导致的，有些是由个人的表现导致的，还有一些是由文化背景导致的。

从认知风格来看，有的学生是场依存型——他们把某种状况“作为一个整体”而不是“一部分”进行感知，在大多数情境下会“统观全局”。而有些学生是场独立型——他们倾向于把一个整体的事物仅仅看成其中的一部分。这对资源选择的意义是很明显的。教师可以给场独立型

的学生布置可以独立完成的任务,而给场依存型的学生则准备长期的、基于问题的任务。

从学习风格来看,有的学生习惯"有情境的学习",而有的学生喜欢"脱离情境的学习"。因此,可为学生准备一定的情境,以便为喜欢"有情境的学习"的学生提供帮助。

另外,有证据显示,学生对学习环境、学习方式有自己的偏好。许多学生对学习环境(声音,灯光,座位模式),对情感支持的数量,对课堂严谨程度和同伴交流程度,都存在着不同的偏好。学习者偏好的学习方式也不同,一些学生倾向于依靠视觉来获取信息,而另一些学生则更喜欢通过听觉来获取信息。因此,教师可根据学生偏好来准备视听资源,以顺应不同学生的需求。

### (三) 加强学习单的设计

1. "学习单"是重要的教学资源

"学习单"是教师在课前精心设计,用于指导学生进行自主、合作、探究学习的活动方案。在教学中,教师要把学生的学习疑点作为学习起点,把学习的难点作为设计重点,以教学资源的生发点作为教学的推进点,设置层层递进的教学活动,使课堂教学真正适合不同层次学生的学习需要。学生在学习单的引导下,进行自学、发现、展示、交流及建构有意义的知识等一系列多样化的活动。

2. "学习单"是学习的路线图

"学习单"引导下的课堂自主学习活动大致有以下五个环节:自主先学—展示交流—合作探究—精讲释疑—自我完善。

自主先学是指学生在教师的指导下,积极、能动地根据导学单所提供的学习目标、学习内容等,进行独立、自主、有效地学习,从而把教师"教"的过程转化为自己"学"的过程。展示交流是指学生根据导学单进行预习后,对学习内容有了初步的认识和了解,此时,教师让学生展示自主预习成果,出示预习过程中遇到的疑难问题,不仅能激发学生课堂参与的积极性,提高综合运用能力,而且通过自学展示、交流活动,扩大学生的信息量,相互取长补短,促使学生更全面、更深刻地思考问题。合作探究环节中,教师组织学生进行小组合作讨论,互相纠正、点评与补充。教师适时参与其中给学生以提示与启发,或者请已经解决问题的小组当“小老师”,实现“兵教兵”。精讲释疑是指基于每个学生学习的情况不同,每个小组的探究结果也不同,学生在讨论探究中往往有一些重点、难点、疑点问题没有得以解决,此时,教师应通过“精讲”和“点拨”厘清学生思路,深化学生对知识的理解。自我完善是学生在自主先学、展示交流、合作探究以及教师的精讲释疑基础上,进一步完善自主学习和合作探究的学习成果。在上述四个教学环节结束之后,学生根据导学单的学习要求,对自己的自主学习过程和学习行为等,通过回顾、诊断、自我监控等方式进行多元化的审视与评价,自我进行知识的整理和内化,并迅速、自主地进行完善提升。

### (四) 依据前测结果设计个别化教学资源

依据前测结果,教者对于班中学生的学情有了更为全面的把握,教者应“因材施教”,设计个别化的教学资源。

学习者的差异是必然存在的,教师应该以肯定学习者的多种需求、分析各种差异对小学学科知识学习的影响为前提,从各个学科的认知特点出发,运用多种灵活的教育教学手段创设出培养各种需求的学习情境,创设综合性的学习活动,便于不同认知类型的学生采用各自擅长的方式学习。在创设多元需求学习情境的过程中,针对每项需求可运用不同的策略和方法来进行课程及教学过程的设计,并在教学过程中注重尖子生和学困生的巡视辅导。综合考虑学校、家庭、社区、教师、家长、同学等多元评价主体对学生的评价,形成学生“成长档案”,基于学生的成长档案,分析学生对即将学习的内容可能存在的问题,重新审视新的学习内容,开展有效的分层学习活动。弹性设计,求同存异,允许学生根据自己的学习能力和学习成果拥有自己的作业等。

## 三、以前测结论为依据的教学目标设计

教学目标设计时应学会解读学生。也就是对于学生的知识结构、学习能力等进行充分解读,然后在教学目标的设计中更具有科学性和针对性。

### (一) 依据前测实现教学目标的行为转化

学情前测才是有效教学的“真”起点,是走向学生、了解学生的最有效方法。在前测的基础下,教师重新设计教学目标,那么如何使教学目标向行为转化呢?

1. 着眼学情,直切重点

课堂只有 40 分钟,有限的时间里,教师要懂得取舍。学生明白的知识老师可以不讲;学生不懂的、忽视的知识,则需要老师适时点拨,教师需要讲究效率与策略,智慧地放手。如六年级的学生已经具备一定的自学能力,可以自主学习或者借助工具书学到的知识教师在课堂上可以不讲或者点到即可。以古诗为例:古诗是需要孩子们积累的,考试的时候涉及的内容也比较多,是学习的重点。前测后发现孩子们古诗能背,但是错字较多。因此,在教学中重点引导学生区分同音字,减少错别字的出现,提高正确率。

2. 着眼学情,分散难点

教者已把握学情,找准了教学的起点和学生学习的障碍点,因此,在教学目标设计过程中,要针对本课学习的障碍点也就是难点,将教学目标细化分解成小目标,即先明确从哪几个大的方面进行学习,再确定每个大方面的学习要素,然后对每个学习要素应达到的程度进行具体描述,并且落实到相应的课时中,根据目标,使学生在螺旋递进中解决并掌握难点,使学生的学习学而有效,学有所得。总之,在前测的基础上设计教学目标,既避免了教学目标表述不切实际的情况发生,也使得课堂教学更具针对性,有效分散课堂教学中的教学难点。

## (三)依据前测结果设计个别化教学目标

苏联著名心理学家维果茨基认为:只有走在最近发展区内的教学,才是有效的教学,这样的教学才能促进学生的发展。当课堂教学目标建立在前测的基础之上时,我们可以针对不同层次的学生,制订不同层次的教学目标,使目标更科学合理、实现不同学生的可持续发展。这样的个别化教学目标主要根据学生考试成绩、接受能力、学习兴趣、学习态度等因素来制定。可分为基础性目标、提高性目标和发展性目标。为学习能力偏弱的学生设计"重基础,拉着走"的教学目标,为学习能力较好的学生设计"重方法,多激励"的教学目标,为学有余力的学生设计"重能力,大容量"的教学目标,让各个层次的学生取得应有的进步。

如部编版小学语文四年级上册《火烧云》的教学目标设计:

知识与技能:

(1) 认识本课5个生字、会写生字组成的词语。

(2) 有感情地朗读课文,在充分理解课文内容的基础上,学习作者抓住事物的特点和变化进行观察和材料积累的方法。

(3) 想象火烧云的奇异景象,结合课文用三到五句话复述自己所看见的壮观景象。

过程与方法:

依据自己的生活经验,以学生自学为主,采用自主、合作、探究的学习方法自读自悟,明确火烧云的美妙奇异。

情感态度与价值观:

体会作者赞美火烧云时的心境。

以上目标,学习能力偏弱的学生只要达到知识与技能中的第一个目标,过程与方法中能用这样的方法说说自己的理解便可,情感态度与价值观中只要能简单叙述就可以了。而学习能力较好的学生,知识与技能、过程与方法中的目标均要求实现,情感态度与价值观的目标要求有感情地表述。而学有余力的学生,则应把以上目标全部实现,特别是情感态度与价值观的目标。

总之,在前测的基础上设计个别化教学目标时,应有一定的弹性设计。或将个体目标在基础目标上稍作提高,或将个体目标适当降低,使之更符合不同学生现有的水平。

## 四、以前测结论为依据的学习活动设计

学习活动设计是教学设计的核心环节,也是教学目标达成的有效保证。以前测结论为依据的学习活动设计,主要有以下四种类型:

### (一)能力导向的学习活动设计

所谓能力导向是指在课堂教学中,不仅要培养学生的能力,而且要依靠、发挥学生的能力来理解、掌握、建构知识。让学生凭自己的能力和努力进行学习和掌握知识,这样的学习效果是才是真实有效的,而学生的能力也能真正得到培养。

以部编版小学语文三上的第二单元中的《秋天的雨》为例,设计仿写环节时,旨在让学生感受语言文字之美的基础上,尝试用文字来表现秋天的美好,力求达到"情"与"景"的完美交融,感受到诗情画意的秋天。课上组织小组合作,引导学生仿照课文中的句子格式,用上恰当的动词和喜欢的修辞手法,让每人写的句子合作成一首小诗,鼓励孩子用文字描写自己眼中的秋天,在文字中抒发自己对秋天的喜爱,激发他们的学习兴趣。

**【案例】**

师:我们就一起学着作者的样子,写写自己心中的秋天的色彩。老师有一些图片可以给大家参考,你也可以根据自己的想法来自由写。

出示句子:

秋天的雨,有一盒五彩缤纷的颜料。它把________色给了________,________像________,________哪________哪,________。________是给________的,________就像________。

生:认真思考并书写。(教师给予的时间比较充分)

生 1:它把白色给了河边的芦苇,雪白的芦苇毛絮像轻盈的羽毛,飘哪飘哪,飘走了秋天的寂寞。

生 2:橙色是给南瓜的,又圆又大的南瓜就像可爱的胖娃娃。

……

### (二) 兴趣导向的学习活动设计

所谓兴趣导向是指在教学过程中激发学生的学习热情,使学生在愉悦的状态中开展学习活动,体验到学习的乐趣。依据前测,教师采取灵活多变的方法,利用学生的好奇心、求新心理,创造和谐的教学氛围,激发学生的求知欲,使学生在愉悦的情感中接受知识,掌握技能,以达到最佳的教学效果。

以一年级上册《识字"太、小、鸟"》为例,教学中,教师可利用一些有趣的儿歌和音乐,帮助学生集中注意力,激发课堂兴趣;也可以引导学生创造性地改编歌词;还可以出一些谜语、脑筋急转弯等,以猜灯谜、猜字谜的方式来引发学生对汉字的思考。

**【案例】**

如:"小鸟张口喳喳叫"(打一个字)教师可以利用 PPT 来展示这个字谜,然后帮助学生分解这个字谜,以小组互动的方式,帮助学生深入思考,最后分析这个字是什么字,加强对于"鸣"字的关注(多媒体展示"鸣",并且拆解分析,播放动画过程)。通过教学实践发现,记住这样的顺口溜,可以帮助学生记忆生字词,这样的教学方式,符合学生的年龄特点,在浓厚的学习兴趣中巧妙识字。

### (三) 分层的学习活动设计

传统的教学是以整齐划一的教学方式来组织课堂教学活动的。因为教师必须兼顾大多数学生的学习需求,保证教学活动能够按照预期计划展开,所以或多或少会忽视了学生的个体学习需求,使得部分学生无法按照个人认知特点来学习知识,以致降低了学生的学习效能。长此以往,必然会影响学生的学习态度,难以全面开发学生的学习潜能。因此,教师可以实施分层教学,切实提高学生的自主学习能力,提升学生的综合能力。以课堂问题的设计为例,在教学设计中,针对不同层次的学生,教者设计不同难度的问题,较为基础的问题,给予学困生展现自我的机会,树立自信,激发学习的兴趣;而难度比较大的问题,可以让学有余力的学生进入深度思考,训练思维,并通过自身的努力收获成功。

**【案例】**

教授 9A Unit 1 的 Reading 课文 People who arehappy with their jobs 时,设计了下面这些问题:

1. How many people are mentioned in the article?

2. Who are they?

3. What's Wu Wei's personality?

4. Why did Su Ning gave up her last job?

4. What do you think of Fan Yuan?

6. Why are the people happy with their jobs?

这些问题分为三个层次,1、2 两个问题很简单,只要浏览文章便可以轻易地找到答案,所有的学生都能够回答出来。老师可以把机会留给学困生,并在他们回答后及时给予肯定和鼓励,让他们体验到成功的快乐;3、4 两个问题属于中等难度题,在精读文章之后,可以在文中找到问题的答案,老师可以让英语水平居中的同学来回答这类问题,因为这些学生平时往往容易被老师忽略;5、6 两个问题属于较难的问题,需要学生在理解课文的基础上进行归纳、总结,并提出自己的想法。这类问题可以侧重让英语较好的学生来回答,从而激发他们的学习积极性。

### (四) 个别化的学习活动设计

个别化教学是为了适合不同学生的需要、兴趣、能力和学习进度而设计的教学方法。个别化教学并不意味着独自学习。当同一教材、教法不能满足学生差异时，为顾及个别能力、兴趣、需要及可能遭遇的困难，教师须在教学过程中特别设计不同的教学计划。它与“个别教学”不同，个别教学仅是一种“一对一”的教学实施形态，它可能是个别化教学，也可能不是个别化教学，关键在于其是否为符合学生能力需要而特别设计的教学方案。

以部编版三年级上册的《黄山奇石》为例，教学中，教师为了落实本课重点，设计了语言实践，为符合每个学生的需要，教师设计了一星、二星、三星的不同梯度的写话训练，具体如下：

**【案例】**

师：在读课文的时候，我们把美美的文字读成了活的画面。现在，我们要把活的画面变成美美的文字。

出示了写话要求：

1. 如果你用上比喻的修辞手法，可以得一颗星。

2. 如果你不仅用上了比喻，还能活用动词把画面写完整，可以得两颗星。

3. 如果你不仅用上比喻，活用动词写完整，还能给美美的文字取一个名字，可以得三颗星。

生各自思考选择，进行课堂上的练笔训练。几分钟过后，学生开始交流各自写的内容。

生1：远处山峰上的石头，远远望去，就像一只没有开屏的孔雀。（一颗星）

生2：那巨石好像一只狗蹲在山峰上，等待着主人归来。（一颗星）

生3：它好像一位仙人背着药篓，正低着头采取珍贵的药材呢！（二颗星）

生4：就说狮子抢球吧，就好像两只狮子在抢球，你抢我夺，翻起滚滚沙浪。那场景别提有多激烈。（三颗星）

生5：每当月亮升起，有座山峰上的一块巨石，就变成了一只银光闪闪的天狗。它抬起头，张着大嘴巴，对着圆圆的月亮，“汪汪”地叫。

这就是著名的“天狗望月”了。(三颗星)

生6:我觉得最有趣的要数“仙女弹琴”了!远远望去,那陡峭的山峰上,有一块奇石,形似亭亭玉立的少女,她似乎正在轻抚着古琴,弹奏出优美的曲子。(三颗星)

……

本案例中,教师并不仅仅停留在简单的让学生模仿课文内容的过程中,而是由易到难,提出更高的要求,让学生在注重语言的表达训练的同时,根据自己能力的差距,鼓励学生跳出文本,自由表达,让学生运用课堂上老师授予的学法指导,即“活用比喻”“巧用动词”“想象画面”,发散了学生的思维,增强了学生思维的广度,更培养了学生多元化的思维。学生在写话的过程中,选择了自己能力所能达到的梯度完成了训练,能感受到学习的乐趣。

## 五、以前测结论为依据的评价设计

评价具有激励、判断、导向的功能。正面的激励对学生的影响是终生的,也是促进学生不断成长的重要手段。在考察学习成果时,不能仅仅关注学生取得的成绩,还要注重其参与活动的积极性、与同伴的合作等等。只有通过这种有效的评价,才能真正帮助学生实现发展。

### (一) 学习过程的评价设计

围绕前测结果,针对学生在课堂学习过程中的具体表现,设计评价列表。课堂中的表现范围很广,可以是体现学生在课上对于知识点的掌握程度,可以是体现其课上学习的参与度,也可以是体现课堂上学生深度学习的表现等等。比如,针对某一节课学生的发言情况进行了调查,结果如下:

| 选项 | 小计 | 比例 |
|---|---|---|
| 20%以下 | 12 | 12.37% |
| 21%—30% | 28 | 28.87% |

续　表

| 选项 | 小计 | 比例 |
| --- | --- | --- |
| 31%—50% | 33 | 34.02% |
| 50%以上 | 24 | 24.74% |
| 本题有效填写人次 | 97 | |

从以上数据看出，学生在课堂上发言不够踊跃。而学生参与课堂的积极性，直接影响到课堂教学的效果。为此，教师重新进行了教学设计，充分尊重学生的主体地位，创设有效的教学情境，巧妙地提出问题，引发学生心理上对知识的渴求和认知冲突，使学生处于积极主动的学习状态，课堂效果良好。

围绕该结果，设计有针对性的过程性评价，该评价可以以四人小组的形式展开，如下：

| 编号 | 题目 | 成员 1 | 成员 2 | 成员 3 | 自我评价 |
| --- | --- | --- | --- | --- | --- |
| | | | | | |
| 1 | 本课堂，他（她）至少发言了一次 | | | | |
| 2 | 他（她）的发言流畅，且明确表达自己的想法 | | | | |
| 3 | 我觉得他（她）很会思考，有自己的想法 | | | | |
| 4 | 他（她）的发言我深表赞同，也给我带来了不一样的体会 | | | | |
| 5 | 本堂课，他（她）对小组做出了贡献 | | | | |

通过这样的过程性评价设计，再来对照教师在前测结果的基础上改进的教学设计，很清楚地发现，改进后的教学过程的有效性得到了充分的提高，前测中所存在的薄弱点有了明显的改进和突破。

## （二）学习结果的评价设计

依据前测报告，教师在教学设计中不管是对学生学情的把握，或是对教学难点的突破，还是课堂上教学策略的恰当运用，均进一步完善。

那么,反馈学生学习结果的评价设计应该注意哪几个方面呢?首先,评价设计应科学合理。科学、合理的评价应该是全面的、整体的,应该具有大局意识、长远意识。科学的评价,应该针对主体的实际性,难点的凸现性和延伸的多元性,应该是自主探究、因材施教和思维梯度的综合。当教师的评价尽可能全面覆盖学生时,那么,学生学习结果的评价也就更能体现科学性。其次,评价设计应形式多样。对于学习结果的评价可以通过如下的方式来体现:教师评和小组互评相结合,学校评和家庭评相结合,口头评语和书面评语相结合,线下评和线上评相结合,小红花和奖状相结合,过程性评价和终结性评价相结合。如:针对一堂英语课,教者可以通过如下的评价设计来检测学生学习的结果:

| 评价项目 | 评价标准 | 等级(权重)分 | | | | 自评 | 小组评 | 教师评 |
|---|---|---|---|---|---|---|---|---|
| | | 优秀 | 良好 | 一般 | 较差 | | | |
| 知识与技能 | 掌握本节课所学的单词和句型 | 10 | 8 | 5 | 3 | | | |
| | 能够用英语描述自己的朋友 | 10 | 8 | 5 | 3 | | | |
| | 能流畅地与同学交流假期趣事 | 10 | 8 | 5 | 3 | | | |
| | 能清晰地表达自己态度观点、意见 | 8 | 6 | 4 | 2 | | | |
| 过程与方法 | 熟悉运用新单词、短语、句型描述朋友的品质、特性 | 10 | 8 | 5 | 3 | | | |
| | 积极参与小组合作与交流 | 10 | 8 | 5 | 3 | | | |
| | 能用所学内容处理朋友之间发生的问题 | | | | | | | |
| 情感态度 | 课堂上积极参与,积极思维,勇于开口、动脑,发言次数多 | 8 | 6 | 4 | 2 | | | |
| | 小组协作交流情况:小组成员间配合默契,彼此协作愉快,互帮互助 | 10 | 8 | 5 | 3 | | | |
| | 对本节课内容兴趣浓厚 | 8 | 6 | 4 | 2 | | | |

续　表

| 评价项目 | 评价标准 | 等级(权重)分 | | | | 自评 | 小组评 | 教师评 |
|---|---|---|---|---|---|---|---|---|
| | | 优秀 | 良好 | 一般 | 较差 | | | |
| 课堂调查：书面写出你在本节课堂上遇到的困难，向教师提出较合理的教学建议。 | | 8 | 6 | 4 | 2 | | | |
| 我这样评价我自己： | | | | | | | | |
| 伙伴眼里的我： | | | | | | | | |
| 老师的话： | | | | | | | | |

最后，评价设计应具有指向性。在评价学生学习结果时，评价设计的指向性应十分明确：激发学生学习兴趣，引导学生向更高的目标攀登，全面提升学生综合能力，达到智慧增长的效果。因此，针对学习结果，评价设计时，应在尊重学生、赏识学生的基础上展开，并在具体设计时给出明确的说明或提出相关的建议，为学生在今后的学习生活中指明前进的方向，经过这样的实践，才能对学生的人生观、价值观、情感态度等起到导向作用。

### (三) 学生个别学习的评价设计

依据前测，针对学生的年龄特点、学习情况、性格特点，进行合理的个别化评价也是教师需要掌握的教学艺术。每一个学生不仅希望得到伙伴们的钦佩与赞扬，更希望得到教师的鼓励与肯定。当他在心理上获得自尊、自信和成功的体验时，就会加倍爱学习、爱探究。这就要教师开展富有个性的、鲜活的教学评价。评价的主导关系是教师对学生的评价，在这个基础上教师也可以积极倡导学生对学生的评价，使学生间能相互启发帮助，实现共同进步。

评价方式要体现差异性和多样性，学生间的心理发展、智力水平、学习习惯等都存在较大差异，如果采用统一的评价方式，无法促进全部学生的发展。因此对于不同层次的学生，可采用不同的评价：A层，主要采用“竞争评价”，坚持高标准、严要求，并同时培养其合作互助的意识和能力,并帮助学习能力较差的学生;B层,主要采用"激励评价",既要肯定学生的学习并对其指明方向,又要揭示其不足,使其不甘落后,积极向上;C层,大多采用"表扬评价",C层学生学习认知能力、学习积极性差,对该层学生应鼓励表扬,寻找、肯定他们的点滴进步,消除其自卑感。

## 第四节　学习导向型教学设计案例

认知心理学指出,有意义的学习过程是学生根据旧知同化或顺应新知的过程。教学活动必须建立在学生的认知发展水平和已有的知识经验基础之上,所以了解学生的学习起点可以让教学有的放矢。这就需要教师课前走到学生中去,通过不同的前测方式来了解学生的真实认知状况,在分析反思的基础上进行相对应的教学设计,根据教学内容选择适当的前测设计方法,切实加强教学活动的实效性。

统编教材六年级上册第四单元中,选编了中外作家各具特色的三篇小说,这些小说都以现实生活为题材,刻画了普通人物在面临困境时所闪现的人性光辉。小说,就像是一幅由人物网、情节线、环境面等组成的立体画卷。"读小说,关注情节、环境,感受人物形象"是本单元最核心的学习任务。学习中要引导学生了解小说基本特点,学习通过梳理小说中的人物关系和情节发展,抓住人物的语言、动作、心理,借助环境描写,感受与把握人物形象,从而读懂小说主题思想,即作者对生活现象的思考。课堂教学中,如何将这些要素有效呈现,帮助学生构建小说阅读的特殊性思维结构,有利于他们掌握小说阅读的基本方法呢?基于这一思考,在执教这一单元之前,教师以曾经学过的五年级下册作家列夫·托尔斯泰的小说《跳水》为例,围绕小说的三要素设计了一份前测试卷。

《跳水》这篇小说,环境、情节、人物密不可分:因为风平浪静,所以水手们闲来无事逗猴子;猴子因为被逗,所以更加放肆摘取孩子的帽子;孩子为了追猴子拿帽子爬上桅杆的最高横木,将自己置于险境;在危险之时,船长沉着冷静命令孩子跳水;孩子跳水得救。环境是因,助推了情节的发展,最后成功塑造了船长这一人物的高大形象,小说的三要素展现得淋漓尽致。而五年级教学时侧重了解人物的思维过程,没有把小说的三要素作为重点。因此在执教小说单元前,围绕小说的情节、环境和人物形象这三个要素设计了《跳水》这篇课文的学习前测。对学生而言,这篇文章之前接触过,学生更容易入手,消除了学生的畏难情绪,更易激发起他们的兴趣。

**部编版六年级上册小说单元教学前测——《跳水》**

▲ 明确小说三要素。

1. 你知道这篇文章的文学体裁是(　　)。

A. 散文　　B. 诗歌　　C. 戏剧　　D. 小说

2. 小说三要素:________、________、________。

▲ 聚焦人物,感知形象。

3. 课文以孩子为线索,紧扣________、________、________、________之间的联系使故事发生并发展的。

4. 你能用上简洁的语句或小标题概括故事的经过和结果吗?

水手拿猴子取乐 → (　　　) → (　　　)
(起因)　　　(经过)　　　(结果)

5. 想想看,还有其他办法救孩子吗?船长的办法好在哪里?

____________________________________

____________________________________

6. 你觉得船长是一个怎样的人?用上一两个词语来概括一下。

____________________________________

▲ 聚焦情节,助推发展。

7. 默读第一至第四自然段,找找孩子的表现以及猴子、水手的表现,提取关键词填写关系图。

[　　　] → [　　　]

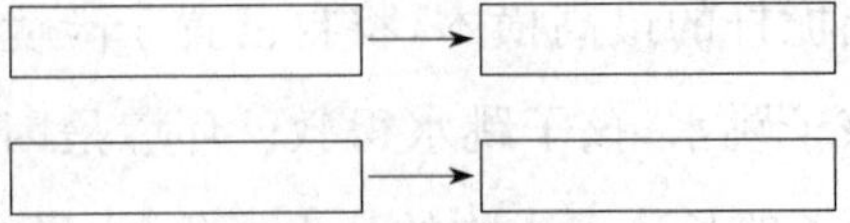

8. 思考孩子陷入绝境的根本原因是什么?

▲ 聚焦环境,埋下伏笔。

9. 找出文中描写环境的句子,摘抄下来。

______________________________

10. 思考:环境描写与故事的发展有什么关联?

______________________________

## 部编版六年级上册小说单元前测分析报告

### 一、测试数据的处理与分析

课堂前测的结果运用是关键,它是教师实施课堂指导的依据,也是教师实施差异化教学的参考。首先,前测的相关数据可以被运用于教师对学生学情认识的把脉和能力的分类上,利用前测数据,可以将学生分为提高层级、中等层级、较低层级这三类不同能力的层级。能力划分提高了教学的精准度,有助于教师针对不同的学生进行指导。其次,前测结果可运用于课堂重难点的突破。前测为教师提供了第一手数据,也显示出学生存在的短板与知识盲区,有利于教师在课堂上进行重点指导。此次前测,教师以问卷的形式展开,收集相关数据。通过对数据的分析,了解现阶段学生的学情。

**问卷调查结果分析**

| 前测题号 | 完成情况 |
| --- | --- |
| 1 | 17.4%的同学选择了A项,82.6%的同学选择了D项。 |
| 2 | 24%的同学仅答对了一个,28.3%的同学答对了两个,13%的同学答对了三个,而34.8%的同学一个都未答对。 |
| 3 | 85%的学生完全正确,10%的学生错1—2处。 |
| 4 | 92%的学生能准确地概括出经过和结果,正确率较高。 |
| 5 | 67%的同学能开动脑筋想出不同于船长的办法,33%的同学在想出自己办法的同时,还能与船长的办法进行比较,从而得出船长的办法最合适的结论。 |

续 表

| 前测题号 | 完成情况 |
|---|---|
| 6 | 75%的学生能用上“思维敏捷、聪明、机智”来称赞船长。 |
| 7 | 52%的学生能理清人物之间的关系,48%左右的学生还有些模糊。 |
| 8 | 大多数学生没能找准水手的笑是让孩子陷入绝境的根本原因。 |
| 9 | 全文中的环境描写较少,在课文的开头,比较好找,基本上都找出来了。 |
| 10 | 仅极少数学生能够回答出一两点,能完全答到点子上的几乎没有。 |

## 二、分析学习导向教学的方向

（一）借助前测,找准学生学习的起点

教学活动只有很好地了解学生,合理把握好学习起点,找到学生的最近发展区,促进学生已有知识与经验的迁移,才能真正实现知识的有效建构。作者在执教小说单元之前,为了了解学生对小说这一文学体裁的了解,设计了 1、2 两题。从前测的结果来看,大多数学生知道本文的体裁是小说,但对于小说这类文学体裁的三要素能够完全答对的学生仅占极少数。把握小说三要素才能展开有效教学,因此,在教学前引导学生明确小说三要素尤为重要。

（二）借助前测,了解学生知识储备的缺失

通过前测可以了解学生真实而全面的信息,发现学生原有知识结构中存在的一些共性问题,了解他们知识储备的缺失。这样,教师在设计课堂教学环节时就可以有的放矢、对症下药。前测中的第 7 小题,可以帮助学生了解孩子陷入绝境的根本原因是什么。63%的学生认为是猴子让孩子陷入绝境,首先猴子摘了孩子的帽子,然后还用牙齿咬,用爪子撕,逗孩子生气,最后将帽子挂在横木上,孩子去追猴子所以走上横木,陷入绝境。24%的学生认为是水手让孩子陷入了绝境,第三自然段开头写道:“水手笑得更欢乐”,水手的笑让孩子感觉是在嘲笑他,孩子觉得自己几乎连一只猴子都对付不了,水手们的笑大大伤害了孩子的自尊心,所以孩子气得脸都红了,才会爬上横木追猴子,想夺回帽子。

文中一共三次写了水手们的笑，这是孩子陷入绝境的最根本的原因。还有13%的学生认为是孩子自己不够冷静，遇事太过急躁，导致自己陷入绝境。其实文中水手看似不经意的三次“笑”，对于故事情节的急速发展起着至关重要的作用。从“哈哈大笑”到“大笑起来”“笑得更欢”，让猴子越来越得意忘形，肆无忌惮，才敢去摘孩子的帽子——撕咬帽子——挂在横木上；同时水手的第二次、第三次笑，伤害了男孩的自尊心，所以誓要夺回帽子，才会一步步爬上危险的横木。从前测结果来看，大多数同学能够关注到故事情节的发展，但是却忽略了文章的“写法”，这是学生中存在的共性问题。了解了学生知识储备的缺失，也就确定了本课的教学重心和教学难点，为学生提供了“再创造”的平台。

（三）借助前测，分析学生对小说类文本阅读的现状

虽然《跳水》这篇课文之前学习过，但五年级的学习关注的是人物的思维过程，文学体裁小说并未作为重点。这份前测试卷，教师有意识地从小说的三要素入手设计了前测题。不难发现，大多数学生已经能有意识地关注小说的三要素，厘清人物之间的关系，并能提取简单的关键词进行填空，能用上简洁的语句或小标题概括故事的经过和结果，能够准确地找到文中的环境描写。一半多学生能关注到故事情节的发展，一小半学生对于情节的发展不清晰，较模糊。对于环境描写与故事的发展之间的关联，仅极少数学生能够回答出一两点，能完全答到点子上的几乎没有。综上所述，学生对小说类的文本有一定的认知，但理清故事情节的发展，体会环境描写，感悟人物形象，进而领悟小说主题是教学的重难点部分，教师可以根据前测所获取的信息，灵活调整教学的内容与重点，有针对性地为学生查漏补缺。

**三、对教学设计提出明确的建议**

学情前测对于提升课堂教学的有效性有着深远的意义。教师应有效利用学情前测在充分了解学生真实学情的基础上，思考调整自己的教学活动，优化教学策略与环节设计，做好教学预设，为处理生成性问题做好充分的准备，从而提高课堂教学的有效性。

(一) 发现共性问题,调整教学重心

| 前测题号 | 完成情况 |
| --- | --- |
| 3 | 85%的学生完全正确,10%的学生错 1—2 处。 |
| 4 | 92%的学生能准确地概括出经过和结果,正确率较高。 |
| 6 | 75%的学生能用上“思维敏捷、聪明、机智”来称赞船长。 |
| 7 | 52%的学生能理清人物之间的关系,48%左右的学生还有些模糊。 |
| 8 | 大多数学生没能找准水手的笑是让孩子陷入绝境的根本原因。 |
| 10 | 仅极少数学生能够回答出一两点,能完全答到点子上的几乎没有。 |

前测的一个重要功能就是了解学生对所学知识的掌握情况,这样教师就可以根据前测所获取的信息,灵活调整教学的内容与重点,有针对性地为学生查漏补缺。通过前测,发现学生对于孩子陷入绝境的根本原因把握得不准确,这应作为教学的一个重点。此外理清故事情节的发展,体会环境描写,感悟人物形象,进而领悟小说主题也是教学的重难点部分。针对学生出现的共性问题,教师要及时调整教学重心,做到不在每一个教学内容上平均用力,教在重点处、难点处,切实提升课堂教学实效。

(二) 突显认知差异,落实分层教学

学情前测可以较好地反映出学生原有的能力水平和认识基础,并能发现他们在知识技能、情感认识等方面的差异,从而针对差异设计教学,分层落实,满足学生的实际需求,切实提升效率。上述前测结果显示大多数学生已经能有意识地关注小说的三要素,并能运用已有的知识经验厘清人物之间的关系,能提取简单的关键词进行填空,能用上简洁的语句或小标题概括故事的经过和结果,一半学生能关注到故事情节的发展。由此,我们可以确定,学生的认知以及原有能力水平的差异是明显的,所以我们在教学中引导学生通过梳理小说中的人物关系和情节发展,抓住人物的语言、动作、心理,借助环境描写,感受与把握人物形象,读懂小说主题思想时,也应关注分层教学。针对不同层次的学生,教学设计要体现分层:在课堂提问、作业布置、作业批改和指导方面设计要有梯度和层次,对学困生更要加强个别辅导。

(三)关注知识联系,拓延教学内容

郑毓信先生说:“基础知识,不应求全,而应求联。”“联”意味着学习内容需要追求系统和延伸。因此,作为教师应帮助学生建立学习内容间的联系。利用前测可以准确地发现学生知识间的断层,从而调整教学内容,使之更容易接受。小说在塑造人物形象时,不仅会选择典型的故事情节,也十分注重为人物活动创设典型的环境。因此,在阅读小说时,应提醒学生注意环境描写,通过对环境描写的分析,体会人物的喜怒哀乐,更好地把握人物形象及小说的主题思想。从前测中不难发现,学生对“风平浪静”这一环境描写与下文故事情节发展的关系不能准确理解。其实“风平浪静”不仅关系着故事的发生、发展和高潮,还关系着故事的结局。因此,“风平浪静”这一自然环境的描写实在不是可有可无、可多可少的装饰品,而是与事情的发生、发展、结局紧紧相连,与人物的一举一动紧紧相连。这一环境描写关联着全文,举足轻重。课堂上,将这一点作为重难点进行讲解后,可以拓展列夫·托尔斯泰的小说《鲨鱼》,关注文中的环境描写——“快到傍晚的时候,天气变了,开始闷热,从撒哈拉沙漠吹来的热风像是把我们闷在蒸笼里。”这段环境描写为下文发生的故事做铺垫,同时也可以推动故事情节的发展。通过相关内容的拓延,进一步感悟环境描写对于推动故事情节、把握人物形象的作用。

结合前测结果以及前测的分析报告,教师发现了学生中存在的共性问题,即知道小说的三要素,但却不能在课文中准确找到,认知与实践不能很好地落实;能大概说出故事的情节,但情节的起因、发展、高潮、结局不能很好地厘清;知晓环境描写,但环境描写对情节的推动,人物形象的烘托等作用却不够清晰。因此,教师及时调整了教学重心:突显学生的认知差异,有针对性地进行教学;关注前后知识的联系,不失时机地拓展与教学内容相关的课外阅读;结合文本体裁,抓住小说三要素设计教学,重点关注小说的情节以及环境对情节的推动作用。以《在柏林》一课为抓手,进行基于儿童学习前测的教学设计,进而落实本单元的语文要素。

## 《在柏林》教学设计

**写作特色：**

本文是微型小说，全文共有三百多字。小说没有写宏大的战争场面，而是截取战争后方的一个生活场景，通过刻画战争中平民百姓的悲惨遭遇，来表现战争给人民造成的深重灾难，相对于腥风血雨的战争场面而言，更能使人产生对于战争和人性的思考，体现了微型小说“以小见大、见微知著”的特点。

陡转的结尾是微型小说中常见的艺术表现形式。该小说戛然而止的结尾，含蓄深刻、发人深思，极具情感的张力，给读者带来心灵的震撼——反对战争，热爱和平。

**学习目标：**

1. 默读课文，厘清情节，了解微型小说篇幅短小、情节密集的特点。

2. 捕捉细节，感知命运，解读环境，深刻体会战争给人民造成深重的苦难，带来难以弥合的创伤以及作者对战争的厌恶，对和平的渴望。

3. 体会小说陡转式结尾的写作方法，进一步感受作者反战的情感张力。

4. 感受典型情节和细节描写对表现人物形象的作用。

（设计意图：人物、情节和环境是小说的三要素，前测报告中，大多数学生未能关注到小说三要素，而小说教学时要准确地把握小说三要素才能展开有效教学，因此学习目标的设定紧紧围绕小说的三要素展开，引导学生带着问题去学习，进而落实本单元的语文要素。）

**教学重难点：**

1. 捕捉细节，感知命运，解读环境，深刻体会战争给人民造成深重的苦难，带来难以弥合的创伤以及作者对战争的厌恶，对和平的渴望。

2. 感受典型情节和细节描写对表现人物形象的作用。

**教学过程：**

学习活动一：默读课文，比较发现

1. 齐读课题，知道柏林是德国的首都。

2. 默读课文,注意一定的速度,比较中发现这篇小说篇幅短小。

要点:这篇小说和《桥》《穷人》相比,篇幅很短,小说全文只有三百多个字,一分钟能读完,所以又叫"一分钟小说"。

学习活动二:厘清情节,捕捉细节

1. 再次默读课文,厘清人物和情节。

(1) 小说中一定会有人物,人物一定会有行动,这就构成了小说的情节。默读课文,圈画出小说中的人物及其行动,尝试梳理小说的情节。

(2) 交流人物和情节。

要点:三组人物——老妇人、两个小姑娘、老兵;人物的行动——老妇人的两次"数数",两个小姑娘的"嗤笑"和"傻笑",老兵的"扫视"和"说话";情节线:老妇人数数——两个小姑娘嗤笑——老兵扫视——老妇人数数——两个小姑娘傻笑——老兵说话。

小结:小说仅三百多字,却有如此密集的情节,这正是这篇小说的独到之处。

**(设计意图:熟悉故事情节,把握结构特点,不仅有助于学生掌握故事的主要内容,更能够帮助他们进一步分析文本,了解主题。)**

2. 再读课文,捕捉细节。

过渡:在这些情节中还藏着许多细节,再读读课文,关注一些特别的细节。

提示:关注文中反复出现和容易忽视的细节。

(1) 关注老妇人的"一、二、三"。

要点:联系小说的环境以及时代背景,理解"一、二、三"是指她那在战争中丧生的三个儿;感受老妇人因丧失三子,精神世界被战争摧毁,她的家庭被战争摧毁,她的人生被战争摧毁。

**(设计意图:老妇人的语言,只有简短的"一、二、三"3个数字,老妇人坐在车厢里,神志不清,嘴巴里却不断重复着这3个数字。阅读时,联系小说的环境以及时代背景,能帮助学生很好地去感悟这3个字孕含着的丰富内涵。透过不断重复的简短的3个字,读出这是一个被战争逼疯的老妇人,从而对战争的残酷和给人民生活带来的苦难有了直**

观的感悟。)

讨论:仅仅只有老妇人失去她的“一、二、三”吗?

要点:联系“几乎看不到一个健壮的男子”可知,因为战争,健壮的男子都上战场了,生死未知,或许已经降亡了。因此,这不仅是老妇人的“一、二、三”,一个家庭的“一、二、三”,还有更多家庭的“一、二、三”,甚至一座城市、一个国家、一个民族的“一、二、三”。透过“一、二、三”我们看到了战争对一个家庭的毁灭,对一座城市的毁灭,对一个国家甚至是一个民族的毁灭。

明确:透过老妇人数“一、二、三”这个细节,我们看到了战争的残酷。

(2) 关注两个小姑娘的嗤笑和傻笑。

要点:这两“笑”表现了小姑娘对老妇人的嘲笑,体现了战争使孩子都变得无知和麻木;透过这两“笑”,我们看到了战争对人性的摧残。

(3) 关注平静和寂静。

出示句子:

随即车厢里平静了。

车厢里一片寂静,静得可怕。

① 比较“平静”和“寂静”。

要点:同样是表示安静,寂静表示的安静程度更深,而且这种静是让人感到可怕的静。

② 追问:车厢里为什么平静? 后来又为什么变得寂静,而且静得可怕呢?

要点:两个小姑娘无知的嘲笑使得老兵狠狠扫了她们一眼,她们停住了笑声,所以车厢里平静下来;两个小姑娘再次傻笑,使得老兵开口告诉她们,老妇人是他的妻子,他们刚刚失去了三个儿子,是在战场上死去的,现在轮到他上前线了,走之前,他要把老妇人送进疯人院,所以车厢里一片寂静,静得可怕。

③ 想象:“车厢里一片寂静,静得可怕。”请你选择车厢里的一个人物,思考他会想些什么。

提示:把自己想象成车厢里乘客中的一员,可以是小姑娘、老兵或者其他人,思考自己或别人的命运,真切抒发对战争的感受。

要点:关切战争中别人的命运,体会战争的残酷;关切战争中自己的命运,表达对战争的厌恶和对和平的渴望。陡转式的结尾也是微型小说的显著特点,这样的结尾震撼人心,引人深思。

小结:读小说,关注细节,我们看到了战争给人民带来的深重灾难和难以弥合的创伤,感受到了人们对战争的厌恶和对和平的渴望。

(设计意图:小说中的环境描写有时候也能烘托人物丰富的心理,凸显人物心理活动,起到画龙点睛的作用。从前测中不难发现,学生能够准确找到文中的环境描写,但对于环境描写在文中所起到的作用却不太清楚,说不出来。"车厢里一片寂静,静得可怕。"这是小说结尾的环境描写,仅仅11个字,没有呐喊,没有煽情,没有评判,只有平静的叙述。这寂静中或是饱含着对老兵一家悲惨命运的同情与哀悯,或是包含着对自己以及亲人前途命运的担忧和恐惧,或是包含着对战争的痛恨,或是包含着对和平生活的向往……这波涛汹涌的心理补白被巨大的悲哀的力量压制着,呼而不出,让车厢里静得可怕。这简短的戛然而止的环境描写,含蓄深刻,发人深省,极具情感的张力,给读者带来心灵的震撼。)

学习活动三:关注人物,揣摩命运

1. 小说虽短,但人物众多,文中着墨最多的人物就是老妇人。浏览课文,完成人物资料卡片。

示例:

| 人物资料卡片 |
| --- |
| 姓　名:未知 |
| 性　别:女 |
| 年　龄:年老,未知 |
| 身　份:老妇人、老兵的妻子、三个儿子的母亲 |
| 健康状况:身体虚弱而多病、神志不清 |
| 家庭情况:三子阵亡,丈夫即将上战场 |
| 住　址:疯人院 |

要点：提取信息，完善人物资料卡片，深入感受战争对人物命运的摧残，体会战争的残酷。

2. 试着给文中其他人物也做一张卡片，包括老兵、两个小姑娘或者车厢里的其他人。

提示：既要看见小说中写出来的，也要透过小说看见没有写出来的。

要点：再次深入感受战争对人物命运的摧残，体会战争的残酷。

小结：人物是小说的灵魂。这些人物，有默默承受一切的，有接受不了现实疯了的，还有不明事理嘲笑的等等。读小说，感知人物的命运，让我们看到了战争对人物的摧残，不仅仅在于身体，更在于灵魂。

学习活动四：解读环境，反思战争

1. 读小说，也要关注环境。故事发生在哪里？

出示句子："一列火车缓慢地驶出柏林，车厢里尽是妇女和孩子，几乎看不到一个健壮的男子。

要点：透过这节车厢，我们不仅看到了车厢里的人和事，还看到了一场给人们带来灾难的战争。车厢是小环境，战争是大背景。

**（设计意图：前测中学生对于环境描写与故事的发展之间的关联，极少数能够回答出来，能完全答到点子上的几乎没有。这是文章的开篇，是一段环境描写，这句话间接交代了"第二次世界大战"这一社会背景，为下文故事情节的发展和人物的命运作铺垫。而不写宏大的战争场面，却截取了战争后方的一个生活场景，通过刻画战争中平民百姓的悲惨遭遇，来表现战争给人民带来的深重灾难，相较于直接描写腥风血雨的战争场面，更能使人产生对于战争和人性的思考。关注这一段环境描写，会引发学生更深刻的感触。）**

1. 为什么在柏林？作者想告诉我们什么呢？

出示"二战"中有关德国损失的资料。

要点：作者没有写硝烟弥漫的战场，没有写被侵略国人民的遭遇，而是写"在柏林"；德国是二战的策源地，柏林是德国的首都，但是，柏林人民也难逃战争之苦,饱受战争的灾难;以“在柏林”为题更能表现作者内心对战争的厌恶、对和平的渴望,极具反战张力。

小结:读小说不仅要看到小说中明确写出的环境,更要联系故事发生的时代背景,这样读小说就更有意义了。

学习活动五:迁移阅读,学习方法

1.《三国演义》中的关云长,英武神勇,义薄云天。《语文园地》“词句段运用”部分有一段关羽温酒斩华雄的描写,请你默读这段情节,说说作者是通过哪些细节来突出关羽的神勇。出示片段,完成思维导图。

2. 交流要点:关羽的自信:“某去便来”;关羽的干脆:“出帐提刀,飞身上马”;关羽的速度之快:“其酒尚温”。

3. 你能用朗读表现出关羽的神勇之气吗?

小结:《在柏林》《三国演义》都抓住了典型情节与人物行为细节,表现了人物的鲜明个性,值得我们在阅读与写作中学习借鉴。

板书设计:

14　在柏林

| | | | 战争 |
|---|---|---|---|
| 老妇人 | 两个小姑娘 | 老兵 | 细节 |
| 数数 | 嗤笑 | 扫了一眼 | 人物 |
| 数数 | 傻笑 | 开口说话 | 环境 |

## 分析和评述

### 一、对于前测的分析

关注文体,重视文体教学,是统编教材的一大变革。部编版六年级上册小说单元明确要求从小说的情节、环境、人物三要素来读懂小说,学科特点明晰,学习有抓手,训练有方向。教学前为了能更好地把握学情,设计了教学前测。上述前测内容能结合文本体裁有针对性地对学生进行检测,且通过分类检测了学生对小说三要素的认知,以及整体把握的情况,既关注了整体,又让教师对个体的表现了解于心。结合前测结果以及前测的分析报告,发现学生存在的共性问题,及时调整教学重心，继而进行有效教学，落实本单元的语文要素。因此，前测作为教学的有效途径，能帮助老师准确了解学生的总体情况与个体差异以及学习需求、认知起点与思维方式，把握教与学的落差，从而有利于教学目标的调整、教学内容的整合、教学方式的个性化、评价标准的多元化。

## 二、对于前测报告的分析

在前测的基础上，通过对数据的整理、分析，了解学生的原有状况，从而设计、实施有针对性的教学。因此，结合前测结果进行详细分析，形成一份详实又有针对性的前测分析报告显得尤为重要。上述前测报告依据前测进行了准确的数据分析，找准了学生学习的起点，了解了学生知识储备的缺失，通过分析学生对小说类文本阅读的现状，进而优化教学策略，指导教师及时调整重难点，教在重点处、难点处，让教师的教更有针对性，学生的学更具有效性达到事半功倍的作用。

## 三、基于前测的教学设计简评

前测结果显示大多数学生已经能有意识地关注小说的三要素，并能运用已有的知识经验厘清人物之间的关系，能提取简单的关键词进行填空，能用上简洁的语句或小标题概括故事的经过和结果，一部分学生能关注到故事情节的发展。但通过前测也不难发现，学生的认知以及原有能力水平的差异是明显的。所以，在教学中引导学生通过梳理小说中的人物关系和情节发展，抓住人物的语言、动作、心理，借助环境描写，感受与把握人物形象，读懂小说主题思想是教学的重难点，这也是教师设计教学的依据。

因此，《在柏林》的教学设计中就关注了这几点，通过厘清故事情节，帮助学生掌握故事的主要内容，帮助他们进一步分析文本，了解主题；通过关注人物，揣摩其命运，引导学生从文中找出刻画人物形象的词语，并指导学生学会总结提炼，训练学生从文中获取有效信息的能力和总结概括的能力；通过解读文中的环境描写，反思战争给人民带来的深重灾难，引导学生对战争和人性进行思考，引发学生更深刻的感触。

设计教学时,依照文体,立足课堂,聚焦要素,着眼课外,注重发展,做到前联后延,使学生能举一反三,由一篇知一类,由一类识一篇,继而将这一方法运用于《桥》《穷人》的教学中,乃至其他的小说文本,让知识与能力成系统,结构化,可迁移,可运用。

# 第六章　触发儿童心动的琴弦

## ——改进课堂教学行为

如何正确改进课堂的教学行为，是教育者一直不断思考的问题。在这个过程中，我们不仅要保证儿童能够掌握学科的核心知识，学会主动思考，还要逐步提高儿童解决问题、发展批判性思维、创新能力以及学会学习等认知策略的能力，使儿童的思维逐步由易到难、由浅入深、举一反三，从而能够让每个儿童的学习潜能得到培养与开发。而综观我们的课堂教学，不难发现，教学活动往往浅尝辄止，缺乏一定的思维深度，使儿童的思维始终处在浅层活动的状态。这一问题大大影响了课堂教学效果。因此，课改呼唤深度学习，直指儿童学习的本质，注重学生学习的真正发生和发展。

## 第一节　儿童深度学习的教学诉求

随着新课程的实施，广大教师都在关注教学方式和学习方式的变革，呼唤着深度学习的发生。有些教师在教学中牵着学生的鼻子走，严重制约了学生思维的培养。课堂上老师常按自己的见解来解释问题中的知识和现象，并没有把学生主动学习的积极性调动起来；有些课堂互动只停留在形式上，无效热闹充斥着课堂。因此，急需教学方式和学习方式的改变。

## 一、教学需要引导儿童深度学习

教师不是课堂的主导,学生才是课堂真正的主体。课程设置的目的也不是为了教师教学,而是为了学生更好的学习。引导学生在学习上的深度思考是教师的重要任务之一。深度学习,不仅要改变儿童的学习方式,也要提升教师课堂的教学方法。

### (一) 深度学习的内涵

所谓深度学习,是指在教师引领下,学生围绕具有挑战性的学习主题,全身心积极参与、体验成功、获得发展的有意义的学习过程。深度学习是一种面向真实社会情境和复杂技术环境的学习方式和学习理念,倡导通过深度加工知识信息、深度理解复杂概念、深度掌握内在含义,主动建构个人知识体系并迁移应用到真实情境中解决复杂问题,最终促进全面学习目标的达成和高阶思维能力的发展的学习。

### (二) 儿童深度学习的意义

当今社会已步入信息化时代,如何高效利用这些非系统化的、碎片化的信息来促进课堂教育成了教育工作者面临的新课题。深度学习以原有知识为基础,以学习者主动参与为前提、重视知识结构的建立和认知策略的元认知过程。它是对学习过程的认知,以知识的迁移来解决实际问题为目标。它和浅层学习的区别是:后者的参与者是机械式的、非主动的,学习的目的仅限于应对一次考试。浅层学习得到的知识是孤立的,没有和原有知识形成系统的关联,从而不能长期保持。学生为什么要有深度的学习是值得深究的,学生需要追求知识的理解之后再使自己已有的知识与老师讲授的或者特定的课本内容进行互动,探索知识之间的辑逻,使现有事实和所得出的结论建立关系。因此,教学中更需要引导儿童进行深度学习。

### （三）儿童深度学习依赖教学的引导

小学生身心发展并没有完善，对于学习的认知还未成熟，这时的儿童需要教师的慢慢引导。特别是小学低年级的学生，具有模仿、简单再现和直观、具体的特点，教师更应该从这方面入手，引导儿童从短期的深刻学习逐渐转入到长期，养成良好的习惯。到中高年级，他们对具体形象的依赖性会越来越小，创造想象开始发展起来。小学生的思维从以具体形象思维为主要形式逐步向以抽象逻辑思维为主要形式过渡，但他们的抽象逻辑思维在很大程度上仍是直接与感性经验相联系的，具体形象占很大成分。深度学习是一种基于理解、深入探究、寻求意义、学以致用和注重反思的学习。学习者批判性地检视事实和概念，在概念间建立起丰富的联系，并且把新的概念与已有的认知结构联系起来，从而理解并长期记忆概念，使它们可以被用于解决不熟悉情境中的问题。因此，深度学习不是随着学生年龄的增长而自然而然产生的，而需要教师在课堂上进行有意识地引导。深度学习与教学引导相依并存，只有明确了教育目标，合理规划教育方法，才能促使学生深度学习。但有时候，教师即使在课堂教学中输出了许多信息，学生的收获确并不多。同理，如果教师对教材的讲授非常深入，也不完全表明学生能够学得足够深入。所以，这就启示教师应该摒弃传统的教师为主导的一言堂教学模式，真正将课堂的主导者权利还给学生，而教师应该退居为一个引导者和协助者，通过对学习者的支持和评价，引导其沿着正确的思维路线进行积极的探究，才能促进学生的深度学习。

## 二、认知主义视野中儿童深度学习的特征

认知主义学习理论从人的内部过程入手，从人的理性的角度对感觉、知觉、表象和思维等认知环节进行研究，去提示人的学习心理发展的某些内在机制和具体过程。托尔曼的目的行为主义认为：学习是一种内部而非外部变化，行为是有目的的，学习的结果是一个信息的组织

结构。他认为,作为实验的小白鼠会形成认知地图。格式塔心理学认为:整体大于部分之和,有机体构造并组织经验,问题解决包含了重构和顿悟。言语学习研究认为:系列学习以特定的模式为特征,一个情景中的学习经常会影响另一个情景中的学习和回忆;材料特征会影响人们的学习速度;人们经常用编码策略来辅助学习。通过以上对认知主义理论的研究,我们可以概括出儿童深度学习的特征。

### (一) 理解基础上的记忆

深度学习强调知识的学习应建立在理解的基础上,与简单学习强调机械的记忆相比,建立在理解基础上的学习关注知识及其组织,帮助学生发展能力。理解是一切活动(包括认知活动)的基础。理解是对意义的把握,是联结教育与个体精神的根本方式。在理解基础上的记忆,能够加深学习者对所学知识的掌握,激发学习者的求知欲,为深度学习打下基础。

### (二) 注重新旧知识间的联系

简单学习容易导致知识的脆弱。也就是说,如果我们只是肤浅地学习某些东西,很容易就会忘记,甚至会在其他信息的影响下被改变成错误的形式。当我们准备在此基础上建立新的知识或打算借助它解决新问题时,这种脆弱的知识充其量不过是毫无实际用途的孤立的知识点。与此相反,深度学习强调前后知识间的普遍联系,使我们已有的知识紧密相连。学习者学习新的思想和事实,并将它们融入原有的认知结构中,在众多思想间进行联系,大脑不仅能保持这种知识,而且能够理解并在适当的时候随时调用。

### (三) 关注解决问题的核心概念或知识

学生在学习的过程中,每一章节或每一单元都会有一个或几个核心的概念,而深度学习则关注这些核心的概念或知识,围绕核心概念展开学习和解决问题,以核心概念带动学生对整个知识框架的构建。与简单学习关注解决问题的公式和外在线索相比，深度学习更能够促进学生对所学知识和信息的深入理解，掌握知识的精髓。

### (四) 主动性学习

深度学习的学习者自己是学习的真正主宰者，“自己教自己”，在学习中以主动的姿态接受“教”。他们具有相对独立于“教”的目标、计划、进程，更有独立于“教”的状态，特别是具有独立的思维状态。具有很强的自我控制能力和主动性，不会受外界环境不良的影响。学习者主动的对外来信息进行加工，对学习内容进行深入的分析。

### (五) 学习过程中逐步加深理解

学习是一个动态变化的过程。学习者面对知识和信息，不可能一次就理解文本的意义，学习者必须利用已有的经验，在已有经验和知识的基础上去理解知识，在有一些理解后再进行更深入的理解，这样构成一个理解的循环，在学习过程中逐步加深理解。

### (六) 注重批判性思维

深度学习的学习者能够批判性地学习新的思想和事实，并将它们融入原有的认知结构中。通过对新观点的批判性分析，达致对信息的理解以及长期保持。批判性思维关注的是知识和能力之间的关系。养成批判性思维能力，对于应付复杂多变的世界，提升现代社会生活的人文精神都是必要的。深度学习通过强调批判性思维的学习方式，使学习者对知识进行深入思考，在学习、活动和任务当中，参与讨论，踊跃发言，积极完成任务，通过一系列的活动完成自身对知识的掌握和能力的提升。

### (七) 强调实践，学以致用

大量研究表明，学生在校期间获得的知识是脆弱的。许多学生似乎在每学年各种各样的检查中表现出了对知识的掌握，至少常规考试的结果是这样。但当升入高年级或离开学校后,经常会回到一些基本概念的天真幼稚的理解状态,或者想不到,或者根本不知道如何在新情况下运用所学知识。他们时常忘记显然已学过的东西,对一些信息也缺乏了解。深度学习的目的是为了解决现实生活中的问题,而不只是单纯的掌握知识。学习者将自己学到的知识在课后任务或活动当中加以实践,通过实践增强灵活运用知识的能力,适应各种复杂的情境。相反,简单学习由于只是孤立的零散的掌握知识,在运用知识解决问题的过程中不能把握解决问题的核心知识。

### (八) 高级思维

深度学习强调对知识进行深层次的加工,产生高层次的思维、深层次的体验和内在品质的提升。高层次的思维是指发生在较高认知水平层次上的心智活动和认知能力。体现在具体的教学目标中为分析、综合、评价和创造。而简单学习则只停留在对知识进行复制或记忆的低层次思维的阶段。高级思维能力体现了终身学习理念下对人才素质提出的新要求,是适应时代发展的关键能力。

### (九) 学习是自身的需求

人类学习活动的最本质特征是学习使个体身心获得发展,不断实现自我意识与自我超越。深度学习为了满足学习者自身的需求,不断地完善和超越自我。深度学习者能够根据自身的需求而不是外在的强迫进行学习,主动地获取与加工知识,并在实践中灵活地运用。与简单学习应付考试相比,基于自身需求的学习者更能获得成功。

### (十) 学习目标明确

深度学习者在进行某一知识领域的学习时,会给自己制定一个相对独立的学习目标、计划或进程。学习目标不等同于教学目标,教学目标通常由教师根据教学大纲和自己的教学安排制定,而学习目标是个体学习者为自己制定的学习计划,以及对自己的期望等等。但学习目标又不能完全脱离教学目标，在教学目标的指引下制定。而简单学习则被动地接受教师制定的教学目标，完成教师的要求，以通过考试为最终目的。

### （十一）反思性

反思学习也是一种深度学习的特征。深度学习者注重通过反思来认识自己的学习，反思自己在整个学习活动中存在的优势及不足，评估自己的学习。通过反思，学习者可以调整学习方案，调整学习计划和学习进度。反思的内容有很多方面，例如对认识过程进行反思，既与自己的认识过程进行反思性对话，也跟其他人的认识过程进行反思性对话；对学习方法进行反思，反思学习方法的运用是否恰当、合理，调整各种学习方法；对评价进行反思，通过反思自己的得失，总结促使学习成功的原因，是什么导致学习的失败，今后应该怎样努力等等。深度学习者把反思学习当成了自己的学习习惯，并对此充满兴趣与激情，反思的目的是通过反思得到改进和提高。

## 三、服务儿童深度学习的教学变革

深度学习的最终目标是使学生能够形成有助于未来发展的核心素养。对教师来说，最大的挑战是站在儿童的角度去进行活动设计。教师应紧密联系实际，时刻树立创造性的教育思维模式，使教学的创造能力与具体实践有机地结合在一起，才可以让学生的创造潜能有效地发挥出来。让儿童在快乐中学习，在愉悦的环境中掌握相应的知识、技巧，这也符合儿童身心发展的规律，满足儿童发展的需求。

### （一）唤醒学生的已有经验

学生的学习应是主动建构的过程。教学过程中，教师可通过创设有效的生活情境或问题情境，引发学生的思考，激发学生的问题意识，培养学生发现问题、提出问题的能力，从而激发学生强烈的探究欲望。教师要准确把握学生的认知起点，在新旧知识的连接处适当地提问引导,激活学生的思维,让学生自主找出解决问题的方法,从而更深入、更主动地进行探究,创造师生积极互动的课堂样态。

比如在教授《译林版牛津英语》6A “Unit 6 Keep our city clean”这一单元中,教师可以先带领学生们欣赏一组城市的照片,欣赏的同时发出赞叹:Look at these pictures of our city! They are beautiful.接着继续欣赏一组照片,切入本单元主题:Is our city clean? 教师通过图片展示和对比,为学生们创设真实的生活情境:各种污染改变了我们城市的环境。教师提出问题:What makes our city dirty? 通过问题来激发学生的思考:到底是什么原因导致了我们城市的环境污染? 学生们众说纷纭,提出城市污染的问题所在。最后直击本单元的教学重点:How to keep our city clean? 教师在抛出这个问题的时候,可以结合创建文明城市这一真实有效的生活情境来引发学生的思考:如何才能让我们的城市干净整洁? 本单元教师创设的情境贴近学生的生活实际,通过真实的图片让学生发现问题、提出问题,引发学生的思考,有效地激发了学生的探究意识。同时,在教授本单元内容的时候,可以将前后知识融会贯通,引导学生为城市设计一些公共标志,让前后单元的知识能更好地衔接,从而引导学生更深入地探究。

### (二) 重组教材的知识结构

现行教材虽很大程度地体现了灵活性和开放性,但在实际教学中,大多数教师在一般情况下会将一个单元分成几个课时,并且严格按照教材安排体系进行教学设计,且每个部分的授课时间也都一致,这个现象在教学中是普遍存在的。但是,个体的知识、信念、态度和情绪并不是相互割裂的,而是直接或间接地相互联系的。学习过程本身有助于这种组织:如果教师能把新信息和经验与学生已经知道的事情之间联系起来,他们的学习将会更加有效。因此,为了促进学生深度学习,教师要帮助引导儿童理清新旧知识间的必然联系,运用已有的知识来学习新知识,掌握新知识,完善自身的知识结构,形成能力。这就要求教师在使用教材时,可以根据学生的需求等情况进行删除和增加内容,灵活的对教材进行知识重建,对教材的内容进行适当重组来满足学生的学习需求,才能使个性化的教学和学习方法都得以实现,对学生深度学习起到促进作用。

1. 增添教材内容

在小学英语教材中,由于篇幅安排的原因,一些内容被简化,教师应充分挖掘教材,让学生经历“再创造”的过程,使教材变得丰富,使教学内容“增值”。

以《译林版牛津小学英语》5A“Unit 5 What do they do?”为例,这一单元介绍了八种职业名称(cook,doctor,driver,farmer,nurse,policeman,teacher,worker),根据书本的内容,在教授时可以增加一些生活中常用的职业单词,例如:policewoman,singer,dancer,player,runner,swimmer,visitor,fireman,postman 等,并帮助学生整理记忆规则。

(1) +er 例如:teacher,driver

(2) 双写结尾+er 例如:runner,swimmer

(3) +or 例如:doctor,visitor

(4) +man/woman 例如:policeman,policewoman

这个环节既丰富了教材的内容,又提高了学生知识整合的能力。

2. 替换教材内容

“教学有法而无定法”,教学内容是有一定弹性的,在教学过程中,教师可以根据实际教学需要,对教材中内容进行替换,使课堂更具吸引力。

以《译林版牛津英语》3A“Unit 1 Hello!”为例,本单元主要句型为:What’s your name? I’m...教材仅限于人物之间的询问与回答。教师可以把学过的动物类的单词进行拟人化的替换练习。如:Hello! I’m a bird/tiger/monkey...这样富有童趣的句型训练激发了学生的兴趣,让学生感受学习英语的乐趣,丰富了学生的想象力,培养了学生的创造性思维。

实际教学中,学生们的学习能力和知识结构不尽相同,根据学生的实际知识结构合理整合教材,努力为学生“量身打造”切合自身发展的内容结构,有效重组教材,拓展学用渠道,让教材真正为学生服务。

**(三)建构知识体系**

学习过程是指学生在教学情境中通过教师、同学以及教学信息的相互作用获得知识、技能和态度的过程。它是从点到线,从线到网,网到面的过程。教师在教学过程中应遵循艾宾浩斯的遗忘曲线,以教学单元为一个周期,在即将讨论的话题中试着使用新授的知识进行课前导学,也可以在一个学习周期后安排练习。这样周期性地重复、提及、使用新学的知识点,让儿童通过这些方式来回忆并保持记忆热度。教师一定要注重学生学习的过程,不必急功近利。学习过程的展开,就是要让学生真正经历知识的形成过程,在独立思考、交流互动中感悟知识、深化认识、提升思维。传授学科知识并不是教学的重点,帮助学生深刻理解学习的意义,进行有深度的学习才是关键。例如:教师提出问题:“怎样用英语来询问朋友是否愿意和自己一起去公园?”同学们众说纷纭,最后教师建议同学们一起拿纸笔记录想法,不一会学生的纸上就已经有很多种表达句式了:Shall we go to the park? /Would you like to go to the park with me? /Will you (please) go to the park with me? /Let's go to the park together……如此以来,学生不仅能正确表达出问题,又能总结归纳起其他的表达方式,在今后的学习中,再用到此类问题时,学生是脑海中便不再是单词单句形式了,而是以一种系统的概念表达出来。这样,今后在不同的语境中,学生就会知道该用哪种句式。在学习英语的过程中,每一单元、每一课时的知识都不是孤立的,将前后出现的语言现象融会贯通,既可以加深对新知识的理解,也可以为今后的灵活运用打下基础。此后学生在面对新旧知识时自然会形成思维网,对于深度学习来说是尤为重要的。

### （四）丰富学生学习的反馈行为

在日常教学过程中积极探索教育基础理论和学习理论对促进学生深度学习有着重要的作用。不断探究，利用脑科学、学习科学、深度学习等理论和方法，分析学生的认知水平和学习能力，有目的的进行有效干预，及时引导，提高学生的学习力。接纳学生对于课堂以及课程的意见反馈，是学生学习过程中必不可少的一部分。传统的课堂实践中学习者记忆陈述性知识和程序性知识，却不理解为什么要这么做，也不知道怎么做。在教师进行教学设计的时候，应对学生在学习新课前的心理、学习水平、知识能力的基础、学习内容等的反馈信息进行处理，在备课时给予充分的考虑。在教学的过程中，一般在进行简单的、机械性的操练时，可以使用即时反馈；但当学生在进行延续的或交际性的活动，如进行连续说话，二人对话、小组操练、角色表演、教学游戏等活动出错误时，只要不影响活动继续进行，则应该采取延时反馈，在适当的时间给予帮助。

### （五）培养学生元认知水平

元认知是关于认知的认知，以及建立在此认知基础上的计划、自我监督与自我调节的进程。元认知涉及到言语信息解码、言语信息传递和言语意义重构，这是一个涉及到交际能力、双相复合的复杂认知过程，属于认知的调控范畴。

元认知学习策略是培养学生学习自主的关键，学习者运用元认知策略监控、管理或自主学习。没有掌握元认知策略的学生基本上是一个没有方向和没有能力评估自己的进步并确定自己未来学习方向的人。在认知结构中，元认知发挥主导的作用，它的水平和变化能导致和影响具体认知能力的水平和变化，元认知系统对认知主体的认知策略起着定向、整合和修正的作用，可以支配言语交际使用，对语言学习和言语交际策略能够带来实质性的帮助，因而能提高解决问题和获得知识的有效性，也体现了其在深度学习中的作用和价值。

传统的课堂实践中学习者仅仅记忆知识,并没有对学习目的和学习策略等进行反思。教师和学生,每天都应当对当天所学的知识点进行反思,以便提升学习成效。教师应充分利用讲解错题的机会,充分发挥学生的主体作用,在讲解的时候让学生认真反思自己错误的原因,以使其发现自己的问题并加以解决。

## 第二节　服务学生深度学习的教学行为

深度学习是针对学习者只关注知识点、被动学习的简单学习提出的,是指基于理解学习基础上,学习者能够主动多维度地学习新思想和事实,并将它们融入原有知识结构中的深层次教学。深度学习是要关注学生学习知识的过程和对学习的热爱,注重让学生经历丰富的有意义的学习过程,强调了学习者积极主动的学习,强调学习者热爱学习,学会学习,善于学习,从而享受终身学习的幸福感与成功感。

如何促进小学生深度学习?我们应该着重研究改善、改进教师的课堂教学学习组织行为、学习指导行为、学习管理行为、学习诊断行为和学习反馈行为。在新课程的背景下,从促进小学生深度学习的视角审视课堂,赋予它新的内涵与价值。

### 一、学习组织行为

学生是学习的主人,教师是学生学习活动的组织者、引导者和合作者。教师的“组织”作用主要体现在建立新型的民主型师生关系、选择合适的学习活动内容以及合理组织学习活动等方面。

#### (一) 建立新型的民主型师生关系

师生之间的人际关系是在教学过程中师生交往的基础上,通过师生的相互影响、相互认识、相互信息交流而形成的。新型师生关系应该是教师和学生在人格上是平等的、在交互活动中是民主的、在相处的氛围上是和谐的。民主型师生关系是指在教育教学活动中，师生以人际交往为基础，以促进学生主动发展、终身发展为目的而建立起的以民主、平等、对话、合作为特征的师生共同完善其人格的和谐关系。它的核心是师生心理相容，心灵的互相接纳，形成师生至爱的、真挚的情感关系。它的宗旨是本着学生自主性精神，使他们的人格得到充分发展。它应该体现在：一方面，学生在与教师相互尊重、合作、信任中达到深度学习，全面发展自己，获得成就感与生命价值的体验，获得人际关系的积极实践，逐步完成自由个性和健康人格的确立；另一方面，教师通过教育教学活动，让每个学生都能感受到自主的尊严，感受到心灵成长的愉悦。

1. 开展对话教学

开展“对话”教学，在宏观上是消除权威，归还学生与老师的话语权。让学生有话敢说，教师“用耳”“用心”去听，而不是教师一味地灌输。在实施对话教学过程中，教师要创设学生积极参与的环境；教学设计中注重对话思想，创设对话途径；抓住课堂突发事件，积极进行有效师生对话；注重师生共同进行阶段总结，一起关注达到目标的过程。以英语教材五上第 7 单元《My e-friend》为例，教师出示自己的网友 My e-friend 为主题，让学生围绕主题和前后单元间知识点的联系进行询问老师的网友的信息：Where does your e-friend live? How old is he? What does he like doing? What’s his bobby? 等，建立对话型课堂，促进学生深度思考与对话。

2. 开展互动式教学

“互动式教学模式”是以培养学生自主意识和创新能力，以“让学生爱学、会学、善学”为目标的教学结构模式。把传道、授业、解惑看作是师生之间的情感交往、沟通，是一个动态的、发展的、教与学相互统一的交互影响和交互活动过程。它提倡师生之间的互相尊重和互相合作，完全排除对学习的强制手段，培养民主个性，教师在愉快的环境中引导学生学习，学生在获得成功的体验中快乐地学习。在这一过程中，师生关系及相互作用得到调节,形成和谐的师生互动、生生互动、学生个体与学习中介及个人环境互相影响,从而产生教学共振、达到教学效果的一种教学结构模式。

建构新型的民主师生关系,让课堂从控制走向对话,从权威走向平等,从单向传递走向双向互动,从教导走向服务、引领,让学生在愉快氛围中唤醒内心学习需求的自我发展方式。带来愉快的学习体验,促进学生的全面发展。

### (二) 选择合适的学习活动内容

建构主义从儿童的认知发展角度提出,儿童在与周围环境相互作用的过程中,逐步建构起关于外部世界的知识,从而使自身认知结构得到发展。在选择学习活动内容上,教师要激发学生认知需求,促进学生意义建构,有利于学生知识迁移,达成学以致用的目的。

1. 选择有利于激发学生认知需求的学习内容

心理学理论告诉我们,“需要”是个人活动积极性的源泉,“需要”推动个体以一定方式向着一定方向进行活动,以求得自身的满足。一般说来,人满足需要的体验越强烈,由它所引起的活动就越有力、越有效。有效的课堂教学是一种学生积极参与的教学活动,而只有当学习内容适合于学习的原认知和需求,学习方式有利于学生的参与且能有效地激发学生的兴趣时,学生才可能自觉参与到课堂学习中来。因此,在课堂教学过程中,如能从学生的认知需要出发,尽可能地符合和满足学生的需要,课堂教学必能收到事半功倍的效果。

例如在英语教材五上第七单元的文化部分中介绍到:足球在英国很流行;乒乓球在中国很流行。五年级的学生对体育运动上的知识了解较少,老师可以通过补充中国、英国的球类运动的文化背景以及此类运动的代表性运动员,并拓展到学生所感兴趣并想了解的俄罗斯和中国的体操,美国的篮球运动。利用身边的教学素材,从学生的认知需求出发,创设新的学习内容,提高学生学习动力,变被动为主动学习。

2. 选择有利于促进学生意义建构的学习内容

建构主义认为学生学习活动的本质是：学习并非对于教师所授予的知识的被动接受，而是学习者以自身已有的知识和经验为基础的主动建构的过程。课堂教学的过程不是知识的简单传授，而是学习者对所学知识的意义建构。学生学习知识的过程是一个自主建构的过程，在此过程中，学生总是带着自己原有的知识背景、学习活动基本经验和理解走进学习活动之中，并通过自己的主动活动，包括独立探究和思考，与他人交流和反思等，达到深度学习。

以英语教材《Protect the earth》为例，文中介绍了如何保护我们的地球。在教授课文时，教师可以让学生以设计思维导图的方式梳理文本，并在所学知识的基础上，设计出一份保护城市的宣传海报。学生主动对所学信息进行加工，对学习内容进行深入的分析，通过意义建构促进学生深度学习。

3. 选择促进学生进行有效知识迁移的学习内容

教育系统中教学的目标是使学生接受及掌握经验，以形成和发展学生的能力与品德。而迁移是实现这一目标的有效途径，也是检验教学是否达到目标的可靠标志。因此，在实际教学中，应该掌握和应用学习迁移的规律，以提高教学成效，促进学生深度学习。教师应合理组织每一堂课的教学内容，合理安排教学任务。依据从已知到未知、从简单到复杂、从具体到抽象等顺序来沟通新旧经验、建构经验结构。在激发学习动机、引入新内容、揭示重点、难点、反馈等诸环节上都应精心设计，以利于学生真正理解、掌握所学习的内容，并能将所掌握的内容进行适当的迁移。同时也要注意各堂课所教内容之间的衔接，沟通知识经验之间的有机联系，激活学生的有关经验，避免惰性，建立合理的经验结构。教师应帮助学生对所学的内容进行整理、提炼，将前后知识加以沟通和融会贯通，构成理解的循环，在学习过程中逐步加深理解。

4. 选择促进学生学以致用的学习内容

学以致用，就是为了应用而学习。教师应思考并正确选择教学内容,有效利用课堂四十分钟,将最值得教的内容赋予学生,引导学生去分析、辨别、思考、感悟,从而达到学以致用的目标。以英语教学为例,英语学习不仅仅是为了提升语言素养,也是为了提高生活能力。教师可以选择英语绘本 *The Coronavirus Fight* 让学生了解新冠病毒并学会科学防疫;选择绘本 *Goingto the firehouse* 认识消防站并了解消防知识,学会简单的火灾逃生……深层学习的目的是为了解决现实生活中的问题,而不只是单纯的掌握知识。学习者将自己学到的知识在课后任务或活动当中加以实践,通过实践增强灵活运用知识的能力,适应各种复杂的情境。

### (三) 合理组织学习活动

学生的课堂学习活动是学生在校学习的重要组成部分,它是学生获取知识和提升综合能力水平的重要方式,也是促进学生深度学习的必要途径。有效课堂学习既可以高效地完成课程的目标任务,又可以充分实现课程资源和人的资源的完美结合,从而更高层次地达到新课标提出的"人的全方位可持续发展"的要求。作为教师,要创设有利于学生进行复杂问题探究的情境,创设有利于进行深度学习的合作小组,以及创设有利于学生批判、反思的教学环节。

1. 创设有利于学生进行复杂问题探究的情境

创设情境是教学设计最重要的内容之一,要求我们将传统的教学设计,改变为设计情境化的学习环境,针对特定的学习目标,将学习内容安排在情境化的真实学习活动中,让复杂问题情境化、简单化,让学生通过参与真实的问题求解等实践活动而获得更有效的学习方法和知识。

以英语教材五上第七单元"At Christmas"为例,教师在课上可以摆好圣诞树,播放圣诞歌,用漂亮的装饰品装饰圣诞树,树下放好礼物。不仅营造了圣诞情境,也将这课的主要内容化繁为简,化抽象为具体,使学生乐于学习,主动学习,调动学生求知欲望,发展创造思维,培养发现精神,促进深度学习。

2. 创设有利于进行深度学习的合作小组

课堂教学中的活动一般要采用小组学习的形式。要发挥小组学习的作用，促进学生的深度学习，首先要合理分工。在课堂教学中，教师要根据学生的基础知识、兴趣爱好、学习能力、心理素质等对学生进行综合评定，力求做到组间搭配均衡，利于公平竞争。同时，教师要有的放矢地给学生明确分工，让每人都有任务，担任具体的合作角色。其次教师要加强指导。在学生学习活动中，教师一定要让学生明确学习活动的目的是什么，它是如何展开的；教师还要教给学生必须掌握的活动技能，如尊重对方、理解对方、善于倾听对方、学会反思；有不同见解，要会辩驳，要等对方说完再补充或提出反对意见等，都能促进学生的深度学习。

3. 创设有利于学生批判、反思的教学环节

语言是思维的外壳，是思维存在和表达的形式。小学阶段是学生思维发展的重要时期，这一时期对学生批判性思维的培养不仅有利于促进学生深度思考，提升学生整体的思维能力，培养学生的创新意识，也顺应了时代对人才培养的要求。

在英语课堂中，教师可以多问 how，让学生知道如何在生活的实践中去运用；多问 why，理解“为什么是这样”，达到举一反三的效果；多问“why not”，试着去辩驳学习活动中的任何一个想法。通过多思、多问、多辩，让学习者深入思考，在活动和学习任务中，批判性地学习新的思想和事物，完成对知识的掌握和能力的提升。

## 二、学习指导行为

教师教学成功的标准是什么？不是教师讲得多精彩，而是学生学得精彩。所谓的有效学习，是指符合教育、教学原理的学习，花更少的时间，学得更多、更好、更牢，用正确的学习方式促进学生深度学习，达到事半功倍的效果。深度学习理念下的学习指导行为有情境教学、抛锚式教学和支架式教学等方式。

### (一) 情境教学

第斯多惠说:“教学的艺术不在于传授的本领,而在于激励、唤醒、鼓舞。”在课堂教学中,如何激励、唤醒、鼓舞学生,使学生乐于学习呢?情境教学是激发学生学习兴趣的最好手段。教学实践证明,精心创设各种情景,将学生置于乐观的情感中,能够激发学生的学习动机和好奇心,调动学生求知欲望,发展创造思维,培养发现精神,促进学生的深度学习。

但创设情境教学时要注意以下几个方面:

(1) 创设情境时,不能脱离所要学的知识。只有这样才能引起学生的注意和情感共鸣,激发探索欲望。如果情境的创设脱离了要掌握的知识,漫无边际,牵强附会,这样的情境创设就失去了意义,也达不到教学的目的。

(2) 在创设具体情境时,一定要考虑到学生现有知识水平和生活经验,不能超出学生实际,也就是要考虑到学生的“最近发展区”。情境如果跟学生的生活实际相关太远,大部分学生都没有经历过、或体验过,很难引起学生的共鸣。

(3) 进行情境教学,课堂气氛往往很活跃,学生的情绪处于高昂状态,这就要求教师要控制好课堂气氛和学生的情绪,即不能活跃到难以控制,也不能过分压制而死气沉沉,要松紧得当。

以英语五上期中复习课为例。教师可以创设学生所熟悉并喜欢的《疯狂动物城》情境,Judy 警官要创办警官学校,具有什么能力的人可以来应聘这个学校的老师?学校会招收有什么样特征的学生呢?两个问题整合了书本一至四单元的所有重点句型,学生在情境中关注这些核心知识点,并围绕知识点开展学习,解决问题,搭建知识框架,促进学生对所学知识的深入理解,掌握知识的精髓。

### (二) 抛锚式教学

抛锚式教学是以目标为基础的情景式教学模式和基于问题的学习模式的综合,这种教学要求学生到实际的环境中去感受和体验问题。

抛锚式教学策略始终强调学生的主体地位，要求以学生为中心进行教学，通过学习者主动搜集和分析材料、数据，培养学生主动学习的精神，在学习过程中逐步加深理解，对所学问题提出假设并加以验证，最后在讨论中得到正确结论。

抛锚式教学过程是学生解决问题的过程，学生的学习过程可以直接反映出学生的学习效果。提升学生高级思维的能力。

1. 情境创设和确定主题

确定教学内容，根据教学内容确定若干主题。要求学生分组根据对教学内容的理解选择一个主题，并针对这个主题创设接近于现实环境呈现学习内容的情况，是整个教学过程在情况中发生，变封闭的“小课堂”为开放的“大课堂”，让学生有充分的时间酝酿、想象、探究，改变传统课堂的传统教学，形成主动学习、主动探究的学习氛围，增强课堂教学价值。

2. 自主学习

确定主题后，教师并不是直接向学生教授学习方法，而是向学生提供学习支持：帮助、引导学生确定学习内容表，明确完成问题所需的知识点。学生可以利用各种工具和资源信息来完成自己的学习目标。例如，教师可以提供框架，学生通过设计思维导图、列表等方式深入挖掘文本，促进学生的主动思维和深入学习。

3. 协商学习

在完成对学生自主学习的成果后，教师应有目的的引导学生展开讨论，通过不同意见、观点的交流、补充，加深每个学生对当前问题的理解。例如，在英语课文中，针对卡通部分的开放性结尾，教师可以让学生给出不同的ending，其他同学给予补充或辩驳，让学生在交流反思中加深文本理解，学会深度思考。

4. 效果评价

学生亲自参与对知识的建构，加深了对知识的理解，并且能够根据自身学习的反馈信息形成解决实际问题的能力。教师在整个学习过程中应动态地了解每个学生的表现，及时给与指导，通过师生的共同努力，将学生的认识学习水平提高到一个更高的层次。

### (三)支架式教学

支架式教学是建构主义教学的一种模式。它是以一种学生为中心,利用情境、协作、会话等学习环境要素充分发挥学生的主动性、积极性和创新精神,最终达到使学生有效地实现对当前所学知识的意义建构目的、提升深度学习能力的教学方法。支架式教学主要分为以下几个步骤:

1. 搭脚手架。教师要围绕当前学习主题,捕捉到儿童的最近发展区,按"最近发展区"的要求建立概念框架,为学生的独立探索研究和互助学习讨论奠定基础。

2. 进入情境。教师带领学生引入一定的问题情境,这个情境要包含学生所要学习的主要知识和要求学生解决的全部主要问题。

3. 独立探索。教师在这个过程中主要担当一个学习顾问的角色,让学生独立探索,学生在遇到困难的时候可以向老师咨询和求助。探索开始时要先有教师启发引导,然后让学生自己去分析;探索过程中教师要适时提示,帮助学生沿概念框架逐步攀升。

4. 协作学习。教师可以按照学生不同风格类型将学生分为不同的小组,让学生通过合作互助的学习方式进行小组协商、讨论,在共享集体思维成果的基础上达到对当前所学概念比较全面、正确的理解,即最终完成对所学知识的意义建构。教师在分组时可以从学生的兴趣爱好、学习基础、学习能力水平、性格特征等角度考虑。

5. 效果评价。对学习效果的评价包括学生个人的自我评价和学习小组对个人的学习评价。在评估时,教师应遵循"多表扬、少批评"的原则。第一,教师要对学生设计的知识框架的合理及优秀程度加以评估。第二,教师要对学生知识设计过程中小组成员之间的互动合作的紧密程度加以评估。第三,教师要对小组独立探究的进程和效用程度加以评估。第四,在完善和矫正知识框架的过程中,教师要对小组的最终效果和综合表现加以评估。第五,教师对合作互助学习小组中各位同学的整体表现加以评估。

以英语五上《My e-friend》为例,教师给出我的网友为情境,通过介绍我的网友的居住地、爱好、年级、能力、年纪等一系列信息，包含了整节课的所有重要知识点。再通过课文泛读的方式，让学生自主理解课文。随后采用小组精读的方式，以表格形式梳理文本，每人分工不同，完成文本的学习。最后进行成果展示，对完成效果进行评价总结。

## 三、学习管理行为

教师的首要工作就是创建一个重视所有学生、相互尊重、共同合作的民主学习共同体。好的课堂管理要求教师能与学生建立相互信任的关系。教师可以通过激发与培养学生的学习动机、有效的课堂交流、课堂强化技术、培养学生的自主管理能力、确定性纪律来达到促进学生深度学习的目的。

1. 学习动机的激发与培养

培养和激发学生的课堂学习动机，是教师面临的一个重要而困难的任务。随着学生生活中高强度诱因刺激的增加，课堂学习很容易被学生认为是单调、呆板、没有生机的。所以，培养和激发学生学习动机的原理和策略，对于提高课堂效率，促进学生深度学习有着重要的意义。教师要让学生明确学习的目的和意义，激发学生的求知欲和好奇心，培养独立进取的个性学习动机。

在激发学习动机时，教师要注意教学内容的新颖性和丰富性，把重点放在学习的认知方面，依靠富有成效的教学工作使学生从内心体验到学习本身的乐趣，从而激发学生的求知欲、探索欲，最终让学生实现深度学习。比如，在英语课堂上，教师可以利用歌曲、韵句、谜语、头脑风暴、看图说话、自创主题情景剧等方式提高课堂趣味性，让学生在活动中激发学习兴趣，自主对学习内容进行深入分析，达到深度学习的目的。

2. 有效的课堂交流

课堂交流是课堂情境中教师与学生之间的教学信息传递与反馈的行为。由于课堂交流的特殊性，口头的言语交流显得尤为重要。良好的言语交流具有可接受性、合作性、情境性的特征。教师在课堂中如果经常采用阐述含义、行为描述、情感描述等技巧，用真正关心的态度来对待学生，师生间的交流就会变得卓有成效。只有当师生间进行有效交流时,学生才会以轻松的心态进入学习状态,增强自己的学习主动性和探究精神,从而达到深度学习的目的。

3. 课堂强化技术

课堂强化是增强学生某种课堂行为重复出现可能性的过程。正确地掌握和运用课堂强化技术,可以提高教学成效,增强学生的学习积极性,养成学生深度学习的习惯。

(1) 言语强化。教师在学生做出行为和反应后给予学生某种积极的评价,往往用"好"、"很好"、"对"等之类的词就可以做出评论,但要经常改变方式,才能使其保持生机和意义。

(2) 非语言强化。目光接触、点头微笑、靠近学生等都属于非语言强化,有时它比语言强化的作用更大。

(3) 局部强化。如果学生的行为表现只被认可部分,我们就可以采用局部强化,即只强化我们认可的那部分行为以及相应的欲望,激励学生继续完成实现理想的行为和欲望。局部强化可以激励那些能力比较差的学生进行深度学习的欲望。

4. 确定性纪律

学生违规时教师应自信、果断地采取行动,对违反课堂规则的行为应施以一定的处罚。

教师通过坚持让学生做出适当的行为,对违规行为果断制止,来实现对课堂的掌控。用诸如"你为什么这么做"这类问题来回应学生的违纪行为,试图"以理服人",是一种被动的做法。一个被动的教师无法有效地对他人施加影响,在学生面前显得软弱无力。而充满敌意的教师经常会愤怒地对待那些违纪的学生,用诸如"你等着瞧吧"这样的话威胁学生;又或者,他试图让违纪学生产生负罪感,而说出"你应当为此感到羞耻"。这两种做法都是无效的。果断的方式要求教师很清楚他们的期望,坚决而自信地对学生的违规行为进行回应。教师们可以点违规学生的名字,和他们对视。教师不应该接受违规学生的借口,学生不可以不为自己的行为负责。学生在反思过程中总结促使学习成功的原因,是什么导致学习的失败,今后应该怎样努力等等。

## 四、学习诊断行为

在教学中，教师要做到了解学生的认知结构，了解学生的薄弱点，了解学生的个性爱好等，这样才能进行有针对性的教学，有的放矢的教学；才能因材施教，科学设计教学过程，灵活使用教学方法，从而促进学生深度学习。教师可以通过实施观察行为、访谈行为、分析作业行为、访谈行为、考试行为、问答行为等方式了解学情，进行学习诊断。

### （一）观察行为

在教学活动中，教师在课堂讲授或指导学生学习的同时，要对学生的学习行为进行有目的有计划有组织的感知，以获取教学反馈信息。教师通过教学观察，能够及时知道自己的教法是否适应学生的需要，学生是否听懂了讲授的内容，学生是否能在理解的基础上进行记忆等；通过教学观察，能够了解学生在学习中哪些知识技能掌握得比较好，哪些还没有完全掌握，存在什么偏差和问题，是否能够激发学生的求知欲，为深度学习打下基础。教师可以根据这些信息，及时对教学作出调整，以减少无效劳动，确保教学活动不偏离预定的教学目标。

### （二）分析作业行为

众所周知，作业可以帮助学生及时巩固课堂所学知识，培养和发展学生能力；同时，作业也可以帮助教师反馈教学效果，以及规划以后新课的教学内容和方法，因材施教，弥补教学不足。教师在作业批改上适用熏陶、感染、点化等方法，关注学生是否联系前后知识，将新知识融入原有的认知结构中，以达到了解学生学习态度，学习效果，思维误区，从而及时查漏补缺，调整教学思路目的，用更合适的教学方式促进学生深度学习。

### （三）考试行为

考试是最好的复习。因为考试的存在，会督促学生进行高效率的复习；考试是最好的查漏补缺。考试可以将近期一阶段的学习问题都暴露出来,学生可针对考试结果进行查漏补缺,解决问题;考试是对最近学习状态的一次最佳反馈。考试的成绩在一定程度上可以反映出学生在近期一段时间内的学习状态,从而为学生自己、老师、家长等人提供定量的反馈。

考试的方式有很多种。以英语学科为例,除了最为平常的单元测试,还可以增加随堂小练习(考查本课时的语法知识点)、课堂默写(考查简单词句)、口语测试(考查教材文本朗读)、情境对话测试(考查重点句型的理解及口头运用)、课外短文朗读测试(考查非教材文本朗读)、阅读理解测试(考查语篇理解及运用)、线上一起作业网(包括字、词、句及语篇的综合性口语测试)测试等等。考试时,学生必须利用已有的经验,在已有经验和知识的基础上去理解知识,在有一些理解后再进行更深入的理解,这样构成一个理解的循环,在学习过程中逐步加深理解。考试也可以反应老师教授知识的成果。学生的考试结果可以给老师提供客观的反映,从而让老师明确近期教授的水平和状态是否得到了学生的认可。

### (四) 问答行为

课堂问答是指教师根据学生已有知识、经验,提出问题并引导学生思考解答,从而完成知识传递过程的一种教学方法。是否充分考虑学生发展需要,是否针对问答的内容和操作过程进行精心的艺术性设计都直接影响学生智慧活动的状态、学习的主动性与问题思考探索的专注力。良好的课堂提问可激发学生的求知欲,促其积极思维,又可及时检测教学成果。通过课堂问答,学习者对知识进行深入思考,在学习、活动和任务当中,参与讨论,踊跃发言,积极完成任务,通过一系列的活动完成对自身对知识的掌握和能力的提升。

在提问过程中,对回答者的每一句话,教师都要进行判断,同时检查学生掌握的程度,并进行公开评价。在课堂提问中,教师要保护学生回答问题的积极性,以褒奖鼓励为主,循循善诱,包容学生的不同见解,鼓励求异,从而调动学生的学习主动性。

## 五、学习反馈行为

新课程标准指出:课堂教学评价的主要目的是全面了解学生的学习情况,激励学生的热情,使学生掌握一定基础的同时,培养学生深度思维习惯,促进学生能力和素质的全面提高;强调建立评价目标多元,评价方法多样的评价体系。可以采用表扬、批评、展示、树立榜样等不同的方式进行学习反馈。

### (一) 表扬

表扬是认同别人的一种重要的方式,是教学中常用的激励手段,是对学生良好的思想行为的肯定和赞美。表扬不但可以使孩子树立自信心和责任心,而且会促进学生明确学习目标,用积极的心态进行深度学习,努力将事情做到更好。

1. 及时

表扬要涉及每一位学生身上的闪光点,当学生有了一些进步、做出良好行为时,老师要及时的表扬奖励,这样,学生要求进步的动机就会得到强化刺激。

2. 具体

表扬具体学生的行为是多方面的,当他们某一方面表现出色时,教师要具体表扬。所谓具体,一是指具体到当事人。如果泛泛而谈,则难以突出典型和树立榜样。二是具体到当时发生的某件事或某种行为,忌戴“有色眼镜”看人。不管学生平时表现怎么样,只要有“闪光点”,就要及时给予表扬。表扬越具体,学生就越明白哪些行为是好的,就越容易找准努力的方向。

3. 适度

适度的表扬能起到好的效果。在表扬的次数、表扬的分寸等方面,要有一个度。

4. 多样

表扬要形式多样。除了口头表扬,一个鼓励的眼神、一个赞许的微笑、一下亲切的抚摸,一个热烈的拥抱,都可以让孩子感受到老师的关爱和赞赏。

5. 重过程

表扬要重结果,更要重过程,培养学生的成就动机。老师不应过多地夸奖学生的成绩或任务完成的结果,而应该更多地表扬学生所做出的努力。对于成长中的孩子来讲,做出多大努力比取得多少成绩更重要,即使这类孩子一时成绩不好,也不会失去信心,而会更加发奋图强。

### (二) 批评

反思也是深度学习的一种。深度学习者注重通过反思来认识自己的学习,反思自己在整个学习活动中存在的优势及不足,评估自己的学习。小学生年龄小,一般情况下,只有当老师批评了,学生才会进行自我反思。批评一般是指对人们的不良思想和行为作出正确的判断,并予以揭露和纠正。在基础教育中,中小学生由于心智发展不成熟,认识能力及思维能力等发展不完善,其言行举止会出现不利于自身健康成长的现象。因此,教育工作者应该在工作中善于观察,及时地发现问题,对学生的不良思想和行为作出正确的判断,通过批评给予否定性的评价以揭露和纠正,从而通过批评,纠正学生的认识和行为。

1. 寻找最佳切入点

批评的最佳时机是否到来,取决于学生的心理状态和现实处境。学生正在犯错误,或者刚刚犯过错误,内心都不会平静,甚至是怨气,这时教师不妨先"避其锋芒",暂时不予以"追究",待到学生内心平静时,教师再视其所犯错误的具体情节,或对其"动之以情,晓之以理",或对其进行严厉的批评教育,或给予必要的"惩罚"。

2. 寻找最佳场合

教师批评学生要注意场合,一般不在公共场合批评学生。学生年龄越小,教师越要注意这一点。因为学生的身心尚未发育成熟,心理较脆弱,承受能力有限,而自尊心又较强,如果在大庭广众之下挨批评,遭讽刺,他们的自尊心就会受到伤害,容易失去自信,或与老师产生对立情绪，甚至发生冲突。因此，教师批评学生应当尽量选择在人少的地方，以利于师生之间倾心交谈，坦诚相对，减轻学生的心理压力，避免伤害其自尊心。此外，老师批评学生还应特别注意以下几点：(1) 课上问题不当场批评；(2) 细小问题不当众批评；(3) 家长在场不批评。

3. 批评要得当

教师批评得当，方法适宜，能够多为学生考虑，批评的效果会比严厉的训斥好。老师批评不当，刺伤学生自尊心，学生必定对老师产生对抗情绪和逆反心理。

通过批评后的反思，学习者可以调整学习方案、学习态度，调整学习计划和学习进度，让自己得以改进和提高。

### (三) 展示

培养学生的展示交流能力不仅仅是把学生调动起来积极参与，更为重要的是，要把成果展示的过程建构成为一种互动学习的过程，使之成为学生掌握知识、发展思维、培养能力的有效途径。因此更要求我们的老师认真研究，制定出相应的措施，努力提高学生的自主学习能力，大胆地将自己的成果展示出来。“在人的心灵深处都有一种根深蒂固的需要，这就希望自己是一个发现者、研究者、探索者。”这句话是说明要充分挖掘学生潜在的能力，努力培养其在教学实践中的主动性，向“教是为了不教”的目标努力。深度学习强调实践，通过展示活动，可以让学生把所学到的知识在活动中加以实践，并运用创造性思维进行知识整合和综合运用，提升学生高级思维能力。

### (四) 树立榜样

有学者认为，“榜样教育”是一种以典范人物的优秀品质去影响人的思想、感情和行为的教育方法。榜样教育具有形象、具体、生动等特点，能将抽象的道德准则、道德规范通过榜样示范具体化为易于理解、对照和效法的行为，符合人们的心理特征。榜样教育就是通过树立榜样、典型示范来提高人们的思想觉悟，解决人们的思想问题的一种方法。

树立榜样可以让学生反思自己的不足,激发学习动力,培养主动深度学习能力。教师可以通过以下三个步骤进行榜样教育:首先,榜样的树立,这是进行榜样教育的前提;其次,理论与榜样的结合,将理论通过榜样的事例表达出来;最后,榜样的维护。榜样的力量是无穷的,对于模仿力比较强的学生来说,有榜样就能够给他们压力,给他们动力,使得学生能够以积极竞争的心态去面对学习,不断取得进步。

## 第三节 不同学科服务学生深度学习的学习行为改进

当今社会已步入大数据时代,信息量丰富,可选择资源多。如何高效运用这些信息并利用碎片化时间来实现深度学习成了教育工作者面临的新课题。2014 年地平线报告(基础教育版)提出的六项趋势和六大挑战,"追求深度学习"成为其中趋势之一,可见基础教育工作中深度学习是一个时代性的产物。深度学习让学生的学习不再局限于浅层,限制于被动,而是自主建构认知结构并在实际情况中解决新问题。

为了帮助学生走向深度学习,教师需要改进教学行为,下面以语数英三科为例,从学习组织行为、指导行为、管理行为、诊断行为、反馈行为改进的研究中,使深度学习的目标得以实现。

### 一、语文学科服务学生深度学习行为

优质的语文教学一定是能让学生在体验、探究、展示中经历真实学习和深度学习的过程。学生真实的学习是缓慢而复杂的,高速填鸭式的教学会引发普遍性学习困难的现象,教师要基于学情、进行系统化、模块化、主题化的任务设计,通过学生的独立探究、同学间的合作学习,相机串联深度学习方式开展教学,促使每个学生全身心参与学习,得到全面的发展。

### （一）语文学科服务深度学习的组织行为

课堂教学的过程中，教师是主导、学生是主体。深度学习既关注学生的学习过程，也关注教师的教学活动，但是要以学的活动作为基点来研究教的活动，强调以学生为中心、以学习为导向，要求教师通过有意义的语文学习活动，来培养学生的语文核心素养。

1. 营造轻松和谐的教学氛围

美国心理学家罗杰斯认为："成功的教学依赖于一种真诚的尊重和信任的师生关系，依赖于一种和谐安全的课堂气氛。"小学生以具体形象思维为主，因此，创设一种民主、宽松友好的教学氛围和生动有趣的学习活动情境，可以激发学生的学习兴趣，激活学生的思维。构建轻松和谐的教学氛围应当从以下三个"转变"入手：

首先，促进学生深度学习的师生关系的转变。教师要尊重学生学习的主体地位，增强学生的主体意识，构建平等、和谐的师生关系；课堂上，教师和学生之间应该是以一种相互学习、相互合作、双向互动的交流方式开展学习活动，做到教学相长。

其次，促进学生深度学习的学习方式的转变。将学生被动地接受知识转变为学生在课堂上主动参与、乐于探究、勤于思考、合作创新等综合能力的培养，引导学生学会学习、乐于学习、深度学习。

最后，促进学生深度学习的教学行为的转变。教师应以"学生的发展为本"，教师的教学行为应当基于学生的学习活动进行设计与优化。教师开发和利用学习资源、课程资源，为学生的学习提供平台、提供实践场、体验场、互动场，强调以学生为主体的有意义的语言实践、运用活动，营造轻松愉快、积极向上的学习氛围。

2. 选择适合的学习内容

教育家陶行知曾提出"生活即教育，用生活来教育，为生活而教育。"作为教师，应把课堂建立在生活的意义之上，树立生活化的课堂理念，让课堂回归生活、回归实践，走向深度。课堂上，教师应结合生活，选择能促进学生进行有效知识体验的学习内容。例如：在执教三年级下册《赶海》一文时,教师在课堂上联系学生已有的生活经验,回归生活实践。老师激发学生已有的生活体验:班中很多同学都有赶海的经历,当老师问孩子自己追浪花的体验时,一生说:浪花扑过来时,吓得往后退。另一生说:我觉得迎着浪花跑去,浪花拍打在身上的感觉非常刺激……很多学生都能联系自己的生活体验谈感受,学生的情绪高涨,更好地与文本互动。其次,课堂上,教师应选择能促进学生学以致用的学习内容。还是《赶海》这一课,老师关注文本写作方法的指导,当学完课文的写作方法后,让学生用上关键词语、修辞方法以及恰当的语气词,结合自己的生活实践,写一段自己的赶海经历。这样的当堂训练,既让学生的课堂所学得到运用,又回归生活实践。

3. 创设有利于探究的教学情境

课堂教学应以学生为主体、重视师生互动。教师基于真实情境创设问题,学生在问题导向下开展学习活动,教师智慧主导课堂,学生发挥主观能动性,铸就关键能力,提升核心素养。语文课堂,正需要教师给学生创设这样一种适合学习探究、适合适合深度学习的教学情境。

创设探究问题情境,提升学生解决问题的能力。陶行知先生说:"创造始于问题,有了问题才会思考,有了思考,才有解决问题的方法,才有找到独立思路的可能。"在学习统编教材五年级下册《我和祖父的园子》一课时,有学生提出质疑:"课文中,作家萧红让我们感受到了她童年生活的快乐,但是'作家卡片'中却说萧红的童年生活是凄婉的,是否相互矛盾?"一石激起千层浪,这个质疑引发了大家热烈的讨论。于是顺势引导同学们回家阅读萧红的《呼兰河传》。学生在阅读完整本书后最终明白两者是不矛盾的:多年以后,萧红长大成人,她一生颠沛流离,四处漂泊。这时候,她想起自己的祖父,想起这个特殊的园子,于是有了这篇文章。这样教学,老师因势利导、以学定教,把探讨问题的主动权还给学生,在解决问题的过程中,学生与文本再一次进行对话,深入作者内心,体会作者的情感。学生由内在动机所驱动,他们对所学内容本身感兴趣,为了解惑而主动地学习,这样的学习才是真正意义上的深度学习。

创设课文语境，勾连全文实现深度学习。学生学习的主要场所是课堂，因此在教学中，老师应努力创设语境，帮助孩子更好地品悟以及内化。在语文课上，语言、图片、音乐、表演是展现课堂情境的主要内容。《赶海》一文，教师围绕核心字眼“趣”创设情境，运用语境激发学生学习兴趣，发挥语境的真正价值，并且为学生创造发言的机会，培养学生的口语表达能力。老师创设了“追浪花”、“摸大虾”、“抓螃蟹”等语境。例如追浪花，老师利用语言、图片、朗读创设美好语境。老师出示相关图片，感受大海之美，浪花之美，通过对关键字词的品悟，感受追浪花的趣。联系生活，提出问题：你追过浪花吗？引导学生小组合作讨论，学生在组内交流中，在语言表达的过程中，说出了自身的体验，而聆听者，通过语言文字结合书本，更进一步体会“追浪花”的“趣”。朗读时，这字里行间中更是体现出文中作者的这一份愉悦。

创设思辨教学情境，引导学生学会质疑批判。“学贵有疑，小疑则小进，大疑则大进”。可见，质疑对于学生学习的重要性。同样以《赶海》为例，老师在教学过程中，引导学生理解“束手就擒”这个词语的意思时，先通过选择题的方式理解了“束”这个字的意思，而后又理解了“擒”这个字的意思就是捉拿，再引导学生质疑能否将“擒”换成近义词：抓、捉、拎等字，从而理解作者用词的精当、准确。教师在平时的日常教学过程中要有意识地培养学生的质疑能力，引导学生学会质疑，促进学生积极思维、自主学习、深度学习，从而提升学生的语文核心素养。

### （二）语文学科服务深度学习的指导行为

小学语文深度学习是丰富的、有意义的语文学习活动，有高质量问题导向的语文学习，真正体现语文的生活性、实践性和综合性。这样，学生才能在解读文本的过程中，感悟文本内涵，内化、表达自己的想法；在不断合作、探究中开展深度学习，提升自己的语文综合能力和语文综合素养。所谓高质量的问题，意味着能够引发丰富的、结构化的语文学习活动的问题，而不是几乎不要思维活动、不要深入文本就能找到答案的问题。它还意味着是能够引发高阶思维的问题。高阶思维是实现深度学习的关键,发展高阶思维能力有助于实现和促进深度学习;同时高阶思维又是深度学习的核心特征,深层学习的实现又有助于提高学生的思维品质和学习效能。

在正确的教育教学原理指导下,创设情境教学、采用抛锚式教学或支架式教学方式,都能帮助学生深度学习。

抛锚式教学要求学生到实际的环境中去感受和体验问题,而不是"听"经验的间接介绍和讲解。在实际情境中一旦确立一个问题,整个的教学内容和教学进程就被确定了(就像轮船被锚固定一样)。其主要目的是使学生在一个完整、真实的问题背景中,产生学习的需要,并通过镶嵌式教学以及学习共同体中成员间的互动、交流,即合作学习,主动学习、生成学习,亲身体验从识别目标到提出和达到目标的全过程。抛锚式教学在语文课堂上的运用主要体现在以下两点:

1. 驱动课文核心问题,引导学生深度学习

语文课堂教学中我们如对每一篇课文或每一节课设计一个精当的核心问题,可以起到以一驭十、提挈全篇的作用。因此,我们应该把握教学重难点,找准文本核心,建构有深度的互动场,改"一牵到底"为"生生不息",引发学生积极思考、讨论、理解。

例如统编教材二年级上册《黄山奇石》一课,课文描写了黄山的"仙桃石""金鸡叫天都"等奇石的样子和特点,表现了它们的奇妙。课文采用的是先概括后具体的方法来介绍黄山的奇石,语言优美,用词精当。"那里景色秀丽,尤其那些怪石,有趣极了。"是全文的中心句,而全文的核心就是"奇",于是教师可以确定核心问题:黄山奇石"奇"在哪儿?这一问题统领全篇,由此引领学生思考。这个问题,可谓牵一发而动全身。学生带着问题研读课文,交流中学生抓住关键词句领略了黄山上每一块奇石的奇特有趣。抓住中心句进行阅读教学,能使教学过程更为清晰,教学重点难点更为突出,对文本的理解更为深入,情感领悟更为深刻,如此,深度学习的发生便水到渠成。

2. 紧扣单元语文要素，引导学习深度学习

统编教材提倡语文教师关注单元整体教学，而关键就是能准确地定位单元整体教学主题，并以此为线索去研究每篇课文与它的对应点，形成单元整体教学主线，从而保证教学的整体性和高效性。统编教材四年级上册第四单元是神话故事单元，单元语文要素要求教师在课堂上引导学生通过了解故事的起因、经过、结果，把握文章的主要内容，感受神话故事中神奇的想象和鲜明的人物形象，激发学生展开想象。写一个故事是本单元的核心学习任务。基于此，我们可以确定单元整体教学策略"沟通整体与部分间的内在联系"。从各篇课文入手针对神话故事的内容、神话故事想象的奇特、神话人物形象以及神话故事特点等方面来进行教学设计，使各课教学能前后照应、相互勾连，形成具有较强内在联系的有机整体。紧扣单元语文要素，学生深度学习便顺理成章。

### （三）语文学科服务深度学习的管理行为

课堂是学生学习活动的主阵地，教师作为课堂教学的发动者和组织者，为了保证教学各个环节的顺利实施，并取得预期成效，教师应采用灵活多样的方法，提高课堂管理的效果，让学生在轻松愉快的课堂上进行深度学习。

1. 健全制度

语文课堂应建立制度化课堂规则，让学生明白课堂的要求，规范学习活动中的言行举止，培养其自觉遵守课堂纪律的好习惯。

2. 幽默调节

教师要运用自己的教学智慧，艺术地处理课堂中的偶发事件，降低事件对课堂产生的影响。

3. 积极参与

教学过程中教师应该面向全体学生，引导每一位学生积极、主动、全身心地参与课堂教学活动。

4. 利用口令

借助古诗、俗语、名言警句等朗朗上口的句子,以师生对接诵读的方式,让学生在生生交流、小组合作后迅速地调整学习状态,回归课堂主体。

另外,低年级的学生活泼好动,在课堂教学过程中,穿插儿歌、手指操、加上动作朗读或表演,小组比赛等方式,都能调整课堂秩序。当然,教师更应该在教学的同时引导学生逐步学会自我管理,提高自我约束力。

### (四) 语文学科服务深度学习的诊断行为

教师在开展诊断之前,需要对课堂教学、学习活动作整体审视,突出诊断促进教学信息向学习信息转换的杠杆作用,对诊断的任务活动进行设计、优化,使之成为教学的重要组成部分,及时、有效地把握课堂诊断,促进学生深度学习。

语文课堂上,教师可通过看、听、问等方式来实现对学生深度学习的诊断,而学生的呈现方式主要是听、说、读、思、写等。大部分学生通常具有正确的学习目标、端正的学习态度和浓厚的学习兴趣,能主动地参与到学习中来,能积极地与同学及教师产生互动、交流,这也是深度学习的前提和保障。每一个学生都会带着自己对文本的理解进入课堂学习,以学为基础的课堂,课堂里的重要任务是倾听学生的想法,在倾听的基础上,他人的思维与想法如同火花能点燃更精彩、更深层的想法,这便是深度学习的体现。在这样相互倾听的过程中,师生、生生之间构筑着一种和谐的、信赖的关系。

在执教统编教材二年级上册《狐狸分奶酪》一课时,教学狐狸第一次分奶酪的片段,我引导学生自由读课文第 2—6 自然段,先用横线画出狐狸说的话,用双横线画出小熊哥儿俩说的话,再圈一圈狐狸的动作,最后读一读。而后,抓住"跑、笑、拿、掰、嚷"等关键词,与学生一起感悟文本,初步感受狐狸的狡猾。教学狐狸第二次分奶酪,我引导学生四人小组合作学习第 7～8 自然段,画一画:用横线和双横线分别画出狐狸和小哥儿俩的话。

读一读:小组里分角色读一读。说一说:小熊的问题解决了吗？又出现了什么问题？围绕这个合作学习要求,学生人人参与小组内的学习,在参与的过程中,学会倾听、学会思考,走向深度学习,最终学会学习。

当然,教师在诊断过程中,应尊重学生学习的多样性,以引导、鼓励为主,引导学生保持学习兴趣、学习动力,改善学习状态,同时也可以引导学生相互诊断、自我诊断,持续地推进深度学习。诊断是应当贯穿学生的整个学习过程的,不仅包括课堂上的诊断,还涵盖课外作业、实践活动和阶段性监测等项目,让教与学构成一个整体,更好地开展深度学习。

### (五)语文学科服务深度学习的反馈行为

语文课堂教学是一个完整的信息系统,倡导输出—反馈—再输出的师生双向双边活动。语文课堂教学中的反馈就是要监测学生是否掌握相关内容,只有体现了师生的互补关系,使师生相互促进、相互启示,才能让深度学习真实发生。

语文课程标准明确指出:“语文课程评价的目的不仅是为了考察学生达到学习目标的程度,更是为了检验和改进学生的语文学习和教师的教学,改善课程设计,完善教学过程,从而有效地促进学生的发展。不应过分强调评价的甄别和选拔功能。”在这一理念的指导下,语文课堂教学,教师要尽可能给每一个学生提供表现应知应会的各种机会,使学生在一个民主、平等、和谐的课堂氛围中学习。通过反馈评价,形成学生自我认识、自我教育、自我进步的能力。

“感人心者,莫先乎情。”教师的反馈评价对学生的情绪和情感影响很大,因此,教师反馈评价的语言应该注重情感的投入。在语文课堂中,有经验的老师总是适时地用简短而恰当的语言热情地对学生的朗读给予评价,让学生真正的感受到成功的喜悦。

1. 教师激励性评价,激发成功的体验

语文课堂上,有经验的教师会适时采用激励性、鼓励性语言对学生进行反馈评价,让学生体验到成功的乐趣。“你读得字正腔圆。”“你的声音真响亮!”“你真是一个会思考的孩子!”“你很会动脑筋。”无论是朗读词语、句子时的适时点评,还是回答问题后的积极引导,教师都及时予以肯定、鼓励,增强孩子学习的信心。

2. 同学相互间评价,激发学习的兴趣

平时我们看到的课堂,大多只注重教师对学生单一的反馈评价,而忽视了同学与同学间的相互评价。在新课程新理念的指导下,在教学实践中深切体会到,同桌互评、小组评议更能激发学生的学习兴趣。学生饶有兴致地表扬同学,为同学提出建议和意见,慢慢地学生不仅学会了发现别人的优点,还能用欣赏的眼光去看待别人、赞扬鼓励别人。让同伴明白了自己需要改进的地方的同时,自己在学习过程中也受到鼓舞,增强学习的欲望,激发学习的兴趣。

## 二、数学学科服务学生深度学习行为

深度学习是顺应时代发展而产生的一种课堂改革的理念和设计思路,它注重以学生为主体,在教师的带领下,学生经历深度参与、深度思考具有挑战性的学习内容的有意义学习过程。数学是思维的体操,数学学习的过程,更需要学生进行深度学习,发展思维,提升能力。

### (一) 数学学科服务学生深度学习的组织行为

数学学科的深度学习指向数学学科的本质及思想方法,以提高学生思维能力,发展数学核心素养为目标,为了让深度学习真正发生,有效的组织行为是我们首先要关注的话题。

1. 建设民主和谐的新型师生关系

“师者,所以传道授业解惑也”、“亲其师,信其道”……随着这些思想的深入人心,师生关系也在默默地发生变化。2011 版小学数学课程标准也指出“学生是教学的主体,教师是教学的组织者、引导者和合作者。”而教师与学生之间相互愉悦、相互欣赏、共同进步，也是我们一直追求的。根据数学抽象的学科性质，如果教师能将抽象的数学教得形象化，趣味性强，那么一定会深受学生的喜欢，就为民主和谐的师生关系的建立奠定了结实的基础。除此之外，还应该对学生在学习上生活上给予相应的帮助，得到学生在心理上对教师的认可，只有建立了如此良好的师生关系，才能提高数学课堂的效率，促进深度学习的有效发生。

2. 根据学情选择合适的学习内容

小学数学教学要帮助学生建构知识体系。因此，需要教师充分了解学生的学情，选择合适的教学内容，使学生逐渐走向深度学习。例如苏教版一上《10 加几及相应的减法》一课，教材的重点是探索 10 加几及相应减法算式的计算方法，并体会一图四式的关系。但学生在上新课之前，就已经会计算了，他们根本不需要通过操作来探索得数。因此，要在此基础上重新定位，把本课的重点放在理解算理、掌握算法、能正确地计算和表达计算过程上。而难点在于如何让学生正确地表达计算过程和理解一图四式的联系。选择符合学情的学习内容，最大限度地调动学生学习的积极性，为学生的深度学习提供载体。

3. 创设促成深度探究的教学情境

数学源于生活，数学知识与我们的生活有着密切的联系，而数学知识本身是比较抽象、难于理解的，因此，教师要充分利用现实生活开展相应的情境教学，让乏味枯燥的数学知识生动化、趣味化，提升学生数学学习兴趣与积极性，让学生能够在情境活动中发现并提出问题，通过小组合作或者教师指导等方式，展开自主探究式的活动，启迪学生思维，在问题解决的各个环节中，逐步加强对知识的理解，培养分析和解决问题的能力，形成完整的知识结果，实现学习的深度发展。如在教学苏教版五上《多边形面积》时，教师可以结合生活实际创设探究情境：“某公园要修建一个养鱼池，其长度为 20 米，宽度为 12 米，深度为 4 米，现在要在养鱼池的表面涂抹上一层水泥，如果每平方米所用水泥为 5 千克，一共需要多少水泥？”让学生在教学情境中学习，最大限度地调动学生学习的积极性,实现生本课堂的构建,提升学生的数学综合素养。

### (二) 数学学科服务学生深度学习的指导行为

服务学生深度学习的指导行为有情境教学、抛锚式教学、支架式教学等,小学数学的学科知识具有系统性、连续性和深刻性,因此,支架式教学模式更适用。

1. 选择适当的支架,超越最近发展区

教学前,教师要了解学生的现有知识水平和生活经验,寻找学生的最近发展区,帮助学生自主地构建知识体系,发展原有知识链。如苏教版二上《认识平行四边形》,本课的教学基础是学生已经认识三角形、正方形等一些多边形,而且部分学生已经在生活中知道了平行四边形。课始,教师设计了“变魔术”环节,出示长方形框,并将其拉动,学生能认出这是平行四边形。这个“魔术”它不仅带给学生清晰的直观感受,更能带动学生超越其最近发展区,发现两个图形的关系。在支架式教学模式下,一般存在着三种不同的教学形态:集体学习、小组学习和个别学习,针对低年级学生的年龄特征,本课的教学采用集体学习和小组学习相结合的方式,在操作中促成深度学习。

2. 搭建合理的支架,开启深度学习模式

搭建有效的支架引发学生思考,是深度学习不可或缺的环节。以“认识平行四边形”为例,在搭支架时,教师可以围绕最近发展区给学生建立平行四边形的概念,提出以下问题:(1) 能在生活中找到平行四边形吗?(2) 能通过小组合作做出平行四边形吗?(3) 能在复杂图形中感受平行四边形吗?(4) 能在七巧板中品味平行四边形吗?并以提问、交流等形式,不断丰富各主支架的分支架,具体明确地为学生的深度学习指明方向。而在实际教学中,支架的呈现与学生的水平可能出现冲突的地方,当支架的数量已足够学生学习的情况下,教师需适当减少支架;当由于支架数量太少无法完成任务时,教师需要及时补充支架或适当改变支架的呈现方式,让学生更加容易接受,能自主地进行下一步的探索。

### （三）数学学科服务学生深度学习的管理行为

叶圣陶曾说过："凡为教，目的在于达到不需要教。"同理，凡为管理，目的在于达到不需要管理。小学数学的深度学习，学生要有亲身经历知识发现、形成、发展的机会，要把课堂上的时间和空间还给学生，通过自主建构、适时搭设支架帮助学生全面打开学习过程。而这一教学过程管理，并非一蹴而就，而需要教师创造多元化的课堂互动加以保障，最终实现学生的"自我管理"。

1. 动静结合，做好课堂调控

小学数学的深度学习应该是一个动静结合的学习模式，不仅有口动、手动、更有脑动，不仅是安静和谐的学习氛围，更是静心倾听、静心思考的内在宁静。要做到动静结合，张弛有度，就需要教师灵活的课堂调控，在课堂过于寂静时要设法激活，在课堂空前"热闹"时要设法归于平静，这样才能使小学生的学习兴趣和动机得以保持，也才能有利于课堂纪律的维持。在小学数学课堂上，特别是低年级，学生的注意力、学习习惯等还没有得到完善，而一些数学的操作活动让学生更加"失控"，这时，就需要教师运用一些教学机制。比如运用一些口令对答的形式，让学生整理好学具进入下一环节，老师说"小棒小棒快回家"，学生接"就回家，就回家"，一边对答一边整理，课堂显得井然有序。再如在进行课堂练习环节，要一改常规平静的练习模式，让学生多感官齐参与，调动积极性，活跃学习氛围。

2. 关注提问，组织深度学习

美国著名科学家加波普尔说："科学与知识的增长，永远始于问题。"问题是教学的载体，它推动着课堂教学的进程。一个开放性的问题，往往可以挖掘学生潜在的创造能力，打破常规，从童趣走向创新，彰显数学学习的深度。如在教学"三角形的三边关系"中，教师可以提出一个开放性问题，让学生思考："假如给你两根小棒，长分别为 8 厘米、6 厘米，如果把其中的一根剪成 2 段，能围成三角形吗?"学生组合了各种情况，最后用"任意两边长相加的和与第三边相比"的方式验证这三根小棒能否围成三角形,这样的教学激发了学生的探究兴趣,发散了学生的思维。

3. 优化教学,力求自我管理

单纯动静结合地调控课堂管理只是浅表层的和谐,也显得较为被动。深度学习的教学模式要求教师精心设计教学,做好充分的预设工作,以面对课堂上不同的生成,还要多使用现代化的信息技术,配以教师的表情和体态语言,这样才能创设浓厚的数学氛围,才能吸引学生的注意力,引起学习兴趣,而这个过程也是培养学生养成良好的数学学习习惯的过程,让被动的学习成为学生主动的参与,久而久之形成内化,再加之教师管理、生生监督的外在催化,最终实现学生的自我管理,让深度学习成为一种自然而然的发生、发展过程。

### (四) 数学学科服务学生深度学习的诊断行为

诊断深度学习是否真实发生,教师可以通过观察行为、访谈行为、分析作业行为、访谈行为、考试行为、问答行为等方式进行学习诊断。下面结合小学数学教学实际,谈谈如何通过分析作业行为来诊断深度学习。

1. 有效分析课堂作业

"课堂作业"是在课堂上完成并得以分析的作业,它是课堂的重要组成部分。对课堂作业的有效分析能诊断学生在学习过程中是否真正实现深度学习。在小学数学教学中,尤其体现在"难题"的挑战上。比如苏教版四上《长方形正方形周长的计算》,知道长方形的周长和其中一条长(或宽),求宽(或长)是本节课的难点,是对学生是否牢固掌握用长加宽再乘 2 求周长的检验,更是对学生逆向思维能力的考察。课堂作业中设计了"手帕问题":(1) 边长 25 厘米的正方形手帕,花边需要多长?(2) 80 厘米的花边可以镶在什么样的正方形手帕上?(3) 80 厘米的花边可以镶在长是 28 厘米,宽是多少的长方形手帕上?通过对以上题组的有效分析,可以了解学生在新授环节的学习程度和掌握情况,以此来诊断深度学习是否真实发生。

2. 评价分层个性的课后作业

针对不同层次的学生，教师会设计难易程度不同的个性化的课后作业，力求让每一个学生都得到理想化的发展。而对分层个性的课后作业的有效评价也能间接诊断课堂深度学习是否发生。对于不同的学生来说，他们的深度学习的程度也是不同的，教师可以结合该生的实际课堂表现，可以和学生单独分析，在分析的过程中可以让学生呈现自己的作业过程并说说自己在作业时的体会等，再根据学生的自我分析，教师给于建设性意见以及个别化辅导，让学生明晰存在的问题和改进方法。而在这个评价的过程中，教师也能诊断该生的深度学习情况。

### （五）数学学科服务学生深度学习的反馈行为

有效的教学反馈行为能够调动学生的主动性，改进学习方法，使课堂教学过程得到进一步优化，同时对课堂教学实施加以控制，反映学生深度学习的进程。“表扬”“批评”“展示”“榜样树立”等都是教学的反馈行为，下面以“榜样树立”为例，谈谈在小学数学教学中的运用。

1. 发挥优等生的榜样作用

“三人行，必有我师。”对于小学生来说，同学中一个生动形象的榜样作用，远比教师的说教更有用。在小学数学深度学习的课堂上，我们要充分挖掘优等生的优秀课堂行为，并将其展示给其他学生，供他们参考学习。比如数学思维独特、善于思考的同学、有着良好数学学习习惯的同学或者敢于发言敢于质疑的同学等。优等生的榜样作用就像一面镜子，让其他学生看到自己的不足，而小学生都有争强好胜的心理，会自觉地以这些优秀学生为榜样，改正自己数学学习中的不足。不仅如此，充分优等生的各种榜样作用，还会带给整个数学课堂一种积极向上的学习氛围，为深度学习提供良好的环境辅助。

2. 发挥教师自身的榜样作用

“其身正，不令而行，其身不正，虽令不从。”教师的一言一行对学生都起着不容小觑的作用。在小学数学深度课堂中，数学教师更要注重言传身教，引导学生在数学学习活动中养成良好的数学学习习惯，培养学生深刻的数学思维品质。比如苏教版一上《10加几及相应的减法》中,在得出三组10加几及相应减法算式后,让学生分类重组,对于刚进入小学的一年级学生来说似乎有些困难,这时教师就要发挥榜样示范作用,给学生提供一个分类的样子,并让学生说说为什么这样分,从而总结得出10加几等于等于十几的结论,得出结论的过程也是本课算法的整理过程,并在此过程中让学生初步体会数学分类的思想方法,再让学生根据规律列举算式,体会数学有序思考的思想方法。在这层层递进,逐步深入的过程中,学生的思想也逐步走向深刻,让深度学习真正发生。

3. 发挥数学名人的榜样作用

随着新课改的推行和立德树人理念的深入人心,数学文化以其独特的魅力逐步成为数学课堂的重要部分。在深度学习的课堂教学中渗透数学文化有着不可代替的意义。而数学名人作为数学文化的重要组成部分,对于激发学生学习数学的兴趣,培养自主探究的精神,发展学生的数学思维能力,培养学生的数学素养等方面都有重要意义。例如,苏教版五下《用转化的策略解决问题》,在回顾面积公式推导中的转化环节时,教师出示古代数学家刘徽的"以盈补虚"的转化方法,并以刘徽为榜样,介绍他不畏艰难险阻,为数学刻苦探究的精神。在帮助学生促成深度学习的同时,坚定学生敢于拼搏,不断进取的求学信念。

## 三、英语学科服务深度学习行为

深度学习的参与者具有强烈的主动性,其目的在于重建知识结构并解决新问题,获取的知识具有连贯性和长久性的特点,以及自主调整学习策略来达到更高阶的学习活动。在英语学科教学中促进学生深度学习,教师要让学习者亲身致力于运用多样化的学习策略,如广泛阅读、整合资源、交流思想、把单个的信息与整体的结构相联系、把知识应用于真实世界等,以达到对材料的理解。

## (一) 英语学科服务深度学习的组织行为

学习的主人是学生，教师所发挥的作用是通过组织活动、引导学习和鼓励学生之间的合作，促进深度学习的有效发生，可分为以下几点：

1. 营造轻松和谐的教学氛围

语言的习得须有氛围。那么，轻松和谐的学习氛围应该是怎样的呢？首先，师生关系要转变。教师不再是“领兵打仗的将军”，而是默默陪伴的“知音”，拥有学生的信任，在课堂中给与充分的支持，帮助学生不畏艰难，勇往直前；其次，学习方式要转变。教师要把课堂还给学生，让学生成为课堂的主人，激发学生学习热情的同时，从他们的角度出发，为他们量身定制的课堂内容与活动形式，方能发挥更好的作用，取得更好的学习效果；最后，教师新授的方法要转变，要把推进知识建构的有难度的问题留给学生，教师不再是问题的解答者，而是解决问题的引领者，鼓励学生在发现问题，思考问题和解决问题的过程中，锻炼自我，提高能力。

2. 选择适合的学习内容

知识是客观“在那儿”的东西，是科学家的实验、哲学家的论证、文学家的描述等等，不管你学不学它，它就是那个样子，不增一分，不减一分；教材上的内容，以客观知识为基底而又关联着学生的学习，是根据学生年龄与水平对知识的选择、加工、改造，有取舍改造也有顺序安排。但教材内容往往不是学生能够直接操作的内容，而是较为抽象的、静态的内容。

相比于教材内容，教学材料缩短了教学内容与学生的心理距离，更为具体，也更具操作性、活动性。它应有两个特点：第一，含有教师的教学意图，因而不只是客观的对象、知识的载体，更是思维方式、情感态度价值观的凝结，体现着教学目的、预设着特定的学习活动展开的方式；第二，是按“序”展开的学生活动的操作对象，因而并不是静态的对象，而是伴随着学生主体活动展开的、动态变化的内容及其活动。为学生提供能自主操作的教学材料，意味着教师要基于教学目的去设计并引导学生的主动学习活动与学习进程,引导学生能够主动投入到学习中去。提供这样的“教学材料”,是教师促进学生自觉主动活动的前提,是促进学生开展深度学习的重要保证。比如:五上“Unit 7 At weekends”的第一课时教学过程中,设计了一个骰子游戏的环节,操练What does he/she do at weekends? He/Shealways/usually/often/sometimes...以掷骰子为载体,在骰子上标注了丰富的单词和词组的图片,更有利于发挥想象的空间图片,鼓励学生在玩的同时将思维发散;在使用新知识的同时达到更好的唤醒旧知,并能整合使用的效果。在学生分小组玩这个游戏的时候,积极性空前高涨,学习兴趣得到充分的激发,学生甚至主动要求增加地点的表述,让句子的呈现更加完整,这就好比给游戏注入了“生命”,它带动学生一起“活”了起来,这样的积极主动,深度学习早以“不请而至”。

3. 创设有利于探究的教学情境

教学过程中创设情境,教师引入或创设具有一定情绪色彩的、以形象为主体的生动具体的场景,以引起学生一定的态度体验,从而帮助学生理解教材,并使学生的心理机能得到发展优化。情境作用于激发学生的感情,它是在对社会和生活进行提炼和加工后用于影响学生,让他们尽快进入课堂学习的一个有效方法。教师可通过学习目标的需要,创设一个个生动的情境,激发学生探究的兴趣,点燃学生的学习热情。

情境的创设,可以用在启发学生积极解决困难时。英语方面的学习困难,很多情况来源于对于该知识点的不理解,所以为语言难点创设一个情境,让该情境带动学生的生活经验,通过情景在现的方法,为学习内容的理解提供线索和帮助,有助于化解难点,吸收新知。在四上“Unit 7 How much?”一课的教学过程中,有一段学生表演的视频,其内容是购物的对话内容,而最后增加了一个情景,顾客拿着东西走了,此时营业员追出来叫住顾客,请学生思考,他们会说些什么。教师根据学生平时的经验,自然而然地带入了本单元的重点和难点的句子:How much? 通过这样的情景展示,为理解扫清了障碍。

情境的创设,可以用在小组合作激发深度学习时。小组合作,最需要关注的就是合作的方向、调动合作积极进行的动机。为小组合作增加一个合适的情境，让合作更有意义，也能让合作更充满活力。例如：在四上“Unit 8 Dolls”一课中，有一个要求学生自己设计娃娃的环节。在此教师创设了一个森林探险的情境。每组学生设计的娃娃都会拿出来展示，最有创意的那个娃娃，将能得到森林国王颁发的奖品（当然奖品还是一个谜，未公布）学生就要在这样的情境中进行设计，寻找适合这个情境的灵感，思考最符合该国王需求的特色娃娃的模样，从而进行设计。孩子们设计的作品千奇百怪，各有“神通”，妙不可言。这就是情境在一个教学环节中发挥的巨大魅力。

情境的创设，可以用在调动元认知发散思维时。思维之所以需要发散，是因为人们容易习惯从一个固定的角度去思考问题，久而久之养成一种狭隘的思维定式的习惯，一旦思维被禁锢，容易钻牛角尖，创造力便无从谈起。所以在小学的英语课堂上，教师就应该抓住所有能发散的环节，辅以情境的感染，让学生置身其中，打开思维之“匣”，培养学生乐于发散、敢于发散、善于发散的好习惯。以4B“Unit 5 Seasons”为例，课文学习内容不多，在学习课文前，教师只出示season这个单词，然后通过四季图片的播放，通过拥有季节特色的音乐的熏陶，让学生发散想象，他们可以想得更远，说得更多。

### （二）英语学科服务深度学习的指导行为

英语学科中指导行为的发生，首先要确立最近发展区，就是确定学生的现有水平及未来发展水平。学生的现有水平是已经达到的、确定的，但教师要想办法探测到。同时，还必须确定学生即将达到的未来水平。也就是说，在学生现有水平与较高的未来水平之间，形成了一个区域，即“最近发展区”。教师的作用，就是要帮助学生成为教学的主体，主动去挑战困难、克服困难，从现有水平主动积极地走向未来水平。

英语是功能性学科，来源于生活，其最终的目的也就是回归于生活，将学生置于情境之中，在模拟真实的语境中习得语言，不但可以使语言的理解更加深刻，更为语言最终的使用做足铺垫，让一切更加顺理

成章。因此,在英语课堂上实践情境教学,更符合学科特征,满足学科学习的需求。以下就是情境教学在英语课堂上的几点实践:

1. 以名著故事为载体,渗透单词和句型新授

孩子从小到大,会接触无数的故事,但是在早一些的故事中,大多数是一些中国传统的故事和外国名著,例如《三个小和尚》《安徒生童话》等,有了这些故事的积累之后,就可以根据故事的不同特点,再结合所需要新授的内容,为我所用。在故事中寻找与新授内容相联系的切入口,借用其情境,使知识与情境两者合二为一,从而进行有意义的操练,达到事半功倍的效果。

如学习关于身体不舒服的单词,有 ill,thirsty,hungry 和 tired 等,都是一些比较抽象的词,不太容易理解。所以将它们结合到《白雪公主》的故事情节当中:白雪公主为了逃离城堡,一直不停地跑着,跑了整整一天,没有东西吃,她非常的 hungry,也没有水喝,她感到很 thirsty,夜幕降临了,她再也走不动了,她已经非常的 tired,天色也不好,快下雨了,她对小鸟说能不能找一个地方躲躲雨,再淋雨的话,她会 ill 的……把这些新词整合在了故事中(故事如有需要可以适当的改编,更增加新鲜感),不但简单易懂,而且学生很乐意去模仿,在耳熟能详的故事中,任意驰骋。

原本枯燥的单词学习,加入了情境之后,犹如注入了一股“清泉”,让学生可以如饥似渴的“畅饮”,搜寻大脑中相关“库存”的同时,也就是深层学习的发生之时,让学生竭尽所能地投入到学习之中,这就是情境带给单词教学的巨大转变。

2. 以电影故事为手段,反串课堂导入与过渡

如今的电影市场已经不再是成人的专利,近几年的卡通电影吸引了所有人的目光,不管是美国的《花木兰》《海底总动员》还是日本的《名侦探柯南》、宫崎骏系列,都使无数人沉醉其中,特别受到儿童的喜爱和追捧。随着科技的发展,多媒体应用技术的成熟,将电影引入课堂,无疑是一个绝佳的手段。因为学生的特点是喜欢直观的,形象的东西,渴望能感受,能触摸的身临其境的体会。让电影作为一种手段,合理地利

用于课堂教学环节之中，既生动、形象、自然、亲切，又趣味横生。

在4A的第一单元中，涉及的是动物的词汇教学，虽然是学生比较感兴趣的话题，但是光靠几张图片，再加上以一个老套的动物园为话题展开教学，效果都是不明显的。那就不妨展现一下电影效果给人带来的感观魅力吧。以《狮子王》中辛巴在山崖上接受动物们朝拜的盛大场面作为本课的导入，感受狮子王的威严，在学生心中留下一种震撼，培养敬畏之情。接下来辛巴请木法沙介绍新元老的竞争者名单(引出书本中的动物单词)，再通过swim、fly和run的特长竞技比赛来操练学生对新动物单词的掌握，通过这个环节，学生对一些动物的特点和特长均有所了解。接下来的教学活动也就顺理成章了，比赛哪种动物的人气最高，就是新一代草原的管理者。这样的一个环节下来，每个动物的名称，特点，特长，学生都能相当熟练地掌握，情境所发挥的巨大威力可见一斑。

情境贯穿的课堂，所涉及的话题自上而下，一脉相承却又步步深入，在逐步递进中促使学习也走向深度。情境是台阶，为深度探索提供路径；情境是扶手，为深度学习提供帮助；情境是明灯，为深度钻研指明方向……

3. 以自编故事为方法，追求复习整合的创新

结合以上一二两点的实践，让学生在课堂上有充分接触情境教学的体验，积累他们创设情境的经验，培养自主创编的能力，开展“我的故事我做主”的比赛。针对学生的好胜心理和求异的特点，给学生一点文字或是图片的信息(刚开始的时候信息适当多一些，给出一个框架，以后逐步减少)，让他们自由发挥想象，结合所学的知识编写自己的故事，无疑是一个非常好的复习巩固的方法，发展学生对语言使用范围的感知能力以及语言习得后的使用能力。

在低年级的英语书上，有关于四季的单词的学习，孩子学了“autumn”这个表示季节的单词，随后，我让他们根据这个词来编一个故事，尽可能把以前学过的相关信息加入其中，有的孩子编得很长，大概如下：It's autumn，这是我最喜欢的季节，因为天不那么hot了，但也不是很cold，我还是可以吃ice-cream，还有元祖的雪月饼，因为中秋节

就要来了,father 和 mother 要带着我还有很多的 mooncake,去看 grandfather 和 grandmother,我还可以吃到香喷喷的 taro,看到很多 grandmother 养的小动物,有 cat,dog,bird 还有 duck 和 rabbit,它们都是我的好朋友。这个故事中包含了很多内容,如人物,中秋节的食品,还有动物等,复习的面很广,容量很大。关键是构建的语言情境是学生喜闻乐见的,在这样的氛围中练习,轻松且愉快,活泼且高效。

因为情境教学的课堂加盟,将学生学习的范围一扩再扩,将话题的内容一拓再拓,将学生对知识的掌握一翻再翻,使学生的知识从简单的积累模式,向复杂的灵活运用模式转变,知识开始重整,学生的能力也随之提高,深度学习在此过程中酝酿而生,并且开花结果,也必定会“硕果累累”。

### (三) 英语学科服务深度学习的管理行为

课堂上,若要保证学习正常开展,很大程度上依赖于课堂纪律,在学生违规时,教师可以自信、果断地采取行动,对违反课堂规则的行为施以预定的处罚,这种管理行为被称为“确定性纪律”,它主张坚持让学生做出适当的行为,对违规行为果断制止,来实现对课堂的掌控。

在英语课堂上,因为学科特点,动静结合的呈现模式较为普遍,所以学生在两者之间的切换过程中,往往容易出现不遵守纪律的现象,以随意说话,注意力分散等情况居多,因此,在英语课堂上的“确定性纪律”,可以通过以下几个方面来掌控:

1. 口令调整法

训练一种简洁、精辟,又能朗朗上口的句子,可以是学生耳熟能详的数字,可以是通俗易懂的短语,也可以是英语歌曲的接龙,以活泼、欢快的形式,让学生在与教师互动之间,调整好学习的状态,让注意力重新集中起来。例如:

T:One,two,three!　　Ss:Three,two,one!

T:Look at me.　　Ss:Look at you.

T:Jingle bell,jingle bell.　　Ss:Jingle on the way.

2. 游戏规则调整法

游戏是学生的最爱,在游戏过程中,气氛活跃,学生的参与积极性高涨,在此时,纪律意识往往较为松懈,及时调整游戏方法,有利于重塑纪律意识,帮助学生学会控制,让课堂重新回到教师的掌控之中。以Kiss the bomb(踩雷)游戏为例。学生在读单词时,如果读到了放有炸弹的单词,那么其他的同学会对他说"Bomb",意思是他出局了。在这个过程中学生的激动之情溢于言表,往往声音如海浪一般,一波高于一波。由此,也就出现了随意说话的情况,一些与课堂不相干的行为也会在此时滋生。实际上,只需要对游戏做适当调整——将踩雷游戏改成探雷游戏。让学生看到有地雷标志的单词,不能大声喊,恐惊了雷而爆炸,把声音改成了"嘘嘘"。这样,大家再玩这个游戏的时候,就多了一份细致与安静,而操练单词的效果却一如既往。游戏规则的转换,既满足了学生对于新鲜事物的好奇心,又适合于教师对于课堂纪律的把控,将课堂违规行为化解于无痕,为学生进入良好的学习状态提供了帮助,为深度学习的发生提供了保障。

### (四) 英语学科服务深度学习的诊断行为

如果不能将知识与学生建立起意义关联,就无法引起学生内在学习愿望的活动,不可能引发学生的深度学习。正如苏霍姆林斯基所说:"对于儿童来讲,掌握知识这个最终目的不可能像成人那样成为他付出智力努力的主要动力。学习愿望的源泉在于儿童智力劳动的性质,在于思想的情感色彩,在于理性的体验。如果这个源泉涸竭了,任你用什么办法也不可能让孩子坐下来念书。"要激发学生对于学习的内在兴趣与愿望是第一步,随后的诊断也不可或缺。

诊断深度学习是否真实发生,可以借助观察、访谈、对话、考试、问答和咨询等行为来实现。结合英语学科特点,在对话中的追问环节,最能体现学生的深度思考。

追问,就是要寻根究底,从一个问题引发对另一个问题的问,或者另一串问题的问,探究学生思考问题的深度,这无疑是检测学生深度学习的一个有效方法。以“6A Unit 2 What a day?”为例:

T:What a day! Can you give it another name?

S:What a bad day!

T:Yang Ling was happy and excited with her friends. Why do you think that?

S:Because the ants ate their lunch, and it rained in the afternoon,they were hungry and wet. I think they were not happy.

T:Did the same thing happen to you?

S:No. I often have picnic with my family in spring.

T:Why? You don't like the cool autumn.

S:It is warm and nice in spring,but autumn is always rainy in Taicang.

T:So the weather is very important to our plan.

在第一个问题中,检测了学生对于文本中心意思的把握,引出本文的课题是“糟糕的一天”,再追问原由,阐述理由是因为野餐被蚂蚁吃了,而且之后还下起了大雨,他们又饿又湿地回家,这是一段不好的回忆,所以判断题目应该增加“糟糕”更匹配。话题转入深度思考环节,通过对学生的经历追问,得知了学生对于气候的了解,以及制定计划时的思考。从一问而起,一发不可收拾的追问,探寻学生的思考深度,诊断学生的思考质量,深度学习蕴含其中。

### (五) 英语学科服务深度学习的反馈行为

反馈行为的目的与作用,在于帮助学生去“亲身”经历知识的发现与建构过程,体验这种“重新经历”不仅使学生更容易获取和占有“可言说”“可分析”的知识,而且能够使学生透过此类知识的学习,“见到”“体验到”那些“不可分析”“只可意会不可言传”的存在,比如智慧(愚蠢)、理性(情感)、高尚(卑鄙)等。

学而有所得，得而有所馈，馈而有所悟，悟而有所动。这就是学习的循环过程，其中学习成果的反馈行为，可以推进学习的深度，而方法则是：表扬、批评、展示、树立榜样等。展示的反馈行为在英语的学习过程中，有众多的表现形式。

1. 绘画展示

此类展示可以是单词的理解，也可以是阅读文本的理解，也可以是对话场景的再现，它的形式虽都以画画的模式呈现，然而内容迥异，展示深度学习之程度也大有不同。

2. 口语展示

以多媒体的方式，录制口语，体验朗读乐趣的同时，通过口语的表达，检测学生对于所读内容的思考深度，讲究内容读准确，语调用正确，语境放明确。

3. 表演展示

表演是综合类的反馈，从口到行，从行到心，均需要结合所表演的内容，做一番深思熟虑之后，演出方能得法，所以将它视为英语学科深度学习的较高水平反馈，实至名归。

## 第四节　服务儿童深度学习的教学案例

深度学习是一种理解性学习，是与批判性思考、新旧知识联系、多元视野、自我反思、意义探寻、学以致用、终身学习等联系在一起的学习。学生深度学习的课堂教学案例，是基于课堂教学中学生深度学习活动的设计、推动学生深度学习的教学方式变革以及促进学生深度学习的师生关系转变这三个内容基础上呈现出来的教学案例。下面，就语文和数学两节课例，谈谈我校是如何围绕深度学习的特征，以课堂教学为中心，利用开发的工具进行测量、分析，撰写分析报告，形成促进学生深度学习的课堂教学案例的全过程。

## 案例一

上课课题:《赶海》

执教者:太仓市朱棣文小学　钱春艳

上课时间:2019 年 5 月

上课班级:朱棣文小学三(7)班

【学习目标】

1. 学习课文,通过联系上下文,理解重点词语及句子。

2. 抓住关键词语,品析修辞手法及语气词,体会赶海的乐趣。

3. 凭借对课文的反复朗读,激发学生热爱大海、热爱生活的情感。

【活动方案】

活动一:音乐渲染,回忆童年(2 分钟)

1. 播放《大海啊,故乡》

2. 思考:(1)“赶海”什么意思?(2)作者赶海是抓住了哪些趣事来写?

活动二:教给方法,感受“追浪花”之趣(5 分钟)

1. 学习“赶浪花”,你从哪里感受到了有趣?

2. 抓关键词句“不忍离开似的”,品味拟人修辞的作用,感受赶海的乐趣。

3. 小结学习方法

(1) 美美地读文字

(2) 圈圈关键词句

(3) 找找修辞手法

(4) 感受赶海乐趣

活动三:合作学习,感受“摸海星”“抓螃蟹”“捉大虾”之趣(20 分钟)

1. 摸海星

(1) 体会“摸呀摸”,词语重复,体会摸的时间长,小心翼翼满怀期待。

(2) 体会语气词“嘿”及“!”,体会作者内心的惊喜。

2. 抓螃蟹

(1) 理解“束手就擒”的“擒”,先选择正确的字义,再比较“抓、捉、拎”。

(2) 演读“抓螃蟹”的情形,先一生读一生演,再全班演读。

3. 捉大虾

(1) 抓关键词“逗”,品味拟人修辞的作用,感受赶海的乐趣。

(2) 抓关键词“摇摆”“武将”,图片比对“大虾”和“武将”,突出比喻的形象与贴切。

(3) 句子对比“俘虏”,理解“俘虏”的原意和文中意义,体会作者内心的自豪与得意。

4. 品味语气词

(1) 梳理文中带语气词的句子。

(2) 品味语气词表达的不同心理及情感。

活动四:总结写法,回味童年(3 分钟)

1. 播放《大海啊,故乡》

2. 思考:读读文章的开头和结尾,你有什么发现吗?

活动五:课堂练笔,当堂评价(10 分钟)

1. 写抓鱼虾、贝壳、螃蟹的片段,用上关键词语、修辞手法、语气词,突出“趣”字。

2. 当堂反馈,交流评价。

**【案例分析】**

小学语文深度学习是学生基于已有的知识经验和生活体验,对文本进行理解、探寻、识记、运用,并批判性地进行思考、创新,从而达到对文本批判性地理解和自身情感、态度、价值观的升华,它可以引领学生走向语文的核心意义,提升学生的语文综合素养。

## 一、基于学生深度学习的课堂活动设计

### (一) 联系生活经验,回归生活实践

深度学习是一种由学习者的“认知需求”和“内在动机”驱动的学

习。教育家陶行知曾提出:“生活即教育,用生活来教育,为生活而教育。”作为教师,应把课堂建立在生活的意义之上,树立生活的课堂理念,让课堂回归生活。这样,才能激发学生的内在动机,使深度学习成为可能。钱老师的课堂活动联系了学生已有的生活经验。班中很多孩子都有赶海的经历,当老师问道孩子自己追浪花的体验时,生 1:浪花扑过来时,吓得往后退。生 2:我觉得迎着浪花跑去,浪花拍打在身上的感觉非常刺激……很多学生都能联系自己的体验谈感受,学生的情绪高涨,更好地带入文本。深度学习的目的是为了解决现实生活中的问题,而不只是单纯的掌握知识。学习者将自己学到的知识在课后任务或活动当中加以实践,通过实践增强灵活运用知识的能力,适应各种复杂的情境。当学完课文后,钱老师让学生用上关键词语、修辞方法,用上语气词,结合自己的生活体验,也写一段赶海的经历,将学生的所学,得到运用,回归生活实践。真正地做到学以致用,用生活化的内容充实了课堂教学。

### (二) 融合学科知识,理解运用语言

语文课程是一门学习语言文字运用的综合性、实践性课程。因此在教学时,教师要进行多学科的融合,多领域知识的相互碰撞,相互渗透。只有这样才能帮助学生更好地理解文本。在深度学习中,学习者批判性地检视事实和概念,在概念间建立起丰富的联系,并且把新的概念与已有的认知结构联系起来,从而理解并长期记忆概念,使它们可以被用于解决不熟悉情境中的问题。钱老师在教学“大虾”一句时,谈到了“武将”。“武将”来源于戏曲,很多学生并不了解。教师利用图片,直接将武将的形象展现在学生面前,给了学生直观的感受,通过对比,学生能抓住外形、动作和神态的特点,找到这两种事物之间的共同点,理解句子。此外,在文章的结尾和开头都出现了《大海啊,故乡》中的歌词,钱老师让学生一起聆听了这首歌,伴随着音乐,激发了学生对大海的热爱,与作者产生共鸣。

### (三) 利用比较策略，训练学生思维

比较策略是深度学习过程中的策略。一旦进入对比的思维方式，学生理解的深度，审美鉴赏的效度会随之提升。教学中，钱老师多次运用对比的策略，比如“摸呀摸呀”这个短语，老师改为“摸呀”让学生比较体会，通过老师的引导与动作演示，学生体会到作者用词的精妙，他们懂得这是词语的重复，恰到好处地感受到小作者摸的时间长，突出赶海的有趣。又如老师引导学生比较“我轻轻伸过手去，只一捏，这武将就成我的俘虏”和“我轻轻伸过手去，只一捏，这大虾就被我捉住了”这两句话，学生反复思考，体会到原来用上“俘虏”，显得更加生动有趣了。

### (四) 结合人物职业，进行情感体验

这里所谓的“人物职业”包括文中出现的人物的职业、岗位等。只有进入了人物的角色进行共感，学生才能有深刻的体验。教学中，钱老师引导学生品读句子“海水哗哗往下退，只有浪花还不时回过头来，好像不忍离开似的”。先体会这里作者运用了拟人手法，赋予了浪花人的情感，写活了退潮时浪花翻涌的情形。接着，联系学生生活实际追问“你追过浪花吗?”激活学生体验，很多学生表示追过浪花，教学中侃侃而谈，气氛融洽。情感实践是小学语文教学的一部分，在教学过程中教师必须尊重和培养学生正确的态度、情绪、情感和信念，关注学生的情感实践，努力使教学过程成为学生的一种高尚的道德生活和人生体验。

## 二、推动学生深度学习的教学方式变革

### (一) 重视前后联系，贯通课文理解

深层学习既关注学生的学习过程，也关注教师的教学活动。深层学习是意义探寻型学习，注重文本主旨和作者写作意图，注重联系。在本课教学中，钱老师重视前后联系，有助于学生完整地理解课文，对文

本有一个整体的认识。在学完课文后,钱老师不忘总结,在课文的开头和结尾处都出现了"小时候……"这段歌词。并告诉学生像这样的写作手法就叫做"首尾呼应"。有效地勾连了文章的开头和结尾,还原文本的整体性。

### (二) 注重听说读写,培养语文能力

深层学习是在浅层学习的基础上,通过适切的学习方式对学习内容进行系统梳理与批判性理解,同时注重基于不同情境的言语实践,有效培养学生语言文字运用能力的学习过程。小学语文课程标准也指出:"语文课程应培育学生热爱祖国语文的思想感情,指导学生正确地理解和运用祖国语文,丰富语言的积累,培养语感,发展思维,使他们具有适应实际需要的识字写字能力、阅读能力、写作能力、口语交际能力。"

1. 听,培养学生接受语言的能力

深层参与"应当追求的不是'发言的热闹的教室',而是'用心倾听的教室'"。在教学第二段"追浪花"片段初始,老师指名一位学生朗读段落,并让其他学生听这位同学朗读并思考"趣"在哪儿。这段教学中,老师对所有学生提出的"听"的要求,这是一种带有明确目的性的倾听,可以让倾听者更关注说话者的内容,对其传递的信息进行交流和反馈。在了解外部事物知识中,"听"占有非常重要的地位,学生积极倾听,就能在日常交往中有效地沟通。

2. 说,培养学生表达语言的能力

"说"的教学贯穿课文教学始末,老师说、学生说,课堂中处处落下"说"的痕迹。大胆、自信地在课堂表达既是激励学生深层参与的有效形式,也是深层学习显性的表现方式。从课文开始说"赶海"的意思,到结尾评议写话片段,学生都能在课堂中大胆地表达自己的想法。学生说的同时,老师马上给予评价,当学生说到"俘虏"这个词的妙处时,老师马上评价学生能主动思考,这样的环节,能激发学生说的积极性。

3. 读，培养学生感悟语言的能力

在教学"捉螃蟹"片段时，老师在指导疏通字词以后，就让一位学生通过演读的形式进行展示。郑祖德说"读可益智，读可审美，读可怡情，当然，读更可以发展语言。"这么有趣的段落，如果只是干巴巴地读，则缺少了一点朗读的趣味。老师让学生朗读时，配上文字所展现的动词，更显得韵味无穷。

4. 写，培养学生组织语言的能力

在教学的结尾部分，老师设计了写一个捉鱼虾、抓贝壳、抓螃蟹等的小片段。用上关键词语，用上修辞手法，用上语气词，写出自己赶海的乐趣。这个写话的环节，是一个综合的学习。"写"本身就是建立在"听、说、读"之上的，因为有了明确的写作指导，学生就能较快地写作，在写中巩固了综合能力。

## (三) 注重语感积累，纳入原有结构

黎加厚教授提出："深度学习是指在理解的基础上，学习者能够批判地学习新思想和事实，并将它们融入原有的认知结构中，能够在众多思想间进行联系，并能够将已有的知识迁移到新的情境中，做出决策和解决问题的学习。"

1. 语境中领悟文本趣味

学生学习的主要场所便是课堂，因此在教学中，老师应努力创设语境，帮助孩子更好地品悟以及内化。在语文课上，语言、图片、音乐、表演是课堂内语境的主要内容。教学时，教师运用语境激发学生学习兴趣，发挥语境的真正价值，并且为学生创造发言的机会，培养学生的口头表达能力。

在日常教学中，我们的老师都能关注到语境的创设。比如在本次教学中，钱老师创设了"追浪花"、"摸大虾"、"抓螃蟹"等语境。例如"追浪花"，钱老师利用语言、图片、朗读创设美好语境。钱老师出示相关图片，感受大海之美，浪花之美，通过对关键字词的品悟，感受追浪花的趣。联系生活，提出问题：你追过浪花吗？在孩子们一个接一个的交流

中,交流者在语言表达的过程中,说出了自身的体验,而聆听者,通过语言文字结合书本,更是进一步体会"追浪花"的"趣"。朗读时,这字里行间中更是体现出文中"我"的这一份愉悦。

深层学习是一种理解性学习,学习者能够透过解读学习内容的事实和细节而把握其主旨和大意,挖掘字里行间所隐含的意义,是一种注重新旧知识联系的学习,利用已有的知识使新知识成为个人思想的有机组成部分。

2. 朗读中培养学生语感

**例 1:**

师:谁来读读文中的词语。

生读。(但不够理想)

师:读词语时,我们要读出词语的温度,读出你对词语的理解。

教师范读。

生读。(有明显进步)

**例 2:**

紧扣"回",了解拟人修辞手法的同时,通过朗读引导学生体会到浪花的不舍。诵读是多种感官参与,以声释义的活动,是把文字符号转化成声音,直接感受语言、训练语感的基本方式。

例 1 中,钱老师在刚开始上课时,便关注到了词语的朗读,适时引导,通过这样的方式,学生在读词语时不仅关注到了停顿,读准了词语,更是把每一个词语联系生活实际,读出了自身对词语的理解,更是在脑海中显现出一幅幅画面。例 2 中,钱老师在教学中抓字眼朗读。一个"回"字,读明白了这是一种拟人的修辞手法,读到了浪花的不舍离开,更是读到了孩子们对"追浪花"的喜欢,正是因为喜欢,文中的一个"回"字诠释了这一份不舍,更是孩子们对浪花的不舍。

3. 训练中体现语言逻辑

如何培养孩子们正确、有效地表述自己的思想是我们在语文教学中需重点关注的语文实践活动。在小学阶段,老师应结合课文,引导学生在课上模拟各个场景，让学生学会在不同场合，不同对象，不同环境下恰当而富有条理地表达自己的想法。

例1：在本堂课中，在学生回答问题的时候，钱老师通过评价，关注并纠正孩子们语言表达的恰当性以及合理性。例2：小朋友们，有没有赶海的经历呀？请小朋友写一个捉鱼虾、抓贝壳、抓螃蟹的小片段。用上关键词语，用上修辞手法，用上语气词，相信你的赶海肯定也很有趣。钱老师通过“写”，再到课后的交流，在评价中引导，使孩子们的表达更具有逻辑性。

## 三、促进学生深度学习的师生关系转变

深层学习的语文课堂就是通过创建积极的学习共同体，培育“倾听关系”的课堂氛围，激发学生深层表达的欲望和能力，在问题引领下，以丰富的、结构化的语文学习活动，引导学生深层参与，在实现对文本的深层理解的过程中，拓展思维空间、发展思维能力、理解能力和迁移能力，不断提升学生的阅读素养。

### （一）增强师生情感交互

钱老师在教学“抓螃蟹”这一部分时，请学生演绎这个有趣的情形，老师范读，学生表演，令全班忍俊不禁，而后，其他学生跃跃欲试，有的读有的演，师生情感达到了最佳的融合，课堂气氛活跃美好。最后的有感情齐读，可谓是水到渠成。

### （二）引导学生批判质疑

学贵有疑，小疑则小进，大疑则大进。钱老师在教学《赶海》的过程中，引导学生理解“束手就擒”这个词语的意思时，先通过选择题的方式理解了“束”这个字的意思，而后又理解了“擒”这个字的意思就是捉拿，再引导学生质疑能否将“擒”换成近义词：抓、捉、拎等字，从而理解作者用词的精当、准确。

### (三) 指导学生自我评价

同学间相互评价、自我评价,使学生不仅学会了去发现别人的优点,还能用欣赏的眼光去看别人,去赞扬鼓励别人,而且自身在学习过程中也受到鼓舞,进一步增加了学习的欲望,更加对学习充满了乐趣。钱老师的课堂上,课文学完后,教师抛出问题,引发学生回忆有没有赶海的经历?请学生写一个抓鱼虾、抓贝壳、抓螃蟹的小片段。用上关键词语,用上修辞手法,用上语气词。而后进行交流、点评。学生在相互交流的过程中,学会自我评价,同时,有了组内成员的评价,也让孩子自己发现、认识需要改进的地方。

### (四) 优化学生学习过程

俗话说"学无止境",知识是学不完的,老师所教的知识也是有限的。老师在课堂上不是教教材,而是用教材教,教是为了不教,教会学生学习的方法。所以,我们在课堂上更应关注孩子们的"学"。钱老师在教学"追浪花"一段时,引导学生紧扣文本,"有浪花还不时回过头来,好像不忍离开似的"感受作者运用了拟人手法后,赋予了浪花人的情感,写活了退潮时浪花翻涌的情形。于是,再接下来学习"摸大虾、抓螃蟹、抓贝壳"等语句时,引导学生举一反三、触类旁通,用刚才学过的方法学习,感悟赶海的"趣"。

### 案例二

上课课题:《认识分数》

执教者:太仓市朱棣文小学龚晓红

上课时间:2018 年 12 月

上课班级:朱棣文小学三(5)班

【学习目标】

1. 能结合具体的情境初步认识分数,知道把一个物体平均分成几份,每份是它的几分之一;能正确读写分数,知道分数各部分的名称;初步学会联系分数的含义，并借助直观手段比较几分之一的大小。

2. 在认识分数的过程中，进一步感受数学活动的经验，培养观察、操作、思考和表达交流的能力。

3. 初步体会分数源于生活实际的需要，进一步感受数学与生活的联系，增强对数学的亲切感。

【活动过程】

一、情景导入，引起冲突

活动一：情境导入，初步认识1/2

把这些食品分给2个小朋友，怎么分才公平？

(1) 把苹果(　　)分给2个小朋友，每人分(　　)个。

(2) 把矿泉水(　　)分给2个小朋友，每人分(　　)个。

(3) 思考：只有1个蛋糕，平均分成2份，你准备怎么分，在图中画一画。每人分得(　　)个。

活动二：自主预习，认识名称

这"半个"能用什么数表示呢？(　　)

把一块蛋糕平均分成2份，每份就是它的二分之一，写作1/2，像1/2这样的数就是分数，今天我们就一起来初步认识分数。谁能介绍一下分数各部分的名称？

$$\frac{1}{2}$$

1 ……(　　　)

— ……(　　　)

2 ……(　　　)

如果把这个分数线看成是把蛋糕平均分，那么分母2表示什么意思？分子1又表示什么意思呢？你能完整地说一说1/2的含义吗？

二、动手制作，建构意义

活动三：折出1/2(一张长方形的纸)

(1) 我们能够找到蛋糕的1/2，那么能不能找到一个长方形的1/2呢？请试着找一找。拿出一张长方形纸，找出它的1/2，并涂上颜色。(限时2—3分钟)

(2) 教师(核心问题):请仔细观察,涂出的每一份的形状都不一样,为什么它们都能用 1/2 表示?

预设:因为都是把长方形平均分成了 2 份,涂了其中的 1 份。

(3) 教师总结:看来,不管怎么分,只要把长方形平均分成 2 份,每份就是它的 1/2。

活动四:折出几分之一(圆形、长方形、正方形纸)

我们刚刚认识了 1/2,你还想认识几分之一?(预设 1/4、1/5、1/8)那我们一起做一个几分之一吧!请听好要求:

拿一张纸(圆形、长方形、正方形任意挑选)折一折,并涂色表示出你想认识的几分之一。(限时 2—3 分钟)

(1) 请 2 位同学上台来介绍几分之一。(注重引导学生如何介绍分数。例如:你把圆平均分成了几份,涂了 1 份就是几分之一)

(2) 像刚刚介绍的那样,同桌相互介绍自己制作的几分之一。(2 分钟)

(3) 展示几个 1/4 的作品。

(4) 教师(核心问题):我们用长方形、正方形和圆形都做出了 1/4,看来不管什么图形,只要把这个图形平均分成了 4 份,涂了其中的一份,就是 1/4。但这些都是 1/4,为什么涂色的每一份的形状都不一样呢?

预设:第一个是正方形的 1/4,第二个是圆形的 1/4(只要初步建立单位 1 的概念。)

(5) 教师小结:虽然都是 1/4,但是这个表示圆形的 1/4,这个表示长方形的 1/4,而这个表示正方形的 1/4。要搞清楚是谁的 1/4。

(6) 比较分数大小:用圆表示分数的请举手,教师收取部分作品展示。同时提问学生:这是几分之一?(1/4 和 1/8)

比较它们各自涂色的部分,你能说出哪个分数大?你是怎么想的?

预设:平均分的份数越多,每一份就越小。

(7) 再拿出一个用圆表示的分数,直接比较一下。说说怎么想?

三、课堂反馈

1. 用分数表示涂色部分。

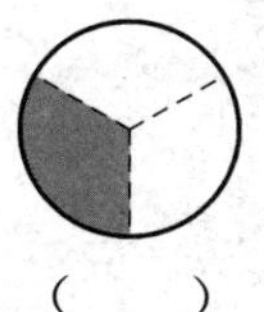
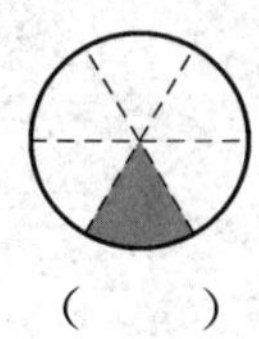
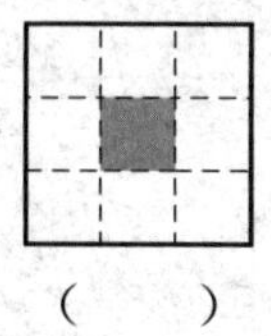
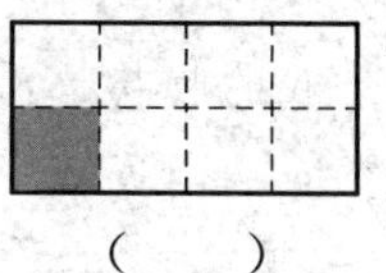

(　　)　　(　　)　　(　　)　　(　　)

追问:你们这么快答出来,有什么诀窍吗?

预设:我们发现,把一个图形平均分成几份,涂了其中的一份就是几分之一。

2. 判断题:下面哪些涂色部分可以用 1/4 表示?并说说理由。

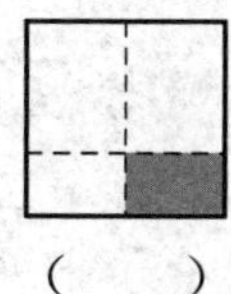
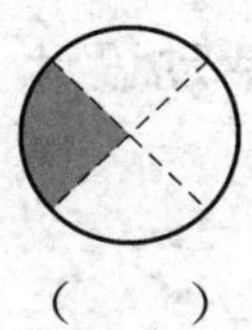
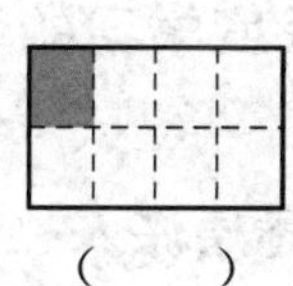
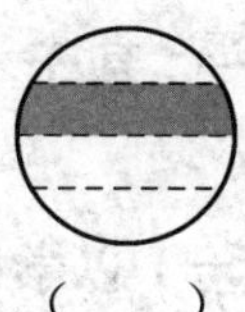

(　　)　　(　　)　　(　　)　　(　　)

3. 先填一填,再读一读。

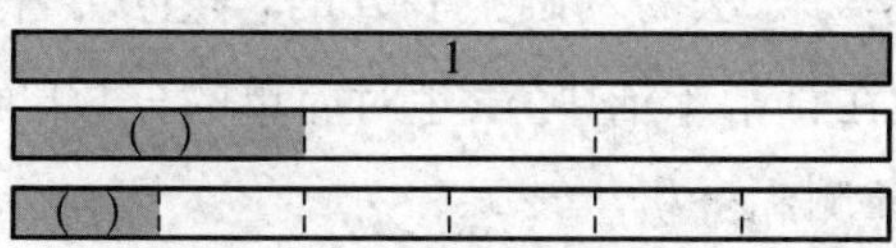


填几分之一,你是怎么想的?

填出的分数,哪个大一些?

如果继续分下去,还可能表示几分之一?

仔细观察,如果继续分下去,分的份数越来越多,那么每一份会越来越(　　)?

4. 教师小结:同学们,我们今天一起初步认识了分数,那今天你有哪些收获?

5. 在生活中也有很多的分数,下面的画面让你联想到了几分之一?

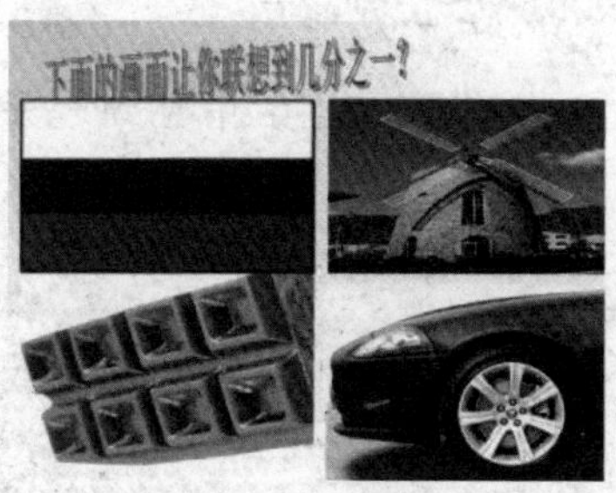

6. 介绍分数的发展历史。

教师小结:看来,分数与我们的生活是密切相关的。

7. 评价反思

我的收获是:

我的困惑是:

**【案例分析】**

小学数学深度学习要求学生不仅仅对于知识进行机械的加工,而是通过自己的探究和独立思考对其进行批判性的接受。这就必须要求学习者拥有对知识探究的浓厚兴趣和反思创造的能力,最终实现对于知识的理解性学习。

## 一、基于学生深度学习的课堂活动设计

### (一) 以学定教,逐层深入

问卷调查法是评估深层学习最常用的方法。"认识几分之一"是建立在学生二年级学习除法的基础上展开的,学生对"平均分"已经有了一定的认识,而且在日常生活中,学生对简单的分数已经听说过,因此,在教学前进行了前测和分析。

**《分数的初步认识(1)》单元前测问卷**

(1) 学好本单元的内容,我们要做到什么?可多选。(　　)

A. 认真听讲　　　　B. 仔细计算　　　　C. 大胆发言

(2) 你认为你能学好这一单元的内容吗?在合适的选项后打"√"

一定能□　　　　有可能□　　　　不能□

(3) 你在生活中见到过分数吗?如果见过请尝试写几个分数。

(4) 你会把上面这些分数读一读吗?在合适的选项后打"√"

都会□　　　　会一部分□　　　　都不会□

(5) 下面哪些图形是平均分,在平均分的图形下打“√”

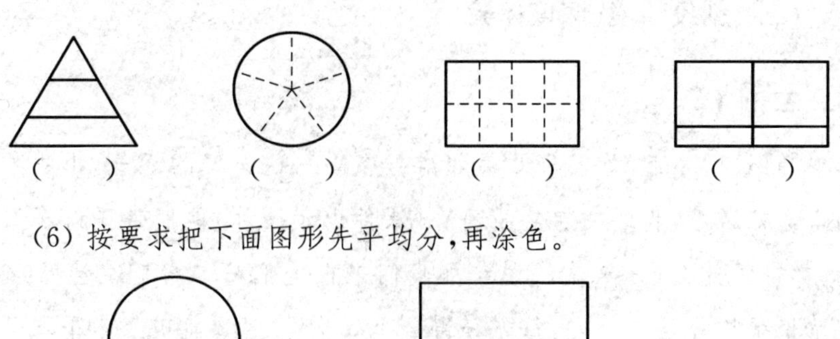

(　　)　　(　　)　　(　　)　　(　　)

(6) 按要求把下面图形先平均分,再涂色。

平均分成 2 份　　平均分成 4 份

涂其中的 1 份　　涂其中的 1 份

(7) 试着创造一个分数

① 试着自己涂色,创造一个几分之一的分数

② 试着自己涂色,创造一个几分之几的分数

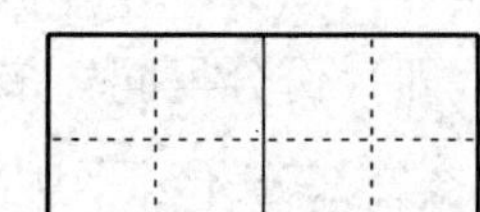

③ 试着把刚才涂好色的两幅图和起来,再创造一个分数

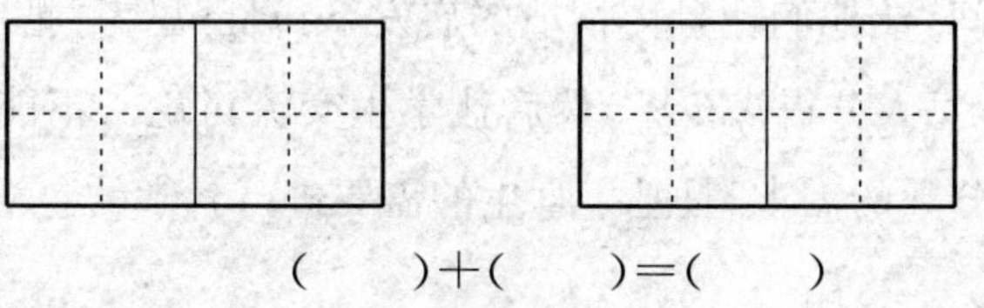

(　　)+(　　)=(　　)

综合前测与分析,结合学生日常的生活经验,部分学生对分数是有一定认识的,因此教师不需要把时间多花在导入上面,直接提出即可。分一个蛋糕的过程,就是分数产生的过程,学生不能用整数 1,2,……表示,产生了一种需求,产生了学习的内驱力。通过联系现实情境认识分数,理解分数的意义,帮助学生将分数与已有的知识经验建立联系,让学生体会整体与部分的关系,从而为深入学习分数知识奠定基础。

### (二) 创设情境,深度体验

**案例 1:**

师问:同学们,你们喜欢去郊游野餐吗?这么好的天气,小明和小丽也去郊游了,我们一起去看看。(课件出示图片)他们带了好多好吃的,都带了什么,谁来说一说?那我们来帮他们分一分吧。生 1:把 4 个苹果平均分给 2 个人,每人分得 2 个。生 2:把 2 瓶矿泉水平均分给 2 个人,每人分得 1 瓶。师问:1 个蛋糕,怎么分呢?生 3:要平均分,把一个蛋糕平均分给两个人,每人分得半个。结合课件演示……

深层学习的必要前提是学习者对于知识有着比较浓厚的兴趣,有探究的欲求。从上述案例中,我们可以看出龚老师创设的教学情境"郊游野餐"是学生感兴趣的话题,一下子就调动了学生学习的积极性。把 4 个香蕉和 2 瓶矿泉水平均分成 2 份,让学生深刻体会到"平均分"的含义,即每份分得同样多。接下来分 1 个蛋糕,学生立刻会产生困惑,1 个蛋糕怎么分才公平呢?已有的知识经验和现实问题发生了认知冲突,产生了求知的欲望,这时充分利用学生已有的经验,给学生一定的空间和时间,让他们在具体情境的启发下,自己思考"把一个蛋糕平均分成 2 份,每人分得多少?",然后让学生交流讨论。不能用整数表示,从而产生分数的需求,是基于学生的需要进行教学的。

### (三) 核心问题,深度理解

深层学习是主动探究与积极思考,深层学习的最终目标是将知识运用于实践中从而对具体问题进行解决。本课的核心问题是使学生理解几分之一的具体含义并形成表象。教师在教学过程中始终围绕核心问题进行,帮助学生建立分数的概念。例如:在第二环节学生初步认识二分之一后,教师采用不同的方式让学生开口尝试说二分之一的意义,让学生能熟练说出二分之一的意义。采用不同的方式训练学生的表达是"磨刀不误砍柴工",也为后续制作二分之一后的语言表达作了铺垫,因此学生在后续的学习中就进行得比较顺利了。

### (四) 主题活动,深度探究

**案例 2:(认识二分之一)**

师:(课件演示)我们再来回顾下刚才的过程,请同学们仔细观察,把一个蛋糕平均分成 2 份,一半正好是两份中的一份,其中的一份,这就是二分之一(师边说边指蛋糕图)谁会说?

生 1:把 1 个蛋糕平均分成 2 份,每份是它的二分之一。

生 2:(重复一遍)

……

**案例 3:(制作二分之一)**

师:同学们,我们已经认识了蛋糕的 1/2,你能不能创造出长方形的 1/2 呢?(师出示长方形纸片)请看要求:先折一折,然后把它的 1/2 用斜线涂上颜色,拿出长方形纸,折一折涂一涂。你是怎么折的?哪部分是长方形的 1/2,谁来介绍?

……

**案例 4:(制作几分之一)**

师:我们刚刚认识了 1/2,你还想认识几分之一?(预设 1/4、1/5、1/8……)那我们一起做一个几分之一吧!……

通过上述描述,我们可以看出龚老师设计的主题活动环环相扣,层层递进。先让学生积累丰富的表象,表象通过语言外现,语言通过表象深刻。其一,通过让学生利用长方形创造出二分之一。收集不同的表示方式,在学生“说”的同时让学生比较不同的形状,表示了相同的分数,这是为什么?让学生通过比较,明确:把长方形平均分成 2 份,每份是它的二分之一,与分出的形状无关。其二,让学生自由创造一个几分之一。从一开始教师规定的制作二分之一,到自己自由创作几分之一,这是一个开放的过程,让学生在这一过程中将学习引向深入。深层学习注重学习者的元认知发展,鼓励学习者以探究的方式和合作的模式进行新知识和信息与新问题的解决。深层学习更加注重学习者对于现有知识的反思,并强调新知识内化之后,与学习者固有知识结构之间的联系。

### (五) 任务设置,深度思考

**案例5:(做分数)**

操作要求:

(1) 在圆形、长方形、正方形任意挑选一张

(2) 折一折,并涂色表示出你想认识的几分之一

(3) 同桌交流,你表示了几分之一

……

通过上述要求,我们可以看出龚老师对学习任务的布置也是逐层深入的。通过收集学生用不同图形创造出的几分之一和用相同图形创造出不同的几分之一,引导学生进行比较,再次明确"与平均分成的份数密切相关"。从而帮助学生理解分数的含义,从直观慢慢过渡到抽象,形成分数的概念。深层学习避免对知识的简单记忆和机械复制,更注重对于知识的解释与剖析。

### (六) 梯度练习,深度构建

"深度学习"需要引导学生走向自然,走向社会,走向现实生活,开展丰富多彩的实践活动,使小课堂连着大世界,而且要拓宽教育教学的途径,引导学生在生活中学知识,用知识。实现课堂教学,课外活动,综合性学习的结合,学校、家庭、社会教育的结合,建设起课内外联系的教学体系。这个环节龚老师设计了4练习:① 用分数表示涂色部分;② 下面哪些涂色部分可以用1/4表示?并说说理由。③ 先填一填,再读一读。引导学生思考:如果继续分下去,分的份数越来越多,那么每一份会越来越?④ 生活中的分数。让学生体会数学来自于生活,又回归于生活。

### (七) 关注生成,深度实践

**案例 6:**

在教师让学生用不同的形状表示自己喜欢的几分之一后,教师选取了一些图形展示。

师:为什么这些图形都表示 1/4?

生 1:只要把它平均分成 4 份,其中的 1 份就是 1/4。

师:同样是 1/4,为什么形状不一样?

生 2:因为分的东西形状不一样。

总结:只要把(　　)平均分成 4 份,每份都是它的 1/4。

……

从上述案例中,我们可以看出龚老师的教学完全是按照自己的预设进行的。这一环节的教学也比较顺畅,学生对分数的理解也比较到位的。有效的课堂教学应该要促进学生进入深度思考的境地,从而提高教学效益。这里既然已经说到了"同样是 1/4,为什么形状不一样?"这个问题,是否可以追问"同样是 1/4 的长方形和正方形可以比较大小吗?为什么?学生是不是会有更加精彩的回答。课堂上教师要善于捕捉学生中的资源,及时判断生成问题的价值程度,帮助学生走向深度学习。

## 二、推动学生深度学习的教学方式变革

### (一) 沟通新旧、主动建构

深层学习是一种基于理解的学习,是指学习者以高阶思维的发展和实际问题的解决为目标,以整合的知识为内容,积极主动地、批判性地学习新的知识和思想,并将它们融入原有的认知结构中,且能将已有的知识迁移到新的情境中的一种学习。在小学数学的知识体系中,任何一个知识点都不是孤立存在的,需要把它放到整个知识系统框架中去看。教学不仅要见树木更要见森林。教师要找准学生的认知起点,

才能让学生有效的思考问题。例如:案例 1 中的教学,教师就把握了学生已有的知识经验和现实问题发生了认知冲突,产生了矛盾,让学生产生学习分数的需要就显得自然而然。

### (二) 动手操作、理解本质

基于深层学习的认知模式,要求学生不仅仅对于知识进行机械的加工,而是通过自己的探究和独立思考对其进行批判性的接受。学生对数学知识的学习,不是被动接受,而是主动建构,而动手操作对学生理解本质有着重要的作用。案例 4 中,制作几分之一这个环节,先让学生尝试着折一折,再用涂色的方式表示出几分之一。再集体交流比较 1/2 和 1/4 的大小,比出了大小,接下去猜想,如果折出这个图形的 1/8,和上面的分数比较,大小怎样?最后验证猜想结果,得出结论。这个活动进一步丰富了学生对几分之一的认识,让学生在经历操作、观察、比较、分析、概括等思维活动后自主探索出结论,同时渗透了猜想——验证——得出结论的学法指导。

### (三) 学思结合、灵活运用

“深度学习”为学生在课堂学习方面提供了新的方向和思路,是在理解学习的基础上,学生能将新知融入自己原有的认知结构中,进而提升学习层次,强化学习能力。例如龚老师在练习中的设计,引导学生思考:如果继续分下去,分的份数越来越多,那么每一份会越来越?这不仅仅是认识分数知识,更是渗透了极限的思想,通过对图片进行平均分,并逐渐增加平均分的份数,为学生提供了可见的操作活动,将问题承载于活动中,帮助学生真正掌握数学知识,让深度学习落在实处。

### (四) 乐学善问、总结反思

教学中要抓住学生思考的核心问题,用问题进行有效追问,逐步推进问题的深化,让学生思维的触角主动触及知识的本质,使学习从表层走向深层。例如:案例 5 的教学,通过学生动手操作,教师追问“不同图形创造出相同的分数"和"相同的图形创造了不同的分数"这两个问题，引导学生总结反思，最后得出"分数与平均分成的份数密切相关"这一结论，让学生对分数的理解更加清晰、透彻。

## 三、促进学生深度学习的师生关系转变

### （一）创设轻松的学习环境，打造和谐的师生关系

深层学习的过程并非是将知识简单地由教师传递到学生，而是发生在一定的情境之中的，学习者在教师的引导和协助之下，通过必要的信息资源，对知识进行主动的建构，是一个有机的过程。

龚老师能够仔细研读教材，确定核心问题，并围绕核心问题设计4个有效的主题活动展开教学：活动一：情景导入，初步认识二分之一。活动二：自主预习，认识名称。活动三：折出二分之一。活动四：折出几分之一。于此同时，教师创设了"郊游野餐"的主题情境，激发学生的学习热情。在课堂教学的过程中，教师没有把自己看作课堂的领导者、决策者，而是改变自身的定位，做学生的解惑者。

### （二）使用激励性课堂语言，营造自由的讨论氛围

教师紧紧围绕核心问题，引导学生通过操作，使学生在操作、比较的过程中认识分数，感受以下几个知识本质：(1) 把不同图形平均分2份，其中一份就是这个图形的二分之一。(2) 把相同图形平均分，平均分的份数不同，得到的分数也不同。(3) 把同一图形进行平均分后得到不同的分数，可以比较几分之一的大小。在探究问题的过程中，教师时刻关注学生，关注他们的情感变化，使用启发和鼓舞的话语，促使学生同伴交流、合作学习，最终达成教学目标。

### （三）注重学生的个性差异，建立独特的精细教学

《认识分数》这一单元教材是在学生已经掌握一些整数知识的基础上进行教学的。这是学生第一次接触分数，从整数到分数是学生认识

数的概念的扩展,是一次质的飞跃,因为无论在意义,读、写方法,还是在计数单位以及计算方法上,它们都有很大的差别,并且学生在生活经验中又接触得较少,此外,学生个体间的差异,更加使得本单元内容学习起来比较困难。因此,在教学设计中,教师有意识地引导学生找生活中的分数,使学生能够感受到生活中处处有数学、数学离自己很近。能够充分感受到分数的应用价值。最后的“你知道吗?”使学生认识到了古人是如何创造出分数的,激发了学生的创造性意识。

# 第七章　走进孩子的多元时空
## ——强化个别化教学

随着新课改的推进以及素质教育的发展，个别化教学受到了前所未有的关注。大班的课堂中，教师无法关心每一位学生的成长，课堂教学不能适应、满足每一位学生具体的、有差异的发展需求。因此，在大班的背景下进行个别化教学，有着非常迫切和积极的意义。个别化教学是实现新课程改革及教育素质理念落实的有效保障，也是实现教育公平与效率的重要途径。

## 第一节　学生经验、学习风格和个别化教学

适应个别学习需求的个别化教学，打破了传统的学习群体的结构，把学生作为有差异的不同个体来对待，尊重学生的学习经验，开发多元的学习风格。每一个学生都是具有自己独特个性的个体，其个性在学习过程的选择中得以充分体现，而不是一个完全同步的群体中没有个性的一份子。

### 一、学生学习存在明显的经验差异

学生的学习经验是学生个体积累新旧知识的结果。每个学生的学习经验是不同的，关注每一个学生的学习经验是很重要的。在课程实施中我们不仅要关注每个学生的学习经验，还要建立学习经验的前后连结，积累学习经验所引起的种种关系或是它们之间的连续性。然而

在课程实施过程中,许多教师却忽视了学生的多元差异的学习经验,不能以学定教、因材施教。这样的课堂常常是教师单方面“传输”:背教案、过课件、走流程,对学生的多元解读充耳不闻;对学生的质疑问难含糊其辞;对学生的迁移欲望强行遏制。所以,重视学生个体的学习经验在课程实施中应成为一个重要的目标。

### (一) 学生经验的内涵及教学意义

在基础课程改革的不断深化和以学生为主体的课程理念的影响下,学生经验日益成为一个重要问题而备受关注,越来越多的教育者意识到教学若远离学生,则难以从根本上实现以学生为主体的理念。

“经验”是著名教育家杜威在其教育理论与教育实践中主要的谈论对象,他认为经验既包含经验的过程,又包含经验的结果。经验“不仅包括人们做些什么和遭遇些什么,他们追求些什么、爱些什么、相信些什么和坚持些什么,而且包括人们怎样活动和怎样受到反响的,他们怎样操作和遭遇,他们怎样渴望和享受,以及他们观看、信仰和想象的方式,简言之,能经验的过程”。此外,杜威反对完全分门别类的课程,因为儿童的经验是整体的,课程需要照顾儿童的整体性经验,而不是通过自己的力量把儿童的生活、经验分割得支离破碎。

根据杜威的论述以及笔者对学生经验的理解,学生经验是学生在日常生活和学习过程中,与周围环境相互作用而产生和发展的、学生个人所具有的认知情感活动。在此,笔者认为,学生经验是以学生为主体,学生在其日常生活以及学习过程中与环境、他人的相互作用中获得的过程性经验和结果性经验。过程性经验更强调学生在生活中、在学习知识的过程中产生的情感、态度、价值观,是一种难以量化、无法用言语表达的隐性经验;结果性经验即传统的教育所要求的学生在学习结束之后或者学生在日常生活中所获得的知识与技能,显性经验与隐性经验构成了完整的学生经验形态。

新一轮基础课程改革在各门学科中明确地提出教学活动要联系学生的现实生活,以此突出学生经验在教学中的地位。比如《基础教育课程改革纲要》指出要“关注学生的学习兴趣和经验”，“关注学生的成长需要与生活体验，尊重学生学习与发展规律”，“注重与学生生活经验和社会实践的联系，通过学生自主参与的、丰富多彩的活动，扩展知识技能，完善知识结构，提升生活经验”。可见学生经验在基础课程改革中占据着重要的地位。但是即使新课程改革已进行多年，应试教学遗留下的问题依然在阻碍着新课程改革的进程，传统的教材本位、知识本位的教学理念依然或轻或重地存在于小学一线教学中。面对只重视知识结果的传授，轻视或不合理地处理知识与学生经验的联系的教学方式的问题，如何合理地利用学生经验与知识的关系，对于深化教学改革来说显得尤为重要。

### （二）学生之间经验差异的表现

学生学习经验的差异主要是由于学生的环境不同影响所致。每个学生的生活方式、家庭环境、社会关系都是有区别的，而学生学习经验差异获得的过程也就是新知识与旧知识相互建构、重组和改造的过程，每个学生的旧知识都是不一样的，旧知识在与新知识发生碰撞的时候，所产生的新的学习经验也是截然不同的。学生个体之间的经验差异主要体现在能力、思维、兴趣、性格和气质等方面。

1. 能力的个体差异

能力是人顺利完成某种活动、直接影响活动效率的心理特征之一，是具有多种因素的复杂结构。由于能力是一种外显的、对活动或工作任务具有直接影响的特征，因此被认为是最主要、最明显的个体差异变量。能力的个体差异，有着不同的表现。其中最为主要的是量、质和发展三个方面。量的方面主要表现在能力的高低之别，即能力发展水平的差异。以智力为例，智力的高度发展叫智力超常或天才；智力发展低于一般人的水平叫智力低下或智力落后；中间分成不同的层次；质的方面主要表现为在相同的活动中或相同的成就中，不同的人可能用不同的能力或不同的能力组合来完成活动或取得成就，即能力类型的差异。例如，在音乐能力方面，有人有高度发展的曲调感和听觉表象能力，但节奏感较差;而有些人有较好的听觉表象能力和强烈的节奏感,但曲调感差;从发展的特点来看,有些人的能力表现较早,年轻时就显露出卓越的才华,这叫“人才早熟”。另有些人在年轻时并未显示出众的能力,但到中年才崭露头脚,表现出惊人的才智,叫做“大器晚成”。

2. 思维的个体差异

思维是人脑对客观事物的本质和事物内在的规律性关系的概括与间接的反映,是个体最重要的心理特征之一。人类的思维,就其发生和发展来看,既服从于一定的共同规律,又表现出人与人之间的个体差异,因此,思维也被心理学家、教育学家看作是一个重要的个体差异变量。思维的个体差异,主要表现在思维的品质上。例如,小学低年级儿童以具体形象思维为主,他们的思维往往离不开事物的具体形象,如数数和计算时,要借助手指头或小木棒等实物,对概念的理解经常直观特性所支配,不易理解概念的本质特征;而高年级儿童的抽象思维已相当发达,甚至可以说已占优势,但具体形象思维仍起很大作用。他们可以掌握比较抽象的知识和从事比较复杂的计算,基本上能揭示概念的本质特征。

3. 兴趣的个体差异

兴趣对人的行为具有重要的驱动、定向、维持和激励作用,特别是在教育、教学活动中,是影响教育、教学效果的重要因素之一。不同的兴趣往往导致不同的行为,产生不同的结果。兴趣的个体差异主要表现为兴趣发展水平上的个体差异、兴趣品质上的个体差异和兴趣稳定性上的个体差异。当儿童对某一学科感兴趣的话,他总是积极主动、心情愉快地去学习,而不会觉得是一种沉重的负担。浓厚的学习兴趣,能激励学生最大限度地掌握知识,取得良好的成绩,且良好的成绩又能激发学生的学习兴趣,增强学习的信心,形成良性循环。反之,学生就只可能是任务式地、勉强地学习,渐而陷入“没有兴趣—成绩下降—失去兴趣—成绩落后—主动性受挫”的恶性循环的局面。

4. 性格和气质的个体差异

性格是个人稳定的态度体系和相应习惯了的行为方式的结合,是个体在社会化过程中逐步形成的稳定的个体特征。由于它是个性心理特征中的核心部分，因而也是最重要的个性差异变量之一。气质是个体心理活动稳定的动力特征，主要表现在心理过程的强度，如情绪的强弱、意志努力的大小、心理过程的速度和稳定性以及心理活动的指向性等。气质是主要的个体差异变量之一，它使个体的整个心理活动都涂上个人独特的色彩，显示出不同的动力特点。例如，同是勤劳的品质，多血质的人常常是充满热情地去工作，粘液质的人则不动声色、从容不迫地工作。

### （三）学生经验差异的归因

尽管目前对于学生经验的差异到底是主要由先天因素造成的，还是由后天环境中的家庭教育、学校教育等因素造成的，争论很多，但是几乎所有的人都承认学生之间存在差异，如智力差异、兴趣差异、气质差异、性格差异和学习风格差异等。学生的学习除了受到外在的教学活动的影响外，还受到其自身的各种因素的影响和制约。了解学生的差异既可以帮助教师理解学生表现差异的原因，又可以帮助教师针对学生的特殊需求提供有效的教学。

1. 智力差异

智力作为影响学生学习最重要的认知因素，其个别差异直接影响着学生学习的速度和质量。学生智力的个别差异主要表现在年龄、类型、水平和性别等方面。

（1）年龄差异。个体智力随着年龄的增长不断发展，但发展的具体情况如何，早期智力发展与后来的发展是否一样，人们一般认为，儿童青少年时期是智力快速发展的时期，20—35 岁之间智力发展保持一种高原水平，之后开始下降。

（2）类型差异。智力的个别差异是普遍存在的现象，除年龄差异之外，还表现在其他方面。根据个体在知觉、记忆、表象、思维和言语等活动中的特点和品质，智力表现上的类型差异可分为分析型、综合型与分析-综合型、视觉型、听觉型、运动觉型与混合型、艺术型、思维型与中间型等。

(3) 水平差异。心理学研究表明,人的智力分布近似常态分布,有些人智力发展水平较高,有些较低,而大部分的人智力属于中等水平。

(4) 性别差异。人们对男女性之间智能表现上的差异,以及这些差异产生的原因颇有兴趣,一般认为,男女智力总体上无差异。然而,又有研究发现,男性智商的离散程度较女性大,男性智商分布较离散,女性智商分布较均衡。也就是说,男生中智力处于两端的人数比例高于女生,女生则更多处于中等水平。

2. 非智力因素差异

智力正常的学生在相同的学习环境下其学习效果却往往不尽相同,究其原因,最主要的因素是非智力因素的差异,重视非智力因素对学生学习的影响并进行积极的培养对提高教育质量是大有裨益的。非智力因素的差异对学习的影响主要表现在动机、兴趣、情感及家庭影响等方面。

(1) 动机差异。学习动机是对学生的学习起推动作用的心理因素,是直接推动学习活动的内部动力,是学生对学习的一种需要。在教学中,应充分让学生体会到学习成就的喜悦,以此来强化其学习动机。对于那些尚无动机的同学,教学的最好方法就是想方设法激发其学习动机,如尽可能让他们尝到学习的甜头,对他们取得的一点点成绩,都要给予充分的肯定等。

(2) 兴趣差异。兴趣,作为一种重要的非智力因素,是学生力求认识、探索事物的心理倾向,具有强烈的情绪色彩,是学生学习的重要动力。教师应把发展学生的兴趣能力、情感态度、意志品质放在首位,改变学科知识本位观念,创设出适合自己学生学习探究的情景,鼓励学生实现合适的挑战性目标,让他们在探究的过程中体会到应有的快乐,不同程度地提高学生的学习热情和学习能力。

(3) 情感差异。情感是学生对周围现实和自己的独特的个人态度。儿童的情感是在学习活动中发展能力的一个重要因素,在学习中起着重要作用。学生在学习活动中获得情感享受,能提高精神状态,有了良好的感情，就会对学习有兴趣，不觉得是一种负担，而是一种需要。即便在学习上遇到困难，也会通过情感调动智力因素和唤起非智力因素中的动力、意志、性格、兴趣，促使问题得以解决。

(4) 家庭差异。家庭是社会的细胞和社会的缩影，是孩子学习生活的第一个环境、成长的摇篮。学生的心理健康和人格的形成发展不仅离不开良好的家长和家庭教育，而且需要必要的家庭心理辅导。由于父母在家庭中的地位、作用及自身素质不同，其教育方式上可能是相同的，也可能是不相同的。而这种相同与不同对学生学习成绩的影响也有差异。

## 二、学生学习呈现多元的学习风格

多元智能理论为我们全面认识学生提供了理论基础，每个学生之所以不同，是因为每个学生都有自身的智力优势，在教学中找出适合每个学生智力优势的方法就能很好地去开发每个学生的智力潜能，而开发的途径就是学生的学习风格的塑造。

### (一) 学习风格的内涵及教学意义

关于学习风格的界定，国内外各有自己的见解，比较有影响的有：美国纽约圣·约翰大学的丽塔·邓恩(Rita Dunn)夫妇将学习风格定义为学生试图掌握和记住新的或困难的知识技能时所表现出的方式。凯夫(Keefe)认为，学习风格是学习者特有的认知、情感和心理行为方式，是反映学习者的知觉，如何与学习环境相互作用并作出反应的相对稳定的指标。英国心理学家帕斯克(Pask)认为，学习风格是学生在学习过程中喜欢采用的某种特殊的策略的倾向。瑞德(Reid)认为，学习风格是学习者所采用的吸收、处理和储存新的信息，掌握新技能的方式。凯特肯·塞拉(Kate Kinsella)认为，学习风格是个体在接受、加工以及储存信息的过程中所采用的自然的、习惯的偏爱方式。具有持久性和独特性，既反映了个体特有的生理特征，也记录了环境对个体成长的影响。

我国的谭顶良先生把学习风格界定为:“学习风格是学习者持续一贯的带有个性特征的学习方式,是学习策略和学习倾向的总和。”胡斌武先生把学习风格定义为“学习者在长期的学习活动中表现出的一种具有鲜明个性的学习方式和学习倾向。学习方式指的是学习者为完成学习任务而采用的方法、策略、步骤;学习倾向指的是学习者对学习活动的动机、态度、情绪体验、坚持性以及对学习环境、学习内容的偏爱”。

从上述不同学者对学习风格概念的界定,我们可以看出,学习风格是稳定的、指个体在学习过程中表现出的带有个性特征的学习方式。学习风格是在知识建构过程中,学习者持续一贯的带有个性特征的学习方式,是学习策略和学习倾向的综合。学生对于获取学习资源所采取的稳定的学习策略,对教学刺激的偏爱以及学习倾向等。

由于学习风格不同,学生们所表现的学习方法以及方向、学习动机就可能会不同。在同一个教室里,每个人听同一个老师讲课。作为学生,每个人的学习风格都不同,那就意味着对老师传授的知识获得的方法和效果就不同。由于学习风格不同,学生学到的东西的深浅程度就不同,老师想要达到成绩统一或相近就很有挑战。因此老师所面临的问题就是:如何将这种由于学习风格不同而造成的学习成绩差异的程度降到最低,并且采取方法解决这个问题。

以多元智能为基础,探究不同年龄阶段学生的学习风格差异,促进教师有效地开发人的学习潜能,最大限度地提高学生的学习效率是我们要进一步探究的问题。

### (二) 学习风格的具体表现及特征

人类大脑的运作,主要是通过五官从外界接收不同的信息和资料,而其中绝大部分是通过视觉、听觉、触觉(动作)获得的。在孩子的成长过程中,除先天作用,在后天的形成中很容易把其中一种发展成较优胜的和较喜欢运用的接受信息渠道的模式,而其余两类则作为辅助。

学生在学习中运用自己优越的一种类型学习,本身没有对错。对于小学生来说,他们的学习风格主要表现为:视觉型、听觉型、触觉型以及综合型。视觉型的学生，喜欢色彩、图像、形状、物体和会移动的东西，听觉型的学生喜欢用听来接收不同声音和文字，他们的语言表达能力较强，动作型的学生善于用动作来学习，他们喜欢参与实习和实验，喜欢动手来尝试不同新的资讯和事物，而综合性的学生听课效率相对较为低下了。

1. 视觉型

视觉型的儿童学习时，喜欢视觉刺激接受信息和表达信息，喜欢阅读，容易从书本中吸取东西，会把要学习的东西在脑海中组成图像和片断，他们的学习效率比较高。40％的学生能记得 75％的他们读到或看到的东西。这类学生会希望老师多写板书，喜欢做课堂笔记；喜欢在复习时一遍遍抄写、反复默写；喜欢在安静的场合下学习，独自学习的效果更好。

2. 听觉型

听觉型的人比较容易接受听觉信息，知识经过老师讲解后，他们就容易理解、记住，其学习效率也比较高。30％的学生记得课堂上听到的 75％的内容。这类学生课堂上喜欢听老师讲课，但不爱做笔记；记忆东西喜欢反复读，大声读；愿和同学们进行讨论式学习，倾听别人。

3. 触觉型

触觉型的学生不善于从书本接受知识，喜欢动手，不喜欢表达，喜欢画笔记。他们的学习往往要借助实际操作进行，这样学习的效率自然就差一些，会运用身体的移动和活动来练习和理解。15％的学生通过身体的动作，能使他们学得更好。触觉型的学生通过整个身体运动器官的活动来记忆事物的类型，而一旦记住就很难忘掉。

4. 综合型

综合型学生在学习时喜欢安静，喜欢自己单独在一处学习。他们在课堂上学习时喜欢经常改变姿势，常不能有正确坐姿。学习时一般只能坚持 15—20 分钟就要停下来休息，休息 3—5 分钟后再学习。

### (三)学习风格对学习的影响

不同的学习风格,对于学生的学习有不同的利弊之处。很多学生出现的所谓学习困难,其主要原因是老师或父母不了解孩子的学习模式。例如,一个视觉型的孩子如果只用语言来讲解课文内容,就会令他"听不入耳"。这就好像收音机信号不清一样,问题不在于收音机本身,不是电台出了问题,而是未能对准频道而已。在传统的教学模式中,听觉型的学生是最有利和得益的,因为大部分的教学是用语言和听觉模式进行的,即老师讲,学生听。近年来视觉型的学生也得到了不少益处,因为很多老师选用多媒体教学,大量投影课件的使用帮助了这部分学生的学习。但最吃亏的是动作型学习的学生,他们经常被说成是好动、不专心、爱搞小动作、难以安静和集中,其实他们只不过是善于用动作或运动来学习而已。综合型学习的学生面对今天的教学也难以适应,他们因为在课堂上的坐姿常被老师训斥,课堂上听讲的时常间断更是让他们的学习漏洞百出。

要让各种类型的学生都能学习得好,就必须运用对符合他们学习类型的方法进行教学。视觉型学习的学生,可以在课堂上多写一些板书,让他们在书上把重点内容画下来,或把知识体系用图表的形式写在纸上,然后如海报般贴在墙上,让学生经常看见这些资料。对听觉型学习的学生,他们通常喜欢一些较安静的环境学习,老师应允许他们在特定的条件下可以读出声音来。录音机常常是这类学生最有效的辅助学习工具,可以把资料录下来然后播放给自己听。动作型学习的学生,要让他们有机会做角色扮演,或是把资料用动作表达出来,是他们最喜欢的学习方法,应给他们多些的学习空间,容许他们不一定要安定地坐下来学习,这更有利于他们学习。

## 三、个别化教学是儿童学习导向的必然选择

当今时代发展对人才素质提出了新的要求,更强调个体发展的全面性以及个体要具备终身学习的能力和品质。为适应时代要求,学校

教育有必要改革当前集体教学至上的现状，从重视教师的讲授走向重视儿童的个别化学习。个别化学习更为关注儿童在学习过程中的主动参与和自主探究，注重对儿童个性化学习需求的满足，能够更好地促进儿童学习品质和能力的发展。

### （一）学生经验与学习风格的差异决定个别化教学

新课程倡导的学生观认为：学生是独特的人，“独特性”是个性的本质特征。珍视学生的独特性和培养具有独特个性的人，应成为我们对待学生的基本态度。学生作为一个个独立、鲜活的生命个体，有自己的思想和个性，由于先天素质的区别，再加上每个学生的家庭环境不同，所处的社会环境不同，父母给予的教育不同，因此，形成学生各自不同的性格特征和个性差异。这种差异必然会影响学生的学习兴趣、学习动机、学习习惯、学习能力等方面。为此，学校教育必须承认和珍视个体的差异，树立有差异的学生观，把学生看作一个个鲜活的生命体，具有自己思想、意志的独特个体，并竭尽所能提供一个良好的环境，使受教育者所独有的人性特质得到全面、健康、和谐的生长。个体差异是有利于个体发展的资源，把差异当成学生发展的资源去开发，关注他们的个性，善待每一位成长中的学生，鼓励和引导他们在各自的基础上全面发展。个别化教学主张尊重个体的需要、尊重学生差异、尊重学生鲜活的生命特点；既尊重教育者的需要，又满足受教育者的需要，使其向有利于个人身心健康和促进社会进步的方向发展，满足每一个学生的教育需求、身体需求、心理需求，追求每一个学生身心的和谐发展，照顾到每一个学生的个别差异。

### （二）个别化教学的内涵及特征

个别化教学是在对班级授课制改革的基础上，伴随着教育技术信息化所产生的一种新型教学方式，关注人自身发展，坚持“以人为本”的发展理念，注重因材施教。

1. 个别化教学的内涵

个别化教学,是相对于一致化教学而言的,也就是我们常说的因材施教。它旨在创设最有利于每个学生得到最好发展的环境,针对每个学生的个别差异:能力、兴趣、需要、性格等方面的不同差异,通过设计不同的教学计划和方案,采用不同的教学资源、不同的教学方法和不同的评价方法对学生进行不同的教育,从而使每个学生都获得最大程度的进步。

2. 个别化教学的特征

传统的班级授课制制约了学生的积极性,并且压抑了学生个性的发展,因此,作为一种极为重要的教学辅助手段,个别化教学模式具有很重要的地位。个别化教学随着时间的推移具有一些新的时代特征。首先,它强调的是集体环境下的个别化教学,一方面可以达到所要求的共同目标,另一方面又可以尊重学生的个性差异,根据学生的特点进行因材施教。其次,学生学习靠自己的主动性,可以根据自己的能力、兴趣、爱好来选择教学进度、教学内容、发展方向等,而不再把教师的"教"作为获得知识的唯一途径。最后,它不仅仅传授学生知识和技能,同时对学生的个性和全面发展极为关注。

### (三) 班级授课制与个别化教学的矛盾与解决

班级授课制的历史演进及当代发展,是社会经济、文化不断进步的产物。班级授课制成为现代教育的主体模式,并在国内外漫长的历史实践中发挥了重大作用。但随着社会经济的迅速发展和科学文化水平的不断提高,传统班级授课制的弊端日益明显。"大面积插秧"的做法忽视了学生的主体性,过多的课堂讲授导致教学内容与社会实践的严重脱节,教师主导的教学活动忽视了学生间的情感交流,单纯的知识传授已不能满足信息化时代学习的需要。也正是因为班级授课制有以上局限性,人们才屡屡对它提出批评并寻求新的教学组织形式。

1. 个别化教学是对班级授课制的批判和继承

班级授课制是把一定数量学生按年龄特征和学习特征编成班组,

使每一班组有固定的学生和课程，由教师根据固定的授课时间和授课顺序，根据教学目的和任务，对全班学生进行连续上课的教学制度。班级授课制的出现，是人类历史上第一次重大的教学改革。近代班级授课制体现了它很大的优越性：在班级里，一位教师同时可以教众多的学生，教学效率高；教师可以系统地有顺序地讲述某门功课，使学生有条不紊地获得系统的知识和技能；学生可以互相帮助，互相切磋琢磨，甚至互相竞争，从而增强学习动力。但随着经济的发展以及社会对人才的要求，班级授课制的一些弊端也渐渐显现出来：不能因材施教，不能适应个别差异。班级的教学活动几乎都是由教师直接做主，无法了解每个学生的学习结果，对每个学生不能给予及时强化，在课堂上无法进行个别辅导。为克服班级授课制的弊端，让课堂组织形式从学生的差异中找到平衡点，让每位学生都有选择适合自己的学习和发展的机会，在世界范围内出现了很多向班级授课制挑战的种种尝试。因此，个别化教学是在班级授课制基础上的一种继承和发展的教学。

2. 为适应学生差异应然而生的个别化教学

由于班级授课制采取"着眼中间，兼顾两头"减少差异的整齐划一的教学组织形式，这种教学形式使得学习困难的学生没有得到切实的帮助；而优秀的学生，永远只是在等别人，学习的热情与兴趣也许在缺乏挑战的学习中消磨殆尽。因此，这样的班级授课制是不能关注学生的差异性、自主性的。所以，如果按照传统的班级授课制一成不变地组织教学是不可取的，在当今"以人为本"的大背景下，如何将班级授课制与个别化教学相结合，成为教育改革的重点。

(1) 教学方法的个别化。针对个别化教学，优秀的教育工作者，无论他们有什么样的教育理论和教育哲学，都是通过努力地了解学习者，观察、反思、与学习者及他们周围的人交谈来认识学习者的个人特征，而很少使用正式的评估工具。因此，在小学课堂上，教师应该以肯定学生的多种需求、分析各种差异对小学学科知识学习的影响为前提，从各个学科的认知特点出发，运用多种灵活的教育教学手段创设出培养各种需求的学习情境，创设综合性的学习活动，便于不同认知类型的学生采用各自擅长的方式学习。在创设多元需求学习情境的过程中,针对每项需求可运用不同的策略和方法来进行课程及教学过程的设计,并在教学过程中注重尖子生和学困生的巡视辅导。

(2) 学习内容的个别化。这里讲的学习内容的个别化是指基于学生的多元需求,同一教学内容学生的需求是有差异的,教师要根据学生的多元需求对学习内容进行挖掘与重组,设计有层次和梯度的学习内容,让不同水平的学生有不同的选择,进而适合学生的学习。

从学习动力、学业负担、师生关系、学生社会经济背景、学生品德行为、学生身心健康等角度做详细调研;综合考虑学校、家庭、社区、教师、家长、同学等多元评价主体对学生的评价,形成学生"成长档案",基于学生的成长档案,分析学生对即将学习的内容可能存在的问题,重新审视新的学习内容,设计目标指向不同的任务学习单,进而开展有效的分层学习活动。

(3) 作业的个别化。弹性设计,求同存异,每位学生拥有属于自己的作业。一般来说,在班级建制下,为了统一教学进度,适度统一的作业是必要的;但是,这并不是说所有的作业都必须整齐划一,没有个性可言。在实践中,可以允许学生根据自己的学习能力和学习成果拥有自己的作业。根据学生学习成绩对学生进行分层,要了解学生的整体学习水平,一般以期中、期末或摸底测验的成绩为依据,以作业完成情况为参考,通过对学生学习水平的掌握来设计作业的起点,对成绩较好的学生可以偏重需较高逻辑思维能力的题目;对成绩靠后的学生可选择难度较小、多层次的题目;对成绩水平中间的学生则选择一些强化题,促使他们进入成绩靠前学生的行列。

## 第二节　个别化教学的类型与层次

16 世纪捷克教育家夸美纽斯创立了班级授课制这个教学方法,18 世纪末的第一次工业革命推动了班级授课制的普及,19 世纪的第二次工业革命则是完善了班级授课制的内容。直到现代，班级授课制仍旧存在着，并有着举足轻重的地位。班级授课制有它存在的意义和价值，它解决了学校造就人才的速度和效率问题。但随着社会的发展，局限性也在慢慢暴露。老师在班级授课制中占主导地位，学生被动地接受知识，学生的个性与创造力得不到很好地释放。同时，老师的个性和创造性也在泯灭，因为教师也是被教育集权化管理的一员。近年来，随着新课改的推进以及素质教育思潮的到来，个别化教学受到了前所未有的关注。通过个别化教学，照顾到学生的全面发展，关心每一位学生的成长，满足每一位学生具体的、有差异的发展需求成了很多学校和教师不懈的追求。

个别化教学，是一种以适应并发展学生的差异性和个别性为主导的教学方式。更具体地说，它是指在教学过程中老师根据学生的能力、兴趣、需要和身体状况等设计不同的具体计划和方案，采用不同的教学资源、不同的教学方法和不同的评价方法进行教学工作，从而使班级中每一个学生都得到合适的教育，取得尽可能大的进步。

## 一、个别化教学的发展与现状

多元智能理论的创立者加德纳曾说，“如果说过去的千年带来了更多的民主，下一个千年带来的就是人的更加个性化”。“因材施教”早已有之，而真正实现就要不断追求。个性化教育是千年难题，要实现它需要教师坚定的信念支撑。当然，个别化教学和班级授课制并不是完全对立的，而是具有一定的继承性，不能简单地认为实施个别化教学就必须打破现有的班级编制。学生的个体差异是客观存在的，学校作为一个专门培养人才的教学活动场所，是应正视学生的个体差异。教师根据不同学生的个性特点开展有针对性地教育教学活动，使每个孩子得到个性化的教育和引导，方能促进学生自由地、健康地成长。

### （一）个别化教学的理论发展

个别化教学是一个古老而又年轻的概念，纵观教学组织形式的嬗变过程,经历了从远古时期的个别教学制到近现代的班级授课制、又从班级授课制到个别化教学的回归和倡导两者并重的发展过渡阶段,并在此基础上呈现多样化的发展格局。

1. 古代个别化教学

古代个别化教学,是教师对每个学生分别进行知识技能传授和指导的教学组织形式。在人类社会发展的早期,学校教育主要采取个别教学制,无论是古代的中国、埃及还是希腊都是如此。在古代社会,由于生产力水平低下,科学技术落后,剩余产品不多,导致了能够从事学校教育工作的教师的人数和接受学校教育的学生的人数都是非常有限的。因此,个别化教学得以实行和长期存在。由于学生的数量少,年龄层次和知识水平相差悬殊,教师只能根据不同学生的水平分别施教,学生没有固定的入学、毕业时间,可以随时入学,也可以随时结业。个别化教学基本适应了古代社会生产和发展的需要。

2. 近现代集体教学制

集体教学制,是指将学生集体组织起来,在同一时间和空间由一个或几个教师同时面向学生集体进行授课的教学组织形式。集体教学制的表现形式为班组教学、班级授课制等。班组教学是个别教学制和班级授课制之间的一种过渡性的教学组织形式,它是把相同、相近水平和层次的学生组织在一起,由一个或几个教师面向学生集体进行知识技能传授、学术宣讲的一种教学组织形式。我国东汉时期的"都授"制以及魏晋南北朝时期的"都讲制",采取的就是这样一种班组教学形式。尤其是唐宋时期的书院,也更多地采用了这种教学组织形式。这种教学组织形式已经初步具备了班级教学的特点,但它不是严格的固定班级、固定课程、固定课时、固定学生的班级授课制。班级授课制,是指将学生按照年龄、知识程度等编成有固定人数的班级,教师按照学校的课程计划、课程标准、教学大纲等面向学生集体进行授课的教学组织形式。这种教学组织形式产生于资本主义萌芽时期。文艺复兴后期的教育思想家和实践家创造了这一制度,捷克教育家夸美纽斯总结了当时学校的教学实践,在理论上对班级授课制进行了论证，使其发展成为一种基本的教学组织形式。教学过程的设计与实施走向操作化。

3. 个别化教学的回归

由于班级授课制难以切实做到因材施教，也不利于培养学生的实践能力。因此，人们进行了各种教学组织形式改革的探索，而改革的共同特点是关注学生个性化的学习需求。现代个别化教学是在对班级授课制改革的基础上，伴随着教育技术信息化所产生的一种新型教学方式，关注人自身发展，坚持“以人为本”的发展理念，注重因材施教。传统的班级授课制制约了学生的积极性并且压抑了学生个性的发展，因此，作为一种极为重要的教学辅助手段，个别化教学模式具有很重要的地位。现代个别化教学随着时间的发展具有一些新的时代特征。首先，它强调的是集体环境下的个别化教学，一方面可以达到所要求的共同目标，另一方面又可以尊重学生的个性差异，根据学生的特点进行因材施教。其次，学生学习靠自己的主动性，可以根据自己的能力、兴趣、爱好来选择教学进度、教学内容、发展方向等，而不再把教师的“教”作为获得知识的唯一途径。最后，它不仅仅传授学生知识和技能，同时对学生的个性和全面发展极为关注。发展至今，个别化教学的形式具有多样化，例如网上一对一教学、远程教育等，都是伴随时代的发展而产生的新的形式。

## （二）个别化教学的实践探索

人的全面发展和个性发展已经成为当前社会人的新需求。推进个性化教学有利于增强教育的时效性、针对性，有利于学生个性化的长远发展，挖掘学生的优势潜能。国内一些经济发达地区的学校在实施个性化教育方面也进行了富有成效的探索。如北京十一学校个性化教育的尝试是从尊重学生个体选择出发。2010 年，该校开始推进以选课组班为主要教学组织方式及育人模式的改革尝试，把大量的人力、物力、精力和资源汇集到各个新创建的学科教室，同时探索个性化教学，全校 4359 个学生，就有 4359 张课表。宁波万里国际学校的导师制作为个别化教学的一种方式也很值得关注。目前,万里国际学校已经将导师制全面铺开,覆盖到每一个学生,一些个性鲜明的学生在该校得到迅速成长。

朱棣文小学也在进行一些实践探索。关注每一位学生的成长,关注每一位教师的发展,让每一位学生都获得赏识、成功和快乐;让校园的每个角落都富有人文内涵、充满着生命的活力。对国家课程进行校本化实施,努力做好"调适"和"创生"。对教学内容、教学目标和教学方法进行"调适",以适应不同层面的学生;"创生"学习资源和学习活动,让不同学习风格的学生获得不同的体验和成长。构建校本课程实施框架,打破班级界限组织学生进行"走课"。每周五下午的最后两节课,根据校本课程的整体设计和安排,有针对性地开展社团活动,由学生根据自己的兴趣爱好进行选择,鼓励老师们根据学生的需求适时地拓展社团活动的种类。学生根据个性化课程表,携带学习资料和用品,按时到相应的场地,流动地完成学习任务。以学生发展为本,学校课程的研究与开发活动必须认真考虑学生的需要、兴趣与经验,一切从学生的健康发展出发。让"走课"教学有序、有效开展。学校明确了相关行政对"走课教学"的管理责任。明确教务处对学生"走课"开课的统筹、教师教学规范落实情况的检查、对教师实施过程评估状况的检查等;明确对授课老师的权利与职责划分,包括学生考勤记录、课堂作品保存等;明确教导处对教师实施过程的指导等。从而确保学校层面对于每一门课程的"走课"的整体调控。

### (三)当前个别化教学的严重缺失

针对学生的个别差异实施有计划的个别化教学是促进儿童发展的一种有效教学手段,但是在实践中发现,个别化教学情况不容乐观。

1. 教学资源单一

教学资源主要是指教师在授课之前所准备的资源及授课过程中所运用的资源。授课之前所准备的资源一般就是指教师在备课时所备的教案及制作的课件。教师在备课时,往往会结合课程标准、教学参考书及本班学生的学习水平确立教学目标。这样的目标虽然会有知识与技能、过程与方法、情感态度价值观等多重维度，但对于学生的个性化考虑不足，或者说对大部分老师而言，这种需求无从下手。在这样的教学目标下，教学环节的设计也就为老师心中的班级整体而准备。这样的整体可能是处在班级中等学习水平上，或者稍高一些，但一定无法顾及到处在其他学习水平的学生。以语文学科为例，教师在备课时就已经设定好第一环节解决字词的问题，第二环节解决朗读的问题，第三环节解决对课文脉络的把握问题，诸如此类。教学课件也是配合授课环节而制作，与教案的设计思路如出一辙。这也就导致了一位教师、一份教案用来教四十多名不同的学生，有些学生觉得课堂上的内容太过简单，在预习时就能解决；有一些学生又觉得内容太难，来不及细细琢磨，就已经过渡到下一环节了。

2. 教学方式单一

当下课堂教学的方式基本还是处于老师问一个问题，少部分学生举手回答，大部分学生坐着听的状态。课堂永远是少数人展示的“舞台”，大部分学生以“观众”的角色出现。小组合作学习引入课堂已久，但并没有在课堂教学中常态化铺开，仍是公开教学中的重要“展示”手段。在日常教学中，小组合作学习由于其不易被教师把控和监测，导致课堂上小组合作学习并不充分，频度也不够高。很多学生因为没有在长期的学习实践中反复练习小组合作学习，即使有了小组合作学习也不知道该如何去思考与表达，争取不到展示自我的机会，只是在小组讨论时人云亦云。

3. 学习产品单一

学习的产品往往包括学生的作业及其它类型的学习成果。老师布置作业的方式多年不变，在黑板上写下需要完成的作业，一二三条……作业的区分度低，没有分层分类，学生根据老师布置的作业去逐项完成。但是，不同的学生学习水平相差很大，有些作业难度较低，对于学习水平较高的学生而言，只是在重复已经掌握的知识，并没有什么真正的价值；而有一部分学生却因为作业难度太大、没有能力完成而焦虑不安。这也就印证了为什么会有很多的学生一直拖拉作业。除了作业难度的区分度低,学习产品的着眼角度也不够多元。比如当学校里举行绘画比赛,女孩子的积极性往往更高,而学校里举行航模比赛时,男孩子则眉飞色舞。除去男女生的性别差异,还有一个重要的原因就是学习产品的着眼角度不够多元:男孩子在绘画比赛中的丰富想象往往会因不够细致而被掩盖了光芒,女孩子制作的航模因为飞得不够远而被忽略了美学的价值。

4. 评价手段单一

个性化教学不只是教学的目标与环节个性化,同时也要延伸到评价手段的多元与个性化。当下,学习不够多样化往往是因为评价手段太过单一。同一份试卷用来考查不同学生的学习情况,同一个运动项目用来测试不同学生的运动技能。诚然,有许多的知识与技能是需要掌握的,标准也大致统一,但在此之外仍然有广阔的空间来进行多元评价。比如:有些学生虽然字写得不那么美观,但是朗读水平却相当不错。有些学生虽然跑步不够快,但是毽子踢得花样丰富。这样的多元评价空间被忽略了,往往都是因为我们的评价标准太过单一,或者在操作上难度较大而被忽视。

## 二、个别化教学的类型

在促进学生个性发展的教育改革浪潮中,个别化教学应运而生。关注个体内差异,注重学生的全面和谐发展,体现个体内差异的合理性,扬优补缺,开发潜能,帮助每个学生实现自我超越。个别化教学的类型可以分为统一任务下的个别化教学、不同任务下的个别化教学和个别辅导。

### (一) 统一任务下的个别化教学

班级授课制在世界范围内仍然占据主导地位,它能在时间和精力都比较经济的条件下,全面地完成教学任务,符合我国目前的教育现状,是我国主要的教学组织形式。

### （二）不同任务下的个别化教学

个别化教学在不同任务下，其教学方法也是个别化的，当同一教材、教法不能针对班级教学中学生的程度差异时，为顾及学生的个性特征、个别能力、兴趣爱好、学习需求及其可能遇到的困难，教师在教学过程中特别设计的不同教学任务。以学生个体各自的特点为出发点，以发展学生个性为目标，以开放的姿态、灵活的手段，根据不同个体的不同需要而把小组的、课堂的方式有机地结合起来，以使每个学生获得最充分的发展。

### （三）个别辅导

个别辅导并不仅仅是教师个别地教，让学生个别地学，更重要的是明确对每位学生进行最适当的教学，设计满足每位学生要求的教学计划，采用适合每一个人的特点的教学方法。

1. 同伴辅导

教学中，让学有余力的学生去帮助学习能力欠佳的学生，不断提高学困生的知识与技能。同伴辅导，无处不可，无时不可，既有效地弥补了课堂学习时间的不足，又开启了教学中的第二课堂。灵活机动的弹性时间是同伴辅导的魅力所在。辅导可以是在上学的路上，也可以是在课间活动之时，甚至是在结伴吃午饭的片刻。

开展同伴辅导，不是放手给学生，之后不管不问，而是后期的跟进，最关键是给予成员捆绑式评价。首先，通常对参与同伴辅导的学生进行培训与辅导。一方面给予辅导者以明确的指令，或者直接的示范，告诉他们应该怎样传授；另一方面对被辅导者则进行心理辅导，给予他们尊重与信任。虽然后进生的学生成绩落后，但是他们同样具有上进心和自尊心，要让学生感受到同伴辅导中渗透着老师对他们的爱。然后，根据学生的学习成绩与能力的差别，合理搭配同步辅导的资源，组建课上的合作小组。另外，在全班范围内，每个小组各抽一个学习能力最强的学生组成一个专家组，此组成员同时拥有教师实施教学的传达者和带领原小组展开同步辅导的核心人物的双重身份。除此以外,课下,教师可以尝试组织学生本着自愿的原则,让辅导者和被辅导者结成对子,一对一辅导,这样可以弥补课堂教学的不足。

2. 成人辅导

成人辅导即由成人对学生进行辅导,其辅导的形式既与传统意义上的教师个别辅导学生有共通之处又有明显的不同。共通之处在于,成人辅导的本质上就是由老师针对个别学生或一小部分学生进行个别化、针对化地辅导,这种辅导与班级授课不同,针对少部分学生的自身情况、个性化需求来开展,旨在填补整班授课的缺陷与不足。另一方面,成人辅导又不同于一般认识中的“教师补差”。第一个不同点在于对象不同:成人辅导的对象可以是学习上暂时落后的学生,因为他们在课堂上很难与课堂步调吻合,往往无法通过整班授课学习应学的知识,需要老师利用时间进行辅导;成人辅导的对象也可是学习上有余力的学生,因为他们的知识积累较多,学习能力较强,整班教学中设立的教学目标与教学内容很难满足他们的学习需求,用一句通俗的话说就是“吃不饱”。成人辅导的对象还可以是学习中等的学生,这一点可能令人感到疑惑,他们在课堂上已经可以进行行之有效的学习为什么还要进行成人辅导呢?这一点就不得不提到加德纳的多元智能理论。每个学生都有其独特的智能优势,如果不对他们进行成人辅导,就相当于默认这绝大多数的群体为毫无差异的,这一点显然不符合实际情况。第二个不同点在于辅导的形式不同,不同于传统补差的知识技能提升,成人辅导的形式可以针对辅导者与被辅导对象的不同分为知识技能辅导、思维训练辅导、多元智能辅导等。知识技能辅导这一点为大家所熟知,在此不赘言。思维训练辅导,顾名思义,不以具体知识技能的提升为目标,而是以训练学生的思维能力为目标,进行多学科、多类型的辅导。多元智能辅导则是以加德纳多元智能理论为框架,针对学生的不同智能优势进行辅导,促进学生在自己的最近发展区不断提升,不断发展进而一元发展带动多元发展。成人辅导,是个别化教学的有机组成,是整班授课的有效补充,也是个别化教学的具体体现形式。

## 三、个别化教学的层次

分层次教学是素质教育对教师的必然要求，它要求教师重视学生的个体差异，要以人为本。教师要有针对性地做好学生分层次的综合评定，在具体的教学中，教师对不同层次的学生进行个别化教学，建立科学的评估标准，为学生综合能力的提高奠定良好的基础。所以，研究学生是个别化教学的起点。对学生的差异进行分析，不仅要分析学生的学习成绩，还要分析其学习能力、心理结构特征、学习兴趣、学习动机和要求等。

### (一) 优等生的个别化教学

在一个班级体中，优等生、中等生、后进生并存。这是无可避免的。但是在大班额的教学过程中，老师所教的知识难易程度往往适合中等生。优等生的学习知识基础较好，思维活跃、反应较快，课堂上老师所讲的内容往往都能掌握，且很容易对旧事物、一成不变的事物丧失兴趣。

1. 通过分层作业激发优等生学习兴趣

在平时的教学过程中，面对一些简单的问题时，一些优等生常常在课堂上表现出“无所事事”的状态。所以，对优等生的个别化教育就显得尤为重要。老师可以精心设置适合优等生的提优作业，他们发现知识的难度增加了，优等生会觉得自己展示的机会来了。而优秀的孩子在一起挑战也有益于激发他们的创造力，激发他们的兴趣和积极性，也带动一群优等生一起前进，形成你追我赶的学习势头。

2. 通过挑战性的教学内容培养优等生的学习能力

优等生思维活跃，学习积极性高，学习目的明确，好学上进，学习成绩优秀。老师可以最大限度地培养他们的能力，对其进行个别化的指导，让他们在挑战中提高自己的能力。比如在平时教学中，为优等生可以额外布置些操作实践题，使之学以致用。让他们在完成了指定题的基础上，进行诸如文章欣赏、资源收集等实践题，丰富和扩展他们的学识。为他们赢得充裕的学习时间,既是减负,也培养了他们自主学习的能力。

3. 通过学习方式的转变挖掘优等生的学习潜能

优等生,老师课堂上讲解的基础内容,可以说是毫不费力就掌握了,所以,可以转变为注重他们多种能力发展的新模式,不能只是将重点放在学生对知识的积累上,还应当引导学生主动思考,主动参与学习,这样才能够最大化地发挥他们的潜能,促使其改变传统的思考方式。教师可以放手让学生说话,让学生动手操作,让学生猜想、讨论、交流、合作、参与研究、体验成功,构建一种充满生命力的学习氛围,培养他们的自主创新精神。

### (二) 学困生的个别化教学

教师们经常会用这样的话语来描述自己在教学中所遇到的尴尬局面:“一部分孩子吃不饱,一部分孩子吃不下。”的确如此,教育面对的是人,学困生虽然学习差,但他们中大多数是智力正常的,同其他学生一样有很大的发展潜能。像小时候的爱因斯坦,是一个存在严重学习障碍的人,经过教育者个别化指导和他自身努力,最终还能取得事业上的辉煌成就,作为教育中人,我们应该对学困生给予更多的关注,适时进行个别化教学。

1. 适当降低教学目标,增强学困生的自信心

学困生最明显的特征就是自卑感比较强,所以教师开展转化工作的首要任务在于帮助他们认识到自己的能力、价值,相信“天生我材必有用”。自信心的重建对学困生来说如同拨云见日,会使学生的人生道路发生转折,对其今后的成长产生积极而深远的影响。教师可以耐下性子,从他们的听讲习惯抓起。随时关注他们的举动,稍有不正确就会用一个眼神、不同的体态语言去提醒他们,使他们从心理上感觉到老师在时时刻刻地关注他,促使他认真听讲。其次,要为他们专门设计一些学习方法。这样目标定低一些,步子放小一些,使他们能够体会到成功的喜悦,从而一点点地对学习产生兴趣并在一次次小小的收获中增强

他们的上进心。教育方式上本着多鼓励表扬、少指责批判的原则，引导他们向优等生学习，学习中多动脑、多练习、多复习、多运用，使学困生由被动学习变为主动学习。

2. 增加成功体验，培养学困生的学习兴趣

爱因斯坦讲："兴趣是最好的老师。"《论语·雍也》中也说：知之者不如好之者，好之者不如乐之者。学困生，在学习过程中应该都品尝过反复努力、反复失败的滋味，可谓屡试屡败。这样，他们就会对学习提不起兴趣，自我意识被扭曲形成消极失败者的心态，丧失学习的信心和健康积极的学习动力。当然，他们的自信心也不是一开始就丧失的。随着课程的进展，他们失败的次数在增加，失败的体验也越来越深，虽然许多差生也一再挣扎，试图摆脱失败的阴影，但由于种种原因，使他们难以体会成功的喜悦。因此，给他们创造成功的体验，走出反复失败的怪圈，是转化学习上差生、控制品德上差生出现的重要手段。因此，我们可以看出，教师应给后进生建立一个鼓励性的环境，创设适合他们学习的内容，让他们学"跳一跳就够得到"的知识，让他们相信自己，树立信心，感受成功的体验，才能逐渐使他们走出后进生的圈子。

### （三）特长生的个别化教学

研究普遍认为：特长生是在学习中发现某些方面具有独特潜质学生的统称。特长生的个性化教育，就是在特长生的特殊背景下，针对特长生的个性特征，因材施教、因势利导，在个性化发展中促进学生特长更快、更好发展的教育活动。意大利是重视特长生教育的突出国家，强调特长教育的基础性，设立专门的艺术教育管理部门，并将其纳入学校教育统一管理。而美国提出的"零点计划"，重点讨论艺术人才的培养，通过研究一再验证和强调：加强文化艺术教育是实施全面素质教育不可或缺的重要部分。捷克普通公立学校尤其重视学生的特长发展，一旦发现就会推荐转入相应特长学校进行学习。"世界上没有两片相同的树叶"，学生都是不同的个体，有自己的特点，随着年龄的增长，他们的差异可能会越来越大，正如动物界中，有的善于奔跑，有的擅长跳跃，

有的善于攀援一样,我们的学生也在不同的方面有着自己的特长。他或许不擅长于理性思考,但他可能善于形象感知;他或许不善言辞,但他可能有超强的动手能力;他或许在音乐方面毫无乐感可言,但却对线条色彩无限着迷。教育者要做的就是:重视并且发展他们的特长,促进他们的个性发展。

1. 了解学生,分析需求

经过统一考核,学生分年级、分班级上课,那就是统一水平、智力层次相当的学生集体编班形式的集中授课,老师们会根据班级孩子的整体情况进行授课。其实,即使在一个班级,每个孩子也是有不同的学习需求的,如果能进行分层分类、个别化教学,对学生的发展是有益的。如果不解决这一认识问题,就不可能搞好个别教学。任何班级学生不仅有智力的不同,学习能力的差异,还会受非智力因素,学习态度、学习目的、学习方法的影响。如果对学生的学习能力不作科学的研究、不加分析,不论需求,就采用“满堂灌”“一刀切”的教学模式是不对的。因此,做好个别化教学,首先必须和全班学生逐一谈心,了解他们对自己的学习各学科教学内容的所思所想;然后针对学生们的智力和需求的具体情况,采用具体的、科学的个别化教学对策。可以使用一些方法:(1) 在入学登记表上有学生特长专栏,了解学生的特长情况;(2) 入学后通过节假日庆祝活动文娱演出,给特长生一个展示的机会;(3) 通过兴趣活动小组、第二课堂形式,为特长生创造一个提高的条件;(4) 根据特长生的特别需要,给专业教师下达个别化教学的任务;(5) 根据学校现有条件建立必要的激励机制。

2. 制定个案,分类教学

有的孩子天生就有一副好嗓子,适合学音乐,把握好声乐课程的几种教学模式,比如一对二、一对三教学。音乐特长生中很大一部分是刚刚接触声乐的学生,所以这时候需要他们近距离、有针对性地进行学习。一对二、一对三才能让学生有自我意识,而且这样学生更容易发现自己的不足以及与其他学生的差距,加强自我学习意识,教师也更容易发现学生身上的闪光点和缺点,从而有效地教学达到因材施教的效果,提高音乐声乐课程教学质量。不过，这种教学模式比较适合初学者，适合刚刚接触音乐的学生。还有一种方法是进行声乐小组课。小组课的学生可控制在3—8个，小课中的两三位学生无法与其他学生进行交流和对比，在小组课教学中可以适当地进行小组课，从而加强学生的听辨能力、自我更正能力。可以按照各自嗓音条件分组练习，由易到难加强训练，同时也解决了教师资源少学生多的问题。

3. 因材施教，单兵教练

以班级为授课单位的教学，一般来说只能培养某一专业的通用人才；而只有像高校教授带研究生那样一对一的单兵教练式的个别化教学，才能培养高质量的专业人才和奇才，这是个别化教学的重点和难点。一般来说，成就十分突出的特长生，仅靠课堂教学时间的训练是难以造就出来的，必须经过老师长时间的课外辅导，深入进行个别化教学才能达到预期的成果。

## 第三节　学习资源支撑的个别化教学实践

个别化教学是为了适合个别学生的需要、兴趣、能力和进度而设计的教学模式，对教学资源有着较为特定的需求。本节从个别化教学对教学资源的诉求、选择性教学资源的类型与开发、差异资源在个别化教学中的运用等方面来谈谈我校的认识和实践。

### 一、个别化教学对教学资源的诉求

个别化教学的需求需要体现教学资源的丰富性和个人选择性，主要体现在教学资源要以学习者为中心和满足学生个别需要两个方面。在具体实施的过程中，教师应该从学习素材、学习要求、学习方式、学习评价四个方面来把握，让教学资源更加丰富和适切。

### (一)学习素材的个别化

新开发的课程资源形式多样、类型丰富,素材的呈现也具有层次性。这些特点决定了素材的可选择性,同时也决定了在个别化教学中,教师对学习素材应进行分类、分层。学生的需求具有个性化的特点,那么素材的给出就应丰富,具有选择性。素材的个别化选择强调的是教师要将新开发的课程资源根据进行分类和分层,以便更好地在教学中被不同个性、不同层次的学生所选择,最终达成良好的学习效度。

如某位语文教师在教学《大自然的文字》一课时,开发了丰富多彩的课程资源:图片资源(小熊星座、砧状云、树的年轮、蚂蚁搬东西等)、文字资源(谚语、戴巴棣的文字片段、伊林的《大自然的文字》原文等)、视频资源(冰川运动的录像)、生成性资源(学生联系生活解读大自然的文字、运用已有的方法学习课文)、生命化资源(教师的表扬、引导,学生的主动发言、积极讨论等)。以上资源呈现的方式是在不同的教学环节用适合的方式逐步呈现和推进的。呈现资源有实时以电脑直接出示的,如图片、文字、录像等;也有学生搜集后自主交流的,如生活中还有哪些大自然的文字;更有现场交流中呈现的,如那些即时生成的,如学生对于"爬"字用法的争论等;还有的在师生互动中呈现、学生互动游戏中呈现。

### (二)学习要求的个别化

在新课程的背景下,小学课堂教学的设计应渗透"以人为本"的理念,凸显出个别化的特征,使学习不再成为一种负担。因此,在教学中,教师应根据学生各自的能力,已有的知识储备和自己的特长等方面,制定不一样的学习要求,在充分尊重学生主观能动性的同时,发挥学生的个性与创造性,使课堂上所有的学生都能参与其中,并感受学习的乐趣。

以课堂练笔为例,着眼点旨在让学生在创作的过程中体验生活,培养积极的情感,张扬个性,发展能力。某位老师执教了部编版语文二年级上《黄山奇石》。为了在教学中体现语文学科的工具性，做到读写结合，在学习最后一自然段时，老师增加了“看图联想，写‘奇石’”这一环节。引导学生在先前的朗读语言积累后，学习作者的方法，结合之前教学的学法指导，“活用比喻”“巧用动词”“想象画面”，写一写几块巨石。同时，根据每个学生学习能力的不同，老师设计了一星二星三星的不同梯度的写话训练。随后老师出示了写话的要求：1. 如果你用上比喻的修辞手法，可以得一颗星。2. 如果你不仅用上了比喻，还能活用动词把画面写完整，可以得两颗星。3. 如果你不仅用上比喻，活用动词写完整，还能给美美的文字取一个名字，可以得三颗星。生各自思考选择，进行课堂上的练笔训练。几分钟过后，学生开始交流各自写的内容。生 1：那巨石好像一只狗蹲在山峰上，等待着主人归来。（一颗星）生 2：它好像一位仙人背着药篓，正低着头采取珍贵的药材呢！（二颗星）生 3：每当月亮升起，有座山峰上的一块巨石，就变成了一只银光闪闪的天狗。它抬起头，张着大嘴巴，对着圆圆的月亮，“汪汪”地叫。这就是著名的“天狗望月”了。（三颗星）生 4：我觉得最有趣的要数“仙女弹琴”了！远远望去，那陡峭的山峰上，有一块奇石，形似亭亭玉立的少女，她似乎正在轻抚着古琴，弹奏出优美的曲子。（三颗星）……在课堂上，学生能结合自己的想象，根据自己能力的情况，选取不同的夺星等级，写出了自己喜欢的石头的有趣样子，把课堂推向了高潮。

本案例中，教师并不仅仅停留在简单地让学生模仿课文内容的过程中，而是由易到难，提出更高的要求，让学生在注重语言表达训练的同时，根据自己能力的差距，鼓励学生跳出文本，自由表达，让学生运用课堂上老师授予的学法指导，发散了学生的思维，增强了学生思维的广度，更培养了学生多元化的思维。学生在写话的过程中，选择了自己能力所能达到的梯度完成了训练。

### （三）学习方式的个别化

每个学生个性不同，个人的生活环境及成长方式的不同，导致其理解知识的深度和广度不同，对学习的认知水平和需求也各有不同。在教学过程中,教师不能盲目地以一种方法进行教学,应根据个体学生能力和层次的差异,采用不同的学习方式,随时变换不同的教学方法,这就要求把选择的主动权交给学生,让不同层次不同水平的学生都参与到学习活动中来,学有所获。

例如:为了照顾学习基础薄弱的个别学生,有些语文理解上的知识点,必须详细讲述;为了提高自学学习能力,可以随机提问,诱发学生思考;也可以开展课堂练习,让学生在问中学,练中学;为了促性个性发展,也可以适时引导学生开展合作探究。

在课程的设计上,可以考虑设计"互动尝试"板块,学生可采用小组合作探究的学习模式。活动方式可以根据自身特点来选择,在学习前可以针对学生的情况设计难易程度不同的活动导学单,让能力水平不同的学生选择不同的导学单进行自主探究。当然在小组活动中,组长也可以根据每位成员的特质进行任务分配,有的难、有的易,在为小组带来最大的收益的同时,也最大限度地关注了每一个学生的学习情况,发挥了每一个学生的积极性。

不管是学习内容还是学习环节的多样呈现,都使得各类学生能找到适合自己的学习方式,体现了学习方式上的个别化需求。

### (四) 学习评价的个别化

学习评价行为是指教师针对新开发的资源在教学中的使用情况进行评判并促使自己改进的行为。评价的实质在于促使课程资源日趋完善,也是教师行为自觉性和反思性的体现。这里的"学习"不仅仅指教师如何学习评价,还有教师学习有效使用课程资源并完善课程资源。"评价"是一个学习的过程,每一个教师不是一开始就会评判资源运用是否得当、资源内容是否合理的。教师的学习评价行为重在学习,在不断的研究与探索中明确开发的资源的有效性,这一行为始终伴随着教师的教学研究全过程。

评价的方式多种多样,除了传统的书面形式的测试,还可以通过观察学生的讨论、探究等活动表现出来。师生评价的时候都用了语言性描述，不是笼统地说某生说得好，而是分析为什么她说得好？好在哪里？评价除了老师评价外，还应重视学生的自评和互评。

当然，一个班级的学生不可能都是整齐划一的，每个学生的能力、性情、特点都各不相同。鉴于此，评价时要注重个性化评价。教师要对不同层次的学生进行不同方式的评价。一般的学困生，普遍比较缺乏自信，教师就通过激励性语言进行评价，让学生能够大胆地回答。对于一些学习上有更高要求的孩子，教师的评价要有启发性，引导学生进行更深层次的思考和探究。在学生修习课程之初，可采取前测，对学生进行知识水平和能力的评估，再根据学生不同发展和特点，设计不同维度和层次的评价标准。在后续的评价中，重点应放在个体差异性上。在评价的方法上，教师可根据评价目的、评价内容的性质采取个性化的评价方式。如对于可测量的学习结果，可以采取考试、测验的方式；对于难以测量的学习结果，可通过作品展示、现场表演、实物制作、项目设计、对话交流、档案袋记录等多种方式来评价。

同时，评价的个性化，还体现在不拘泥于形式上。教师习惯用一些鼓励性、有启发性的语言评价学生，或者是用质性的“道德币”“小红花”“银杏娃”等进行评价，甚至可以结合学科特点，以唱一句、简单地画几笔的方式给学生以评价，更符合儿童的年龄特点和需要，从而更好地激发学生的兴趣。

## 二、选择性教学资源的类型与开发

教育资源是一个复杂的资源综合体，可以从不同的角度和层面进行界定和分类，如分层学习内容、分类学习活动、多样作业形态、多次考试选择等，教师应充分开发利用各种教学资源，形成多种格局的学习环境。

### （一）分层学习内容

每个学生都有鲜活的生命，都有鲜明的个性，教学资源要促进学生个性化表现，满足学生的具体需要，使教学过程中师生的生命活力不断焕发、生命价值不断显现。对于教学的内容,应该具有层次性。开发有层次的学习内容,应该从学生实际出发,筛选出由简到难、由浅入深的学习内容,层层深入、循序渐进,使学生逐步认识和理解。

例如某位语文教师教学三年级下课文《"你必须把这条鱼放掉!"》时,教师在学生学习过程中,为不同层次的学生提供了菜单式的学习内容。学生能理解哪句话,就交流哪句话,并在学生交流的过程中产生各种生命化资源,如:"我也不想放。因为这条鲈鱼是汤姆从未见过的。也就是说,汤姆长这么大,都不知道世界上有这么大的鲈鱼。这鱼肯定很值钱,我才不舍得放呢!""可是,你们连爸爸的话都不听了吗?"这两句话是生生互动产生的内容,第二个学生顺利抓住前一个学生"想当然"的成分,并提出自己的观点,把"爸爸"这个客观因素提了出来。这种学生与学生互动交流产生的生命化资源,也是教学中不可或缺的组成部分。

### (二) 分类学习活动

苏格拉底说过:"优秀教学的本质,在于恰当问题的有效组织。"新课程倡导学生主动参与到教学活动中来,传统的教学法已难以适应新的形势。因此,设计出合理、高效、适切的课堂教学活动就显得尤为重要。活动教学理论要点在于:把教材内容活化于课堂,形成不同层次、不同性质、不同形式的学习活动,让师生共同投入,彼此协商,互相交流,帮助学生逐步掌握所学知识。有效的分类学习活动,能激发学生的内在动力,将提升活动主体的主动性、能动性为推进轴,积极地意义建构,发展认知兴趣,培养健全个性。

教师运用小组合作学习的教学形式,引导小组间的学生互相出示自己搜集的资料,这些资料有的是学生感兴趣的,有的是学生亲身实践的,有的是学生生活中的。组与组的资料内容不同,所呈现的难易也有所别,关照到了学生的个体差异。教师出示的各种视频、图片、文字等素材性资源内容丰富,呈现方式多种多样,大大激发了学生的学习兴趣,引领了学生有效的发展。

### (三) 多样作业形态

爱因斯坦说:“当你把学过的知识都忘掉了,剩下的就是教育。”这句话意味着教学要从知识本位转向学生本位。课堂教学如此,作为反馈课堂教学效果之一的作业也应如此。但是在传统的小学作业中,最大的弊端就是对所有的学生采用“一刀切”的作业形式,忽视了学生个体间的差异,进而阻碍了学生的个性化发展。因此,我们在创新自己作业形式的过程中,一定要尊重学生的个体差异,采用个性化的作业原则,对不同类型的学生采用不同类型的作业形式。例如:基础的相对比较容易,可以在关心弱势学生的前提下为他们提供巩固学习的保障;发展性作业略有坡度,可以给中等学生思考的空间;创造性作业比较难,正好可以给优秀学生的思维提供挑战。

以《田园诗情》为例,对于一些语文基础较差的学生,我们在布置作业的时候,可以侧重于学生对这篇文章中所需背诵的内容进行记忆,并逐步了解作者对荷兰牧场描写的手法等等。而对于语文成绩优异的学生而言,我们要在引导学生感受作者对荷兰田园风光的赞美以及自由生活向往的基础上模仿作者的手法,对我们的祖国进行一定的描写。如《田园诗情》的中心句“荷兰,是水之国、花之国、牧场之国”。我们就可以引导学生进行模仿“中国,是茶叶之国、陶瓷之国、丝绸之国”等等。通过这种个性化的作业设计,促进所有学生的同步提升。

当然,我们在进行作业设计的时候,不能拘泥于课本内容,把书面作业作为唯一形式。还可以考虑作业设计的趣味性、实践操作性、探究性,切实激发各类学生的作业兴趣,提高学生的作业效率。

### (四) 多次考试选择

随着教育改革的不断深入,未来我国将逐步建立起国家统一考试为主,以多元化考试评价和多样化选拔录取相结合的现代高校招生考试制度。由此可见,增加学生的自主选择性是当代教育改革的价值取向之一。

因此,在义务教育阶段,我们也可以对学生的考试进行适当的调整和改革。比如,在考试过程中,可以给学生三次机会,并以三次考试中最好的一次成绩作为最终成绩。也可以进行多样化的考试,例如,可以将考试内容分为基础、提高、拓展三个方面进行多次测试,其目的是检验学生各方面的掌握情况,研究判定自己学习的薄弱环节,从而进行有针对性的选择练习,达到最优化。多次考试的选择不仅在于考试的次数,更在于能够让学生全方位地了解自己,及时作出学习策略的调整,以便获得更大的进步。

## 三、差异资源在个别化教学中的运用

承认差异,尊重差异,开发差异,是个别化教学生动性、丰富性、有效性的教育体现。而坚持差异教学,则有利于每位学生的充分发展。课堂教学中,要坚持关注学生差异,并合理利用生成的差异资源,实施个别化教学。

### (一) 一人一学案

"一人一学案"能精准"定位"每一个孩子,帮助教师"对号入座",精准施教。"一人一学案"的重要内容集中在"导"和"学"。

其中的"导",即"导"教师。针对班级学生个性化差异的判定,制定出更符合班级学情的导学案,同时也可以引导教师创设条件"导"学生"自主学习",关注他们自我意识和自我决策能力的培养和锻炼。教师可以根据每个学生学案的变化,及时了解每个学生学习的情况,从而可以进行更有针对性的教学,从课堂的发言到作业的布置,从基础的掌握到思维的拓展,可以说,个性化的学案指明了教师教学的方向,给了教学提供了事实上的依据。

"一人一学案"中的"学"是为了个体发展而"学"。每个人学习和接受的能力是不同的,自然内化知识的能力也有所不同,加上学习习惯等外在条件因素的影响,这就决定了班级学生学习的差异性,那么具有个性化的学案就显得非常重要。除了教师的引导之外,学生也可以及时掌握自己的学习情况,查漏补缺,并根据学习情况及时调整,让自己的学习更加贴近于自己,真正让学习发生在自己的身上。

### (二) 一人一角色

从教育论的观点看:“教育的本质是使学生得到全面的发展。”教育的对象是学生,而每个学生都是有个性的、有潜能的,教学活动应尊重学生的个性发展,关注到每一个学生。

由此,在课堂教学设计中,可以利用小组合作学习的阵地,打开主动参与的口子。教师在课堂中可以多采用小组合作、自主探究的活动模式。合作学习作为一种学习方式已被越来越多的教师所采用,它在调用学生学习积极性、主动性等方面起到了很大的作用。活动方式可以根据自身特点来选择,学生可以在小组内发挥各自优势,自主进行活动分配,做到每个人都有属于自己的角色定位。因为每一个学生都是独立的个体,都有各自的优势、劣势,在小组活动中,组长可以根据每位成员的特质进行任务的分配,充分发挥各自的作用,在小组活动中将组内成员各自的优势发挥到最大,为小组带来最大的利益。这样的学习模式,不仅为学生的自主学习创造了机会,更是全员参与,人人有事做,人人有活干,体现了“以生为本”的理念。

### (三) 一人一练习

苏霍姆林斯基说:“每个孩子都是一个是世界——一个完全特殊、独一无二的世界。”教师在布置作业时,要重视学生之间的个性差异,尤其要考虑弱势学生的性格、爱好、特长等因素,多层次地布置作业,让弱势学生也有可行性的作业目标,给他们提供自我展示的平台,给他们创造自我提高的机会,从而调动他们的学习积极性。

自主选择题目,做到一人一练习,释放了学生的作业压力。思考深度能力不够的,自主选择容易的基础题,学有余力的可以挑战难度较大的题目。当然,对于作业量的多少,好中弱学生也可自主决定。这样由易到难层层递进的作业,在提高和发挥中上等学生水平的基础上,更能消除弱势学生的畏难情绪,从而激发其作业欲望,树立完成作业的信心。

总之,布置作业时注重作业的选择性,尊重学生的个性差异,鼓励每一个学生都能选择适合自己的作业形式。不仅能带领学生在课堂上顺利更新知识,而且更能引导各层次的学生学会学习,学会思考,学会自主选择,从而促进学生主动发展,实现素养的提升。

## 第四节 服务学生多元学习的个别化教学案例

现今社会的发展需要更多综合性的创造性人才,这就需要更加符合学生个体发展的教学模式。这种教学模式更大程度地培养学生的自主性、能动性和创造性,呼唤个别化教学也成了教学的一种必然趋势。个别化教学提倡根据学生不同的学习能力和需求,将教学内容、方式、评价等各种教学要素进行优化组合或者创造性落实,让学生得到个性发展,让教学内容和进度更加适合每位学生。

服务于学生多元学习的个别化教学,要求教师具有较高的素养。将"师本"教学转化为"生本"学习,形成师生的课堂合作关系。教师作为课堂的"引路人",需要更多关注学生的兴趣和能力的发展,不断改进自己的教学设计、教学形式和评价方式,因材施教地促进学生的个性发展和能力提升,满足学生的不同学习需求。

基于对服务于学生多元学习的个别化教学研究,我们以语文课题课《火烧云》、数学研究课《用"转化"的策略解决问题》和英语课题课《3B Unit 7 On the farm (Story time)》作为案例呈现的形式,分别从课堂学习活动设计、个别辅导和个人学习项目三方面进行研究,分析个别化教学的设计和改进。

### 一、个别化课堂学习活动——案例描述及分析

个别化课堂学习活动的设计要针对学生当前的学习水平、生活经

历和学习兴趣。从而设计个别化的、能激发学生积极参与、并能够通过努力就能达成的活动，让学生在实践中去体验学习的快乐，以及活动中取得成功的成就感。这样，学生才有学习的兴趣和信心，他们的学习技能也才能得到提高。

个别化课堂学习活动，尤其是语文、英语类学科，紧抓学习语言的根本——说。课堂学习活动要有明确的学习目标，通过创设任务型活动，让学生在老师创设的语境中学习和使用语言，在实践过程中学习语言，并强调语言的生活实践性，让学生在语境中接触、体验和理解真实语言，从而提升综合应用能力。

个别化课堂学习活动要针对学生的能力，来设计个性化的开放型活动。课堂活动要"开放"指设计的活动要有利于学生思维能力、创新能力的培养，重视学生个性的发展。

### (一) 个别化课堂学习活动环节呈现

【案例片段】

课题：《3B Unit 7 On the farm (Story time)》

学科：英语

年级：三年级

执教者：王秋

【个别化课堂学习活动设计意图】

本节课，教师采用任务型的教学方法，从听、说、读、写四个方面加强对学生的技能训练，以培养学生的综合语言运用的能力，且循序渐进，逐步提高。整节课力求学生活动安排有层次，结构设计合理，训练内容有梯度。让学生扎扎实实地学会阅读，启发学生感受并充分运用语言，做到学以致用。

通过歌曲 *Old MacDonald Had a Farm* 唤起学生学习英语的兴趣，同时唤醒已有的转化经验，为学习新知——动物单词做好铺垫，这是引发学生学习需求的第一步。

通过设计比较 this/that 和 these/those 的活动，引导学生自主探究,再通过小组合作交流,促进不同层次的学生在这个学习活动中,比自主探究环节获得更大的收获,从单一对话到语篇对话。这是满足学生多元需求的关键。

通过整合的对话情境,设计满足不同层次学生需求的作业练习。练习中从基于课文文本到课外阅读理解,促使每个学生的思维在原有的基础上不断地提升。

最后一个环节是从课内走到课外,引导学生从更广的范围来理解转化,从文本对话到自编对话,亦可加入自己原本已经掌握的话语。激发学生学习需求,让学生热爱英语学习。

【需解决的问题】

1. 小组合作环节,平时的设计因为活动目标不够清晰,层次不够合理,导致不同的学生不容易满足自己的需求。

2. 平时的练习设计梯度不明显,导致分层练习效果不明显。教师对作业产品的分析针对性不够强,从而不能促进教师更好地改进教学行为。

【教学环节呈现】

王老师根据学生的英语学习水平和能力,设计四个个别化活动贯穿整堂课。

1. 课前热身活动

老师根据一起作业网单词跟读情况及时发现问题,个性化设计 chicken 和 pear 的发言的示范和纠音训练以及“我说你猜水果名”的游戏环节。在游戏环节中,老师关注到句型中复数形式的出现,及时对复数读法进行教学。

2. 课中学习活动

课堂上老师顺势而教,继续设计适合学生的课堂学习环节。老师以歌曲 *Old MacDonald had a farm* 导入,新授 6 个动物类单词,紧接着通过 Riddles 的形式让学生猜一猜水果,新授 4 个水果类单词,然后通过游戏、chant 等形式操练句型 What are these/those? 及其回答。

本单元是学生比较感兴趣的内容,因为涉及到农场上水果和动物的对话，有浓厚的生活气息，但是一些单词的学习难度还是挺大的，有复数的词汇，有短语式单词，这样就要求老师要精心设计，才能让学生易于接受。这节课主要讲述句型 Welcome to，What are these/those? They're，Are these/those…? Yes，they are./No，they are not…为了让学生们感受生活，体会英语在生活中运用，教师采取了情境教学法，课的开始用学生耳熟能详的英语歌曲 *Old MacDonald Had a Farm* 把学生带入英语学习氛围中，同时进入动物单词的学习中。

3. 对话学习和表演活动

文本学习环节，老师设计回归文本对话学习的过程，通过任务型教学方法，在一个个活动中，学生的任务由易至难，从同桌对话操练，到课文表演，让学生有更多的机会进行语言的输出练习。

本课时教学从学生的多元需求出发，充分发挥学生的主观能动性，鼓励引导学生自学质疑，学生思维活跃，学习主动，效果较好。把单词教学渗透于句型之中，渗透于语境之中，做到词不离句。最后的会话训练，将课堂文本迁移应用至现实生活中，实现英语的语用作用，同时鼓励学生加入已学的相关句型，让语言输出更丰富。

4. 课后巩固拓展活动

教师引导通过对话的学习让学生了解农民的辛苦并学会珍惜粮食，不浪费食物，进行情感目标的渗透。学习英语旨在输出，并运用于实际生活中，最后介绍农场正是让学生在对话的基础上进行的拓展和延伸，把框架给学生，让学生小组活动，鼓励学生多说多练。

【个别化课堂学习活动分析】

1. 语言实践活动

所有的教学行为最终都是为教学目标而服务的。所以，教师要紧紧围绕教学目标开展教学活动。王老师根据以往一起作业网上的单词掌握情况以及课文中需要掌握的单词，进行句型操练，使学生能在语言实践活动中巩固旧知、学习新知。

2. 趣味情境活动

高效课堂的实现是全体学生参与的结果。教师不仅要注重每位学生的个性特征,更要把目光放在全体学生这个集体上,鼓励学生真正地参与到课堂当中来。当然,在教学的过程中要激发学生学习英语的兴趣。王老师通过歌曲 *Old MacDonald Had a Farm*,吸引学生的眼球,让学生能够在"玩"中学习英语。

3. 对话表演活动

在实际的教学中,教师不应该只停留在书本上的内容里,还应该注重实际,使书本上的理论和实际相融合。课堂上王老师作了个别化设计,让不同学习程度的学生都参与到活动中。设计了先同桌互动对话,然后上台表演的环节。由易到难,增强学生的应变能力和语言实践能力,从而全面提高英语水平。

王老师设计的多个活动讲究循序渐进,教师从最基本的单词入手,在学生掌握了这些单词的基础上,再进行句式和语法的讲解。这样一来,在有限的时间内,利用不同教学目标的个别化活动设计,使学生能够吸收更多、更有效的信息。

## 二、个别辅导案例

服务学生多元学习的个别化教学应立足于课堂设计,也需要关注在组织教学时学生的参与、应对和互动活动的表现,尊重每个学生独立的思考性。教师应在教学中创设多元的教育情境,着力于其学习主动性的激发,确保学生的多元发展。利用活动实施和开展引导学生思考,质疑及探究。教师要尊重学生的思考成果及学习特点,为不同学习能力的学生服务。

1. 分层备课,把握学生层次

在组织教学前,教师必须逐一了解学生,关注他们的学习兴趣、学习水平、学习方法及学习习惯,更要关注他们的生活学习环境。然后教师才开始钻研教材,根据教学目标进行不同层次的教学设计安排,凸显教学重难点,确保教学的梯度,做好针对性的练习。

2. 分层施教,个别辅导

学习过程中学生呈现的差异性,教师应及时把握并加以个别化指导。这种个别化指导其本质是差异的关注，个性的关注，真正做到因材施教。在班级授课制下，教师需充分发挥智慧，在课堂教学生成中应对差异。以课堂某个回答或某个学习反应来进行分析，常常会发现有些看似个别化问题，其实是某个学习层次学生的共性化问题。那么教师在课堂上的个别化辅导也不只是针对个性的，反而是学习差异背后需要发现的问题。

课堂教学时间有限，教师能在发现问题后及时反馈和辅导会有直接的效果；也可以借助学生自主学习的时间，去旁听发现不同学生的学习困惑和需求，随机给与他们必要的支持和帮助。教师在参与学习过程中给予学生有针对性地指导和点拨，在探讨中发现问题、解决问题。

【案例片段】

课题：《用“转化”的策略解决问题》

学科：数学

年级：五年级

执教者：段孝宇

【个别化学生辅导目标】

通过整合的问题情境，设计满足不同层次学生需求的作业练习。练习中以“空间与几何”板块为主，内容涉及图形的周长和面积，以及容积的等量变换等等。显然，沿着知识逻辑上升的顺序来设计练习，贴近学生实际，容易驱动学生把控转化的方向，找到恰当的转化方法。每个学生的思维在原有的基础上不断地提升，当换个角度思考成为常态时，学生的策略意识也就“在状态”。

【个别化学生辅导需要解决的问题】

1. 小组合作环节，不能全面激发成员的学习积极性，导致部分学生思考程度浮于表层。学习成果没有达到预期。

2. 练习的设计前后知识勾连性不够，导致学生不能通过活用旧知来开启对新知的思考。教师不能站在学生角度设计坡度教学引导，从而没有达到改进教学行为的目的。

【个别化辅导环节设计意图】

此环节个别化学生辅导是在感知转化的概念的基础上,通过合作体验转化方法的适用性。教师利用小组合作探讨学习过程中遇到的新的、复杂的问题时,及时进行有效而直接地个别点拨、辅导,以达到学生能对“应对策略”进行合理选择和“具体方法”的灵活运用的教学目的。数学史的有机渗透,推进了学生对转化方法的把握,对转化方向的聚焦,以及对转化体验的感悟。

【个别化辅导环节的呈现】

1. 回忆并内化,理解转化概念

学生在解决数学问题的时候,第一需要考虑的就是从自己最常用的解题方法里面寻找。只有学生最为熟悉且熟练掌握的解题方法才是教师最需要优先考虑的。特别是在数学课堂中运用转化策略的起始阶段,学生对各个解题方法之间的联系还不够熟悉,难以做到快速转化,段老师着重对几类相关联的解题方法进行训练,让学生能够初步地感受到转化解题法进行多元化解题的益处。段老师引导学生回忆曾经用转化的策略解决过的问题。学生在交流中相互启发,通过自己的解题思路来理解什么是转化的策略,使他们有一定的转化策略的意识概念。

2. 个别化辅导,活用转化概念

为了能够更好地帮助学生转化做题思路,选择更为有效、简洁的解题方法,就需要数学老师在日常的教学活动中积极开展数形转化的练习,让学生将一个个数字转化为更为直接的形象进行思考、解答。段老师出示例题,鼓励学生利用转化策略推导不同的面积公式(平行四边形面积、三角形面积、梯形面积和圆面积)。学生在交流过程中探讨,有不同的学习收获。段老师及时参与交流,及时点拨学生的小组合作遇到的困难。学生在面对不规则图形的时候会显得不知所措,这个时候数学老师就需要教导学生如何有效地对难题进行归类,将一个极其复杂的难题一步步化简为一个个简单的小问题。通过让学生分析特殊例题与一般例题之间的相同点与不同点,让学生清楚地认识到如何将特殊问题进行转化,从而更加直观地找到解答的关键方法。

【个别化辅导学生的教学环节分析】

1. 内容视角

教师要根据学生的学习特点和能力，将教学内容更加聚焦，学会化繁为简，有意识地及时精准地抓出教材中的“核心内容”。备课同时备“学情”，教师应在课前就把握到学生学习时会遇到困难的地方。

2. 学生视角

教育教学的本质是发展学生和成就学生，教师只有站在学生的视角来审视和研究教学内容，时时刻刻站在学生的视角进行思考，思考如何在合适的时间做个别化的辅导和点拨，激发学生学习的兴趣和感受学习成就感。

3. 教学视角

教师应纵观单元教材中内容的连贯性，从而在教学中设计有效的个别化辅导学生的环节。教师利用学生思考的差异性，不同程度地参与学习过程，及时点拨，不仅能达成教学目标，更能激发学生积极思考、探索、研究的兴趣。

## 三、个人学习项目案例

项目式学习主张围绕一个具体的项目（核心知识和核心技能）创设情境，从而激发学生在学习和解决问题的过程中获得知识。在语文学科项目式学习中，学生围绕教师针对性设定的任务，通过自主言语实践活动进行问题探究，能真正将知识内化为能力，并能在情境中将其凝结为语文素养。

1. 情境创设，任务驱动

教师针对学生项目式学习需要根据任务创设合适的情境，设计适合学生的任务来展开深入学习。教师应立足于根据学生的认知设置问题探究、创设问题情境，将对文本的解读转化探究性的实践活动；激发学生结合生活经验、通过合作探究形式来解决问题；在完成驱动型任务的同时，提升语文综合学习能力。

2. 支点抽取,目标引领

针对学生学习项目最重要的是教学过程中厘清学习目标,整体把握重难点。每篇文本和每个单元都存在教学价值与目标。学生项目性学习是他们在教师创设的情境中发现、探究、解决问题的过程。文本成了学生学习的辅助材料,由原来的教材示范作用转化为学习的跳板。抓住文本的核心教学点,化繁为简,有效创设情境,激发合作探究学习,完成项目学习目标,提高语文综合素养。

3. 情景体验,活动设计

学生个人项目式学习最核心的问题还是学习活动个别化设计。语文活动应基于课程资源创造性的开发和利用,增强学生学语文、用语文的意识。学生在活动中自己去体验情境,在探索研究中解决问题,收获知识。语文活动应尊重学生之间的差异性,鼓励学生选择适合自己的学习方式;积极引导他们在实践中学会学习,发展个性,增长思维能力。语文活动应能引发学生多种语文学习行为,根据自己的学习兴趣和需求,寻找自己思考的方向来达成学习目标。在这些语文活动中,学生以发现、探究、解决问题的学习形式来贯穿活动过程,全面提高语文学习能力。

4. 展示交流,评价反馈

为了提升项目性学习的实效性,教师作为语文活动的组织者应敏锐地在活动过程中发现问题,及时介入点拨和参与探讨。活动各流程可组织过程性成果分解,鼓励学生进行展示与交流,让学习进入开放环境。不同学习能力的学生会有不同程度的学习收获。展示交流过程中,学生不仅能发表自己的学习见解,更是思路的整理、相互借鉴与再学习的过程,获得丰富的学习体验。

【案例片段】

课题:《火烧云》

学科:语文

年级:三年级

执教者:王秋敏

【学生个人学习项目环节的呈现】

《新课程标准》提出：语文是实践性很强的课程，应着重培养学生的语文实践能力，而培养这种能力的主要途径也应是语文实践。在课堂上，王老师让每一个学生在学习的历程中，在互相的交流感悟中充分展示自我，提升语文素养。

1. 色彩导入，铺垫品味

在复习导入词语时，王老师有意安排了一组关于颜色的词语"红彤彤　葡萄灰　半紫半黄"，引导学生在体会颜色之美，并有意引导学生积累更多的关于颜色的构词方式，从而激发学生学习的兴趣。学习第三自然段时，学生通过朗读一下子走进了火烧云的色彩中去，颜色之多，一目了然。王老师进一步引导孩子在"一会儿"中找找其他变化特点，那就是"快"。再来读一读，快快读一读，火烧云变化的奇妙就不言而喻了。王老师在设计新知教学时，层层铺垫，教学于无形。

为了让学生感受火烧云的颜色美，在理解完书中几种颜色后，又及时地进行扩展词汇的练习。"想想天空中火烧云还会有哪些颜色?"并且要求像课文那样，分三种形式来说（金灿灿，半灰半百合色，梨黄）。学生的思路被激活了，个个情绪高涨，相互启发，短短的几分钟，他们就说出了多个不同形式的描写颜色的词语，既加深了对火烧云颜色美、变化多的理解，又发展丰富了学生的语言。

2. 感悟多变，扶放学习

在学习了火烧云颜色变化内容后，王老师采用同桌自主学习的方式来学习火烧云"形状变化"内容。新知学习在明确学习要求"读—画—练—谈"后就自主开始了。学生从"马、大狗、狮子"的形状变化能读出变化的多样。王老师继续追问马的变化：作者是怎样将马写生动的？从而让学生进一步体会马的"出现—样子—变化—消失"。王老师再引导学生朗读整个动态的过程，感受火烧云的动态美。教学过程中，教师指导由扶到放，激发学生自学和感悟文字的能力提升。

学习语言的最终目标是学会运用。教学中，老师引导学生发现第4到6自然段的结构特点，仿照课文表达，进行写话练习，旨让学生理解作家萧红语言表达特点之后,通过合理且大胆的想象,尝试模仿作家的语言,写出火烧云形状的变化过程。语言学习跟游泳、打乒乓球等技能一样,要正确、熟练的掌握,最好途径就是模仿和实践,在模仿实践中逐渐习得、提升,最终达到自由创造的境界。

3. 拓展深华,学会赏文

在最后的拓展延伸部分,王老师补充阅读了类文《庐山的云雾》,引导学生圈画关键词语,体会庐山云雾的特点。培养学生阅读能力,是一个循序渐进的过程。紧抓课堂教学这一主阵地,激发学生阅读的兴趣,有意识地指导学生阅读的方法,使阅读真正成为学生自己的阅读。

【学生个人学习项目分析】

语文教学过程中,发展学生的思维是语文教学的核心任务,托尔斯泰曾经说过:"知识,只有当它靠积极的思维得来,而不是凭借记忆得来的时候,才是真正的知识。"而人的思维能力包括很多种,下面结合王老师的这节课谈谈语文教学中迁移思维能力的培养。

1. 对接生活,知识迁移

陶行知先生曾系统性地提出过"生活教育"的理论,这就提示我们在教学中要关注生活,促使教学与生活充分对接,让学生能够学以致用,完成知识迁移。文中描写火烧云颜色的词语有三组不同的形式,第一组是ABB式的叠词,第二组是半……半……第三组是事物+颜色,ABB式的是比较常见的,小朋友早就接触过,而后面两种形式的,尤其是事物+颜色这一组,小朋友第一次接触,王老师引导学生发现这组词语的特点,并引导他们说一说生活中你还接触过类似的词语吗,这一问激活了学生的思维,小朋友积极地将课堂中所学内容与生活相联系,说出了类似的好多词语:湖蓝、玫瑰红、奶白……对接学生的生活,完成知识的迁移。

2. 关注文本,结构迁移

运用是语文学习的重要环节,陶行知先生说过:语文教材无非是个例子。我们不难发现,部编版教材的选文一般都是文质兼美的名家名篇,层次清晰,表达规范,是学生进行语言文字训练的重要依托。在教学火烧云变化的这一部分时，王老师先引导学生发现结构上的相似之处，分析句子的结构特点，先写了事物出现，再写这个事物的样子，接着写它的变化，最后写了消失。在分析句子的基础上，出示了几幅火烧云的图片，再让学生展开想象，仿照文中作者的写法，也用上这样的句式写一写火烧云的形状变化。学生的想象力因此被激发得奇特丰富。学生在课堂练笔中习得作者的写作特点，相信学生的所得也必将会迁移到他们今后的写作中。

3. 以一带一，类文迁移

以文带文、群文阅读让学生由阅读单篇文章到同时阅读多篇文章，不仅扩大学生阅读面，增加学生的阅读量，实现全营养的均衡阅读，还能激发学生阅读兴趣，养成良好的阅读习惯，提高学生的阅读能力，更是落实了课程标准的要求。学生在拓展文体中将课堂上学到的语文学习方法，体现在群文阅读过程中。进行阅读方法的练习和巩固的同时，提高学生阅读能力和创新能力，促进学生语文综合能力的提高。教师要让学生成为语文学习的主体，组织他们进行同类文章的阅读，提高他们的阅读技巧和阅读速度，提升学生的阅读水平。

教师根据学生的学习差异性，设计适合学生的多层次学习任务，为他们整堂课上的语文能力提升而进行策划。项目式学习让学习者有了明确的学习任务，给予了学生适合的任务的选择性，他们就会具有强烈的项目意识和任务意识，以及学习主动性、积极性，体验性学习、实践性学习、探究学习、自主合作学习在学生完成项目任务的过程中自然而然发生，学生在适合自己的任务范围里掌握了学习方法，更加积极地参与学习。

# 第八章　一花一世界

## ——基于学生学习行为的对话教学

对话教学不同于传统的讲授式教学，教师与学生对话的过程，其实是共同探讨的过程，大量的对话出现在教师与学生之间、学生与学生之间，学生的学习不再局限于课堂所学内容，学生的学习行为在对话教学过程中被不断地激励，主动地去探究，积极地去思考，不断地发现，不断地创新，对知识产生深层次的认识。学生的学习行为有其特殊性，是一个语言、动作、情感等全面参与的过程，教师应基于学生的学习行为，充分分析和研究其学习行为的特征，积极组织好对话交流。开展与其认知规律相匹配的交流与对话，师生平等、相互理解地交流与对话，促进学生更好地发展。

## 第一节　基于学生学习产品分析的对话教学

学习产品是学生在求学期间所取得知识、能力、价值观的增量，是多方面收获的综合表现。“对话教学是将师生、生生交互对话作为教学的表征与载体的一种教学活动”。学习产品的分析决定着教学过程的各个关键要素和重点环节，师生就学习产品中呈现出的各个方面展开对话，分析原因，教师帮助学生找到错误的症结所在，促使教学条件、教学内容、教学策略更加匹配。基于学生学习产品分析的对话教学，其目标是为了让学习更有效，让每一个学生学有所获。

## 一、学生的学习产品是其学习成就的集中表现

学生的学习产品类型较多，学生在学习的过程中，根据已有经验，加工新的知识，并形成了对新知的新认识，以学习产品的多种形式呈现出来。学习产品反映了学生的学习效果，从而也可以帮助教师分析、了解学生在学习某一知识内容时的情感态度，以便更好地培养和激发学生的学习成就感，更好地达成教学效果。

### （一）内涵与类型

学习产品是一个表述简单但内容复杂的概念。从表象上看，学习产品关注的是学生的学习，学生对本课内容掌握了多少，对技能与方法掌握了多少；实际上，学生学习产品的不同表现，也影射出了教师教学的成效，它与教师的教学行为有着密切的关系。

1. 学习产品的内涵

学习产品是学生在教师的指导下，通过自己不断努力，在学业上或其他方面表现出来的优势与不足。学习产品与教师的教学策略、教学质量、教育的融通有着直接的联系。学习产品既有有形的，也有无形的。有形的学习产品表现在一些相关的实物中，如作业、成绩等；无形的学习产品则是学生获取的经验、知识、技能及一切为学习服务的能力。教育应当重视学生的学习产品，以产品为导向开展实践和研究，保证教育质量。

2. 学习产品的类型

学生学习产品是丰富多样的，根据不同的标准，有不同的类型。一般可从有形和无形两方面去分析和考量。

（1）有形的学习产品

有形的学习产品有作业、笔记、作品、思维导图、研究报告、学习小日记等。如语数外学科的作业、笔记等，美术学科中学生的绘画、手工、设计稿等，科学学科学生的思维导图、自然笔记等，都是有形的学习产品的类型。作业是学习成果的集中体现，学生需要对所学知识进行建

构性反应,促进高效地学习。笔记既是学生学习产品的体现,也是一种学习策略,记笔记的过程需要学生对信息进行高效加工,把握知识要点,记录核心内容。作品、思维导图、研究报告等,体现学生思考的过程,是学生创造性思维的一种体现。

(2) 无形的学习产品

无形的学习产品是指学生获取的经验、知识、技能及一切为学习服务的能力,一次小测验、小练笔、小组成果交流、学习的参与度等。如体育学科中,学生掌握的某项体育技能,科学课中学生获取的实验的方法、经验以及运用所学解释生活中某种现象的能力,音乐课中学生的鉴赏能力及形成音乐素养等,无形的学习产品能够反映出学生在学习过程中收获的知识和能力。

### (二) 学生学习产品对学生的意义

学生学习产品可以看做是学生概念形成的演变历程,体现学生知识、能力、技能的形成和完善过程。学习产品的形式多样,可以代表学习者形成的概念知识和获得的能力。学习产品对学习者的意义可以概括为以下几点:

1. 深化知识的理解

学习产品能够直观地展现出学生对知识的理解与认知,结合学生学习产品进行整合知识,使知识系统化、网络化,强调和深化了学生对知识的综合理解和运用的能力。学习产品是综合了学生对某一领域知识的认知情况,学生在学习的过程中,通过不断完善自己的学习成果,学生发现问题和解决问题的能力、综合应用知识能力也在进一步地递进,从而对知识的理解也更深入。

2. 学习效果的自我检测

指导学生的学习并不只是教授知识,而是要培养学生深入地理解问题。对已经完成的学习产品,教师可提供相应的评价量表或者核对表,鼓励学生进行自我检测,教师可以激活学生的已有知识来加工新知识,通过类比、精细加工、概念模型、图式等策略来进行自我检测,了解自己学了什么、学得怎么样，这比通过机械学习获得的知识意义更大。

3. 思维能力的提升

通过学生学习产品的不用层面呈现出学生的推理能力、创造性思维能力、科学探究能力等。学生学习产品是学生掌握知识、形成技能的一种表现，通过学生的学习产品，可以帮助教师抓住学生知识的生长点和连接点，培养学生从旧知出发、内化新知，从而提升解决问题的能力。

### （三）学生学习产品的分析与评价

学习产品的分析和评价需满足学生的多元需求，分析了解学生掌握的知识结构，了解学生是否明白具体事实之间、重要概念之间的关联。对于不同学习产品的分析和评价都需教师立足于整体，结合实际情况，制定不同层次的目标，使评价有助于学生学习，有利于学生的成长和发展。

1. 学习产品的分析方法

对学习产品的分析是指通过一定的方法，如实验、检查、比较、区别等，了解学习产品的类型和它们之间的联系。学习产品分析的主体可以是教师和学生双向的。如课上一个提问或是布置一次练习、课堂作业等，都可以帮助老师分析本课的学习效果；分析也能够帮助学生理解所学知识的主要内容，帮助教师了解学生对知识结构的理解情况。分析是对知识的高层次的理解，既需要教师明确整个教学中所要达到的知识目标，又要明确学生建构知识的过程，分析使得知识结构更加清晰。

学生产品的分析需满足学生的需求，分析了解学生掌握的知识结构，了解学生是否明白具体事实之间、重要概念之间的关联。分析需要关注更多方面，不仅仅是关注学习目标，这样会限制学生其他成果，限制学生对其他重要内容的学习。分析还是对学生成果的细致检测，通过诊断学生的学习成果，了解学生的学习情况，对知识的掌握情况，以及运用知识解决问题的能力。

2. 学习产品的评价方法

每个教学内容都应该包含一个对学生学习产品达成目标情况的评价。通过评价收集学生学习产品的信息，如某一主题的知识学生掌握了多少，它的目的是总结学生的学习成果，评价和评估学生的知识与技能。但是对于不同学习产品的评价需教师结合实际情况，确定标准，可参照学习的内容和知识技能来进行评价，了解某个学生某些具体知识的掌握情况。

（1）制定可靠有效的评价标准

在进行教学时，教师要明确的是我要教什么，我的学生能做到什么，我期望达到怎样的目标。在这样认知的驱使下，确定对孩子的期望是什么，希望他们对知识掌握了多少，到底要评价些什么，由此展开评价标准的制定。依靠有效的标准来评价学生某一学习产品，总结学生的学习成果，评估学生的知识与技能、学习态度和情感、学习过程和学习方法。

（2）运用表现性评价

与单一的知识点考试不同，学习产品体现了学生的发展，学生的发展是通过参与现实的学习活动体现的，学生的表现是评价学生发展状况与水平的客观的可见的直接的依据，具有十分重要的价值标准。注意观察学生的表现，分析学生的表现，鼓励学生的表现，不但可以准确地评价学生的发展，还可以促进学生的发展，更好地达到课程的目标。表现性评价既是对学生作业、实验报告等有形学习产品反映出来的学习知识掌握情况作出的分析，也是对学生学习兴趣、学习品质等无形学习产品的信息的收集与分析，这是一种多方面的评价方法，帮助学生获得亲身参与学习的积极体验和丰富经验，发展学生的创新能力、学习能力以及良好的个性品质。

## 二、对学生学习产品质量的有效反馈是提高教学水平的重要内容

反馈是十分重要的教学行为，对学习产品质量的反馈能够帮助教

师全面了解学生的学习状态与效率。学生学习产品的质量体现了学生对知识的理解及运用能力，如能有效的进行分析反馈，收集学生重要的信息，那么对于提升学生的学习能力，调整教师的教学方法有一定的指导意义，最终指向教师教学水平的提升。

### (一) 学习反馈与反馈效能

学生对学习掌握了多少，学生的学习产品质量如何，都需要教师做出学习反馈，教师运用反馈告诉学生他们的表现如何。学习反馈应具有一定的指导意义，要能发现学生存在的问题，帮助他们分析原因，寻找解决对策，从而促进其学习。

1. 什么是学习反馈

反馈是指一个人接收到关于他自己行动结果的信息，这是一种重要的教学行为。反馈是由行动者(如教师、同伴、书本、家长或者个人经验)提供的有关某人的表现或者理解的信息。学习反馈应当是学生接收到教师对其学习产品评估的信息。学生在经历了一段学习后，需要了解自己努力的结果，定期地给学生提供学习反馈，分析学生学习产品，让学生了解自己的优势与不足。如在平时的教学中，教师定期会进行小测验，每节课结合所教内容进行的作业、小练习，课堂上的提问，教师给予的点评等，这些都是学习反馈。

学习反馈是将学生的学习产品与教学的目标进行对照，以此来了解学生的学习情况，学生对知识目标的掌握情况，并将这些信息提供给学生，使学生知道自己学习的结果，从而做到扬长补短，不断进步。

2. 什么是反馈效能

反馈效能是指学习反馈的成效。完成某一项学习后的一种反馈预期，随着学生学习产品而不断修正，改变教学行为和学习行为的一种连续体，它能帮助学生和教师改善学习和教学，提高教学的成效。反馈对消除学生错误表现很重要，对促进学生学习也非常重要。重视反馈的内部成因，帮助学生理解自身在学习中做到了什么，没有做到什么。像数学课上的错题整理，教师针对错题展开的教学，这些都是体现出了学习产品的反馈效能。

反馈是一种行为,对学习的反馈能够促进学生学习动机的激发,让学生明白哪些地方需要改进。因此,学习过程中需要详尽的反馈、即时的反馈,使学生明确自己的学习目标,适应学习者的发展水平。

### (二) 学生学习产品反馈的教学功能

不同学习产品的获得需要与不同的教学条件、教学内容、教学策略与其相匹配。通常,对学习学习产品的反馈是以促进学生学习为目的的。那么,如何促进学生的学习呢? 需要立足于教师的教学,使教师在学习产品的分析与反馈过程中进行自我教学反思,改进自己的教学方式,实现学习反馈的教学功能。

1. 学习反馈的教学功能

反馈是对学业成就影响最有力的因素。通过反馈,教师和学生能够尽快地了解自己在教学活动和学习活动中投入的精力和时间是否得到了回报。教师需要提供有效的反馈,只有掌握教学的重点,把握教学的目标,在课堂中提问,并及时全面地观察学生的学习,结合学生的学习产品掌握与学生学习有关的一切信息,反馈才是最有效的。教师根据学生学习产品的反馈,是对本阶段学生学习表现的一种了解,帮助学生修订已有的学习产品,才能适切地改进下阶段的教学,促使学生的学习。

对学习产品的反馈有利于学生的个体发展。对于学习能力不同的学生来说,他所形成的学习产品也各不相同,并会出现一些差异,在对不同学生的学习产品进行反馈的过程中,教师要提出学生可达到的要求、能够实施操作的反馈意见,实施差异反馈,促使每个学生获得自信和学习的动力。要使反馈成为一项有效的激励因素,它必须是明确的、具体的、及时的。

2. 学习反馈的指向

对学习产品的反馈应指向学习的每个方面,反馈应是客观全面的。教育的目的是要培养德智体美劳全面发展的学生,因此,对学生品质、知识、个性等进行全面的反馈，力求促进学生的全面发展。如在科学实验中，教师在进行学习反馈时，不仅仅从实验的结果来进行反馈，还应当结合学生的实验记录，学生在实验过程中对问题的探究过程等方面来进行反馈，做到全面反馈。

对学习产品的反馈指向重要的学习目标。在对学生学习产品进行分析反馈时，教师能够根据分析结果提出具体的反馈，从学生学习产品的质量，反映出学生对本堂课的掌握，知识点、与学习目标相关的内容等，结合学习目标的反馈才能真正促进学习。如《磁铁能吸引什么》一课，教师设计了活动单，学生填写的活动单也是学习产品的一种类型，从活动单填写的情况中，教师可以了解到学生对于磁铁能吸引什么掌握了多少，由此来对照本课学习目标的达成情况，并结合实际做出教学调整。

### (三) 学生学习产品反馈的路径与方法

学生学习产品的途径和方法是多种多样的，但应该围绕各科教学目标展开，也应该建构及时、有效的学习产品反馈的活动。对学习产品进行反馈是为了取得更好的学习效果，提升反馈的成效，使之达到我们预期的效果，这就需要教师在进行反馈时遵循一定的原则，以学生需求为前提的反馈更能促进教学的目的。

1. 学生学习产品反馈的路径

反馈的过程可以在课中，也可以在课后，以此来准确把握学生在学习活动中的各种各样的信息，适度、适时作出处理，要根据学生的学情，注重反馈的形式、语言等，要注重反馈方法的多元化，善用激励性的评语。

(1) 直接反馈

反馈应当直接给予接受者，即完成学习产品的本人。教师在对学生产品进行分析时需更详尽的信息，除了产品本身以外，还应结合学生本人，尽可能给出详尽的反馈，这种反馈要符合学习者的发展水平和认知水平，直接向学生说明他们的表现，使学生认识到错误，并且指导学生改正,对于消除学生的错误表现很重要,对促进学生学习也很重要。

面对面的反馈可以及时地将通过分析得到的信息反馈给学生,信息真实可靠。如语文学科中作文面批这种形式,就是面对面直接地反馈学生的学习产品,即自己所撰写的文章。在及时直接的反馈过程中,学生认识到自己撰写文章的问题在哪里,如何去修改,以后撰写类似题材的作文可以怎样写。这样反馈不仅仅是反映错误,目标是举一反三,促进今后的学习。

(2) 具体反馈

要与学习者进行反馈,如表扬学生某项学习产品完成得好,教师应当具体指明好在何处,具体的反馈可以告诉学生自己做对了什么,这是带有激励性的反馈,有助于帮助学生明确学习的方向。对于学习产品出现问题的孩子,最好的反馈是教师通过与学生的对话,描述产品中做了些什么,错在哪里,为学生下一步的学习行为提供意见,帮助他们改善学习表现,提高学习产品的质量。

(3) 有效运用表扬

课堂教学中,表扬可用于许多方面,在运用表扬进行反馈的时候,教师要关注的是对于学生学习产品给予的反馈。教师的表扬应当是恰当的、有效的表扬,指向提升学生学习产品,提高学生学习能力。如,引导学生更好地认识学习产品与自身学习的关系,引导对问题的思考,对达到标准的学习产品的奖励等。

2. 学生学习产品反馈的方法

反馈对学生的学习有着积极的作用。教师的教是教学过程中重要的一部分,但是后续的反馈也是至关重要的,要通过不同的方法,运用好学习产品的反馈来促进学生的学习。

(1) 依据标准进行反馈

评价的关键在于评价标准的选择,不管是内容标准、表现标准还是终身学习标准都应该做到课程标准与教学标准以及评价标准的一致。详细的表现水平描述能够指导学生的学习,让学生知道努力的方向,也有助于引导评价者更加客观地进行评价。评价反馈中要特别注重根据学生的评价结果对学生的学习提出指导性建议。

（2）可改变行为的反馈

反馈，应当保证接受者全面理解教师所传递的信息，其中还要包含接受者的真实感受。在对学生的学习产品进行分析的过程中，教师要收集有效的信息，最好的反馈是能描述了学生做了些什么，并能为学生下一步的学习行为提供意见，帮助他们改善学习表现。如学生的作业中出现了错误，教师在反馈过程中不仅是对学习产品的错误进行纠正，更应去分析错误的原因在哪里，以便于学生下一阶段更好的学习。

（3）指向学生产品的反馈

这是一种直接反馈的方法，将学生书面的学习产品收集起来，从具象的学生产品中得到信息，教师可以发现学生存在的问题或薄弱环节，及时进行针对性的反馈点化，从而达到学生巩固知识的目的。总结性的测验，对学生的知识掌握情况进行测验，可将有形的学习产品内化成学习者拥有的知识和能力。

## 三、师生围绕学习产品分析是一种提升反馈效能的对话教学

师生在对学习产品共同分析时，他们之间就开始产生对话，此时进行的对话是服务于教学，为了学生更好地理解学习，以提升学习产品品质为目的的。围绕学习产品分析的对话教学，是在教师对产品进行研究、充分组织对话教学的情况下发生的。通过对话进行有针对性的指导，帮助学生对自己的学习进行反思，有利于促进学生的学习，促进学生创造性思维，充分体现了分析后反馈的功能，提升了反馈的成效。

### （一）师生共同进行产品分析的意义

评估与评价是教师的工作内容之一，旨在为教师作出更明智的选择而获取所需的信息。对学习产品进行分析是评估与评价的一种形式，通过学习产品了解到学习的学习情况，教师能够更有针对性地给出建议，为学习反馈提供了良好的基础。

1. 产品分析的意义

分析的目的是要结合学生的学习产品发现其内在的联系,识别学生学业方面及其他方面的表现。有针对性的产品分析能够帮助学生真正的理解和应用,有利于教师做出诊断性的评估,有效地评价学生现阶段的学习,了解现阶段掌握的知识和技能。通过及时地分析,对学生做出评价,也有利于学生对自己的学习进行有效反思。对产品进行分析的意义在于将学生的学业表现进行适时反馈,为学生、家长提供反馈,更是为教师自己的教学提供反馈。

2. 师生进行产品分析的意义

师生共同进行产品分析能够更好地促进学生的学习。及时地进行分析,关注到学生的即时表现,对产品的分析最终的目的是辅助学生学习和发展。教师进行分析时能够根据学生实际情况来调整教学计划,指明修改方向,对课堂起着重要的导向和激励作用,以便在往后的学习中更好地满足学生的学习需求,为教学管理提供有效可靠的依据。而学生进行产品分析则是个自我反思的过程,能够帮助学生提高自主学习的意识,了解自己的学习过程,自觉规划自己的学习,激励学生主动学习,并不断地改善自己的学习,提升自身学习能力。反馈结果未经过自我评价,就不可能有深度学习的高产出。学生对产品的自我分析,有助于促成教学信息向学习信息的转换,帮助学生自我评价学习的成效。

### (二) 教师对学生产品分析是一种反馈行为

教师对学习产品的分析与评价,应当注重向学生提供反馈。在分析的过程中,教师会根据学生学习产品的质量来评价学生的学习行为,并给出建议帮助学生调整学习方式,这个过程就是一个信息收集、分析、反馈的过程,是针对学习产品的一种反馈行为。

1. 教师对学习产品的分析

教师进行产品分析时,可以针对当前重要的学习目标及时跟进,选择最重要的、与学习目标相关的学习产品进行分析;结合学生的表现,针对出现的主要问题进行分析。通过分析收集到的学生的信息,合理地进行加工，运用到实际教学中。如在对作业进行分析时，可以综合学生较多出现的一些问题进行整体分析，反思自己的教学过程，对话教学中的语言等方面，找到问题所在，有效地解决。

2. 教师的反馈行为

对学生的学习产品进行分析，最重要的功能是给教师提供有效的教学反馈。在分析过程中，通过提问和对学生学习的观察，可以了解学生的学习态度、学习能力以及应用知识的能力，通过学生的作业和作品等可以了解对知识的掌握程度。分析提供给教师有关学生学习的重要信息，运用多种方法收集学生的信息。这就是一种反馈行为，具体的、少而精的反馈。

## (三) 围绕学习产品的对话是一种对话教学

当围绕学习产品进行交流时，对话教学就发生了。这时的对话不仅仅是对学习产品本身的一种交流与探讨，更是在帮助教师和学生，透过现象看本质，通过对学习产品的分析过程，发现学生学习存在的问题，对此展开的更具有针对性和时效性的对话教学。

1. 什么是对话教学

百度对于对话教学的定义是这样的：发生在教学过程和教学情境中的对话，我们称之为“教学对话”。教学对话法就是在课堂过程中教师和学生之间进行对话交流，从而让学生学到知识的教学方法。在日常的教学过程中，对话始终贯穿于整堂课，教师的提问与学生的回答，教师与学生对于某个问题的探讨与分享等，都是一种对话，这就需要教师课前精心设计课堂的对话，用精准的语言来提高学生学习思维的能力，使对话教学真正发挥其作用。

2. 围绕学习产品对话的形式

教学对话贯穿于整个教学的过程，课前我们可以通过导入对话来了解学生已有学习产品的建构，课中的对话是知识形成的过程，课后的对话是对学习产品评价与反馈的过程，同时改进教学与提升学习方式的过程，围绕学习产品的对话一旦展开，师生间和生生间的对话形式就变得尤为重要。

(1) 师生对话

教师对产品的分析最终的目的是让学习更有效,让每一个学生学有所获,分析学生学习产品是个师生自我反思的过程,这是一种发生在师生之间,并为了达到共同目的的对话教学。

当我们某一课或者某一单元的学习告一段落时,教师需要进行一次总结来了解学生对知识的掌握情况,如作业、小测验、思维导图等,学生在这一过程中反映出来的就是他们真实的学习产品的体现,此时,师生就学习产品中出现的错误展开对话,分析错误原因是表征的缺失、表征之间的联系缺失还是表征之间产生了矛盾等,教师帮助学生找到错误的症结所在,引导学生学会正确思考的方法。

(2) 生生对话

生生对话是指发生在学生之间的讨论和交流。每个孩子在学习过程中的表现是不一样的,对于学习的理解也是不一样的,因此他们所获得的学习产品的类型和质量是各不相同,生生之间的对话也利于学习产品的更优化。学生之间,对自己或他人的表现及作业、作品等进行评价分析,并通过对话的形式进行表扬或者提出意见,善于发现优点,合理地提出缺点,扬长避短。教师还要引导学生形成小组,对于教师反馈的较难的问题进行小组讨论,交流各自不同的见解,悟出改进方法。在这种生生对话过程中,教师要引导学生判断学习的目标、明确自己在组内的角色,通过交流更好地修正、调整自己的学习方式。

3. 围绕学习产品对话的意义

围绕学习产品的对话并不是简单的问答,而是在围绕产品进行分析过程中产生的思维的碰撞,从而使师生不断反思自我,达到最有效的教学方法和学习方式。

(1) 提升产品的反馈效能

围绕产品的对话,为教师打开一个窗口,让教师了解学生的学习,了解他们的思维过程,了解他们所收获的知识结构,这样可以更有针对性地予以纠正。教师针对学习产品的分析结果与学生进行交流前,需组织好语言，不应只是单纯地告知学习产品中出现的错误，而是要站在相互尊重的立场上，组织积极的语言与学生进行对话与交流，这样的对话才更具引导性，反馈才更有效。

(2) 提升学生的学习方式

学生对于学习过程中出现的不明白的问题、难以实施的任务及自我改进的方式向教师提出反馈，教师收集学生的反馈信息加以利用，与学生进行谈话、讨论，提出自己的意见，并通过对话交流的形式反馈给学生，这是一种师生间的对话双向反馈。学生把自己的学习成果通过对话反馈给教师，教师则根据实际情况分析学生的学习产品，引导学生去思考、理解教师反馈的意思，发现教师的反馈与自己的理解的差距。当然，这些围绕学习产品的对话需建立在教师合理的管理中，教师要明确学习产品的要求，适时地监控学生的学习。

## 第二节　针对学生学习表现的对话教学实践

对话教学指的是蕴涵教育性的相互倾听和言说，是学生、教师、文本之间的交流互动过程。对话并不是一个全新的概念，它作为一种重要的活动形式，最早可以追溯到古希腊的苏格拉底和中国的春秋战国时期的百家争鸣时代。巴西著名的教育家弗莱雷认为，教育具有对话性，教学应该是对话性的活动。目前，"对话教学"作为一种新课改理念下的教学活动方式，已经引起界内专家的高度关注。关注学生学习表现的对话教学能培养学生的独立性和自主性，引导学生质疑、调查、探究，促进学生主动地、富有个性地学，从而提高学习的效率。

### 一、聚焦学生学习表现

学生的学习是人类学习的一种特殊形式，是在教师的指导下，有目的、有计划、有组织、有系统地进行的，是在较短的时间内接受前人所积累的科学文化知识，并以此来充实自己的过程。学生的学习表现可以通过对知识、技能和学习策略的掌握,对问题解决能力和创造性的发展等方面体现出来。

### (一) 学生学习表现的内涵与类型

心理学上认为,学生的学习表现是指学生通过学习活动所表现出来的行为或行为潜能的变化。当然,有些学习行为不会在我们的当前行为中立即表现出来,但会影响我们对待事物的态度和价值观。

由于学习表现本身是非常复杂的,其中涉及不同的学习对象、内容、形式、水平等,与此同时人们依据分类的标准也有所不同,因而存在着各种不同类型的学习表现。对学习表现进行科学的分类,不仅有利于探讨和把握不同类型学习特点和特殊规律,更便于教师合理地组织教学和指导学生学习。从不同的学习理论观点和不同的角度出发,可以划分各种类型的学习表现。下面列举几种较有代表性的学习表现类型。

1. 学生在知识与技能上的表现

夏雪梅博士在其一书《以学习为中心的课堂观察》中指出,“知识与技能类目标的达成”是指“个体或群体学生参与课堂学习后,在知识与技能上和学习之前相比,表现出进步,达到了预设的合理目标。这一进步是在学生与教师、同伴、自身的有意义学习互动中产生的”。在这一定义中,学生在知识与技能上的表现就是看学生自己在课堂学习前后的学习表现是否较学习前是进步的,而且这一学习表现是有目标方向的。如苏教版小学三年级《蒲公英》一课的知识与技能目标设计为:能按一定规律记住提供的词语,正确朗读词语,做到不拖调;能通过词语辨析、联系生活、结合上下文理解“嘱咐”“迷惑”等词语的意思;能有感情地朗读第 2 至 3 节课文。如果学生在完成了这一课的学习后,能够正确朗读和书写本课的生字、词语及课文,并能联系生活实际理解相关词语的意思,那么也就说明该生在知识与技能上的表现是进步的。

2. 学生在过程与方法上的表现

所谓过程,其本质是以学生认知为基础的知、情、意、行的培养和发展过程，是以智育为基础的德、智、体全面培养和发展的过程，是学生的兴趣、能力、性格、气质等个性品质全面培养和发展的过程。所谓方法，是指学生在学习过程中采用并学会的方法。如小学语文课程标准倡导“探究性学习”，强调在实践过程中学习。“识字”“阅读”“口语交际”“习作”“综合性学习”等，都要让学生亲历过程，在过程中学习，使学习过程成为学生生活世界的一部分。在学生的学习表现中常常体现为参与讨论、发表自己的意见、寻找、交流、分享、访问、考察、认可、接受、欣赏、关注等等。

3. 学生在情感、态度、价值观上的表现

情感态度与价值观注重于学生的内省和内化，强调通过学生自己亲身的活动，感受活动的价值，从而形成稳定的态度和个性化的价值观念。学生的学习表现可以分为“经历（感受）、反应（认同）、领悟（内化）”三个水平层次。“经历（感受）”，包括独立从事或合作参与相关活动，建立感性认识等。“反应（认同）”，包括在经历基础上的表达感受、态度和价值判断，作出相应的反应等。“领悟（内化）”，包括具有相对稳定的态度；表现出持续的行为，具有个性化的价值观念等。

### （二）学生学习表现对学生学习的意义

学生是学习的主人，在教和学的过程中，学生为主体。课堂教学中，学生的学习表现关系到课堂的教学效率。近年来，随着教育改革的深入，大家越来越重视学生在课堂上的学习表现，引导学生主动地思考、探索，成为教学过程的积极参与者，成为学习的主人，在教师的引导下获得知识，发展能力，体现自我，收获成功的快乐。

1. 学习表现是学生学习态度的外在体现

学习态度对学习表现的调节，表现在对学习对象的选择和对学习环境的反应上。当学生在学习态度与教学环境上保持一致时，就积极努力地学习。但如果由于某些原因对学习环境（如教师、学校等）产生不良态度时，则会回避学习环境并产生不利于学习的不良行为，如逃学、反抗等。

2. 学习表现影响着学生的学习效果

研究表明,学生的学习表现不仅直接影响学习行为,还直接影响着学习成绩。那些喜欢学习,认为学习很有意义的小学生,上课注意听讲,按时完成作业,学习成绩优良。相反,而那些对学习不感兴趣,认为学习无用的学生,课堂行为问题多,学习成绩也差。据上述研究结果可见,学生学习表现的好坏与其学习效果密切相关。在学校情境里,如果其他条件基本相等,学习表现好的学生,其学习效果总是远胜于学习表现差的。

3. 学习表现影响学生的耐受力

学生在学习中对所受挫折的耐受力,则与学生的学习表现密切相关。例如,一个认为学习很有意义,喜爱学习的学生,当他(她)在学习中遇到这样或那样的困难与阻力,即遇到挫折时,耐受力就高,表现出吃苦耐劳、百折不挠和勇往直前的精神。相反,一个对学习不感兴趣的学生,学习中遇到困难或遭受失败时,耐受力就低,往往表现出灰心丧气,甚至一蹶不振。

### (三) 学生学习表现的分析与评价

当今时代,学会学习比学习知识本身更为重要。我国颁布的《基础教育课程改革纲要》中指出,基础教育的任务除了将知识传授给学生之外,更重要的是要让学生在学习过程中发挥主观能动性,主动参与学习,掌握学习方法,最终学会学习。在课堂教学中培养学生良好的学习行为习惯,重视对学生学习行为的指导,才能让学生在学习中逐渐学会学习。因此,教师作为课堂教学活动的主要责任人和管理者,要关注学生的课堂学习表现,根据学生的表现用发展的眼光对其进行评价。

1. 直接观察评价法

直接观察是指通过观察学生的行为表现来确定学习是否已经发生,教师经常使用直接观察这种方法。化学老师给学生教授某个实验程序,在实验室里他要观察学生,看他们是否遵循正确的步骤操作实验。体育老师通过观察学生运球的表现以确定他们学习这种技能已达到了何种水平。小学老师根据学生们的课堂行为可以估计学生们对课堂规则掌握到了什么程度。如果观察是直接的，并且几乎不包含观察者的主观推断，那么直接观察是评估学习的一种有效方法。当需要观察的行为能被明确规定，那么学生的行为就能被确定是否达到标准，此时的评估效果最佳。

2. 书面回应评价法

人们经常根据学生的书面回应，如测验、考试、家庭作业、学期论文和报告等来评估学习。根据由书面回应反映出的掌握水平，教师判断正确的学习是否发生，或者是否需要因为学生对教材掌握不到位而展开进一步的讲解。例如，假设现在有一位教师准备教学“小说”这一单元，教师首先假定学生对这一体裁的知识所知甚少。在教学开始之前做一次前测，如果学生得分很低，就支持了这位教师最初的假设，在完成这一单元的教学之后，教师再次测验，学生如果测验分数提高，就可以得出结论，学生们已经获得了相关知识。

3. 口头回应评价法

口头回应是学校文化的组成部分，课堂上，教师点名学生起来回答问题，并根据回答评估学习。在课堂上，学生同样也会提问。如果他们的提问表明对知识缺乏理解，那么这也表明了恰当的学习还没有发生。我们假定口头应答能够真实反映学生已经学会的东西，但这种假设往往是很难保证的，而且言语表达不是一件易事，当一个人将所知道的用言语表达出来时，会因为不熟悉的词汇、说话的焦虑、语言困难等因素而出现一些问题，教师可能会纠正学生所说的话，但这些纠正可能并没有准确地反映学生思维的本质。

4. 他人评价法

他人评价是让他人对学习者学习的质量做出评价。他人评价的一个优点是，观察者对学生的评价，比学生对自己的评价更客观，同时这种方法还可以了解行为背后的学习过程，由此收集到用直接观察法将无法得到的资料。例如，在对一个学生的朗读作出评价时，教师可以采取他人评价法，让其他学生对这一学生的朗读作出多角度的评价，那么对于朗读者而言,他所获得的建议也就更多,对他提高朗读水平也是益处多多。

## 二、探讨学生学习表现行为的成就意义

对话教学目的是为了有效促进学习者的学习,而学生是学习活动的主体,学生的学习表现是决定课堂教学效果的关键,正确认识学习者的表现有助于我们对学习者进行更为有效的指导。因此,在设计对话教学前,必须对学习者的实际需要、能力水平和认知倾向进行深入的分析,以便使对话教学与学习者的特征相匹配,从而更好地实现教学目标,提高教学效率。

### (一) 回顾和描述学生的学习表现行为

随着新课程改革的深入,我们的课堂也渐渐地发生着变化,作为一线的教师,我们要更多地关注学生的表现,挖掘和利用学生的创新思维,巧妙地将课堂教学引向生活。新课程倡导课堂教学要实现对学生三维目标的培养:知识与能力,过程与方法,情感、态度与价值观。这三者之间既是一个整体,又彼此渗透,相互融合,统一于学生的学习成长与发展之中。教学实践中,教师要关注学生在三维目标上的学习表现,从而及时调整教学方法,更好地为学生的学习服务。

某老师在执教《掌声》一课时,在初读感知后这个展开教学:

师:小英是怎样的孩子?

生:小英忧郁自卑。

师:后来她变得怎样了?

生:后来小英变得活泼、开朗、自信。

师:是什么原因引起小英的变化呢?

生:是演讲课上同学们的掌声。

师:为什么同学们的掌声能引起小英的变化?请大家找出描写掌声的句子,读一读。

学生读书、圈画,然后请学生读句子,相机理解“骤然”“经久不息”。

师：你还有问题吗？

生：同学们为什么给予掌声？小英为什么感动得流下了眼泪？演讲结束，同学们为什么又给予掌声？

师：请同学们细读课文，画出描写小英神态、动作的词句，体会小英的内心感受。

学生阅读、批注。

师：现在我们进行交流。

生：演讲课上，轮到小英演讲，她“低下了头”。我从“低下了头”体会到小英很难为情，甚至有点害怕。

生：小英想，大家一定会笑话她走路的样子。

生：我从“犹豫”一词中体会到小英的内心十分矛盾，上去吧，别人会笑话她，不上去吧，也不好。

生：我从“眼圈红了”，体会到小英内心很痛苦。

生：我从“终于”一词中体会到小英经过一系列思想斗争，还是建立了自信，走上了讲台。

师：那么，同学们为什么给予小英经久不息的掌声呢？

生：因为同学们看到小英勇敢地走上了讲台。

生：因为同学们看到了她的自信。

师：这掌声里包含着什么呢？

生：包含着赞扬。

生：包含着祝贺。

生：包含着鼓励。

师：那么，小英为什么感动得流下了眼泪呢？

生：小英原想别人会笑话她，结果，同学们不但没有笑话她，反而给予掌声，她心中多么感动啊！

师：是啊，这掌声包含着千言万语，请同学们以四人小组为单位，一人当小英，三人当同学，相互说说心里话。

学生分组活动。

师：那么，第二次呢？（略）

师:学到这儿,同学们一定知道,为什么同学们的2次掌声能使小英由忧郁、自卑变得活泼、开朗、充满自信了呢?(略)

本课教学主要整合了自主学习、探究性学习、体验性学习、合作学习等方式,从师生对话和学生的学习表现中,让我们看到了三维目标的有效达成。

1. 学生在知识与技能层面的表现:语文姓“语”,不管运用什么学习方式,都不能放弃语文知识的学习,相反,运用先进的学习方式,就是为了更好地学习语文知识。本课例中,教师十分注重语文知识的学习,引导学生理解掌握文本中的重点词句,理解语言,积累语言。朗读,又是基本的技能,教师引导学生深入文本,通过词句,深入体会小英的内心世界,在获得内心真切感受的基础上,让学生通过朗读表达获得的感受,朗读的技能得到了有效的操练。这样,知识技能的目标也就达成了。

2. 学生在过程与方法层面的表现:在教师的积极引导下,学生展开了学习过程,由表及里,深入文本,与文本对话。其间,教师又让学生学习并运用有效的学习方法,如,运用对比的方法提出问题,即从小英的前后截然不同的表现中发现问题,通过圈、画关键词句提出问题。学生在学习中,掌握了提出问题的方法。又如,怎样体会人物的内心呢?教学中,教师运用自主学习,体验性学习的方式,让学生抓住关键词句,结合上下文,提取生活经验等方法去深入体验,收到了很好的教学效果。

3. 学生在情感态度与价值观层面的表现:在整个教学过程中,教师引领学生通过探究,即提出问题,分析问题,解决问题,通过体验,即抓住词句深入体会小英的内心感受、同学的真诚鼓励;通过合作学习,角色体验,说说心里话,学生的确受到了美好情感的熏陶与感染。

### (二) 透过学习表现行为挖掘学生的思维和情感

新课程提出,课堂上不仅要观察教师的“教”,更要关注学生的

"学",特别要关注学生在课堂上的学习表现,主要是学习的参与状态、思维状态、情感状态等。在以上诸多状态中,尤以思维状态和情感状态最为主要。作为教师,要认真观察学生的学习表现,才能更好地了解和把握学生在课堂上的学习效率了。

学生在课堂上都是有所表现的,这些表现会展露学生在学习某一知识时的思维状态和情感状态。关注学生的这些状态,主要在教师对学生学习表现的揣摩、猜测,而后再行验证,久而久之,就会形成"看到学生的某些表现,就知道他在想些什么"的境界。

如某老师在教完一个定义或一个法则后,让学生勾画出重点。一学生握笔后没有马上下笔,而是沉思后再勾画且下笔准确。此时,该生也许就是在根据老师的讲解思考哪些才是重点。教师对此应感到欣慰,此时学生才是真正进入了思维状态,在积极地思考,而不是看到学生没有立即动笔就横加指责。

再如有一学生,在一堂公开课上,当老师提出问题时,他举了三次手。老师请他回答,他站起来后却无法开口。此时我们应做这样的猜测:该学生对这些问题都有思考,但由于胆怯加上表达能力欠缺,因此无法开口。教师应适当加以引导,或通过同学帮助,引出语言,以展示其思维状态。这位老师对学生情感上的保护,形成了一种和谐的师生情,必将更好地为学生的学习提供一个轻松、愉悦的学习环境。

在课堂上,学生是否在随着教学的进度进行思考,思维状态和情感状态是否在随着教学而展开,还可以在很多地方、通过很多形式获得,如观察学生间的争论,注意学生在课堂上的答问等等,只要我们能做个有心人,从细微处着手,实实在在地关注学生,关注学生的学习表现,以此作为教师调控教学的依据,作为学生在课堂上是否有效学习的依据,就能展开有效的对话教学,切实提高教学质量。

### (三)通过学生学习表现行为的分析让学生获得成就体验

美国哲学家爱默生曾经说过:"自信是导向成功的第一要诀。"一个充满自信的孩子,处事乐观进取,做事主动积极,乐于面对挑战;相反,一个孩子如果缺乏自信心,那么他所表现出来的行为态度,往往是退缩,畏怯、悲观、被动,不善与人交际,不敢尝试新鲜事物,凡事依赖,犹豫不决。所以,我们通过对学生学习表现行为的分析,对不同表现的学生采取不同的评价方式,采取积极的激励手段,让每个学生都能获得成就体验。

例如:一数学老师在教学《圆锥的体积》一课时,让学生自由地说一说用什么方法能求出圆锥的体积。学生想出的方法有:变形成圆柱、长方体,放入水中求上涨的水的体积,把空圆锥装满水倒入量杯或量筒等。

师:这些方法都很好,都是把圆锥转化成我们学过的立体图形。今天,我们共同探究一种更为一般的计算圆锥体积的方法。你愿意选择哪一种立体图形作为研究的工具?

生:圆柱体。

师:为什么呢?

生:因为它和圆锥的共同点很多,都有一个曲面,而且底面都是圆形。

生:我猜想它们的体积之间有一定的联系。

师:请各小组通过做实验来验证你们的猜想。

生动手实验,记录下各自的发现。

汇报操作过程,说实验中的发现。

生1:我们用空圆锥装满米后倒入空圆柱,三次倒完,圆柱的体积是和它等底等高的圆锥体积的3倍。

生2:我们是用空圆锥装满米后倒入空圆柱,三次正好倒满,说明圆柱的体积是圆锥的3倍。

生3:我们的发现和第二组一样。但是,我们只倒了一次,量了一下,发现米的高度正好占圆柱高的1/3,也可以说明圆柱的体积是圆锥的3倍。

师根据这些实验组的汇报,把结论分成两大类:1. 圆柱的体积是圆锥的3倍。2. 圆柱体积不是圆锥的3倍。

师：请小组间相互交流一下，找一找结论不一样的原因。

持有两种不同观点的实验小组互换实验器材，进行实验操作。

生再次汇报交流，经过辨析，得出结论：在等底等高的情况下，圆柱的体积是圆锥的3倍。如果不等底不等高，圆柱的体积有可能不是圆锥的3倍。

以上对话教学过程，学生表现得积极主动，课堂上时时闪烁着创新思维的火花。在师生的一次次对话中，教师引导学生通过大胆猜测、动手实验、小组讨论等方法，让学生在自主探究中解决问题，真正让学生体验到了学习的快乐，感受到成功的喜悦。

## 三、精心设计与实施对话行为

对话教学过程，是一种教师、学生、文本之间的一种精神上的沟通和心灵上的碰撞。对话理念在小学教学中的应用越来越广泛，它既符合小学学科的教学特点，又充分考虑和结合了小学阶段学生的年龄特征和接受能力，是提升课堂教学质量十分重要的手段和方式。“对话”并不仅仅是简单的教师提出问题、学生来回答这种传统模式，而是提倡对话教学要充分尊重学生，发挥学生的主观能动性，让学生成为课堂学习的主人。通过运用丰富多样的对话形式和手段，拉近教师与学生、学生与教材之间的距离，让学生真正走进和融入课堂，同老师一起进行良性的互动，营造良好的教学氛围，提升教学效果，让学生能快乐地学习知识。

### （一）对话教学要抓住时机

叶澜教授说过，教学就其本质而言是交往的过程，是对话的活动，是师生通过对话在交往与沟通中共同创意的过程。我们发现有效的课堂对话总是出现在某一时机。把握好学生矛盾处、疑难混淆处、开放性的内容处、文本“关键词”处等时机展开对话，教学方能事半功倍。由于学生的认知能力及认知经验的局限，学生在学习活动中遇到疑难问题时常常会产生障碍,此时教师若能抓住机遇,展开对话,会使学生的探究欲望不断上升。

如一位老师在教学“草芽尖尖,他对小鸟说:‘我是春天。’”(《四季》)时,老师问:“除了草芽说‘我是春天’外,还有哪些事物也可以说‘我是春天’?”

生1:桃花说“我是春天”。

生2:柳芽说“我是春天”。

这时有个学生说:“白云说‘我是春天’”。

师:“可以吗?”

生3说:“不可以,因为白云是一年四季都有的。”

师:“真好,白云不是春天独有的特征。”

生4说:“小朋友说‘我是春天!’”

“不对,小朋友也是一年四季都有的。”有个学生接过话茬。

对这一个课前没有预设到的生成性资源,老师先是一愣,此时老师必须对学生的对话作出诊断:小朋友可不可以说“我是春天”?经老师片刻思忖、心中有底后反问了一句:“小朋友们,可以说‘我是春天’吗?”经自由讨论后,学生认为可以这样说。最后老师总结:“对啊,小朋友正是春天,你们是那样的可爱,那样的生气勃勃!”通过老师诊断后把问题抛还给学生自己来解决,不仅让学生认识到自己正是春天,认识到自己前途无量,是祖国的希望,对学生渗透了人文教育,同时对“春天”也有了更深一层的理解。

### (二)对话教学要精心设计

语文教学的过程应是一个师生对话的过程。有效的对话话题和内容的设计,要求教师设计的问题必须能够体现教学的主要内容,即问题设计要紧紧围绕教学内容,体现问题设计的整体性、关联性。

在教学《小苗与大树的对话》一课时,在充分让学生自读课文后,老师是这样设计教学的:

师:在苗苗对季老先生的采访中,他们用了很长时间在讨论看闲书。那么,到底闲书指什么,能结合课文谈谈你们的理解吗?

生:我觉得闲书就是指不是课本的书。苗苗看的《水浒传》,季老小时候读的《三国演义》《济公传》《三侠五义》都算闲书。

师:你是从他们的对话中了解到的。那到底是谁管这些孩子们爱读的书叫闲书呢?

生:我在读《哈里波特》时,妈妈就这样说过,“不好好学习,就知道看闲书”。

生:我喜欢看漫画,爸爸也说要我少看闲书,多做点题。

师:看来很多家长都把读课外书称为“闲书”,言外之意就是没用的、浪费时间的书,所以苗苗和季老都要偷偷地读。那季老今天为什么还主张看闲书呢?让我们再读读课文。

生:季老说要把文章写好,写通顺,应该看课外书。他的文章写得那么好,一定和他小时候看闲书有关。他还讲鲁迅也说过,要把文章写好,最可靠的还是要多看书。

师:季老的话多么有说服力啊!

生:还有呢。季老在回忆他童年看闲书的事时,说得津津有味,这么多年过去了,他还记得那么清楚,这说明看闲书能给人带来无穷的乐趣。

生:还有,当他听说苗苗看闲书挨了爸爸的打时,没有评论,而是笑了。

师:季老就是这样在谈笑风生中表明了自己的观点,是那么亲切自然。

本环节的设计,老师充分尊重学生独特的感受、体验和理解,通过老师与学生的对话创设情境,让学生谈感受、读句子。学生联系自己的生活体验,产生感悟。整个过程为张扬学生的个性,激发学生的灵性服务,学生学得轻松,上得精彩,而这精彩正是他们“读”出来、悟出来的。

### (三) 对话教学要容易接受

教学中,巧妙有趣的对话设计能吸引学生的注意力,激发学生的学习兴趣,让学生更有效地投入到学习中去。对话教学要寻找那些与学生生活联系密切,为学生所熟悉,能唤起他们愉悦和美好的感情的话题和事物,让学生有话可说,有感可发,这样的对话就能让学生乐于接受。

如在进行作文教学时,一位学生在和教师聊天时说:“奶奶成天唠叨,不许我打电脑,真是到了更年期。”甚至还不耐烦地感叹道:“奶奶的唠叨都快让我的耳朵起老茧了,什么时候她才能不唠叨呀!”这是典型的独生子女心态。生活在成人的细心呵护下,孩子们很少会理解长辈的做法。教师及时抓住这一心理,通过师生“对话”,循循善诱地开导:“奶奶对你唠叨些什么呢?你觉得她唠叨得最多的是哪些事情?”“不要我玩电脑。”“奶奶为什么不要你玩电脑呢?”“她怕我的眼睛坏了呗!”“哦,原来奶奶是特别关心你,才对你唠叨的,对吗?”后来,这位学生以“唠叨”为内容,把奶奶对她的关爱写出来了。学生把作文本交上来,教师看到了这样一个结尾:“奶奶的唠叨声中充满了关爱,我就是在充满关爱的唠叨声中渐渐长大的。”

联系生活实践,师生之间自由、开放的“对话”,是一种新的分享方式,学生在关怀问辨、情怀濡染中,得到了心灵的成长。

### (四) 对话教学要让学生有成就感

课堂上的对话教学要让学生在老师的步步引导下有话可说,并且能说到点子上去,让学生有成就感,体验到学习的快乐。小学语文教材负载着传承基础的文化功能,其本身就是一个敞开的文本。学生只有善于与文本对话,从“对话”中自主获取知识,才能适应信息社会对知识学习的要求,才会受用终身。

孟子说过:“尽信书则不如无书。”爱因斯坦也说过:“发现一个问题比解决一个问题更伟大。”一次课上，师生对教材中的一幅插图产生疑问，发现与文章的内容不符，于是学生开始找资料问专家，最后证实了自己的猜测是对的。学生在这个过程中感受到了快乐，此后学生乐此不疲，常在课前5分钟提出自己的发现并发表自己的观点。如《小儿垂钓》中有一句“蓬头稚子学垂纶”，学生发现插图中的小孩头发梳得整整齐齐，与“蓬头”不符。还有的学生对文章内的标点、语句提出质疑，虽然有时他们的观点是错的，但这种与教材的对话行为，让学生很有成就感，使他们真正体会到“处处留心皆学问”的真理，真正成为提高语文能力的动力。

总之，作为教师，必须要对学生的学习表现进行分析，通过对学生学习表现的分析，了解学习者的实际需要、能力水平和认知倾向，从而设计有效的对话教学，更好地实现教学目标，提高教学效率。

## 第三节　基于学生学习成果分析的对话教学实践

“学习成果”最早由美国学者艾斯纳于1979年提出。学习成果是学习者在完成一定时间的学习后，被期望已知已会并被能证明的知识、技能、能力和素养。我们在深入研究后认为，它包括学生对知识的掌握，技能与能力的提高，态度、情感、价值观等非认知品质的发展，及由此内化而成的适应现代生活的综合能力。反映学生学业成就的关键指标包括知识、技能应用水平，代表性能力（指信息能力、交际能力、问题解决能力等），学业情感等直接评价和间接评价。

### 一、聚焦学生学习成果

学习成果的内涵意义是具有时代性和发展性的，立足相应的社会发展和需求，基于人类对脑科学、教育学、社会学等研究的基础上进行不断地调整优化。

### (一) 学生学习成果的内涵与类型

学习成果这一概念源于英文 learning outcomes,其中 outcome 源于中世纪英语 utcome,指事情发生的结果。从英文字典看,outcome 的释义较一致,指“结果、效果”,但与内涵丰富的 learning 一词连在一起,其内涵和外延就变得复杂起来。

1. 学习成果的内涵

学习成果评估因“直面学生学习增值、强调教育成效证据”成为教育质量评价和保障的重要方法。在此背景下,国际组织、各国政府、认证机构及教育机构纷纷以学习成果评估监测教育质量。不同于前文教学设计视角下的学习成果,质量评估范畴下的学习成果关注教育机构教育目标的达成,通过收集学生学习成果的证据说明教育机构的成效,以此判断机构是否达到相关质量标准。

作为教育领域的专门术语,学习成果的内涵经历了三次较集中的转变,即从关注教学策略的改进,到关注教育质量的评估,再到关注教育的衔接与融通。关注教学策略的改进,对学习成果的讨论,始于课程编制科学性的研究和教学策略有效性的探讨。教育目标是预期的学习成果,不同学习成果的获得需要与不同的教学条件、教学内容、教学策略匹配,教学设计的目的是为了更好地达到预期的学习成果,学习成果是教学设计的起点,决定着教学过程各个关键的要素和重点环节。

本文所论述的学习成果主要指学生的学习成果,指学生通过学习所获得的可以实现人的各种行为的能力。

2. 学习成果的类型

学习成果亦称“学习结果”,美国学习心理学家加涅等人通过对人类为满足社会需求而产生的一系列活动的分析,归纳出五个能力范畴,即学习成果的五种类型。第一种类型是言语信息,这是任何学科学习的基础。人类具有的把可用信息储存在记忆中,需要时能迅速回忆起要点的能力。第二种类型是智力技能,人类具有的独特能力,即使用符号(语言、数字和其他符号)对外界环境作出反应并同其他人进行交流。

是人们对客观世界记忆和思考的主要方法。由于心理过程的复杂程度不同，可分类为鉴别、具体概念掌握、定义（抽象）概念掌握、规则掌握和解决问题。第三种类型是认知策略，这是学生在分析、解决新问题的内部处理过程中起选择、指导作用的内部组织技能，对学生思维的质量和效率起着重要作用。第四种类型是动作技能，反映人们为完成某一有目的的动作时，其肢体骨骼、肌肉运动动作的速度、准确性、力度及动作执行中的平衡性方面的能力。第五种类型是态度，这是影响个人对某物、某人、某事进行行为选择的内部状态。一个人对某事物反应的态度的强度可以由他在各种环境下对这一事物的选择频率来表明。

### （二）学生学习成果对学生学习的意义

每一能力的范畴互有区别，使人的行为有明显的不同类型，每一能力学习又有各自的内部和外部学习条件。因而有效的教学设计是以期望的学习成果作为目标而开始，并始终以此作为基础框架结构来研究，从而设计出详细的教学顺序和教学活动。

1. 学习成果是教师设计课程活动的依据

学习成果是决定教育目标的重要方面，因此对学生学习具有一定的指导意义。学习成果常常以陈述的方式规定学习者完成课程时所表现出的能力，以便让学习者能够更精确、更全面地预测到参与学习所带来的成就，并根据学习成果的规定制定相应的学习策略。教师的“教”究其根本是为了服务学生的“学”，依据学习成果所进行的课程设计目标更明确，指向性更强。

2. 学习成果是教师教学效果评价的依据

教学实践中，教育评价的本质是确定课程和大纲在实际上实现教育目标程度的过程，而教育目标表现在预期所要达到的学习成果。学习成果大多以陈述性的文本形式出现，但是由于其承载着对学习目标的规定，需要具有对目标达成度的测量能力。

3. 学习成果是学生学习效果的直接表现

通过学生的学习成果可以看到学生的进步，让他们也看到自身不断增长的智慧和力量,这对于学生良好学习行为的养成无疑有着积极意义。学生受到鼓励后,学习热情和思考探索的积极性会很高,课堂教学中展示学生学习成果对学生学习也具有一定的激励作用,激励其他学生上进,为其他学生提供创新思路,被展示学生同样受到激励作用。由此可见,学习成果对学生的学习有一定的示范意义和评价意义。

### (三) 学生学习成果的分析与评价

对学生学习成果的分析与评价是教师的工作内容之一,对学生具有重要的、长远的影响。合理分析学生的学习成果,可以有效促进学生的自主学习能力发展,让学生在自主学习中发展问题意识,提升分析问题和解决问题的能力,让学生在获取知识的同时学会学习。在实际教学中教师要深入了解学生的学习情况,要掌控好学生的学习成果,做到及时评价,使不同的学生都得到发展。由上节阐述中可知,学习成果主要有五种类型,言语信息、智力技能、认知策略、动作技能和态度,教师对每一种类型的学习成果都要有相应的、具体的分析和评价指标,但无论是哪个类型的学习成果,分析的依据是明确的,都是需要结合课程性质和课程目标去确立的。对于学习成果的评价一定是具有科学性、指导性和激励性的。

例如在数学学科中,学生学习成果是对学生数学学习成绩和表现状况的综合评估,除了反映数学基本知识和技能的掌握情况,还应该包括对学习过程中学生个体数学能力的提升,思想、方法的获得,解决问题的水平以及数学学习的情感、态度、价值观等方面的综合考查。教师可以通过等第、分数等综合运用纸笔测试、累积记录、研究性任务等评测手段,提升潜在学力,最终达到为学生的数学素养发展的目标。在实际教学中,教师应当关注这些学习成果,以此为基点引发学生的广泛交流和深入探索,让他们在循序渐进的过程中达成对知识的深度理解,建构出稳固的数学知识体系。教师对学生学习成果的合理评价,让学生的学习得到及时的肯定,更重要的是增进学生的学习积极性,促进学生体验探究,获得丰富的数学知识和可继续发展的动力。

## 二、探讨学生学习成果背后的意义

学生的学习成果不仅是教师设计课程活动的依据,是教师教学效果评价的依据,也是学生学习效果的直接表现。在此需要强调的是,学习成果不是学习过程的终止步骤,而是在课程设计时就已经需要初步明确的,贯穿于整个课程的始末。它对教师的教和学生的学都具有指导意义、示范意义和评价意义。

### (一) 回顾和描述学生的学习成果

为了让阐述更具体,我们就以数学学科为例,结合具体的案例,根据学习成果的五种类型来分别进行回顾和描述。

1. 言语信息

数学课堂是教师辅助、学生自主探究的课堂,知识的习得一部分是要通过生生对话、师生对话来获得。而学生对知识的语言表述就体现了学生对知识的建构过程,对知识的内化理解过程。

2. 智力技能

数学是研究数量、结构、变化、空间以及信息等概念的一门学科,从某种角度看属于形式科学的一种。数学因其抽象性,学生进行数学学习的过程就是智力技能体现的过程。常见的数学学习比如公式的学习和使用、数学模型的构建和运用,都是学生智力技能这一学习成果的直接体现。

3. 认知策略

在学习过程中,学习者针对所学内容画出网络关系图,这种策略属于认知策略。比如学生在完成一个单元后,用思维导图的方式整理知识点,理清概念之间的关系;在解决一个具体数学问题中,学生通过画图、列表、动手操作等方法去探究知识的形成过程等等。

4. 动作技能

在数学学科中,尤其是小学阶段,因为学生的年龄特点,直观思维仍占主导地位,学生对很多知识的感悟仍需要借助动手操作来实现。

比如学生在认识分数这一抽象性较高的概念时,学生要借助纸张或具体的实物,如蛋糕、橡皮、绳子等来表达几分之一或几分之几,通过动手分一分、折一折、涂一涂等动作实现对知识的理解。

5. 态度

数学学习的目标之一,就是让学生通过数学学习,能用数学的眼光看待生活中的一些实际问题。比如当学生看到生活中三角支架时会想到数学中学习到的有关“三角形的稳定性”这一知识板块;当学生面临选择走哪条路最近时就会想到数学中“两点之间线段最短”这一知识,并运用这一知识。这就是学生关于数学学习成果的态度。

### (二) 透过学习成果挖掘学生的学习过程

不管是哪一种类型的学习成果,都可以或多或少反映学生的学习过程。比如在苏教版二年级《认识线段》一课中,学生认识了线段的特征后,教师组织学生进行巩固练习,出示以下题目:

信封里藏着今天我们认识的三位新朋友中的一位,请你猜猜它会是谁?

生:信封里有可能是射线,也可能是直线,还可能是线段。

师:你希望老师提供些什么帮助?

生1:撕开些信封,看看里面线的样子。(显示线中的一部分)

生2:是直线,它是直直的。

生3:不对,这个信封只是撕下来一点点,也可能是射线,端点可能还藏在信封里。

生4:我要补充一下,线段也是有可能的。因为三种线都有直直的部分。

教师逐步打开信封,学生逐一猜测图形,最后呈现出一条线段。

学生基于对直线、射线、线段的已有认知,及对其特征的把握来进行判断的。但每个学生的能力水平是不一样的,比如当第二个学生看到信封中露出来的一部分是直直的后就立刻判断是直线，此时的学生只关注到了“直直的”这一特征，并未对“端点”进行思考，思维的严谨性还需要进一步训练。第三个学生已经能综合考虑“线”的两方面特征，思维较严谨。学生通过解决“信封里是什么线”的问题，不仅对现学的知识进行了过程再现，也是对思维能力的训练提升过程。学生就是在解决问题的过程中，结合对知识的认识、分析、推理等过程，来体现学习成果中认知策略这一模块。

上面通过“认知策略”这个学习成果来看学习过程，其他板块的学习成果对学习过程的反映都可以借鉴。

### （三）通过学生学习成果的分析让学生获得成就体验

对学生学习成果的分析是为了明确学生对知识的掌握程度以明确进一步的教学方向，也是为了找到学生的优势和创新所在，激发学生的学习热情，最终获得成就体验。

通过学生学习成果的分析明确学习的新方向。因为学生学习能力的差异以及知识基础的不同，学生的收获也不一样，所以在实际教学中，教师要从学生的差异性学习成果出发，及时发现不同学生到达的学习层次，并有所侧重有所针对地展开进一步的教学，依据学生的学习成果来延展他们的学习。例如在小学数学不规则图形（树叶图、脚丫图等）的面积计算这一知识学习中，一部分学生选择大格子进行估算，这一方法可以简洁快速地得到图形的近似面积；而另一部分学生选择小格子进行估算，这一方法得出的结果更精确。两方的学习成果都是正确的、科学的，经过讨论分析后逐步让同学们明白，大小格子的选择取决于具体的“需求”，是要快速简单一点还是精准一点，延展了学生对数学服务生活这一大思想，同时也揭示的是测量思想的另一属性：格子越小，测量越精准。

通过学习成果的分析发掘学生的闪光点。当学生在学习过程中有所发现，甚至是突破了教师的框架时，教师要及时肯定，要做出中肯的评价。例如在“打折问题”的教学中，教师引导学生探析打折问题中几个量之间的关系,并深入到生活中,要求学生收集一些生活中的打折方式,从原价、现价和折扣率的角度出发去分析这些打折方式。在收集学生研究成果的时候,教师发现不少学生能够结合实际情况分析这些生活中的打折问题,比如"买二送一"的打折方式,原本在很多学生的概念中是打五折,可是学生经过分析发现这样打折是用两份的价格获得原价三份的商品,实质上是打六七折,还有学生强调这是在买二的倍数的基础上才能实现这样的折扣率,对于学生的这些发现,教师给予了充分肯定,并结合实例让学生应用学习成果来应用和比较,推动了学生的对于打折方式的认识。因此,教师在评价学生时,要针对处在学习过程中的不同个体,善于使用弹性评价尺度,采取多种手段,让每一位学生都能得到肯定和欣赏。

## 三、建立学习成果对话的参照标准

对学生学习成果进行分析可以让学生获得成就体验,激发学生积极的学习情感,让学生对学习产生亲近感。这样不但可以促进学生的学习,让他们体验到成功快乐的同时,进一步延续、深化课堂教学。

### (一) 结合学生学习成果树立榜样做对照

学生因为其差异性,会有不同层次的学习成果。以优秀的学习成果为对照可以更好地发展学生的各项能力,助力学生的学习和成长。下面以综合实践课程为例,在研究主题"生活中的数学"时,学生分小组对大主题下的小主题进行研究后,不同的小组得到了不同的研究成果,而优秀成果对学生的促进作用非常显著。

学生研究成果展示的形式多种多样,展示的内容也参差不齐。其中,小组自主撰写的研究案例将研究的高度推向了高潮,激发了学生的研究视角;学生的自创 DV 作品"我的一天",开掘了学生的自创热潮,在一定程度上激发了学生关注生活、发现生活的兴趣。

小报

自主研究案例文稿

小品剧本

图 8－1

我们都知道，如果将学习者的精神活动分为自觉和不自觉两部分，其中不自觉部分也可以成为本能，在整个人的精神活动中占有大部分。心理学、教育学等理论也说明了这一个观点的正确性，那么问题就归结为怎样促进人的内部机制，即提升人的本能？心理学认为，很多内在的种质是不能靠外界的因素直接来改变的，要靠个体本身的力量来实现种质的提升，也就是说只有个体自己自主经历有意义的实践活动以后，才可能实现种质的发展提升。上述优秀学习成果的展示也是学生的一种自我实践活动，起到的作用更显而易见。

### （二）围绕实际学习成果和榜样进行分析

学习成果是衡量学生成功与否的主要标尺，既受智力因素影响，也受非智力因素影响，是智力因素与非智力因素的合力。非智力因素对学业成果的影响分为三方面：认知因素、动力因素、人格因素。认知因素包括学习方法、学习策略、学习方式，其中学习方法和学习策略对学习成绩影响较大；动力因素指学生的学习态度，学习态度与学习成绩呈显著相关，学习态度主要是学习动机和学习热情等；人格因素主要有聪慧性、有恒性、稳定性与敏感性，其中稳定性与敏感性与学习成绩高度相关。我们可以结合学生实际学习成果和优秀学习成果，围绕以下三方面进行分析。

1. 学习成果对学生学习动机的影响

通常，学习动机对儿童学习成果的好坏能作很好的归因，他们能获得好的学习成果通常归因于能力、勤奋、等内部因素，而不归因于幸运等外部因素。这样他今后学习就会更有信心，更具有主动学习的动机。

同时,经常无法获得良好的学习成果,他们会很自卑,常常瞧不起自己,即使取得好成绩,也把它归因于外因,比如:运气、机会、题目简单等。若取得差成绩,他们往往做内部归因,认为是自己能力差,从而影响他们今后的学习动机,造成厌学,逃避学习,从而影响自己的学习成绩。

2. 学习成果对学生学习策略的影响

成绩优异的学生更倾向于主动选择有效的策略去学习,他们比较自信,对将要发生的事有较好的预测和控制能力。他们对父母和老师比较信任,所以也会采纳长辈的意见,接受长辈提供的好的学习策略。对长辈的听从,无疑也会得到长辈的喜爱,得到更多长辈的关怀。同时好的学习策略将会提高学习成绩。

3. 学习成果对学生的人格因素的影响

经常取得良好学习成果的儿童更能很好地悦纳自己,他们的情商比较高,有恒性、稳定性、敏感性都很强。他们在学习时更能坚持,遇到困难不轻易退缩,能想办法积极解决。能长时间地学习,注意力不容易分散。他们能控制自己情绪的波动,很好地适应环境的变化,情绪稳定,不易冲动,能很好地控制情绪变化。这种人格特征有助于成绩的提高。经常对自己学习成果不满意的儿童由于不能很好地悦纳自己,情绪易变化,注意力也缺乏持久性,容易被外界的环境干扰,情绪易波动。学习缺乏持久性,遇到困难易退缩,容易自暴自弃。缺少冷静,不能很好地适应环境的变化,这些人格特征都会影响学习成绩。

### (三) 师生共同探讨更高层次的学习计划

学生的学习成果既是他们自主学习的体现,也是课堂教学的重要资源。教师引导学生聚焦学习成果、深化学习成果可以促进学生在原有认知基础上的提升,可以让学生累积学习经验,提升他们自主学习的能力。

首先,通过教师与学生学习成果对话,为学生设计个性化的学习计划,对不同层次的学生提出不同的要求。对水平高的学生可以提出自主学习要求,更关注学生在合作学习中的核心和领导能力的培养;对一般的学生教师需要提供脚手架,要关注学生在学习中知识建构的能力培养；对水平低的学生，鼓励提升合作学习的参与度。同时，需要强调的是，由于学生的认知发展存在着一定的差异，故教师应在教学中给予学生更大的自主探究空间。以数学学科为例，在设计“实践活动”作业时，可以这样要求：请设计一个能装下 1000 块橡皮（长 5 cm、宽 4 cm、高 2 cm）的盒子，多设计几个，看哪一个的表面积最小。这个任务需要学生在设计时应用表面积公式，而且要求选择表面积最小的设计。这样就在无形中融入了求表面积的运算练习，虽然任务重了，但学生并未感到作业量的增加。学生通过分类计算并加以对比，在计算过程中寻找规律，水平高的学生甚至将所有的情况都记录了下来，水平低的学生设计出一种情况即可。这样的开放性作业，学生可以根据自己的能力进行不同程度的探究，从而减轻了心理负担，提高了完成作业的兴趣，层次不同的学生也都能得到一定程度的发展。

其次，通过学生与学习成果的对话，让学生明确提高和改进的方向。通过对自我学习成果的分析和对优秀学习成果的参照，学生可以意识到自身的不足，或者触发自己对学习成果产生不同角度的一些思考和尝试，这些都是学习成果关照下学生的进步和提高。以上面的实践课程“生活中的数学”学习成果为例，在此之前，学生的研究成果展示最常见的形式就是小报制作和 PPT 制作，甚至一度陷入模式固化的僵局。自创小品的表演、研究案例的撰写、视频的录制等优秀学习成果的展示，给学生全新的展示视角，打破了学生已有的固化模式，发展了学生更多可能的实践能力。学生通过对比，意识到自身不仅可以在研究方法上作出改进，还可以在展示形式上做出更多的尝试，而每一种尝试都意味着很多新的能力的培养。

总之，对学生学习成果进行分析，以学习成果为指引的教学实践更有针对性，也更贴近学生的认知规律。在实际教学中教师要从学生的学习成果出发，引导学生通过对比、分析、思考、交流等过程来深化学习，来建构立体的知识体系，这样可以让学生的学习更有效率，也更能充分调动学生探究的欲望，提升他们的自主学习能力，为提高学生的各项能力奠定基础。

## 第四节　基于学生学习行为的对话教学案例

建构主义学习观认为,学习是学习者主动建构知识的过程。学校教育应以儿童为中心,学校中一切必要的措施都应该为了促进儿童的成长而实施。因此,教师不应该只关注自己的备课、授课等教学流程,而是要观察和分析教学过程中学生的行为表现,才是开始了真正意义上的教学。

对话教学不同于传统的讲授式教学,教师与学生对话的过程,其实是共同探讨的过程,大量的对话出现在教师与学生之间、学生与学生之间,学生的学习不再局限于课堂所学内容,学生的学习行为在对话教学过程中被不断地激励,学生主动地去探究,积极地去思考,不断地发现,不断地创新,对知识产生深层次的认识。

基于对服务于学生学习行为的对话教学研究,我们以学科单元作业设计案例、数学研究课“钉子板上的多边形”和英语课题课“Unit 7 Protect the Earth”作为案例呈现的形式,分别从学习产品的反馈、学习表现的分析和学习成果的意义三方面进行研究,分析基于学生行为的对话设计和改进。

### 一、基于学生学习产品分析的对话教学案例

学习产品是学生在求学期间所取得知识、能力、价值观的增量,是多方面收获的综合表现。学生的学习产品类型较多,学生在学习的过程中根据已有经验,加工新的知识,并形成了对新知的新认识,以学习产品的多种形式呈现出来。

对学习产品的分析,能够帮助学生理解所学知识的主要内容,帮助教师了解学生对知识结构的理解情况。分析是对知识的高层次的理解,既需要教师明确整个教学中所要达到的知识目标,又要明确学生建构知识的过程,分析使得知识结构更加清晰。

师生围绕学习产品分析是一种提升反馈效能的对话教学。师生围绕学习产品进行的对话应当服务于教学目的，是为了学生更好地理解学习，以对话的形式促进学生的学习，促进学生创造性思维。而学习产品分析的有效路径和指导方法，能高效地指导学生更好地发挥出学习产品的效能。因此，单元整体作业设计能更完美地散发出习题开发设计的魅力。

所谓“单元整体作业设计”，是围绕一个单元主题设计的系列性作业。作业设计的思路，旨在整合教学资源的同时，基于学生的学情特点，凭借丰富多彩的实践活动形式，让学生围绕一个或多个结构化的主题开展有意义的学习，使学生将静态的书本知识与活生生的现实生活相结合，真正实现在生活中、实践中学习，促进学生的多元化发展。

【案例描述】

单元课题：苏教版五年级上册第三单元《因数和倍数》

学科：数学

年级：五年级数学备课组

执教者：五年级数学任课老师

**单元作业案例设计说明**

<table>
<tr><td>单位(盖章)</td><td>朱棣文小学</td><td>年级</td><td>五年级</td></tr>
<tr><td>团队性质</td><td>□教研组<br>☑备课组</td><td>学科</td><td>数学</td></tr>
<tr><td colspan="4">学情分析：<br>学生在一至四年级已经学习了亿以内的数的认识，本单元是在此基础上进行教学的，同时，学生也已经学习了整数四则运算。学习本单元的内容，又为后续学习分数的基本性质、约分和通分，以及分数四则运算打下了基础。</td></tr>
<tr><td colspan="4">目标确定：<br>1. 理解因数和倍数的含义；能找出100以内某个自然数的所有因数，能在1—100的自然数中找出10以内某个数的所有倍数；掌握2、5和3的倍数的特征，能判断一个数是不是2、5或3的倍数；了解奇数和偶数、质数和合数的含义，会分解质因数。<br>2. 认识公因数与最大公因数、公倍数与最小公倍数；会求两个数的最大公因数和两个数的最小公倍数。<br>3. 重点考察学生的观察、比较、分析和归纳的能力。</td></tr>
</table>

续 表

| 单位(盖章) | 朱棣文小学 | 年级 | 五年级 |
|---|---|---|---|
| 内容选择:<br>因数和倍数<br>2和5的倍数的特征<br>3的倍数的特征<br>因数和倍数练习<br>质数和和合数<br>分解质因数<br>公因数和最大公因数<br>公倍数和最小公倍数<br>因数与倍数整理与练习<br>和与积的奇偶性 | | | |
| 题目类型:<br>填空题、选择题、判断题、计算题、操作题、解答题。 | | | |
| 难度设计:<br>试卷难度系数控制在0.80左右。试卷中基础题、中等难度题和难度较高题的比例约为7∶2∶1。 | | | |
| 创新性说明:<br>整份作业设计原创度不低于30%,其他试题须是"深度改编"。 | | | |

## 单元作业设计内容

学校:朱棣文小学

学科:数学

年级:五年级

单元名称:第三单元《因数和倍数》

总课时数:(7课时)

| 第一课时　因数和倍数 | | | | |
|---|---|---|---|---|
| 题号 | 题目类型 | 题目难度 | 预计完成时间(分钟) | 题目来源 |
| 1 | 填空 | 容易 | 1 | 改编 |
| 1. 根据算式完成填空。<br>(1) 6×20=120,120是(　　)的倍数,120也是(　　)的倍数;<br>(　　)和(　　)都是120的因数。<br>(2) 91÷7=13,7是(　　)的因数,13是(　　)的因数;<br>91也是(　　)和(　　)的倍数。<br>设计意图:考察学生是否能够根据乘法以及逆运算除法两种算式,理解因数与倍数之间的相互依存关系。 | | | | |

**续　表**

第一课时　因数和倍数

| 题号 | 题目类型 | 题目难度 | 预计完成时间(分钟) | 题目来源 |
|---|---|---|---|---|
| 2 | 填空 | 容易 | 1 | 改编 |

2. 按顺序写出所有积是 24 的整数乘法算式。
1×24＝24
2×(　　)＝24
(　　)×(　　)＝24
(　　)×(　　)＝24
24 的因数有(　　)。
设计意图：通过算式填空考察学生有序寻找一个数的因数的方法。

| 题号 | 题目类型 | 题目难度 | 预计完成时间(分钟) | 题目来源 |
|---|---|---|---|---|
| 3 | 口答 | 中等 | 1.5 | 改编 |

3. 写出 50 以内 3 的倍数和 6 的倍数。
50 以内 3 的倍数(　　　　　　　　)
50 以内 6 的倍数(　　　　　　　　)
3 的倍数是 6 的倍数吗？　　　　　是(　　)不是(　　)
6 的倍数是 3 的倍数吗？　　　　　是(　　)不是(　　)
设计意图：考察学生是否能够有序寻找一个数的倍数的方法。同时观察 3 和 6 的倍数之间存在什么样的关系。

| 题号 | 题目类型 | 题目难度 | 预计完成时间(分钟) | 题目来源 |
|---|---|---|---|---|
| 4 | 填空 | 中等 | 0.5 | 引用 |

4. 一个数的(　　)个数是有限的，(　　)的个数是无限的。
设计意图：考察学生对一个数的因数的特点和倍数的特点是否理解。

| 题号 | 题目类型 | 题目难度 | 预计完成时间(分钟) | 题目来源 |
|---|---|---|---|---|
| 5 | 填空、口答 | 中等 | 3 | 改编 |

5. 根据情境填表回答问题。
(1) 18 人表演团体操，每排人数都是 18 的因数吗？排数呢？把下表填写完整，说一说。

| 排数 | 1 | 2 | 3 | 6 | 9 | 18 |
|---|---|---|---|---|---|---|
| 每排人数 | 18 | 9 | | | | |

(2) 每张门票 6 元，应付元数都是 6 的倍数吗？把下表填写完整，说一说。

| 人数 | 1 | 2 | 3 | 4 | 5 | 6 | | | |
|---|---|---|---|---|---|---|---|---|---|
| 应付元数 | 6 | 12 | | | | | | | |

设计意图：考察学生是否能够在生活情境中理解数量之间的关系，并根据数量关系分析两者之间是否符合倍数因数的关系。

**【案例分析】**

小学数学作业的设计需要有一定的整体意识,从单元视角进行系统规划,基于教材结构体系特点、学生年龄特征进行分析,匹配教学进程、确定作业目标,并围绕作业目标开展作业设计与实施。在作业设计时,需关注各课时作业之间的关联性及递进性,体现单元内容的整体性和结构性;在作业实施时,教师应根据课堂教学实施的实际情况及时调整作业布置,根据作业批改的情况,及时进行反馈与讲评等教学活动,提升作业的有效性。

### (一) 丰富习题内容,让作业具有厚度

数学是一门极具思维高度和广度的学科,而习题作为作业的重要呈现形式,是帮助学生夯实基础知识、提高基本技能和锤炼思维品质的重要载体。针对作业内容单一,教师过于依赖教材和教辅资料的现象,于是备课组实施了"1+1 创编"工程,即教师创编习题与学生创编习题相融合,使课外作业具有厚度。

1. 教师创编

要把握教材特点,创编和拓展教材中的练习,从而设计出高效、简洁的作业是解放学生实现素质教育、解放教师实现专业化成长、提升成绩保证教学质量的重要保证。通过创编,让习题更加符合学生发展需要,帮助学生发展数学思维,提高数学能力。创编时,组内教师努力做到三点:一是创编内容必须有助于发展学生数学思维;二是创编内容必须有助于学生感悟数学思想方法;三是创编内容必须有助于学生积累活动经验,为后续学习服务。

通过这样的创编,提升了学生空间想象、逻辑推理、发现总结数学规律的素养,提高了运用数学规律解决问题的能力。

2. 学生创编

通过调查研究发现,作为习题直接使用者的学生,无论哪个年级段,对于创编习题都有着同样的热情。为此,组内教师开展了学生创编习题活动。学生创编习题的使用主要采取以下三种形式。

（1）自编自用

即自己创编自己使用，一般用于学习内容比较明确的知识。如教学“加法的结合律和交换律”时，布置每位学生自己创编6道能够运用加法结合律和交换律简便计算的题目。学生自己编简便算法题目，这个要求是全体学生都能够得着的，而相对于做教材上或教辅资料上现成的题目，学生的思维含量更高，学生也更感兴趣。

（2）创编互用

即学生创编交换使用。根据学生个体情况，依据优势互补的原则，建立四人合作小组，每周定期一天的作业是合作小组中的两人互相编题、互相使用，第二天互相批阅反馈。这一做法，与我校“小先生制”教学模式相结合，使每个学生都有机会当“批阅小先生”，体验批作业的感受，提高了学生对作业的兴趣。

（3）创编共用

即统一布置创编的知识点，全体学生参与创编择优选用，作为全班的作业。在这个过程中，发现学生创编的题目质量很高，而以创编作者命名的作业一到了学生手中，立即受到了追捧欢迎。而每个学生也以自己创编的习题能够当选为荣，整个班级掀起了学生创编习题的热潮。

学生自己创编习题，使作业的完成不再是被动地接受，一方面学生真正参与到学习的过程中，成为学习的主体，极大地调动了学生对作业的兴趣，很好地改善了学生对于作业的态度。同时，也使学生对所学知识的理解达到了新的高度。

### （二）创新作业形式，让作业具有味道

作业形式越多样，作业的大餐学生吃得越有味道。为此，要积极开发身边的作业资源，创新作业形式，让学生真正体验到课外作业带来的乐趣，让课外作业变得有味道、有价值。

1. 增加每日一题

当前教育要求要关注到学生的个体差异，因人而异，因材施教。每个学生的能力都有不同程度的差异，存在着优秀生吃不饱的现象。为

了解决这一问题,组内教师将课外作业的设置在基础作业之上增加了每日一题。每天根据当天所学内容创编一道思维含量较高的习题,并借助微信平台定时发送到班级微信群,学生自愿完成,并将研究过程书面或视频形式反馈在群里打卡,便于学生交流和碰撞。每日一题作业的实施,受到了学生的欢迎、家长的认可。

2. 开展实践作业

今天的教育要着眼于学生的明天,为学生的终身学习和可持续发展服务,让"学数学"为"做数学"服务。为此,教师要依托教材设计数学实践作业,真正落实作业为课堂教学服务的理念。如动手实践作业:在教学"长方体和正方体的表面积"时,布置了让学生回家给自己心目中的长方体和正方体穿上合适的"衣服"的作业。上课时,学生带来了各种各样的长方体和正方体包装盒,并且都给它们穿上了纸"衣服"。给长方体和正方体制作"衣服"的过程,学生在动手操作中理解了表面积的意义,掌握了表面积的计算方法,激发了探究的欲望,学生真正成为了学习的主人。

3. 活用习题微课

随着时代的发展,互联网对于教学的影响已经不容忽视。我们知道班级中的部分学生能力有限,无法自主完成所有作业,而求助家长时,大部分家长感到力不从心。为此,组内教师进行了"精准帮扶"。受"课堂微课"的启发,想到了录制"习题微课",即对难度较大的习题,将教师引领学生思考的过程录制下来,借助班级建立的微信群发送至每个家长手机中,解决了学生在课外作业中遇到困难而得不到及时帮助的困扰。习题微课的使用,学生可以有针对性地进行查漏补缺式的复习,进一步巩固重点、突破难点、理清疑点。同时,也使家长与教师形成辅助合力,提升学生的综合素养。

总而言之,单元整体作业设计应围绕一个单元的学习重点,结合本单元的核心知识,着眼于提高学生数学素养而不仅限于知识技能,才能散发出单元整体作业设计的魅力。

## 二、针对学生行为表现的对话教学实践案例

随着教育信息化的飞速发展，各式各样新型的学习方式如同雨后春笋般涌现。立足课堂，关注学生课堂创新的学习产品进行对话，关注学生课堂学习行为状态，并运用发展性教学理念，对创新学习行为进行诊断和指导，对各阶段学生在学习中的行为特征和表现深入认识，更好地帮助教师采取有明确针对性的教学方法和策略。

【案例片段】

课题：苏教版五年级上册第108—109页《钉子板上的多边形》

学科：数学

年级：五年级

执教者：黄晓蓉

【对话教学案例描述】

【对话一】起：从“$a=1$”开始。

提问：你能求出这四个多边形的面积吗？

追问：观察一下，钉子板上多边形的面积可能和什么有关？

生1：可能跟钉子数有关。

生2：钉子数越多，面积越大。

师：你们感觉和钉子板上的钉子数有关，这是一种非常好的感觉，但学习数学不能只靠感觉，今天我们就要通过学习活动，来探讨钉子板上多边形的面积与钉子数到底有怎样的关系。请同学们数一数多边形边上的钉子数。

提问：将数据整理在表格中，发现了吗？

师：为了更简洁、方便地表示出这个规律，我们可以用字母来表示。如果用$S$表示多边形的面积，$n$表示多边形边上的钉子数，那发现的这个规律可以怎样表示？（板书：$S=n+2$）

（课件出示图形内有多个钉子的情况）

提问：这一发现是否适用于钉子板上的任何一个图形呢？

生：（齐）不适合。

追问:那此刻,咱们回过头来仔细观察上面四个多边形,你有什么话想说?

生:上面四个图形中间都只有一个钉子。

师:当规律被否定之后,我们再看图时,就要从这四个不同的多边形中找到它们的相同点。

生:也就是说要使这个发现成立的话,它必须得有一个前提。

师:如果用 $a$ 表示多边形内部的钉子数,那当 $a$ 等于几时,规律成立?(板书:$a=1$)

小结:多边形的面积不仅和边上的钉子数有关,还和多边形内的钉子数有关。

【对话二】承:在"$a=2$"中发现。

师:同学们,咱们已经研究过多边形内有一枚钉子的情况了,而且找出了一般规律,下面你们想研究什么呢?

生:多边形里面有 2 枚、3 枚、4 枚……钉子的情况。

师:我们先从简单的入手,研究多边形里有 2 枚钉子的情况。小组合作,由组长制定研究方法。

过程指导:我们刚才已经知道,这里的面积不等于 $n+2$,但和 $n+2$ 有什么关系吗?

(根据小组汇报,板书:$S=n+2+1$)

【对话三】转:向"$a=3,a=4\cdots\cdots;a=0$"拓展。

提问:通过探究,我们发现了 $S=n+2$ 和 $S=n+2+1$ 这两个规律,请你大胆推测一下,当多边形内有 3 枚钉子时怎么求面积呢? 4 枚呢? 10 枚呢? ……那如果里面没有钉子呢?

(各小组自由选择研究内容,然后自主开展探究活动,最后展开交流)

全班交流汇报:探索多边形内有 3 枚钉子的规律

师:从研究单 1 到研究单 2 的学习,你有什么体会吗?

生:我们要仔细观察数据,找不同的例子来细心对比。板书:(观察、对比)

师:同学们,你们还想再往下研究下一份研究单吗?

生：想（全班齐答）。

师：那你们想研究怎样的一份研究单吗？

生：我们想研究多边形内部有3枚钉子、4枚钉子……的图形。

生：我们来大胆猜测一下，当$a=3$时，$S=n\div2+2$；当$a=4$时，$S=n\div2+3$。

生：这只是我们的猜测，还不知道对不对呢，应该要验证一下。

生：怎么验证呢？

生：我们打算找一些好画好算的图形来画一画算一算来验证。

生：所以要创造一份研究单3。

师：请同学们四人小组合作，要求画3个内部有3枚钉子的多边形，填写数据，验证发现。

四人小组汇报交流：

组1：我们小组画的是三角形、梯形和五边形，根据填写数据，发现当$a=3$时，$S=n\div2+2$。

组2：我们小组画的除了三角形外还有长方形，也验证成功了，$12\div2+2=8$ cm。

组3：我们小组画了奇怪的多边形，也符合刚才的猜测。

生：我觉得可以用一个公式总结一下：$S=n\div2+a-1$

【对话四】合：为“$S=n\div2+a-1$”准备。

师：同学们，要让自己变得聪明，首先要学会由“一点”想到“许多点”，例如，刚才大家由$a=1$，想到$a=2$、$a=3$等等；其次，我们还要学会把“许多点”变到“一点”，例如，你有没有想到把这些规律再合成一条规律呢？

（根据学生回答，板书：$S=n\div2+a-1$”。）

【对话教学设计目标】

通过动手操作、观察类比、分析归纳、合作交流等一系列对话探究活动，让学生经历探索过程，体会归纳思想，增强发现问题和提出问题的意识，感悟数学规律的全面性和复杂性，渗透数形结合的数学思想，培养学生空间观念，积累数学活动经验，提高学习兴趣，了解解决问题的过程和方法。

【对话教学设计意图】

课堂教学是师生互动,共同发展的过程,发展是目的,互动是过程、是手段。互动必须合作,合作需要交流,交流就要对话。真情的对话既是生命体之间的心灵呼唤,又是思维的真实外露,一次次的思维碰撞形成教与学的同频共振,促进师生之间、生生之间进行深层次的交流,迸发出智慧的火花,进而促进师生发展。因此,在教学中必须重视对话教学,要以对话教学为逻辑起点,以创设情境留足时空、鼓励表达、教会倾听、引导反思为切入点,提高对话的有效性,提升学生的数学素养,进而促进学生的全面发展。

【对话教学案例分析】

(一) 创设情境,让对话激发求知欲望

小学数学课堂一定程度上就是师生之间在一定学习情境下的真情合作与交流。因此,教师不但要根据学生好奇、好动的心理特点创设相应的对话情境,提供给学生充分表达见解的机会,更要根据学生的认知特点,创设富有挑战性、趣味性、研究性的数学问题情境,让学生在问题情境中产生兴趣、引发思考,积极主动地去探究未知,在对话中学习,在交流中思辨,在探究中提高。

以下是黄老师在引导学生学习《钉子板上的多边形》这一内容时设计的问题。

**附:调查表**

**课前小调查**

——《钉子板上的多边形》调查问卷

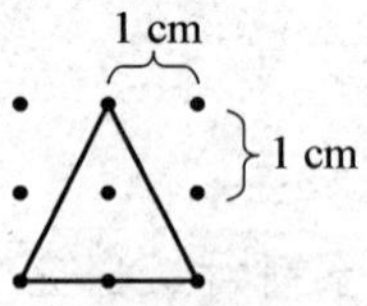

1 cm

1 cm

**图 8-2**

1. 观察钉子板上的三角形,猜测一下它的面积可能跟什么有关呢?

______________________________

2. 你会数一数三角形边上的钉子数吗? 你有什么疑问吗?

______________________________

3. 你能说出三角形的面积是多少吗？你是怎么知道的？

---

4. 你能在钉子图上画出内部有 3 个钉子的图形，比如长方形、正方形、三角形、平行四边形、梯形。

此阶段可以安排在新课前的课余时间或新课伊始，教师通过创设一定的对话情景从而激起学生的互动与对话欲望，使学生为之积极努力地自主学习，让其自己去发现问题、研究问题、探寻知识，为对话交往作好准备。

在创设问题情境时，应注意所设计的问题要有一定的思考力度，通过这些问题要激发学生思考和探索的兴趣，使学生感受到问题的魅力，产生解决问题的愉悦。

在互动对话的教学中，学生的动是以教师的问题为起点的。朱熹说过："学贵有疑，小疑则小进，大疑则大进。"问题是规划互动教学的核心。对话互动教学中，知识退居到相对次要的地位，问题上升为学习活动的核心。所有学习活动都应从问题出发，而数学知识则隐含在解决问题的过程中。学生的知识建构，创新能力的发展都要借解决问题的过程而得以实现。总之，在对话互动教学中，具有整体意义的"问题群"将一以贯之，伴随着知识获得过程的始终。

（二）合作表达，让对话培养思辨素养

合作探究教学是一种融入了更多合作学习理念的探究教学，是教师把合作学习的某些特征、要素、做法引入探究教学。小组间的互动，以对话形式，表达自己的观点，学生补充质疑、组内讨论总结，从而激发起学生的学习热情，激活思维，使学生主动探索，从而获取数学思想方法。

过程中教师根据学生状态及时进行点拨和引导,使学生的探究和发现能更有向和有效,从而培养学生主动运用规律探索可行的方法进行独立研究,提升自主学习的能力,有助于孩子创新思维能力的提升。

培养学生沟通与合作的素养,离不开表达能力这个基础。因此,对话教学需要教师的平等相待,需要教师包容不同的声音,这样能有效地促进学生自主表达和相互合作。在课堂上,教师通过组织对话,引领学生积极参与教学活动,充分放手让学生在观察、思考、交流、讨论中学会说,鼓励学生说出想法。学生通过眼看、脑想、口说、心记,不但可以巩固知识,而且可以进行数学语言的训练,进而发展逻辑思维。尤其是学生因认识不同表达出不同的意见,在出现分歧难以统一时,往往就会诱发批判性思维,教师要及时给予点拨或终止对话,强化正确观点,使其正确看待不同意见,从而使批判性思维这一重要素养得以提升。

(三)引导反思,让对话再生思维策略

对话教学要注重对话实质。课中,教师要多问几个"为什么"、"你是怎么想的""谁能明白他的意思"等等,通过相互回答展示学生的思维过程。课终,教师与学生对话,了解学生的课堂感受和认知效果。教师课后自我反思,针对教学反馈的信息对教学过程进行反思,寻找不足,探求更好的教学方法和策略。学生课后自我反思,反思课堂学习中还没弄懂的问题,继续寻求问题答案,并针对新课程内容进行深入探究,去发现新的问题。学生课后与教师对话,向教师请教还没弄懂的问题,与教师共同探究新发现的问题。

以下是黄老师在教学《钉子板上的多边形》一课后设计的课堂成长记录卡。

**附:记录卡**

**课堂成长记录卡**

| 在本课学习中你的总体感受是(优、良、中、差) | |
|---|---|
| 你在课堂上主动发言的次数及内容 | |

续　表

| | |
|---|---|
| 你参与课堂讨论的次数及内容 | |
| 你为本课学习做了哪些准备 | |
| 你搜集到的与本课相关的资料有哪些 | |
| 在本课学习中,你感受到疑惑之处有哪些 | |
| 体验与感悟 | |

这样让学生自己提出相关的认识并积极提出问题和探讨问题。从而燃起学生探究的欲望,唤起创新意识。让学生知道自己的所学所得和不足。也为教师以后的教学起到指引作用。所以,问题式的对话反思使课堂的结尾没有成为知识的终结,而是知识的升华和情感的提升。

经过思考、交流再思考,把理解引向深入,让学生学会反思,在对话中思考,在思考中修正,在修正中成长,不断提高自我认识和自我调控能力,让对话点燃生命的火花。当课堂中出现一些意外情况时,更要留心观察,及时捕捉,这种意外往往能擦出智慧的火花,能让学生的思维品质得到提升。

## 三、基于学生学习成果分析的对话教学实践案例

随着现代基础教育的发展,对小学课堂教学有效性的判断标准也随之发生了变化,从过去对“教师教学行为的考核”变为对“学生学习成果的评价”。界定学生学习成果的内涵和外延,从单一走向多元;基于单一的显性知识的掌握,走向更倾向于综合能力的提升。因此,教师在制定对话教学设计时,不但要描述期望学生应该知道的和能够取得的学习成果,更重要的是,针对不同水平学习成果所设计的评价指标,从而帮助学生自我评价自己所取得的成就,丰富学生的情感体验。

思维导图的绘制过程是知识提炼的过程,更是实现知识融会贯通的过程。教师可以通过思维导图帮助学生理解、掌握新知,并在此过程

中提升学生的学习能力;亦可通过思维导图的方式引导学生主动探究,激发学生的发散性思维;同时思维导图绘制可以激发学生的学习兴趣,彰显学生的个性特长。合理运用思维导图有助于培养学生良好的学习方法和策略,为学生的自主学习创造无限可能。

【案例片段】

课题:译林版六上"Unit 7 Protect the Earth"第一课时 Story time

学科:英语

年级:六年级

执教者:赵红兰

【学生学习成果案例描述】

(一)听读中完成思维导图,整体感知语篇

在语篇教学中,师生或小组合作一起制作思维导图,运用思维导图进行分析,可以使复杂的内容变得简单明了,从而帮助学生清晰梳理文本,更加便捷地把握语篇内容。

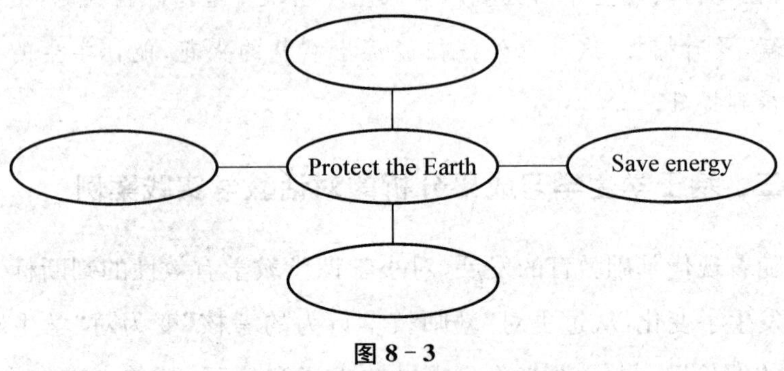


图 8-3

通过以上的思维导图框架,让学生带着问题整体感知课文内容,通过抓关键词的形式理解课文内容、完善思维导图,化繁为简,既可以降低学习难度,提升学习兴趣,又能够提高学习效率,为复述记忆作铺垫。

(二)小组合作绘制思维导图,提炼内容框架

因为有了上述的整体感知,文本脉络清晰,四个层次一目了然。然后赵老师选取难度较大的第二小段为范例,通过阅读分析提炼出文本描写的三个方面:即 use,why,how。思维导图内容可以进一步向外辐

射，便于学生理解描述。

在第二小段学习的基础上，以小组合作的形式学习其他三个板块的内容，设计了招募环保卫士的环节，让学生从 use，why，how 三方面汇报展示，在活动中进行大量的语言输出，概述语篇内容，让学生构建属于自己的思维网络图。

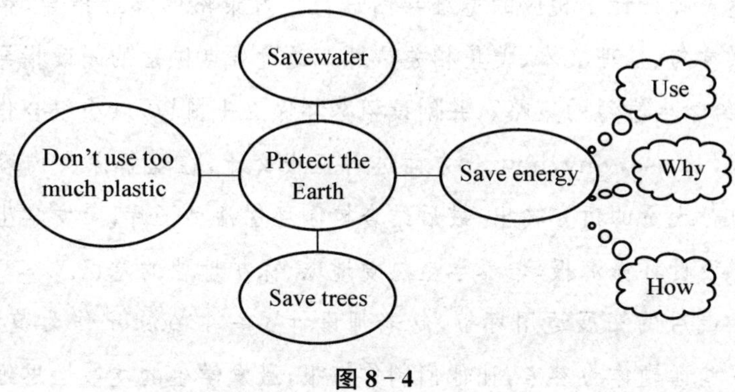


图 8－4

（三）搜集相关环保资料，完善思维导图

在教学过程中，从确定中心词开始，内容便逐步向外扩散，层层展开，学生们的思维能够根据导图一步步拓展开来。结合课前学生搜集的相关资料及课堂中所学习的描述方法，设计环保海报。同时呈现 Mike 制作的海报，以此为例试着从 use，why，how 三方面或结合图片资料宣传环保知识，培养学生的发散性思维。

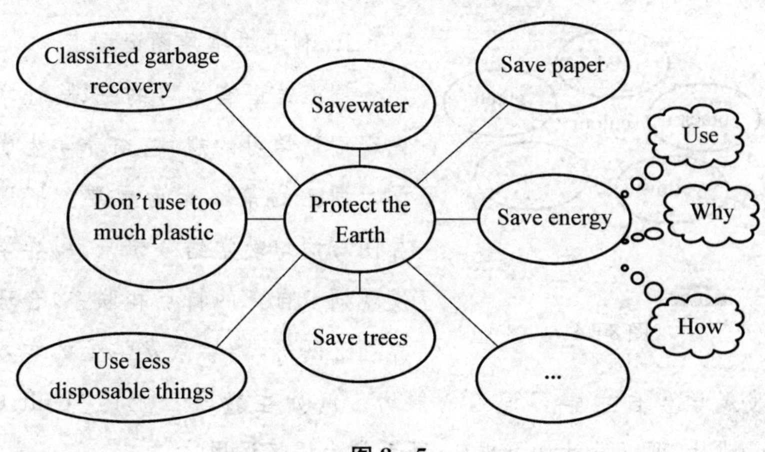


图 8－5

【学生学习成果案例分析】

(一) 巧用思维导图，有效提炼助阅读

思维导图在阅读教学中的应用广泛，恰当应用思维导图能化繁为简，帮助学生有条理地梳理语篇材料，对于培养学生的阅读能力、提高综合运用语言的能力有很大的优势。

赵老师设计了相应的思维导图进行学习策略的渗透指导，帮助学生积累词句、梳理文本、搜集相关信息。通过难点段落的阅读指导为范例，教给学生学习的策略。并创设招募环保卫士情境，以小组合作探究的形式，从 use，why，how 三方面进行汇报交流，在理解课文内容的基础上进行大量的语言输出；最后结合校园环保活动图片，激发学生为保护地球设计环保海报，培养学生热爱地球、保护地球的意识。

在最后的拓展运用环节，赵老师设计了一个 poster 作为范例，给学生一些话题作为参考，让他们制作海报，激发学生的发散性思维和热爱地球、保护地球的意识。尽管文本容量大难度高，但思维导图却能化繁为简，化难为易，紧抓语篇关键点，培养阅读策略，挖掘语篇的生长点，提升学生听说读写的综合技能。

(二) 巧用思维导图，有序梳理利积累

思维导图有助于学生调动存储在学生大脑中的英语知识，激活学生的思维，对所学知识注入更多的自我思考，使其综合思维能力和元认知能力得到提高。

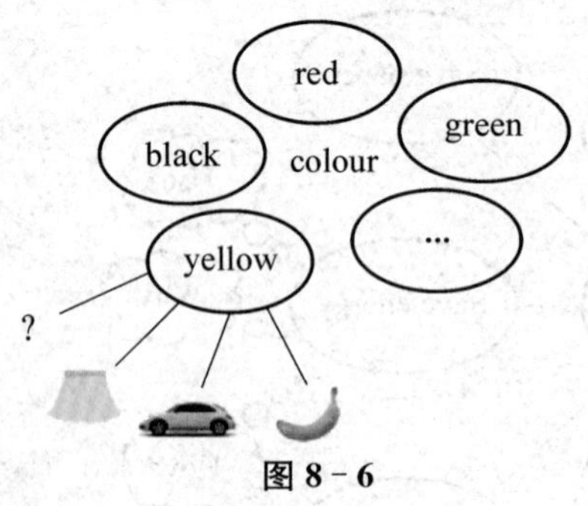

图 8-6

1. 利用思维导图记词汇

词汇是语言学习的基础，让学生发现词汇学习的规律，培养学生有效学习词汇的策略尤为重要。把思维导图与词句教学结合起来，引导学生发现词汇自身的特点和联系，合理构建词汇网络，能够激发学生的学习兴趣，发展学生自主学习词汇的能力。例如在教学三上的“Unit 6 Colour”时，可以设计如下框架，帮助学生记忆运用。

从心理学角度来看，运用思维导图组织词汇教学，使得教学活动既有单向的思维过程，又有认知的深层加工。思维导图教学使枯燥的英语词汇学习转变为生动有趣的绘画过程，在帮助学生理解记忆的同时激发学生的发散性思维。

2. 利用思维导图记语法

在小学英语教学中，语法教学是必不可少的内容。学习适量的英语语法不仅能帮助小学生更容易、准确地用英语表达，而且有利于提高学生综合运用英语的能力。如何解释语法现象，使枯燥乏味的语法知识变得通俗易懂，更让学生容易接受并成为技能？在五上教学归纳动词形式时，结合思维导图作了如下尝试：

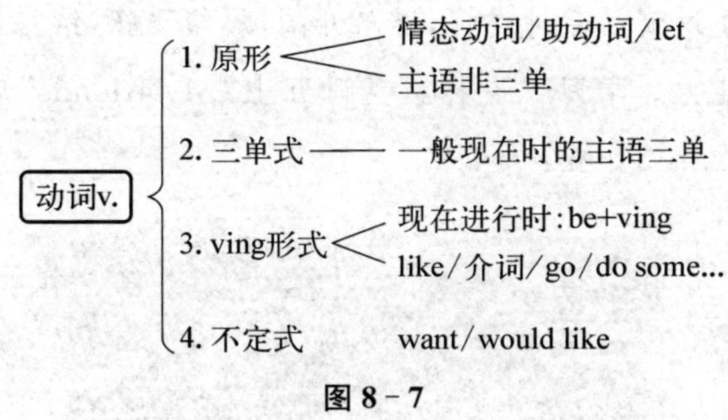


**图 8－7**

通过关键词构建分支，让学生发挥想象构建自己喜欢的思维导图，并在最后一级分支后呈现例句，加深理解，调动学生的学习兴趣，在潜移默化中达成学习目标。

3. 利用思维导图巧复习

学生只有乐于学习时，思维才会处于激活状态，学习效果才会最明显。复习课必须具备一定的趣味性和思考性，从而达到巩固和提升的目的。以往复习课在词句复习过程中学生容易感到疲倦乏味。当改为绘制单元思维导图时，学生兴趣大增，在小组合作中进行知识的整理与分析，内容包括词句基础部分和拓展提升部分，在讨论和绘制中大大激发了学生的学习自主性，无论是内容还是版面的设计都体现了学生思考的痕迹，彰显了个性特征。课堂上通过交流汇报相互探究学习，效果明显。

（三）巧用思维导图，有机分层促提升

学生的基础、学习能力参差不齐，教师应针对不同层面的学生设计不同难度的练习，因材施教，让更多的学生敢于尝试，积极思考。传统的抄写背诵比较适合中等生，学有所长的学生常常会觉得此类作业缺乏挑战性，而后进生面对背诵抄写实在提不起兴趣。思维导图式的作业则可以兼顾这三类学生，学生可根据自己的实际水平进行合理的作业分层。绘制思维导图作业可以促进学生思维、品格等智力因素和非智力因素的发展。如一个单元学完了，可以让学生以主题词为中心绘制思维导图，每个学生可以根据已有的知识经验自由发挥，这样的作业也一定会给同伴和老师带来意外的收获和惊喜，同时学生的自由度和延展度得到了淋漓尽致地发挥，思路开阔，思绪飞扬，锻炼语言技能，提高语言运用能力。学习了译林版英语五上“My friends”后，学生设计了如下的思维导图作业：

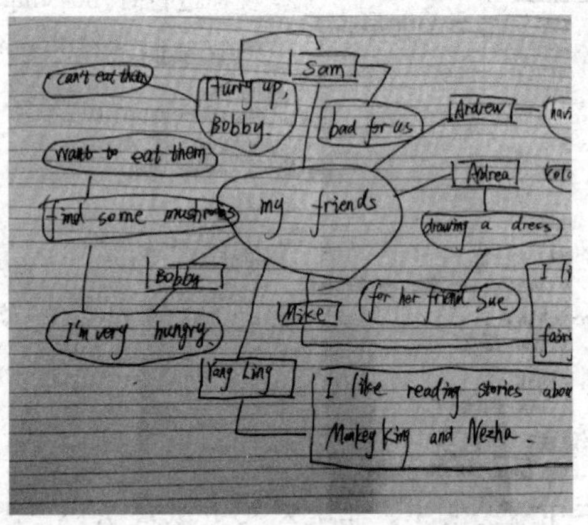


图 8-8

通过构建思维导图，能够让学生对所学知识有一种结构化的认识，并形成一定的知识体系，让他们能够根据已有的经验生成灵活的学习策略，为不断提高学生自主学习和灵活运用知识的能力创造无限可能。

# 第九章　首先向儿童学习

## ——创新教师研训制度

教师是教育事业发展的第一资源。校本研训以学校为基地，从学校实际出发，组织教师从事适合本校教育教学需要的教学、研讨、培训等活动，已成为当前促进教师专业成长和可持续发展的有效途径。一个儿童就是一个独特的世界，他们的世界丰富多彩，与众不同，令人惊叹，令人着迷，又叫人难以捉摸。课题研究中，我们首先“向儿童学习”，即研究儿童，了解儿童，关注儿童的视野、思维、行为、心理、需求等。我们以儿童为中心，直面教师专业发展中儿童研究能力的缺失，探讨合理有效的“向儿童学习”教研活动模式，从而开发一种以“儿童学习本位”的创新的教师研训制度，以期不断改进教学生态环境、转变师生角色与教学关系，优化教学结构与流程，更好地服务儿童学习，促进儿童不断提升。

## 第一节　教师专业发展中儿童研究能力的缺失

教师专业发展成为当前教师教育领域的研究热点。世界各国高度重视教师的成长与发展，一线教师的专业发展愿望与需求日渐强烈与自觉。然而，当前教师专业发展过于强调知识本位，忽视教师职业和教育教学的实践本质，传统的教学行为遮蔽了儿童研究行为。关于儿童的学问是大学问、真学问、深学问、难做的学问，儿童研究应当是教师的大专业、高专业、难度很大的专业。可是，长期以来，对这一专业，我们重视不够，思考不深，落实不到位，因而也在一定程度上影响了教师专业发展。本节试图从传统教学观出发,阐述传统教师专业发展和传统师生关系中存在的问题,从而强调教师儿童研究能力的提升,明确当前教师专业发展的理论和实践意义。

## 一、传统教师专业发展是知识本位的专业发展

传统教师专业发展归根到底是知识本位的专业发展。目前,评价一个教师的专业能力,主要还是看教师教授知识的情况,就是看学生的学科学业成绩,也就是说,专业服务体现的还是知识中心、个人主义与效率本位。下面试从知识本位教师专业发展的内涵、知识本位教师的专业表现以及知识本位教师专业建构的缺失这三个反面作具体阐述。

### (一) 知识本位教师专业发展的内涵

教师不仅要提升自身的学科知识,而且需要以传递学科知识来服务学生、服务社会。但如果教师将教育教学仅仅看作是知识的传递,以知识为中心,那么就变成了狭隘的"知识本位"了。目前教师专业发展中对于教师的专业服务的认识是有所偏颇的。知识本位教师专业发展关注的是"知识",忽视了教育真正的意义。

1. *以知识为中心*

知识本位教师专业发展是指教师作为专业人员,以"知识"为本,醉心于书本知识和学科知识教学,以知识维护学生自身利益,在专业知识、能力方面不断发展和完善的过程。其间,教师重视的是知识的传授,关注的是学生对于知识的获得。

2. *忽视教育真谛*

教师的"知识本位"指的是教师在教育教学过程中对学科知识的过度追求,不关注学生的生活意义与情感体验,缺乏公共精神与公共关怀,逃避社会责任,形成孤立、封闭的职业价值取向与生活态度。

教师的"知识本位"是教师对学科知识与生活意义,教育的工具性与目的性缺乏教育性理解的结果。教师在教育价值上都是杜绝生活意义与社会意义的指引的。教师"知识本位"制约着教育的进步和发展。

### (二) 知识本位教师的专业表现

长期发展以来,知识本位教学观在我国农村学校学习教育中一直居于统治地位,传统的"老师教,学生读"的学校印象就是这种教学理念的典型体现。大家习惯认为,教书是教师的天职,读书是学生的本份,这似乎已经天经地义。这就导致了教师的"知识本位"思维定势一直沿袭下来。知识本位教师对教学的理解,即"教书就是教学、教学就是传授知识"。

1. 教书就是教学

知识本位教师所理解的教书就是教学,他们在教学过程中不是利用知识培养人,而是仅仅传递知识而已,忽视了学生这一鲜活的个体本身。教师缺乏对于教育意义的真正理解。教师应致力于学生的全面发展、完整人格的养成,这应该是教师专业化的追求。但是教师对于知识的讲解、运用缺乏整体视角,教师追寻更抽象、更远离生活的知识以及更具模式化、程序化、效率化的教学方式,而不是更具人性化、意义化的教育。

2. 教学就是传授知识

知识本位教师在教学中形成了以书本为中心、以教师为中心、以课堂为中心的三中心现象,以传授理论基础教育知识、专业技术知识和专业学习技能为主,多采用教师讲、学生听,教师写、学生记的"填鸭式"教学方法。"知识本位"的教师重在关注学生的成绩,也就是一直围绕考试的指挥棒转,那么自然就形成了知识本位的课堂。

可见,"知识本位"的教师在意的是知识的传授情况,就是使学生专注于储存知识,知识缺乏意义,学生不是利用知识认识世界、理解世界,各种学科知识相互之间是封闭的。这样的教育带有更多的灌输、专制的因子,更加注重教师的控制而不是师生之间的共同交流与探讨。

### (三) 知识本位教师专业建构的缺失

知识本位教师专业发展,大多首先想到的是学科专业发展。但教师的专业发展是一个内涵丰富的概念,它不仅包括学科,还包括学科以外的有关教书育人的专业,而且这种超越学科专业的专业,在教师专业发展中的作用更大,立意更高,也更重要。那么很显然,知识本位教师专业建构是存在缺失的,使得教师注重传统的权威式教育方式,塑造了"知识人",使教学与教育分离,使学校与社会分离,使教育远离民主。"知识本位"使教师专业发展遭受社会质疑与自我否定。

1. 塑造了"知识人"

在"知识本位"的影响下,教师教学科知识,学生学习学科知识,学科教师之间自我孤立,各科教师无意于将教学的视野扩大,无意于对学生的整体生活负责,教师只对自己的利益负责。由此,"知识本位"的教师自我封闭、短视傲慢,以知识的界限为边界,对于教育的认识停留在知识的层面,几乎不涉及教育教学中的情感、价值层面,将原有的教育教学经历作为标准化模式,教育经验更新停滞。这样的教育仅仅是塑造"知识人"而已。

2. 教育远离民主

知识本位的教师注重学科知识,忽视学生的生活经验与意义,是一种传统的教育观,使教育多了专制与控制。知识本位的教师无意也不愿与其他教师、学生以及其他人群交流沟通,堵塞了丰富自身教育经验的源泉。知识本位教师在对待受教育者与其他教育利益相关者时,以强制代替自由,以盲目迷信自我经验代替自愿自由的沟通,加剧了教师的自我中心倾向,使教育远离了民主。

## 二、传统师生关系是教师霸权的关系

传统师生关系是教师霸权的关系。教师霸权,顾名思义是指教师在学校教育活动中无视学生人格与个体差异,把自己的意念强加给学生,并且在教学活动中对学生实行差别对待的现象。在传统的师生关系中,教师处于绝对的权威地位,他们习惯于向学生灌输知识和规范。学生则处于被统治地位,没有丝毫的主动性。这样霸权下的师生关系是一种文化专制、非平等的师生关系。

### （一）传统的教师观和学生观

教师观即教师的教育观念，是教师对教师职业的特点、责任、教师的角色以及科学履行职责所必须具备的基本素质等方面的认识。它直接影响着教师的知觉、判断，进而影响其教学行为。在传统的学校教育中，教师扮演着极其权威的角色，学生则处于被动地位。

1. 教师是主宰教学的权威

韩愈在《师说》中说："师者，所以传道授业解惑也。"东汉时期的文学家许慎在其权威著作《说文解字》中说："教，上所施，下所效也"，"育，养子所作善也"，强调教育的手段是依靠教师向学生灌输和学生向教师的模仿。也就是说，传统教师是教学的权威，是教学过程的统治者。当师生关系变成了一种统治者与被统治者的关系的时候，这种统治与被统治的关系，由于一方在年龄、知识、无上权威等方面的有力条件和另一方面低下和顺从的地位而变得根深蒂固了。

2. 学生是被动学习的容器

出于传统教育观念"知识本位"的影响，教师把学生作为教育的客体，学生在本质上是无知的，是一张白纸，教育是塑造客体的活动，把学生的大脑当成知识的容器或仓库，主张向学生灌输系统的知识，学生则是被动地接受；对学生的发展也存在着一种固定的划分，认为三分之一的学生是成绩好的学生，三分之一的学生发展一般，还有三分之一的学生发展一定不会好；传统学生观对学生发展差异的认识以及教育价值取向也存在着一定的偏差，用一把尺子衡量学生的发展，过分突出教育的选拔功能。显然，在这种学生观下培养出来的学生，已无法适应现时代及将来的社会发展的需要。

### （二）教师霸权的行为表现

在教学中，教师有意或无意地忽略学生的主体地位，忽略了教育民主。教师在课堂上的霸权不同于体罚或者惩罚，这种霸权更加具有隐蔽性，教师在课堂的霸权行为有不同的表现形式，几乎都是在教师纠正或者引导学生中隐性地实施语言、知识以及情感霸权。在这样的霸权下,学生的尊严与自主的权利无法保证,创新精神和创造力被抹杀。

1. 话语霸权

教师有意地给课堂话语设置了特定的“规范”,一旦越出“规范”的范围,学生就失去了话语的权利,这正是教师的“话语霸权”的直白表现:即教师凭借在教学中的绝对地位和支配作用,牢牢操纵师生间话语的内容和形式,不给与学生发言权或者只承认学生与自己期望相同的观点,在教学中形成“一言堂”的现象。

2. 知识霸权

就是教师对课堂知识的完全控制,课堂中学生只能接受教师传授的知识,没有权利发挥自己的想象、对书本知识提出质疑。教师在课堂上向学生提出问题,但并不希望学生按照自己的理解来发现问题、做出回答,而是引导学生按照自己的设想来回答问题,按照书本传递的“知识”来“思考”问题,认为自己传授的知识是绝对正确的,并且粗暴否定学生的“书本外”回答。

3. 情感霸权

学生在老师的“引导下”来表达自己的情感,但是教师并没有真正地调动学生的情感,而是在教学中向学生灌输“应有的”情感。处于这种“情感霸权”之下的学生对情感的理解只能是一种虚假的、迎合式的理解,对生活的真正体验也在教师课堂上的高压之下慢慢萎缩直至消失。

### (三) 教师霸权下的师生关系

师生关系是指教师和学生在教育、教学活动中形成的相互关系,包括彼此所处的地位、作用和相互对待的态度。学校的教育活动是师生双方共同的活动,是在一定的师生关系维系下进行的。因此,良好的师生关系是教育教学活动取得成功的必要保证。但传统意义上的“师道尊严”师生关系,其实是教师霸权的关系,教师儿童研究能力缺失,往往不能以平等的态度来对待学生,使师生之间关系紧张,对教育教学造成不利影响。

1. 专制的师生关系

师道尊严，君师齐称，其实质而言是一种专制的、非平等的师生关系，教师与天地并称，使得师生之间的关系成为一种统治与被统治的关系。在这种形式下，当学生面对掌握大权的老师时，他们表现最多的是顺从，从而最终会减弱整个新生一代的想象力、创造力和独立人格的成长。这种关系培养下的学生其自信心很难得到培养，其创造力也很难得到提高。

2. 对立的师生关系

正常的师生关系是一种平等的、互相尊重的关系，课堂教学中师生交往强调真正的平等对话。但在大多数课堂教学的师生交往中，学生被看作单纯的理应改造的客体，成为教师霸权的对象。学生在这样的教育氛围中越发感觉不到自己作为人的真实的存在，有的就选择了走上与教师对抗的极端。这种异化的师生交往导致了对立的师生关系，学生在课堂上失去了自主性和自由，在压抑的心理氛围中被迫接受教师的霸权。

## 三、传统教学行为中遮蔽了儿童研究行为

儿童既是教育的对象，更是教育的主体；既是教育的出发点，又是教育的旨归。显然，不研究儿童，不认识儿童，教育的旨归无法实现，教师也不可能成为优秀的教师。长期以来，教师很少研究儿童；教师培训和培养也很少将儿童研究作为一项重要的内容予以重视和落实。传统教学研究行为遮蔽了儿童研究行为，这也大大影响了教师真正的专业发展。

### （一）传统教学重心在教学研究

传统教学保障了教师在课堂教学中的主导地位，有利于其对课堂教学的组织、管理与控制。同时，在这样的教学环境下学生很少会走入学习的死角和误区，学习较有目的性和针对性。但是，我们不难发现，传统意义下的教学侧重点在于对教学本身的研究，也就是教师在课堂

中关注的是什么?首先就是自己,就算教师已把教学看作是自己的职业乃至事业,他思考得更多的是自己的教,研究得更多的是怎么教。

几乎每所学校都设有教研组、备课组,有共同备课、相互听课的传统,加强教师之间的集体研究,是教师开展教学研究的重要保障。活动中,教师们会根据选定的教材进行教学研究,教师把教材的内容当作金科玉律,把教参中的提示当作颠扑不破的真理。教师根据教材的重点、难点、疑点,讲清知识、突出重点、化难为易。从教学目标的设定、教学过程的设计、教学方法的选择等方面入手,研究的是大纲、教材、参考书,研讨教什么,怎么教,大家共同磋商、交流,提出具体见解,最后充实完善备课内容和方案,在一定程度上提高了教师的备课质量和效果。集体听课之后,教师们也会提出意见和建议,但我们又不难发现,老师主要在课堂教学的范围内讨论教学问题,同时对教学问题的研究显现出严重的“重教轻学”的倾向:在学科结构上,形成了以教学目标、教学过程、教学内容、教学方法、教学组织形式等为核心概念,以关注教师的教为主的理论体系。很显然,教师思考的便是如何把这些知识传授给学生,而不是怎么让学生有效地学。所以说,传统教学就是关注的是教学本身。

### (二) 传统教学中的儿童研究是隐匿的、感性的

我们习惯了的传统教育教学是“见物不见人”或“重物不重人”。分析教育的众多因素,如教育目标、教育者、教育对象、教育制度、教育设施、教育时空等。学生作为教育对象似乎被正视,但往往是“物化”的非“人性”或“人化”的,传统教学中对于儿童研究是隐匿的和感性的。

众所周知,决定教育教学的关键是教师。而在教师的视野里,活跃的因素主要是:教学成果、教材、教学大纲、学生、规章制度等。在传统观念的影响和束缚之下,教师往往把课堂教学中的学生视为一个单纯的认知性存在,而不是一个完整的生命体;只是把知识、智力和学习成绩作为课堂教学的核心,老师们关注的是遵规守纪,分数的高低,这些都是直接可感的,直观形象的内容。在教学目标上,传统的课堂教学仅

仅把学生看作一个认知性的存在，过分注重教学过程中学生的感觉、知觉、概念、判断、推理等认知因素，强调培养学生的认知能力，往往把系统知识的传授和认知能力的发展视为主要的目标甚至惟一的目的。显而易见，传统教学中教师对于儿童的研究是隐匿的，对于学生的个性特点、需要什么、如何保护、如何培养等往往视而不见。也就是说，教师把学生强健的体魄、积极的人生态度、健康的情感和价值观以及交往合作的能力则被置于学生发展目标的次要地位。

### （三）传统教学中儿童研究缺失的问题

传统教学中由于儿童研究能力的缺失，对于课堂教学、教师和学生的发展都造成了一定的影响。课堂教学重视学生对知识的记忆、理解与掌握，而忽视学生在教学活动中的情感体验、价值态度，常常把生动的、复杂的教学活动囿于固定的、狭窄的认知主义的框架之中，要求学生抛弃自己的价值观、生活经验及情感，以一种纯理性的方式认识独立于自己之外的与之毫不相关的“客观知识”。于是，课堂教学有了“统一的标准答案”，没有学生的主体性、创生性及独立人格的发展。

1. 单纯重视知识和技能

教师在教学过程中往往单纯重视学生知识和技能的培养，忽视学生情感、态度和价值观的培养。由于教学目标的偏差，“熟能生巧”的理念逐渐演变成“熟能生厌”的现实，其结果就是学生厌学，教师厌教，教师教得辛苦，学生学得也辛苦。学生的积极性很难被调动，课堂教学死气沉沉，教学效率低下。教师的教学是低效的，甚至是无效的。由此形成恶性循环，教师和家长不得不靠占用学生的课外时间来弥补课堂教学没有完成的任务，加重了学生的课业负担。

2. 不以学生发展为中心

传统的课堂教学以教师、书本和课堂为中心，学生不能自主发展，往往是教师“强制”下的一种发展，学生始终处于一种被动的发展状态。这种发展压抑学生学习的自主性和积极性，忽视学生学习的过程、经历和体验。不以学生发展为中心的直接后果是导致学生学习效率的低下,进而影响教学的有效性。

3. 师生之间互动性不强

从某种意义上说,课堂教学就是教师、学生的活动,通过教师与学生之间的活动实现知识信息和各种情感的交流,实现促进学生发展的目标。从当前的课堂教学来看,师生互动仍然是一个薄弱环节。在课堂教学中,教师与学生之间的互动仍然是单向的,即教师——学生。它的一个弊端是忽视课堂教学中其他知识信息的传递,忽略了课堂教学中人际交往因素对学生发展的促进作用,它使本来应该鲜活的课堂教学变得枯燥死板。

## 四、教师需要提升儿童研究能力

卢梭说,世界上有一门学问最重要又最不完备,这门学问就是关于人的学问。将这句话演绎一下:教育世界里有一门学问最重要又最不完备,这门学问就是关于儿童的学问。作为教师,对于儿童研究是永无止境的,我们需要强化儿童研究意识,研究儿童的学习心理、学习行为以及学习需求,真正地走进儿童,了解儿童,认识儿童,以此发现问题,促进儿童和自身专业发展。

### (一) 教师需要强化儿童研究意识

人类社会在不断变化,社会中的每一个儿童也在不断发展;时代的变迁,使得儿童生活成长的环境不断发生变化,儿童成长也就会面临着新的问题;即使是同一个环境中,儿童个体的复杂性也使得我们对儿童的了解总是有限的。教师虽然每天在儿童中间,但仍要勇敢地承认,自己对每一个儿童的了解有可能是表面的、肤浅的,唯有不断研究,才能接近最真实的儿童。很显然,对于儿童研究是一个没有终点的课题。教师应该要做儿童研究,这是分内之职,不仅仅是情怀的事,也是专业的事,教师要强化儿童研究的意识,研究儿童,是为了让教育和陪伴找到适合的姿态和方法;是为了促使教师和学生更好地发展。

教师做儿童研究，具有得天独厚的条件，只要有意愿，有方法，随时随地都可以行动。教师每天与儿童相处，既可以观察，又可以访谈，还可以与家庭建立紧密联系，了解儿童的家庭成长环境和成长经历。这些都有助于教师扎实而深入地对具体儿童开展研究。童年的丰富性、发展性和具体儿童的复杂性决定了教育者必须是儿童的持续研究者，要不断发现新问题并分析问题产生的新情境，探索新的解决办法和路径。教师作为成人，尤其要警惕将自己的经验当成无可挑剔的至高无上的智慧，从而让自己与儿童的相遇成为一个个漫长的误会。从这个意义上来讲，教育者需要的不仅仅是已经被过去情境验证过的儿童研究的成果，而且是要在与儿童的相处中，为了理解儿童并携手儿童的成长，不断进行实践性的儿童研究，最终成为每一个儿童问题的“专家”。

### （二）教师需要研究儿童学习心理

从苏格拉底将教育的目光转向对人的重视，到卢梭、裴斯泰洛齐、福禄贝尔等人的自然教育，杜威的“儿童中心”教育，再到柏格森、狄尔泰的生命哲学，以及建构主义、后现代主义教育思潮，我们不难发现，教育正是在不断追求对于人的关注和重视、不断追求人的身心和谐发展的过程中逐渐走向成熟。那么，教学的前提是要研究儿童的学习心理，将一个个心理过程聚焦，进行细致人微的剖析，把握其间儿童所呈现的心理特点，提炼出具体的教学应对策略，便于学生更好地学习，得到全面发展。

教师在实践中都有这样一个深刻体会：教师如果和学生之间关系融洽，感情密切，学生的学习情绪就正常、饱满，学习劲头大，自觉性强，智力发挥得就好，学习成绩也显著提高。可见，教学中师生之间的情感、学生学习的情绪，直接影响着教学的效果，是发展学生智力不可忽视的一个重要因素。对于小学生而言，情感与情绪可以说是开发儿童智力的启蒙钥匙，或者说它是连通儿童智力的导火线。也可以这样说：教师发展学生智力，必须以情入手，通过感情的接触，进一步融洽，然后在教学过程中，时刻掌握学生的情绪脉博，因势利导，始终使学生有一个正常饱满的学习情绪。既然儿童好动、好胜，那么就应该适时组织比一比、赛一赛等教学活动,使得好动、好胜发挥出其积极的教育功能……把儿童的心理特点与认知规律作为教育教学活动的出发点,在这种境界里,教师可以从容地栖居于课堂,儿童遵循着自己固有的方式成长,他们并不被动地按照强加的方式行事和思考,教育得以以道德而科学的方式展开。因此,研究儿童学习心理是非常有必要的。

### (三) 教师需要研究儿童学习行为

近年来,我国受到重视的教学行为研究仍然缺少对学习行为的关注。虽然教学行为从教学方法、教学艺术和教学模式的研究中分离出来,成为一个独立的专门领域,但国内关于教学行为的研究可能是受"重教轻学"的传统教学观念的影响,仍将教学行为理解为教师的教导行为,以致教学行为的研究被窄化为教师教导行为研究,对儿童的学习行为关注甚少。

传统教学定位在研究教师如何教,即主要研究教师教的行为。但这一问题无法规避且必须回答两个方面的问题:一是"教是怎样影响学的",二是"怎样的教才是有效的"。显然,这两个问题要回答清楚必须要对儿童的学习,尤其是儿童学习行为有深入分析和全盘把握,况且,儿童的学习行为是课堂教学效果最直接的影响变量和评估指标。教以学为对象,并以促进有效地学为目的。因此,研究教师教的行为要以研究儿童学的行为为基础。关于学习的内在机制和外在行为的知识,深刻地影响到教的目标、内容、具体过程及评价标准的选择和设计。从一般意义上来看,所有关于教的问题的思考和设计,都应以对学的理解和把握为基础,否则,教就可能成为背离学的规律、脱离学的目的的无实际效果和意义的活动。所以,教师需要研究儿童的学习行为。

### (四) 教师需要研究儿童具体的学习需求

在课堂学习中,学生的状态可谓是纷繁复杂。有的准备充分,有的心无所想,有的情绪激昂,有的心不在焉。班级授课制下,如何让每一位学生在有限的 40 分钟内始终对学习活动保持高度注意,全身心地投入到学习活动过程中，研究儿童的具体的学习需求，这就是我们每个教师需要面对与解决的实际问题。

有学习需求才有学习动机，所谓学习需求，是指学生在学习活动中感到学习上的缺失或不平衡而力求获得满足的心理状态。把握学习中认知冲突的节点，情感碰撞的交点，学习需求在刺激、深化中不断生成，这也是教师教学专业成长的必修科目。随着时代的飞速发展，特别是大数据时代的到来，学生的学前基础水平、能力等都随之发生了很大的变化，学生之间的差异也越来越大。的确，学生作为一个个独立、鲜活的生命个体，有自己的思想和个性，由于先天素质的区别，再加上每个学生的家庭环境不同，所处的社会环境不同，父母给予的教育不同，因此，形成学生各自不同的性格特征和个性差异。这种差异必然会影响学生的学习兴趣、学习动机、学习习惯、学习能力等方面。为此，学校教育必须承认和珍视个体的差异，树立有差异的学生观，把学生看做一个个鲜活的生命体，具有自己思想、意志的独特个体，并竭尽所能提供一个良好的环境，使受教育者所独有的人性特质得到全面、健康、和谐的生长。每个学生的基础不一样，兴趣不一样，学习进度和速度也不一样，整齐划一的学习已经不能适应学生多元化的学习需求。因此，教师应研究儿童具体的学习需求，不断改进教学行为，给学生提供更广阔、更适合的成长发展空间，满足学生多元需求，促进学生多元发展，促进每一个学生的发展。

## 第二节　“向儿童学习”作为教师发展取向与教研活动模式

教师队伍建设是学校发展永恒的主题，教师素质则体现了一所学校的软实力，是学校的核心竞争力。教师队伍建设需要教师的专业化成长，“专业化”说明教师发展是一个动态的过程。小学教师的专业对象是儿童、是学生，专业内容是引导儿童如何学习，对教师队伍建设的思考要回到这个原点，从探讨教师自我学习、自我教育，从而促进儿童的发展开始。

## 一、"向儿童学习"的内涵与专业意义

"学习"一词早见于《论语·学而》:学而时习之,不亦乐乎？按照现代汉语释义,"学习"一词既是动词也是名词,在《论语》中,"学"是我们今天所指的学习知识技能,"习"则是对所学知能的实践。在走上讲台成为教师之前,大多数教师只是学习了当教师的部分知识和基础技能,即使有实习的经历,也会受到条件限制而未能获得真正的实践,许多人都是从正式走上讲台后才开始教育教学实践的,从某种意义上讲,学生成了教师的"试验田"。既然如此,作为教师没有任何理由不在自己的教育教学岗位上不学习。所以,教师持续的学习不仅是自身专业成长的必需,也是尊重儿童的重要表现。而在实施素质教育的当下,教师学习要基于一个重要的立场——向儿童学习。

### (一)"向儿童学习"的本质是研究儿童、了解儿童

"向儿童学习"是在躬身自省后提出来的教育思想,是我校办学的明确理念,是贯穿于我校所有日常工作的精神内核。"向儿童学习"是当前向长者学,向智者学,向贤者学教育模式的逆向思维与实践。它遵循新课改精神,重新审视"儿童""尊重儿童""儿童学习""学习儿童"等概念;围绕"向儿童学习"核心思想,理清并阐释"为什么要向儿童学习""向儿童学习什么""怎样向儿童学习""向儿童学习的原则"等理论问题,其本质就是研究儿童,了解儿童。

### (二)"向儿童学习"是一种教师发展观

今天我们探讨教师队伍建设,从儿童视角反观教师专业成长,"向儿童学习"给我们的启示至少有这样两点:

一是"向儿童学习"的主体是成人,更是我们教师,本身说明了教师学习的必要。"如果你想成为一个教育能手,那你就不要企图用某些断然的、闪电式的、异乎寻常的措施,一下子就把孩子心里结成的冰块融化开。离开自我教育,心灵的完美是不可能实现的。"这是苏霍姆林斯

基给教师的关于儿童学习规律的重要提示，即儿童“自我教育”的重要性。这一点对教师的学习同样适用。

二是教师要引导学生热爱学习，自身就要像儿童一样持续保持对未知世界的学习热忱，正确认识学习给予人成长的正能量，向儿童学习。儿童是渴望学习的，对未知世界的认知充满了好奇与热情，对学习中的规则充满了敬畏，过着“真正的、灿烂的、独特的、不可重现的一种生活”。这是值得成年人羡慕的，也是时光的不可逆转所致。作为与儿童最为亲近的一群成人，教师应该努力让自己在纷繁复杂的现实世界中持续抱有对生活和工作的热情，像儿童一样不断去探索自己的未知，不放弃学习，不让自己变得麻木，才能真正走近儿童，走进童心。由此可见，教师向儿童学习的是对学习本身的热忱，是对学习规律的尊重，是对学习所带给人成长力量的敬畏。

综上所述，任何一个职业都需要从业者不断学习，不断更新自己的专业知能，教师是一所学校的软实力，是核心竞争力。在当前的教育背景下，教师只有基于儿童立场，谦虚谨慎地当好“学生”，持续不断地努力学习才是自我专业提升的有效途径。

### （三）“向儿童学习”是一种教学改革观

首先体现的是观念的转变。教师不仅是教育教学工作的实践者，还是终身学习的践行者；其次体现的是立场的转变，教师不但要教儿童学习，还要向儿童学习，从儿童的立场出发去研究学习的过程，甚至让儿童参与到研究学习的过程中；最后体现的是学习方式的转变，教师既要有自我教育的意识，还要谦虚谨慎，向同伴学习，互相鼓励，互相支撑。“学习”一词在学研共同体中延伸出“终身学习”“向儿童学习”“共同学习”的丰富内涵。

其次体现的是教学行动的转变。心动进而行动，在实践中，从学校的顶层设计开始，我们就关注每一位教师在各个学习团体中发挥主动性的可能，关注每一位教师在学习团体中的实际所得，带领学研中心组织多元、开放的教育教学研究活动，带领教师在大量的“做”中去倾听、反思、讨论和实践。

## 二、"向儿童学习"作为教师发展取向

教育大计,教师为本。教师是教育改革与发展的主力军,只有打造一支专业化的教师精英团队,才能实现学校的可持续发展,实现培养人才的重任。教师队伍建设应该基于一个重要的教育立场——向儿童学习。首先要明确,持续的学习是教师获得职业满足感的重要内在因素。教师要引导学生热爱学习,自身就要像儿童一样持续保持对未知世界的学习热忱,正确认识学习给予人成长的正能量,向儿童学习"学习"。其次,教师要甘当学生,躬身学习儿童,从儿童身上去了解教育的本质,寻找教育的规律,思考教育的方法,进行教育的实践。

### (一) 学习儿童纯真的境界

童真是一种境界,以这样遵循本性的心态面对生活,会发现缤纷的世界里处处洋溢着简单、纯真、阳光的元素。作为成人的我们,要向儿童学习,了解儿童纯真的境界,明白儿童的真实想法。美国心理学家奥苏贝尔曾说过:影响学习的最重要因素是学生已经知道了什么,我们应当根据学生现有的知识状况去进行教学。我们了解儿童的要素不仅仅是关注学生的知识状况,还关注到了学生的情感态度以及价值观等方面的要素。

### (二) 学习儿童丰富的想象

儿童本性天真、对事物充满了好奇之心。好奇心是想象力之源。想象力丰富的孩子喜欢自己编故事。有时,孩子自己抱着个小娃娃,指手划脚地讲给小娃听。有时,三两个小朋友在一起,会绘声绘色地讲给其他小朋友听。有时,还敢于讲给大人听。有的孩子可将故事编得结构完整、逻辑性较强,还能用上比较正确的形容和比喻。想象力丰富的孩子画画,喜欢别出心裁,画些他内心所想象的奇形怪状的东西来。想象力较强的孩子能够在结合原有感知材料的基础上,经过新的组合,有目的地、完整地想象出事物的形象来。孩子,既简单又复杂。说他简单,因为

他们天真幼稚，纯洁无瑕。说他复杂，因为他们有许多心理活动，大人往往不理解。我们要学习儿童丰富的想象，呵护儿童想象，关心儿童的成长。

### （三）学习儿童积极的思维

思维能力较强的孩子在考虑问题时，能够全面地看问题，从多方面去分析、综合、比较，从而找出事物的本质来，而不会被外部的表面现象所迷惑。思维程度比较深刻的孩子，则能从纷繁、复杂的表面现象中，发现其最本质、最核心的东西。独立思考是思维能力较强孩子的标志之一。遇到难题，不是马上去问教师、问家长，而要自己先苦苦思索一番。而且，这类孩子在问题的思考上，不肯盲从他人，他们不容易受到人的暗示或影响，也不轻易动摇自己的观点。思维敏捷的特点在于，这些孩子能够很快地抓住问题的本质，找到问题的关键，从而迅速地提出解决问题的方法。思维灵活的表现在于，这些孩子不墨守成规、因循守旧，而是善于打破常规，因地制宜地按照不同的条件、时间、材料、对象等去灵活地改变思维的方法和方式。思维能力较强的孩子能准确、无误、层次清楚地叙述问题。这说明思维能力较强孩子的标志之一是思维具有一定的逻辑性，他们具有一定的逻辑推理能力。但是，不管思维能力强还是弱，孩子们都能积极地去思考，用自己的眼光观察世界，用自己的思维思考世界，用自己的语言表达世界，这是值得我们成人学习的地方。

### （四）学习儿童游戏的方式

儿童的智慧发展阶段决定了他们不同的游戏方式，皮亚杰提出了三种类型的游戏：练习性游戏、象征性游戏和有规则的游戏。它们分别发生于智慧发展的感知运动阶段（0—1.5 岁）、前运算阶段（1.5 岁—7 岁）和具体运算阶段（7—11/12 岁）、形式运算阶段（演绎 11/12 岁开始）相对应。在感知运动阶段，幼儿是用具体方式游戏的，通过身体动作和摆弄、操作具体的物体来进行游戏。练习性游戏是感知运动水平上出现的典型游戏，这是一种最初形式的游戏。练习性游戏是以不断地重复已习得的动作而取得“机能性快乐”，“动”即是快乐。在前运算阶段,幼儿发展了表象能力,可以假扮不在眼前的事物,可以用语言而不是利用整个身体的动作进行游戏。象征性游戏是幼儿游戏的典型形式。表象和符号是这个阶段游戏的主要特征,以后发展成为有规则的游戏。在具体运算阶段,游戏变得更能适应真实环境,游戏服从真实世界的规则和顺序。因此,幼儿达到了能更好地使思维顺应世界的阶段。作为一线教师的我们,要学习儿童的游戏方式,了解儿童游戏发展阶段,才能更好地服务于我们的课堂教学。

## 三、"向儿童学习"作为教研活动模式

一般来说,我国绝大多数的中小学校教研组都是由同一学科的教师组成的,他们共同研究"如何教好"。同教研组的老师在一起教研、一起备课,最终经过大家研讨,形成共同的教案,每位教师在此基础上根据学生的特点进行微调。但是,这种教研方式容易忽视学生的学。因此,我们认为,基于儿童立场的教研组应该是一个教学共同体,以科研促教研,目的是关注学生"如何学好"。

### (一)在师生共同体活动中研究教学问题

诚如儿童需要一个学习的场景——课堂,教师的学习也需要一个学习场,学校则是组建、组织这个学习场的关键,是教师队伍建设和教师专业成长的总设计师。教师的学习方式也应该从传统的"培训",被动的输入转变成共同体成员间的主动学研。这个共同体,可以是教师之间,也可以是师生之间。

1. 师生互动过程中产生研究教学问题的需要

课堂教学的核心是教师和学生,课堂教学活动实质上是师生互动和共同发展的过程,而学生的全面发展又是以参与课堂互动为前提的。有效的课堂意味着从"控制论走向互动论,从技术性实践走向反思性实践",师生对话为其核心,"教是为了不教"以及在互动中求知为其理想的师生活动场所。但对话过程不是师生之间"问与答"的简单言语模式,它是一种植根于关系之中,以尊重差异为基本前提的教学思维、教

学态度或教学行为。对话不是形式,不是目的,更不是手段,对话是师生共同解决问题的过程,在这个过程中,对话教学是一种理想的教学状态,在这样一种教学状态下,学生和教师是平等的,双方围绕学习主题,可以意见共享,可以批判反驳,目的是在会话过程中使学生学会独立思考,学会解决问题,完善思维品质。

2. 课堂教学情境就是研究教学问题的实验场

在课堂互动过程中,当教师与学生交换讨论角色,为学生提供处于最近发展区的鹰架式学习支持时,学生会表现出提问、澄清、概括和预测等学习行为。当教师为学生学习营造和提供更多互动活动,并将学习主题与学生生活经验链接起来,教师在学生参与互动的过程中通过时间管理、提醒、鼓励等行为,将学习责任交还给学生时,学生常会表现出比较、阐释、提问、辩论等自主构建知识的行为。而当教师在师生互动过程中扮演着引发者、促进者、提升者和欣赏者时,课堂便成为一个学习社区,师生共同探讨解决问题的方法和途径,学生在探究式学习过程中自主发现问题、提出问题,并解决问题。

### (二)在学生学习案例交流中改进教学行为

学生学习案例研究就是聚焦课堂教学,以课堂教学为载体重视教师的行为跟进、理论提升、能力提高以及个体的自我反思,从而促进教师群体共同成长。

例如,我们在教学六年级上册《解决问题的策略》第二课时的时候,几乎所有的孩子都知道要将两种未知量转化成一种未知量,只是采用的方法各不相同,有的假设全部是大杯,有的假设全部是小杯,还有的用方程设大杯为 $X$ 毫升,小杯是 $X-90$ 毫升,或者设小杯是 $X$ 毫升,大杯是 $X+90$ 毫升。四种方法都出现了,大多孩子能用两种以上的方法解决。小部分孩子在假设全部是大杯或者全部是小杯的时候,对于总量的把握不是很准确,不知道是要加上相差量还是减去相差量,造成计算错误。针对这种情况,我们课题组将本节课作为课题课进行研究。六上的《解决问题的策略》这部分内容,在教材修订的时候将原本名为

“替换”策略更名为“假设”策略。在仔细研读教材,阅读教参之后,我们认为新教材对于这一问题的编排远不是换了一个名字那么简单。例 1 中“替换”仅是一种特例,大杯换小杯,小杯换大杯,方法比较单一,当遇到一些数据不是几分之一的情况时,解题就会遇到困难。而改成“假设”,则使多种解法成为可能,教材由此引出了替换的方法、方程、按比例分配等多种解法,并从多种解法中比较发现这么多的解法就是遵循了一条思路:就是假设全是大杯或者假设全部是小杯,将两种未知量利用倍数关系或者相差关系建立联系,转化成一种未知量,从而解决问题。而方程,能够在假设全部是哪一种量的基础上,快速得到另一个含有 $x$ 的量,从而根据题意列出方程。它很好地把例 1 和例 2 归结为一种结构,方便学生解题。所以教学的时候,教师应有意识地侧重方程思想解决问题,并注意例 1、例 2 前后的联系,尽量通过教学例 1,让学生能够产生自主学习例 2 的能力,从而达到形成策略的教学目的,同时也是为今后的数学学习做好铺垫。

通过研究学生的学习情况,我们认为本节课的教学重点是掌握用“假设”的策略解决一些简单问题的方法,弄清在有差数关系的问题中替换后总量发生的变化。教学难点是总量该如何进行调整,倍数关系和相差关系在假设前后数量关系的变化有什么区别。有了上述的目标定位,围绕教学资源的呈现点“小杯大杯的关系一定是倍数关系才能解决吗?相差关系呢?如果“小杯容量比大杯容量少 90 毫升”呢?”这一核心问题展开教学活动。由于教师有意识的引领,学生慢慢尝试用方程解答,峰回路转之后,有很强的成就感。

综上所述,教师通过组内合作研讨,对学生学习案例进行理性剖析、鉴别反思,从而有效改进自己的课堂教学行为,是促进学生改善学习方式、提升学习效率、发展学习生命的先决条件和根本保障。

### (三)开展“向儿童学习”系列专题研究活动

为了更好地向学生学习,我校每学期均开展系列化的研究活动,具体见表 9-1。

**表 9-1 “向儿童学习”系列专题研究活动**

| 时间 | 活动主题 | 所要解决的问题 | 活动形式与内容 | 研究方法 | 预期成果 |
|---|---|---|---|---|---|
| 2019 年 9 月 | 理论学习 | 理清子课题《基于学生多元需求的个别化教学行为研究》的核心概念、研究内容、研究目标 | 1. 召开课题核心组会议，布置本学期课程研修中心课题研究工作计划；学习课题报告、文献综述及课题调查报告等 | 文献研究法<br>调查研究法 | 课题组成员明晰课题核心概念、本学期研究目标及内容 |
| 2019 年 10 月 | 教学实践与反思 | 以一个单元或一课的教学为例，尝试开展多元需求的个别化教学实践，记录实践中的收获及困惑 | 1. 10 月上中旬，课题组成员结合自己的教学班，基于课题研究的核心，开展行动研究<br>2. 10 月下旬子课题组集中活动时，每人交流自己的实践反思，相互借鉴学习成功的经验 | 个案研究法<br>行动研究法 | 每人完成一篇教学实践与反思，字数不少于 1500 字。（格式：课例＋反思）<br>10 月底上交 |
| 2019 年 11 月 | 集体备课 | 选定一节典型课例，组织集体备课。教学设计中重点关注“教与学的关系”、“学习方式多元化”、“借助信息技术”、“多层次教学评价”等指标 | 1. 11 月上旬，子课题组长选定课题，课题组成员先独立备课<br>2. 11 月下旬，集体活动时开展充分研讨，并就教学设计中重点关注的指标进行阐述，说说设计意图<br>3. 确定一名教师执教课题课 | 行动研究法 | 各子课题组完成一份《课题研究课教学设计》<br>11 月底上交 |

续 表

| 时间 | 活动主题 | 所要解决的问题 | 活动形式与内容 | 研究方法 | 预期成果 |
| --- | --- | --- | --- | --- | --- |
| 2019 年 12 月 | 集体观课议课 | 1. 基于子课题研究需要,设计课堂观察记录表,观察记录表要体现学生多元需求、个别化教学等关键事件<br>2. 通过观课议课,发现研究中亟待解决的问题 | 1. 12 月上旬子课题组长负责汇总一份《课堂观察记录表》<br>2. 12 月中旬组内老师课堂观察,按分工记录好观课记录表<br>3. 12 月下旬在观课议课的基础上,重新完成一份教学设计 | 行动研究法<br>观察研究法 | 1. 根据学科特点设计一份《课堂观察记录表》<br>2. 写好一份观课后议课后的分析报告<br>3. 提交一份《新教学设计方案》<br>12 月底完成 |
| 2020 年 1 月 | 学期末课题研究工作总结 | 1. 各子课题总结汇报一学期课题研究取得的成果<br>2. 整理好过程性资料上交<br>3. 规划下阶段研究 | 1. 课程研修中心四个子课题组进行工作交流<br>2. 课题组老师一篇科研论文,论文题目中必须有本课题的核心概念。备注本课题核心词:《基于儿童多元需求的个别化教学行为研究》<br>3. 针对一学期的研究得失,提出进一步的研究方向 | 案例研究法<br>经验总结法 | 1. 教师每人撰写一篇科研论文<br>2. 子课题组长上交过程新资料<br>3. 主持人完成一份学期课题研究工作总结<br>1 月底完成 |

“理论学习”是针对研究主题，进行文献研究，理清核心概念、研究内容、研究目标，课题组老师分工合作查阅资料，由一人执笔完成文献综述，供组内成员学习，提高每人的理论水平。“教学实践与反思”是课题组成员根据前期的理论学习，进行课堂实践与反思，记录实践过程中的不足和成功之处，为组内其他成员提供可借鉴的学习经验。“集体备课”是大家各自进行个性化备课，通过课题组活动进行说课，集思广益，形成最优化的教学设计，并确定一名老师执教。“集体观课议课”是以课堂观察为抓手，进入课堂观察记录学生学习的真实情况，为课堂观察报告撰写提供依据。根据课堂观察报告，再对教学设计进行修改，形成最优课例。“学期末课题研究工作总结”是梳理一学期以来课题研究成果，整理过程性资料，并规划下一阶段的工作，每位成员撰写课题论文，总结自己在课题研究上的收获。

## 四、“向儿童学习”教研活动案例

对小学生而言，数学知识学习的过程表现出了抽象、枯燥的特征。如何提高数学教学的质量，激发学生学习数学的兴趣，是一个非常值得关注的问题。制约数学教育质量提升的重要因素之一就是对学生个体差异的忽视，对所有的学生都进行整齐划一的教学，同一目标、同一内容、同一方法、同一进度、同一结果的教学，导致教师对学生知识基础、兴趣经验、学习适应性、学习时间的忽视，实施的数学教学没能满足学生的个体差异，不是适应个体的教学，出现的结果必然不理想。个性化单元教学是以单元整体为切入点，解决教学中的个性化问题，在教学中满足学生的个体差异。个性化单元教学也是单元整体教学，只是这种单元整体教学要实现的是个性化的目标。“整体是一种思维方式，意味着教师在教学中必须从教学目标出发，统揽全局，将教学活动每一步、每一个环节都放到教学活动的大系统中考量，而不是片面地突出或强调每一点。”“教师应该在教任何一个原理和规则时都有全局观，都致力于促进学生将所学内容放到整体、全局中去思考，真正做到避免面面俱到，防止教学目标过度多元，注重构建完整的知识体系。”

**主题选择**

2020年4月10日,我校数学学科课题组成员以及高数组全体成员在三楼会议室开展课题研究活动。活动前,成员们确立本次研究的主题,苏教版五年级下册“解决问题的策略单元整体教学”,大家自主备课。这次活动,大家充分研讨,组长重点介绍课例研究应有的理性思考,组员重点交流“用转化的策略解决实际问题”这一单元的设计和设计意图。通过本次活动,大家对课例进行了充分的研究和探讨,为后期形成课题研究课教学设计做准备。

**理论学习**

围绕本主题开展相关学习,为学生的学习提供更好的服务。我们重点学习了吕世虎等著的文章《了解数学单元教学设计的内涵、特征以及基本操作步骤》,将数学单元教学设计的内涵界定为:数学单元教学设计是在整体思维指导下,从提升学生数学核心素养的角度出发,通过教学团队的合作,对相关教材内容进行统筹重组和优化,并将优化后的教学内容视为一个相对独立的教学单元,以突出数学内容的主线以及知识间的关联性,在此基础上对教学单元整体进行循环改进的动态教学设计。优化后的相对独立的数学整体教学内容就是数学单元。数学单元通常由数学教师根据教学需要来决定,它可以以重要的数学概念或核心数学知识为主线组织,也可以以数学思想方法为主线组织,还可以以数学核心素养、基本能力为主线组织。数学单元教学设计的团队合作性体现在以下三个阶段:(1) 教学设计的前期准备阶段。在这个阶段教师们高度协作、集思广益,明确单元划分,对教材内容进行统筹重组,梳理内容主线,确定单元教学目标与具体阶段教学计划,从而形成初步的单元教学方案;(2) 教学设计的实施阶段。由于最初的教学方案是分工合作完成,所以每一个教师对各个教学环节的熟悉程度并不相同,如果教师在实施这一方案的过程中,发现最初的预设与学生的实际情况发生碰撞时,就需要通过教师间的集体交流来对最初方案进行适当调整;(3) 教学设计的评价修改阶段。教师们通过对学生学习结果的评价,总结本次教学的经验与不足,修改教学设计。同时将教学中发现的问题即时反馈给对应年级的教师，使其能够及时对教学作出调整。综合考虑数学教学设计的基本特征、要求以及单元教学的特殊性，根据数学教学设计的三个大的环节，即前期准备、开发设计、评价修改，将数学单元教学设计归纳为以下五个步骤：(1) 确定单元内容；(2) 分析教学要素；(3) 编制单元教学目标；(4) 设计教学流程；(5) 评价、反思与修改。具体操作流程如图下图所示。

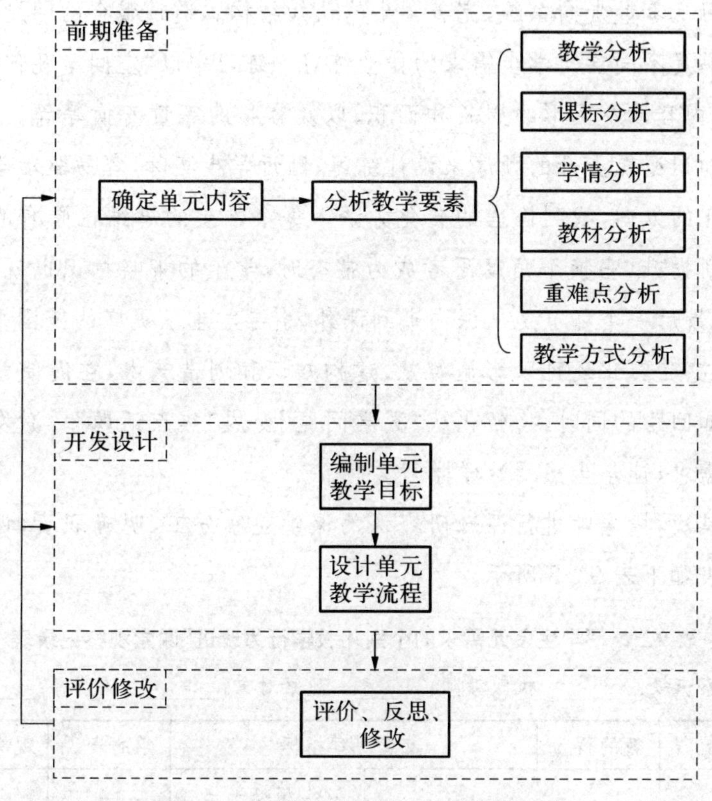


**图 9－1　数学单元教学设计的操作流程**

**活动设想**

通过前期的准备，2020 年 5 月 6 日下午，全体数学课题组老师集中修智楼三楼会议室进行课例研讨。

本次活动分两个议程，首先由黄老师就《用转化的策略解决问题》这一课进行说课。

通过设计回忆《曹冲称象》故事这一活动，唤起学生学习数学的兴趣,同时唤醒已有的转化经验,以及学习新知的动机。通过设计比较两个不规则图形面积大小的活动,引导学生根据导学单自主探究,再通过小组合作交流,促进不同层次的学生在这个学习活动中较自主探究环节均有更大的收获,从单一遵从"问题解决"转变为发展看待"解决问题",数学思维得到发展。通过设计回顾解决问题的过程,学生才能够最大限度地体会到方法的多样性与方向的一致性的对比,使转化策略的学习从零散走向系统,完善学生的认知结构。通过整合的问题情境,设计满足不同层次学生需求的作业练习。练习中以"空间与几何"板块为主,内容涉及图形的周长和面积,以及容积的等量变换等等。显然,沿着知识逻辑上升的顺序来设计练习,贴近学生实际,容易驱动学生把控转化的方向,找到恰当的转化方法。每个学生的思维在原有的基础上不断提升,当换个角度思考成为常态时,学生的策略意识也就"在状态"。最后一个环节是从课内走到课外,引导学生从更广的范围来理解转化,感受转化还可以彰显智慧、建构知识和创造艺术,在促使学生形成认知回路的同时,将转化从"数学问题"变成"热点话题"。激发学生学习需求,让学生热爱数学学习。

其次,段老师进行课题研究课的课堂观察分工,明确职责,课堂观察量表如下表 9-2 所示。

**表 9-2 "学生多元需求的个别化教学行为改进"课堂观察记录表**

观察班级:______ 执教教师:______ 观察对象:______ 观察者:______

<table>
<tr><th>活动流程</th><th>教的行为</th><th colspan="2">重点观察指标</th><th>学的表现</th><th>观察反思</th></tr>
<tr><td rowspan="3">活动</td><td rowspan="3"></td><td>A<br>资源的选择性</td><td>A1 贴近学生<br>A2 激发兴趣<br>A3 多样化</td><td rowspan="3"></td><td rowspan="3"></td></tr>
<tr><td>B<br>分层教学</td><td>B1 分层目标<br>B2 分层评价<br>B3 矫正调节</td></tr>
<tr><td>C<br>个别辅导</td><td>C1 及时反馈<br>C2 理解新知<br>C3 鼓励认同</td></tr>
</table>

**续　表**

| 活动流程 | 教的行为 | 重点观察指标 | | 学的表现 | 观察反思 |
|---|---|---|---|---|---|
| 活动 | | D<br>异质合作 | D1 小先生制<br>D2 学会倾听<br>D3 相互尊重 | | |
| | | E 活动为主 | E1 批判质疑<br>E2 迁移运用<br>E3 自我反思 | | |

说明：1. 教的行为：主要记录教师的讲述、提问/追问、呈现、活动说明、活动参与、评价等行为，可具体化；2. 学的表现：主要记录学生学习活动中的语言、行为、神态、状态及学习结果等，如果出现观察指标的表现，可用 A1 等符号表示，但有的仍需做些简单描述性记录（观察者明白即可）；特别要记录学生对重点的学习、难点的突破、小组合作、亮点、生成等；3. 观察反思：针对学的表现，反思教的行为，提出自己思考（成功启示、改进之策等）。

**活动过程**

活动当天，段老师利用不同的复杂情境让学生体会等量代换中变与不变的思想，在整个学习过程中，学生的思维在活动中一步步深入，策略在体验中一步步形成。

接着，数学课题组的老师们围绕“基于学生多元需求的个别化教学行为研究”，通过课堂观察分析，对本节课进行了主题式评课。

**活动反思**

思考一：故事引入——激发学生学习动机

新课的教学先从学生喜欢的故事开始，让学生在欣赏中感知曹冲称象的智慧；接着，结合故事情境剖析内在智慧，并沿着预设的“问题链”层层深入，有序揭开转化的面纱。这样的深度对话，使知“智慧事”转变为辨“智慧理”，让转化的初体验从模糊变得清晰，不但有效激发了学生学习新知的欲望，还为学生的后续学习提供了思考样式。

思考二：体验操作——激活学生思维

自主探索、体验操作是一种能够很好调动课堂活力的教学手段，也是非常符合发展学生智慧的一种教学方式。学生在自主探索的过程积极主动地交流能够提升他们解决问题的能力，从各个方面发展他们的核心素养。但是我们却往往漏了一点——学生是存在差异性的，不同的学生掌握知识的能力不同，解决问题的方式也不同。为了让每一个学生都能够在课堂上有很好地发展,教师的课堂设计就起了至关重要的作用。正如在本节课例题一的教学活动要求中,教师进行了分层式教学,让学生可以采用不同的方法进行自主探索、体验操作:

想一想:认真观察图形的特征,思考可以怎么转化?

做一做:可以在作业纸上画一画;也可以拿出信封袋中的图形剪一剪、拼一拼。

说一说:和同桌说一说,转化前后什么没变、什么变了?

在一开始的例题一教学中存在以下的情况:部分学生无法直观发现两个不规则图形的特点,从而进行割补;部分学生没有充分掌握图形平移、旋转的画图方式。单以一种方式自主探索总会使得部分学生无法参与,最终学生的差异越来越大。为此我设计了让学生自主动手操作剪、拼和画图为一体的教学方式,让部分学生通过剪、拼能够更加直观方便地感受图形的转化,从而满足了不同学生的发展需求,激活学生的数学思维,从不同程度上激发学生学习创造的活力。

思考三:归纳梳理——促进高阶思维发展

孔子说“温故而知新,可以为师矣”。数学中的新知识往往都是在已有知识的基础上形成和发展起来的,因此数学知识是存在联系的。策略专题的回顾与梳理目的明确:一是感知转化范围的广泛性;二是体验转化方法的适用性;三是把握转化作用的建构性。为此在本节课的教学中教师设计了以下教学环节:

在以前的学习中,我们曾经运用转化的策略解决过哪些类似的图形问题?

你觉得可以从哪些方面具体回忆转化的策略呢?

① 正向描述。平行四边形面积、三角形面积、梯形面积和圆面积。这些图形我们是如何进行转化的呢?

② 反向联系。在研究平面图形面积的时候。首先研究的是什么图形?仔细观察,在这里的转化中,你发现了什么有趣的联系?

那么你知道三角形和梯形的面积转化是等面积转化吗?为什么?

“转化”的思想在很多数学知识中都有体现,当学生将转化的思想和旧知联系起来后，他们就会明白为什么我们解决这些问题时是这么做的——为什么“三角形面积公式”“梯形面积公式”是需要除以 2 的。在回顾的过程中，还原知识的本质，学生主动在回忆过程中对新知有新的认识，对旧知有新的体会，学生能够最大限度地体会到方法的多样性与方向的一致性的对比，在这个对比的过程中，促进学生高阶思维的形成。

思考四：迁移应用——促进思维进一步发展

策略学习离不开问题情境，但是具体的问题纷繁复杂，需要教师将其整合并有序呈现。在本节课的练习中以“空间与几何”板块为主，内容涉及图形的周长和面积，以及容积的等量变换。从周长→面积→容积，沿着知识逻辑上升的顺序来设计练习，更加贴近学生实际，更容易驱动学生把控转化的方向，找到恰当的转化方法。除此之外，在解决这些题目时让学生自主讨论转化的不变量，促使让学生更好的参与课堂，思维的“序”在潜移默化中形成，数学思维得到进一步发展。

思考五：紧扣本质——见树木又见森林

数学教学要突出知识的本质，让学生在具体的情境中围绕知识本质展开数学活动，感受知识的发生、发展过程，获得对知识的深刻理解。学生在数学学习中，只有对知识的本源有所认识和感受，才能真正获得有意义的数学理解。在本节课中教师通过三次回顾体会让学生加深学生对“转化”本质知识的认识和理解。首先，例题 1 后，让学生回顾解决问题的过程，说说对转化的体会。其次，回顾旧知后让学生感受这些“转化”的共同点，让学生感受到转化的作用和目的。最后，课堂总结中学生回顾练习、例题找到我们本节课中学习的转化，再一次感受转化的作用从而让学生认识到“转化”的本质是等量代换，这是转化的前提，转化的方法是多种多样的，但是目的都是为了将问题变得简单、已知。通过对转化知识本质的认识，学生将对转化的策略有新的感悟和体会，也将促进他们运用转化策略的能力。

总之，转化策略的教学的重点不在解题方法的传授，而在于数学高阶思维的形成。因此，转化策略的教学，我们教研组一致认为：转化的前提、转化的方向、转化的方法是本单元教学的重点。

# 第三节 "儿童学习本位"教师研训制度建设

"儿童本位"就是最大限度地发挥儿童自身的特性和优势,将儿童视为自主的个体,发挥儿童天真活泼的个性,并按照儿童自身的愿望以及对生活的追求,积极引导孩子正确追求童年生活的无限乐趣的理念。

而"儿童学习本位"就是以儿童的学习为中心,一切的教学活动都要围绕儿童的发展开展,即时时、事事、处处都要以儿童的角度来审视及实施,要奉行"儿童本位",让儿童真正成为课堂的主人,让课堂真正成为有效的课堂。

## 一、"儿童学习本位"教师研训制度的内涵与特征

"儿童本位"概念是顺应新课程而提出的一种教育教学理念,旨在树立以儿童为中心开展一切教学活动的思想,遵循"寓教于乐,活动助兴,情趣相融,幸福成长"的原则,尊重儿童的主体性,互换儿童的创造性,恪守儿童的本真性,从而充分激发儿童学习兴趣,释放儿童的潜能与个性,发展儿童综合素养与能力。只有正确认识和贯彻"儿童本位"的理念,学生学习的自主性才能真正得到有力保证,学生自主学习的能力才能真正得到有效培养。

### (一) 教师研训制度的不同取向

一是传统的教材取向。传统的教材取向教师研训制度关注教师如何"教",在这一取向指引下,学校开展的所有的研训活动,指向的是研究教材和教法。在之前很长一段时间,很多教师认为教材即学科内容,教学的目的就是让学生掌握系统化的学科知识,教材本身成为教学的目标和归依,在这样便窄化了教学的内涵。因此,形成了以研究"教"为中心的研训制度,研训活动围绕着研究教材、研究如何让学生掌握教材中的知识而展开。

二是“儿童学习本位”取向。“儿童学习本位”取向教师研训制度关注教师如何“促进学”。着眼于学生的终身学习，适应学生发展的不同需要。通过研训活动，培养教师对课程内容和课程结构进行改革与实施的能力，强调教师要密切联系儿童生活和经验，以培养儿童的创新精神和实践能力为重点，建立新的教学方式。努力培养教师在教学过程中关注儿童的独立性和自主性，引导儿童质疑、调查、探究，在实践中学习，使学习成为在教师指导下主动的、富有个性的过程。让教师通过研训，形成尊重儿童的人格，关注个体差异，满足不同需要的理念，创设能引导儿童主动参与的教学情境，激发学生的学习积极性，培养学生掌握和运用知识的态度和能力，使每个儿童都得到充分发展。

### （二）“儿童学习本位”教师研训制度的内涵

教师要坚持“儿童学习本位”，确立以“学生为中心”的教学理念，形成以学生心理特点为基础的课程观，以学生需求为依据的教育逻辑，以学生为特点的教学观，以学生发展为目标的质量观。

1. 通过研训制度，引导教师树立“以学生为中心”的教学理念

必须牢固树立“以学生为中心”的教学理念，积极探讨新的教学方式。加强学习，更新理念，理论先行，加强教研，探讨新的教学方式，总结经验，形成新的教学模式。通过制度的引领，促进教师不断更新教学理念。只有以儿童的发展为本位，才能以最科学的态度对待儿童的教育，只有重视儿童的人格魅力，才能促进儿童与儿童、儿童与教师之间的和谐相处，从而提高儿童的学习能力，促进儿童自身的发展。

2. 通过研训制度，引导教师树立以学生心理特点为基础的课程观

每个学生都是拥有独立人格的个体，都具有极大的可塑性。每个学生都有较鲜明的个性特征和心理特点，都蕴藏着巨大的发展潜力。教师要树立以学生心理特点为基础的课程观，并以此开展课堂教学和研究。通过制度的引领，促使教师关注儿童的心理特点，并依据不同儿童的个性特点展开教学，使各个层次的儿童都得到发展。

3. 通过研训制度，引导教师树立以学生需求为依据的教育观念

教师在备课时要将“备教材”“备学生”“用学生的眼光看教材”三者结合起来，以充分体现学生主体。要了解学生的需求，课堂要将“以听为主”“以练为主”“师生互动”三者结合起来，以充分体现有效学习。通过制度的引领，促使教师在课前、课中、课后研究儿童的基础和能力发展，采取各种教学手段，贯彻因材施教，如在设计课堂练习时，可让优等生独立练习，中等生点拨练习，基础差的儿童辅导练习，从而做到分层训练。针对不同层次的儿童，在备课中根据儿童层次设计不同的题量和难易不同的题型，促进儿童的发展。

4. 通过研训制度，引导教师树立以学生兴趣为特点的教学观

教学有起点，起点便在儿童“学”的起点上。每个孩子都有自己的兴趣所在，教师要用开放的教育形态，实现每一个儿童的美好教育，向着完善儿童、创造儿童的目标出发。通过制度的引领，激发起学生的兴趣，充分调动学生对学习的积极性和主动性，进而能创造性地学，最终达到优化课堂教学和提高教学效率的目的。

5. 通过研训制度，引导教师树立以学生发展为目标的质量观

促进学生全面、终身发展是时代赋予教育的圣神使命。教育不仅要关注学生的当前，也要关注学生的将来。因此，促进学生终身发展的责任，就责无旁贷地落在了每个教师的肩上。因此，通过研训制度的建立，目的是引导教师树立良好的前瞻意识，用长远发展的眼光看待学生的终身学习，能够自觉站在未来的角度培养学生的学习能力和习惯，思考学生的长远、终身发展，对每个学生的将来肩负起教育和引领的责任。

### （三）“儿童学习本位”教师研训制度的特征

“儿童学习本位”教师研训制度必须始终以“儿童为中心”，从关注教学设计转变成关注学生的学习状况，要根据学生情况研制教学内容。在研究学情的基础上，扎扎实实地从学生的实际出发，制定教学目标、教学重难点，更好地为课堂服务。我们可以看到，“儿童学习本位”教师研训制度可以使我们在以下方面做得更好：

1. 引导教师充分转变观念,从以教材为中心到以学生为中心

实现以学生为中心是对教育本质的深刻认识,是教育思想、观念的一次变革,是从“教”向“学”为中心的转变,是从“以教材为中心”到“以学生为中心”的转变,强调学生学习的主动性和自我探索性,以学生为主,看到学生发展的重要性,重视学生的学习效果。

2. 引导教师掌握“教”怎样更好地为“学”服务的方法

课堂是我们的主战场,促进全体学生的健康成长和全面发展是学校教育教学工作的基本职能。在课堂中,教师应始终把遵循学生的认知规律、彰显学生个性和挖掘学生发展潜能作为重要的教学目标和质量标准。教材是学生获取知识技能的中介,也是教师教学的工具,把以学生为中心的教育理念渗透在教材的教学中,体现在学生的学习活动中,引导教师教学方式的转变,并且改变学生学习的认知方式,最终促进学生发展。

3. 支持教师形成服务学生学习的团队,开展研究

教师立足于课堂,坚持“以儿童为中心”,从教学中发现问题,提出问题,并从教学实践中找到问题的成因或解决的问题办法。这样的过程,实际上是引导教师学会主动反思的过程,支持教师形成服务学生学习的团队并深入开展课题研究,促进教师向“研究型”转变。通过“儿童学习本位”的系列化教研,既是引导教师思考问题、解决问题的过程,也是对教师进行反思性教学能力的培训,能有效促进教师专业化水平的提高。

## 二、“儿童学习本位”教师研训制度建设的目标、内容与类型

确立“儿童学习本位”的教师研训制度,对教师教学研究文化的形成、教学方式的形成以及教学行为的改进都有着至关重要的作用。

### (一)“儿童学习本位”教师研训制度建设的目标

建构以“儿童学习本位”的教师研训制度,能促进教师最大程度地

审视教学,“智慧地教”,基于学科特质和儿童个性,以激发儿童的探索精神和想象力、创造力为旨归,构建焕发生命活力的智慧课堂。

1. 更新教育理念,促进教师教学研究文化的形成

教书育人,与儿童为伴,自然就离不开儿童研究,只不过我们过去一直习惯于关注“书中的儿童”和“心中的儿童”,唯独忽略掉了最需要正视的“眼前的儿童”。上课前,我们会钻研教材,研究课程标准和教学参考,这些书本中,编撰者依据该年龄层次的、一般意义上的儿童的学习起点、特点等阐述了教学的要求、目标、方法等。事实上,我们在实际教学中遇到的儿童总与此有着这样那样的差别。因此,制度建设的目的是要促使教师更新教育理念,转变教学观念,在教学中,确立“儿童学习本位”,认识儿童的经验基础、把握儿童需要、引导每一位儿童的健康发展,是教师课程开发的根本,是教学研究文化形成的根本。

2. 扩展教师视野,促进教师课堂教学能力的提升

建构以“儿童学习本位”的教师研训制度,能扩展教师的视野。知识层面看,促使教师从关注学科知识、教材到关注课程、脑科学、学习理论;技能层面看,促使教师从关注教法到关注学法,从“以教材为中心”到“以学生为中心”;技术层面看,促使教师从粗放、模糊的观察和研究到开展基于数据的实证研究。

3. 形成“以儿童学习为中心”的教学方式

“儿童学习本位”的理念告诉我们:转变师生行为首先要从教师开始,转变教师行为要从改变教师的思维方式开始。建立“儿童学习本位”的教师研训制度就是要转变教师的教学观念,改变教师的教学方式,主要表现在以下方面:一是“教”导,就是从课堂管理层面上的教育指导,如组织教学、教育学生端正学习态度、调整学习状态,激励学生积极主动地学习,对导学起着保障的作用;二是“引”导,就是教学过程中起到带领、启发和向导的作用,调动学生积极性、发掘学生潜力,使学生能沿着认知的正确方向,克服认识障碍和困难,达成预设目标;三是“辅”导,就是辅助指导,对学习过程中的问题,特别是对解决应用问题的思路、技巧、方法和策略以及生成性问题给予必要的帮助和辅助,使

之完成学习任务，对导学起辅助作用。就是说，对教学过程采用“教、引、辅”三导观念，教师的角色定位为“导”，而不是“教”，一切围绕着学生“会学”想措施、下功夫。学生的定位为“自主”，倡导积极主动地学习，尽管自主能力的提高还需要一个过程，但我们必须认识到学生已经具备一定的独立学习能力，首要的是解决学生的依赖心理和教师不敢放手的问题，把学生引导到自主学习的轨道上来。

4. 改进教学方式，促进“以儿童为中心”的教学行为的改进

儿童学习本位的教师研训制度以儿童为中心，要求教学要符合儿童的心理发展，从儿童的现实生活出发，满足儿童心理发展的需求，附着于儿童的现实生活世界。新课程改革以来，教师由原来的“教”逐渐转向“导”，课堂也不再是“填鸭式”的教学，而是以学生为中心，将“教师的教”最大限度地转化为“学生的学”。以“儿童为中心”，确立“儿童学习本位”有利于促进教师课堂教学方式的转变，促进教师的专业成长。教师在课堂上勇于创新，打破传统的课堂教学模式，建构学生自主学、小组学、合作学的智慧课堂。

### （二）“儿童学习本位”教师研训制度建设的内容

儿童学习本位教师研训制度建设要求教师在学科教学中贯彻儿童学习本位的过程体系建设，围绕“儿童学习本位”开展德育研究，在德育实施中体现儿童学习本位的过程体系建设。儿童学习本位的教师研训制度还包括建设家校一体网络互动新模式。

1. “儿童学习本位”在学科中的运用

我们要真正地了解儿童，必须做到眼中有儿童。通过教师研训制度建设，促使教师在课前、课中、课后了解学生，并依据学生的学情开展有效的教学。

（1）课前学情研究，充分研究儿童

备课，是上课的前提，在“儿童本位观”的指导下，备课不能仅仅备教材，还有非常重要的一个内容就是“研究儿童”，即必须以儿童的“学”为根本出发点，认真研究儿童在学习中要“学什么”“学到什么程度”“怎

么学”三个重要问题。了解了这些后,在课前教师要充分引导,帮助儿童实现有效预习,在备课的过程中,教师要充分预设“优等生、中等生、后进生”的学习情况,并根据每一个施教对象分层次进行教学。

(2) 课中分层教学,充分尊重儿童

“儿童学习本位”的重点在课堂教学,课堂教学中的“儿童本位”,则主要体现在教学过程中的“以学定教,顺学而导”,即根据学生的实时情况进行有效引导,在“顺学而导”的理念指导下,课堂呈现形式多样,让儿童真正做到了成为学习的主人,学生也在其中得到了发展。“顺学而导”需要教师关注不同儿童的学习状态,在学生学习受阻时顺应学生的思维来进行有效引导,在学生进入学习状态时进一步促进学生自主学习、主动学习的热情与能力,提高教学的成效。

(3) 课后个别辅导,充分帮助儿童

由于学生之间在知识技能基础、理解能力、思维能力、学习方法、学习兴趣等方面存在着个别差异,他们对课内教学的适应性不同,有着不同的辅导要求。教师要根据不同情况,分别制订辅导方案,在课后对学生进行个别辅导,充分帮助儿童。

2. 围绕“儿童学习本位”开展德育研究

德育实施中体现儿童学习本位的过程体系建设,通过教师研训制度建设,促使教师在德育建设中做好以下几个方面:

(1) 设计德育活动时,关注学生内心需求

德育课程必须关注和遵从学生内心的需求,要探寻一种载体,让学生将“自主、体验及情感”三者有效融入,德育才能因生成而鲜活。在课程高度统一的今天,如果基于校本课程,基于儿童视角,开发建构一种让学生自由选择、自由参与、动态发展的“大课程”,那么这种有选择的教育生活,必定能让儿童的校园生活更加精彩,让儿童的个性成长成为可能。

(2) 实施过程中,做到关注全体和个体相结合

德育课程的核心是儿童,应该从儿童中来,回到儿童中去,给学生幸福的童年,就是要让学生成为最好的自己。立足于“儿童学习本位”,

我们学校开展了形式多样的校本课程，着眼于满足学生不同方向与不同层次的发展需要，适应并满足社会多样化的需求，体现出不同的基础与要求。校本课程有以下几部分组成：按照课程内容和课程性质可以分为自主课程和限定课程，按照学习方式划分，分为选修和必修两类课程。课程的实施关注学生的个体需求，从学生的实际出发，发展学生的个性。

(3) 总结评价阶段，实施多元评价

多元评价是包括教师评价、学生评价、家长评价及学生的自我评价等新形式的评价方式。在德育教学中多元化的评价具体体现在师评、组评、互评和自评的评价方式上，尤其要突出学生的自评，提高他们的自我认识、自我调节、自我评价的能力，增强学生的反思意识，培养他们健康的心理。

基于激励、唤醒的德育课程，不是学校和教师要求学生改变，而是悉心指导和帮助学生认识自身的价值，发挥自己的潜力、发掘自己的潜力、体验生命的活力与无限的发展可能。只有当学校的教育激起了学生内心的渴望，吸引他们融入了真正的体验，那时，他们的个性化成长与进步就多了一份可能。

3. 建设家校一体网络互动新模式

"儿童学习本位"的教师研训制度还包括建设家校一体网络互动新模式。教育应该是家庭—学校—社会三位一体，学校作为"家校互动"的主导方，是家校互动的核心组织者和规划者，学生在"家校互动"中应当成为能动的主体，他们能通过学校网站了解校内的各件大事，通过网络平台的开放性资源进行自主学习，与好友一起创建自己感兴趣的论坛，在微博中畅谈学校生活的点点滴滴，在班级 QQ 群和微信群中发表自己学习的感悟和对班级管理的建设性意见等等。家长也可以通过学校网络平台参与互动教育，及时了解学生的思想动态、学习情况等。

### (三)"儿童学习本位"教师研训制度建设的类型

"儿童学习本位"教师研训制度的建设应该以"儿童的发展"为中

心,进一步更新教师的教学观念,提高教师的业务水平,提高学校的教育教学质量,促进课程改革目标的全面落实,其主要类型包括:约束型、激励型和程序型。

1. 约束型

传统的课堂教学,部分教师只关注自己“怎么教”,而不关注学生“怎么学”“学会了什么”等等,建立约束型“儿童学习本位”教师研训制度,重在规范、约束教师的教学行为,能让教师及时反思自己的教学行为并不断优化。比如说,在教学中,备课组制定相关的授课制度,教师如果讲授得太多,忽略了学生的主观能动性,这时候需要制度的约束和规范,督促教师不断改进自己的教学行为。

2. 激励型

“儿童学习本位”研训制度的建立,重在激发教师的创造力,激发教师的研究热情。教师具有充分的和儿童相处的鲜活经验,这种经验是教师研究儿童的重要途径和来源,教师通过研究儿童的知识、能力、体验,既能发现儿童作为学习者、作为人的内在意义和存在价值,也能体验到职业本身的乐趣和幸福感。每个孩子都具有鲜明的个性特点,有的孩子个性张扬,有的孩子性格温和,每个孩子都是老师的研究个体,也正是因为有了这一个个鲜活的个体,才激发了教师的无限创造力和研究热情,促使教师不断优化教学方式,让每一个孩子都得到最优发展。

3. 程序型

儿童学习本位研训制度应当建立以“自我反思、同伴互助、专业引领”为核心要素,以理论学习、案例分析、校本论坛、教学反思、经验交流、调查研究、问题解决、协作解决、教学指导、说课、听课、评课等为基本形式的校本研训制度,并通过教学观摩、教学研讨等活动,为教师参与校本研训创设平台、创造条件。灵活运用开放式研训活动、促进式研训活动、针对式研训活动、学科整合式教研活动等多种教研形式,以“问题—计划—行动—反思”的操作方式,努力提高儿童学习本位研训的针对性和实效性。

## 三、"儿童学习本位"教师研训制度的构成

在"儿童学习本位"理念的指导下，我们建立了学生个案研究制度、学情分析制度、学生评教制度、儿童研究成果奖励制度等，通过若干制度，进一步发挥学生的主观能动性，提升学生的主体地位。

### (一) 学生个案研究制度

儿童的世界和大人的世界截然不同，他们能以奇特的想法看待任何事物。因此，教师在教学中要真正走近学生，了解学生，必须深入地研究学生，真正确立以学生发展为本的学生立场。而每个学生个体又是不同的，这需要教师从学生入手，关注学生的个性发展，建立学生个案研究制度，准确地把握学生的真实状况，了解学生已经有了什么，更有针对性地开展教学活动。

1. 建立学生成长档案制度

对每位学生建立成长记录档案，追踪学生成长轨迹。内容包括：学生家庭及社会关系详细情况；学生的个性特征、行为习惯、道德素养、兴趣爱好的一般状况；学生心理、生理、身体健康状况；对学生每月的表现及每次考试(作业)成绩逐一登记，分析对照。

2. 谈心辅导与汇报制度

每2周至少与结对学生谈心(面谈、书信、周记、电子信箱等)辅导一次，并记录辅导内容，学生每周一次向老师汇报生活学习情况。

3. 建立家长联络制度

每月至少一次电话访问，每学期至少一次家访，教师必须对学生本人及其家庭有清晰地了解，对家庭情况进行简要分析，包括家庭的结构(单亲、重组更要作为重点)。

4. 小组活动制度

小组活动分小组内活动和小组间活动两种。小组内活动：教师定期与本小组学生集体交流，教师需营造宽松的谈话氛围，学生可以将自己在学习、思想、心理等方面取得的进步或遇到的困难等讲出来，教师

与其他成员均可以发表自己的见解,形成师生之间、学生之间的交流。小组间活动:教师与教师之间进行交流,将同类型的小组成员(如同属学习、道德、行为、心理等某一方面寻求指导的学生)组织在一起进行交流,以扩大学生之间的思想碰撞,取得更好的德育效果。

### (二)学情分析制度

充分了解学生是有效教学设计的基础。了解学生的方法有很多,但是想确切地了解学生,只有通过学情分析,我们可以对学生的学习情况进行学情前测。学情前测可以充分了解学生的学习需求、学习起点、学习难点与学习特征等情况,从而为教学设计提供依据,让教学设计更有前瞻性、针对性、准确性与层次性,以达到改进教学,促进有效教学的目的。

1. 完善学情分析的内容

学情分析对老师了解学生的学习情况有重要的作业,所以教师不仅要进行学情分析、还要把学情分析做好。教师要明确学情分析分析的是什么,要怎样地进行分析,这是学情分析的关键。学情分析的内容要进行具体化,包括学生的年龄、学习经历、学习知识的速度、兴趣爱好、学习习惯和学习时的态度。此外,也不能忽视学生在课堂上和课外的表现,在课堂上要关注学生的上课积极性、发言情况、作业的完成情况,课外要及时与家长进行沟通,家长反馈学生的课外学习情况。教师根据这些情况,进行具体分析再进行教学计划的改进和完善。教师在制定新的教学计划后,学生学习的积极性也会得到提高。

2. 学情分析的方式要多样

学情分析的方式主要有两种,一种是经验判断,这种学情分析的方法是经验丰富的教师的分析方法,具有较强的主观性。还有一种是实证分析,实证分析主要是通过观察、实验或者调查等方法获得学生的实际情况,具有较强的客观性。实证分析可以利用的方法也很多:有对课堂情况进行观察的观察法;有通过文字记载材料间接了解学生学习情况的书面资料分析法;有和学生进行交流的访谈法;有通过考试了解学生学习情况的测试法。

3. 学情分析伴随教学的进行

学情分析是个比较复杂的过程，教师很难对学情进行准确地把握，一般的学情分析是在上课之前进行的，但是为了更好地进行学情分析，要贯穿教学过程的始终。在课前进行分析，在课堂上也要进行实际的分析，在课后根据课前和课中的情况进行总结，最后制定符合学生学习的教学方案。

### （三）学生评教制度

学生评教是教学评估的一项重要工作，客观、公正的教学评估是完善教学质量管理体系的基本前提，也是激励教师不断进步的重要手段。它可以协助教师和教学管理人员了解教学情况，总结经验，以促进教师的专业发展，提高教学质量。学生评教制度在大学的教学质量管理过程中被广泛运用，也取得了非常好的效果。目前，这项制度也被运用于小学，因此，也成为我校“儿童学习本位”教师研训制度的一项内容。学生评教制度实施的主要对象是中高年级的学生，学生评教的内容围绕教师的教学态度、教学内容、教学技能与方法、教学行为、教学效果等方面开展实施的频次不宜过多，一般以每学年进行一次为宜。

评议由学校组织，分年段进行，各班随机选三分之一以上的学生，填写学生评议教师教学情况调查表，对自己所任教的全体教师进行评价，填表时学生不写名字，以保证调查的可靠性。

通过学生评教，建立上下联动体制，使教导处和校长室更全面地了解教师的教学行为和教学过程，对教师的评价更有针对性，从而提高学校的教学质量。把学生评教的结果作为教师年度考评的一个重要方面。

### （四）儿童研究成果奖励制度

为了促进广大教师的专业发展，使教师对研究始终保持高度的工作热情，我们结合学科特点，坚持以人为本的原则，注重差异性原则，设计了儿童研究成果奖励制度，对教师儿童研究成果进行奖励。

1. 采取物质奖励和精神奖励相结合的办法,对在儿童研究成果方面有突出表现的教师予以表彰和奖励。评出各种先进"儿童研究课堂教学先进个人""儿童研究教科研先进个人""儿童研究优秀随笔""儿童研究学习型教师"等,给予教师奖励。

2. 筹措一部分专项经费,作为研究专项基金,对在儿童研究科研方面涌现突出的教师或成果给予奖励。

3. 工作中,对开展的各项儿童研究校本研修活动严格按照"校本研修的评价细则"进行考核评分,每个学期末进行汇总,纳入到教师的绩效考核中。

## 第四节　教师与教师团队发展案例

当前,随着新课程实施的不断推进,教师专业化发展需求的凸显,充分开发一线教师的实践智慧,发挥教师在课改中的主人翁作用,已经成为人们的共识。教师个人和团队的整体素养和专业水平决定着学校发展的兴衰。因此,朱棣文小学始终把"向儿童学习"作为教师发展取向,并在此基础上建立了"儿童学习本位"的教师研训制度,培养出了一批高素质的教师。

### 一、青年教师发展案例

每个人的成长除了自身的努力之外,很重要的就是可以寻找到一个适合自己、最能挖掘自己潜能、展示自己能力的工作环境。学校非常关心青年教师的成长,尽一切可能为每一位青年教师创造条件、搭建舞台,让这些青年教师在良好的环境中走好自己教学人生的每一步。

#### (一) 具体案例

下面以学校一位青年教师 C 老师为例,阐述她的成长和心路历程。

小时候,我很喜欢,也很羡慕老师。常常会召集一群比自己年龄稍小的小朋友,搬来小桌子,小凳子,手拿一根木棍,饶有兴趣地做小老师。那份天真,那份稚气,现在想来仍觉得可爱和值得回忆。

为了实现自己的梦想,我不断地努力学习。大学毕业,终于踏上了讲台,昔日的梦想终于实现了。我心中的喜悦就如春天里发芽的种子那样充满希望,令人神往。

正如罗曼·罗兰说:"要散布阳光到别人心里,先得自己心里要有阳光。"那以后,我重新认识了教师这份职业,明白了肩上的责任。

还记得第一次踏上讲台时的那份恐惧和羞涩。茫然不知所措的眼神,语无伦次的讲话和那我早已无地自容的表情将我的稚嫩暴露无疑。

还记得第一次被领导批评时的那种伤心。难过的泪水,不知不觉中流满脸颊。笑,不代表我不在乎;哭,不代表我会认输。拼搏中我不会停下自己的脚步。

伫立于三尺讲台,学校的教风——"修德、修智、修业",让我有了自己的奋斗目标与追求。我带着不够丰厚的知识和经验置身于教育的大潮,像一株久旱的枯草贪婪地吮吸着课改的甘霖。未曾听过见过的名词、理念似急风暴雨扑面而来。新与旧的交融,进与退的交锋,机遇与挑战的同存。这一切引人思索,憾人心魄。

当我迷茫、困惑时,学校领导和同伴们给了我无限的帮助和关爱。就这样,我努力使自己成为一名让领导放心,家长承认,让学生喜欢的好老师。我的教师专业成长历程,是伴随着对教育多一点执著,对教学多一点追求,对学生多一点爱心的过程。我认为教师的专业成长是经验,学习,反思的并存。

第一,师徒结对,传授教学经验。学校实施"青蓝工程",开展师徒结对帮扶活动。学校结合教学实际和教师队伍特点,制定结对帮扶计划,确定结对帮扶名单,我作为新教师,也是帮扶对象之一。活动采取"一对一"的结对帮扶形式,即由一名综合素质高、专业能力强、教学水平高、实践经验丰富的骨干教师、优秀教师、教学名师作指导教师,负责帮扶一名青年教师,承担"一对一"的传、帮、带培养任务。一开始由于我刚走出校门,什么都不懂,师傅经常与我针对某一课题进行一帮一备课,帮助我分析教材,教我如何备课、在备课中告诉我有些环节如何在课堂上实施,不同的班怎样实施。学习优秀的课堂实录,将优秀案例搬进自己的课堂也是帮助我尽快学习备课、上课、组织好教学的一个好的途径。另外,学校安排新老师在师傅的指导下每月上一节校内公开课,组内老师参与听课、评课,这样的活动更具针对性,更有实效性,不仅加强教师之间的交流学习,密切教师之间的关系,而且我们青年教师可以直接学习到先进的教学理念、教学方法、教学措施和教学经验,减少成长中的曲折和弯路。

师傅不仅仅在教学中帮助我,在日常的工作和生活中,也给了我无微不至的关怀。还有同办公室的老师们,总能在我遇到困难的时候伸出援助之手,让我体会到了同事之间的关怀,正是因为有了他们的帮助,让我在这一年里快速地成长。

第二,项目学习,促进自身发展。学校领导了解我们青年教师专业发展上的短板和需求,在我踏入朱棣文小学之初,正在迷茫之际,就以“启智论坛”为平台,开设“课程标准解读”“教师基本功”“教科研协作”“信息技术协作”“演讲与口才”“一日年级组长体验”“艺术协作”七大项目组,打破了传统矩阵式的管理培养方式,让我们青年教师根据自身发展需求选择2—3个项目,学校成立了导师团队,力求让我们青年教师在参与各类教学科研和实践研究项目的过程中不断提升自己的专业知识技能。

在平时的日常工作中,老教师经常教导我“工作要认认真真、踏踏实实,不懂的多问,多想”,其实就是在叮嘱我静下心来,努力学习。虽然现在每一位青年教师都毕业于大学,都接受过规范的教育,有着系统的专业知识,但是对于真枪实弹的课堂教学而言,那是远远不够的。作为青年教师,我最缺乏的就是课堂教学经验,尤其是对重点、难点、习题的难易程度把握不准,上课容易就事论事,不能站在整个课程体系的高度来进行教学。因此,我们就要从最基本的学起,做起。

项目学习小组的每一次活动都让我受益匪浅。作为一名青年教师，只有不断充电学习，努力具备丰富的知识内涵，扎实的专业知识。努力拥有宽且厚的教学文化，了解学科的核心知识，从教材、教参、课程标准中去触摸新课改的灵魂，准确把握教学尺度，体会其中蕴涵着的教学思想、教学方法等。通过项目学习小组的学习，我深深体会到，平等对话是课堂教学的基础，共同参与是课堂教学的灵魂，探究发展是课堂教学的精髓。

人若不行，不知路之远近；人若不勤，不明道之深远。青年教师项目组作为一个平台，让我在一次又一次的学习与实践中，在导师的悉心指导下，促进自身各方面素质的全面提升。

第三，以学促思，提高自身修养。首先，多用一点时间学习，提高自身修养。学无止境，教无止境。作为教师，需要通过读书加深自身底蕴，提高自身素养。我想，一名优秀的教师成长离不开"读书"。从小就喜欢读书的我，对书情有独钟。古人利用"枕上，马上，厕上"读书，就是一个"勤"字；而毛泽东"不动笔墨不读书"，鲁迅先生读书要"三到"，则是会读书。课余，我大量阅读有关的教育刊物，汲取营养。

以反思促发展。教师越来越需要随时更新自己的观念，以适应新事物、新变化。因为"变化总是在发生，他们总是不断地拿走你的奶酪"。而在实际教学过程中，我们往往容易忽略对自己教学行为的反思，拿老眼光和经验来对待一切问题，恰好犯了经验主义和教条主义的错误。就像斯宾塞·约翰逊在他的《谁动了我的奶酪》中所说的："预见变化，随时做好奶酪被拿走的准备，追踪变化，经常闻一闻你的奶酪，以便知道它们什么时候开始变质"，只有这样，我们才能"尽快适应变化，越早放弃旧的奶酪，你就会越早享用到新的奶酪，改变，随着奶酪的变化而变化，享受变化，尝试冒险，去享受新奶酪的美味"。为了加快自己成长的速度，教师应该善于反思，善于开展批评与自我批评。对于一个参加工作不久的新教师，我们更应该随时更新自己的观念，对于自己的每一次实践进行深入反思，通过不断总结形成良好的思维习惯，从而在解决矛盾中促进发展。

### (二) 案例分析

没有教师生命质量的提升,就很难有高的教育质量;没有教师精神的解放,就很难有学生精神的解放;没有教师的主动发展,就很难有学生的主动发展;没有教师的教育创造,就很难有学生的创造精神。要从学校管理的章程和制度上完善教师专业发展的制度保障,要从学校体制上把教师专业发展作为学校发展的重中之重,确立教师在学校的主体地位,确立教师专业发展在学校工作的核心地位,并纳入到学校管理常规之中,使之制度化、常态化,持续化。

1. 建制度、强管理,创造青年教师成长的良好环境

俗话说,没有规矩不成方圆。在青年教师成长的系列活动中,也必须要建立一套完整的管理制度,用制度去指导和监督青年教师的成长;用制度去衡量青年教师成长的速度和效果;用制度去评价主管部门和相关责任人的工作质量。鉴于此,朱棣文小学建立了青年教师成长目标责任制。学校教导处专人负责青年教师的培养任务,根据学科和任教年级的不同特点,在学年初制定详细的工作计划,并由专人跟踪实施,严格管理,以防流于形式。其次,建立青年教师成长评价制度。学校每年都对每位青年教师的成长作公开、公平、客观的评价和考核。既要考核教导处教师发展目标的达成情况,又要考核相关责任人的工作质量,更要从教学常规、教育科研、培训学习以及教学业绩等几个方面对青年教师进行比较全面的评价。

2. 师带徒,共促进,浓厚学校教育科研氛围

"师带徒",是中国传统培养技术工人的形式,不知有多少能工巧匠是依靠这种贴身帮教脱颖而出的。青年教师刚从学校出来,不管是生活阅历、工作经验还是教学业务水平都有很大程度上的欠缺,这种传统的帮教形式,能够帮助青年教师尽快地成长。同时,师带徒是一个双边活动,作为师傅的老教师在指导青年教师的过程中,也可以通过不断的反思和总结,使自己的业务水平和教育科研能力得到很大的提高,对提高学校师资整体水平起到推波助澜的作用。基于上述的思考,朱棣文

小学规范了师徒结对活动，从建章立制、目标达成、任务设计等方面将这一活动规范化、制度化。

### 太仓市朱棣文小学师徒结对方案

为了充分发挥我校骨干教师的传、帮、带作用，使青年教师在其指导下，迅速适应并卓有成效地开展教育教学工作，不断提高教育教学水平，实现我校教师队伍素质的动态提升，以更好适应新课改的需要，特制定我校师徒结对方案。

一、指导思想：

为了促进新教师专业成长，发挥学校骨干教师的示范和辐射作用，促进青年教师迅速成长，增进教师间的业务交流，加强教师间的相互学习，提高学校师资的整体水平，提高教育教学质量。

二、教师"师徒结对"活动的基本内容：

"师徒结对"活动内容主要是教学常规(含备课、上课、听课、作业设置和布置、辅导、教学研究)和班级管理等工作。

三、师徒结对名单：(师傅—徒弟)

四、结对期限：一学年

五、师徒职责：

1. 师傅：做到"三带"：

带师魂——敬业爱岗，无私奉献；

带师能——教育教学与教育科研的基本技能；

带师德——教书育人，为人师表。

2. 徒弟：做到"三学"：

学思想——学习教育教学理论，树立先进的教育理念；

学本领——熟练掌握教育教学和科研的基本功；

学为人——遵纪守法，诚实正直。

六、具体要求：

1. 师傅：

(1) 全面关心徒弟的工作、学习、生活和思想。加强与相关年级、班主任和学生联系，了解徒弟的日常工作情况，指导徒弟及时调整工作目标和工作方法。

(2) 向徒弟介绍教学经验,提供教学信息,推荐学习书刊,使徒弟树立正确的教育思想和现代的教育理念。

(3) 精心指导徒弟备好课,认真查阅教案,给予悉心指导并记录指导意见。

(4) 每月为徒弟至少上1节示范课,并为徒弟说课,理性评价自己的课。

(5) 每月听徒弟的课至少2节并认真记录,评议优缺点,写出指导意见。

(6) 认真审查徒弟批改作业或试卷情况是否认真,是否达到要求,讲评是否有针对性,提出改进意见。

(7) 每月指导徒弟上一节校级汇报课。

(8) 鼓励、指导、帮助徒弟教师积极参加各级各类竞赛活动,让徒弟得到更多的锻炼和提高。

(9) 及时在《太仓市新入职教师导师指导手册》上做好记录,每月上交教科室检查。见附件一。

2. 徒弟:

(1) 在师傅的指导下,对自身的教学情况和业务水平认真进行剖析,确立提高的方向与成长的目标,做好个人发展规划(即教师专业发展规划)。

(2) 学期初,与师傅合订本学期的学习工作计划,上交教科室。见附件二。

(3) 认真备课、上课、批改作业,主动向师傅求教,各种交流活动每月不少于3次,并做好记录。记录在研修手册或培训手册相应位置。

(4) 主动听师傅的课,讲授新课前先听课,再上课。每月至少听师傅的课1节,并有点评记录。记录在研修手册或培训手册相应位置。

(5) 每月上一节汇报课,虚心听取意见并写好教后记。要求随每月考核表(见附件三)上交独立的教案和反思,至教导处检查。

(6) 经常找师傅汇报自己的思想、学习和工作,积极参加各级各类竞赛活动。

(7) 平时加强学习并注意积累资料,写好学习笔记。每月根据规定主题自主推荐2篇理论学习文章、一篇教学随笔交教科室检查。每个学期末上交一篇学科论文至教科室。

(8) 学期末上交师徒结对工作总结一篇,完成师徒活动记录卡和师徒考核自评表。见附件四。

七、管理与考核:

(1) 成立师徒结对工作考核小组:

组长:陆莉玲

副组长:段孝宇

成员:王美亚　杨丽君　王迪　沈金瑛　赵凯　王秋

(2) 建立评估考核与激励机制:

师徒结对工作由分管教学校长负责,由教导处、科研处实施常规管理,年级组配合开展活动。教科室建立"师徒结对"档案,记录师徒成长历程。

(3) 总结表彰:

学期末,对师徒进行总结表彰,结合汇报课、每月考核表和平时的各种活动,对考核结果设优秀、良好、合格和不合格四个等次,评选好师徒。

3. 多学习,勤反思,增强青年教师个人素质

随着时代的发展,社会对教师的要求越来越高了。做为学校的青年教师,C老师深知自己的责任。面临这种教育新形势,她怀着时代的危机感、紧迫感,积极主动地参加各种岗位培训和继续教育学习,想方设法提高自己的素质和业务水平。多年来,她遨游在教育的海洋中,如饥似渴,认真雕琢自己。她钻进书的殿堂,阅读名师经典,做专业笔记,坚持在教学工作中边"教学"边"学教",使自己不但成为一个学习者、教学者,更要成为一个研究者……丰厚的积淀使她的视野在不断的开阔,思路在不断的创新。

在教育教学中,C老师不断追求卓越,与时俱进。为了上好每一节课,她总是深入钻研教材,不断探索改革教学的方法及手段,努力挖掘教材的内涵。她还坚信“开卷有益”,深信“三人行必有我师”,因而不断地向书本学习,向实践学习,向同行学习,总之,她利用一切机会向别人学习。教学中,她寓教于乐,大胆创新,采用质疑问难的方法,有效地唤醒学生的创新意识,激发学生的想像力,发展学生的创新思维,让学生在乐中学、做中学、玩中学。

仅仅会教书是远远不够的,因为这样的教师充其量只能当一个教书匠。要想教有所长,有自己的特色,就必须进行教学研究,以教学为基础,以科研促教学,成为一个专家型的教师,这也是C老师孜孜以求的目标。在学校领导和同事的关心帮助下,C老师加入了朱棣文小学“课程研修中心”,在专家的引领下,同伴的互助下,开始了她的教学研究。

正是由于C老师的多学习、勤反思,在课程研修中心成员的帮助下,在专家的引领下,她也取得了一些喜人的成绩:多次执教校级、市级公开课获好评;分别在校、市级评优课比赛中获奖;多篇论文在省市级比赛中分获二、三等奖。现在她还是课程研修中心的一员,相信在同仁和领导的帮助、关怀下,她一定会不断提高自身的专业素养,成为一名优秀的教师。

## 二、教师团队发展案例

教学、研究、培训,是每一位教师在工作中提升自我专业水平的三部曲。扎扎实实的教学实践可以锤炼自己的教学技能,真实的理论研究能提升自己的科研水平,实实在在的理论培训有助于教学视野的拓展和理念的更新。结合当前的实际情况,针对校内骨干教师和青年教师这两个具有更大发展潜能的群体,学校成立了“课程研修中心”,旨在引导骨干教师超越自身经验的实践,养成反思性实践者的专业品质,改善教师日常的专业生活,形成持续发展的专业能力。

### (一)“课程研修中心”培养对象

1. 骨干班学员。本校校级以上的骨干教师,通过自愿报名与学校推荐相结合的办法确定30名教师为正式学员。

2. 青年教师班学员。本校五年以内青年教师。

### （二）"课程研修中心"培养目标

1. 更新教师教育观念，明确中小学课程改革的价值取向和实践诉求。

2. 提升教师课程意识、课程设计和规划实施能力。

3. 掌握教育理念向教学行为的转化策略，提高有效课堂教学的设计、实施与改进能力。

4. 研究中小学教育科研的新理念和新方法，促进工作方式和思维方式的转变。

### （三）"课程研修中心"活动形式

在《朱棣文小学课程研修中心项目实施方案》的引领下，课程研修中心以"集中＋分散"模式来运作。"集中模式"也称大组活动，即所有课程研修中心的成员一起参与各项活动，如：外出考察、聆听讲座、学习分享、专家点评等，一般坚持每学期两到三次。"分散模式"就是所谓的小组活动，即根据不同的研究方向，把全体成员分成若干小组，委派组长，开展每月一次的研讨活动，研讨内容包括理论学习、任务安排、修改文章、交流感受等等。活动形式有如下特点：

（1）基于问题的学习

课程板块是系统化的、预设的，目的是使培训过程更系统、扎实，全面提高学员的学养，而围绕与之相对应的研修专题，学员与专家又共同拟定了几个小课题，目的是使培训更切合教学实际和学员实际。第一阶段，围绕"课堂教学设计、实施与改进"这一专题，共设置了多个小课题，学员根据自己在教学研究中所遭遇的问题和困惑以及自己的兴趣自主申报。每一个小课题都有明确的研究方案，每月的研究计划以及对学员的要求和作业布置。这种系统框架下的小课题研究，使学员们将问题变成课题开展系统思考，在专家引领和同伴互助的过程中完成了理性思考的锻炼和实际问题的解决，受益匪浅，因而学习兴趣浓厚。

(2) 菜单式的学习

为了进一步贴近不同基础、不同水平教师的最近发展区,课程研修中心对骨干教师团队、青年教师团队以及普通教师团队的教师有不同的培养目标、学习要求和考核规范,让他们在“量身定做式”的培养模式中获得最快的成长。

(3) 团队合作与个体研修为一体的学习

每一课程板块的研修方式由专家讲座,学员自主读书、作业与团队专题研究构成。其中,团队研究是最值得称道的方式。分为骨干教师、青年教师以及普通教师三个大团队开展学习研究。另外,研究过程中的五个小课题组成员又组成了五个小团队。每个团队的参与者既有骨干团队成员、又有青年团队成员,是一个异质的、根据学员自己的能力和特长自主申报的学习型组织。小课题研究让他们在各自的团队中、在两校之间开展研讨,实现同伴互助。另外,项目不仅重视横向的同伴互助,还注重纵向的互助。每一个小团队成员有着明确的分工和合作,并在学习的过程中逐步调整和完善。每个团队每月进行一次导师带领下的集中活动。其他时间,在团队计划的指引下,有条不紊地开展理论学习、资料整理、调查研究、读书沙龙交流等活动。

**(四)“课程研修中心”活动成效**

教育专家和名师的带领下,课程研修中心活动取得了喜人的成绩。具体表现在:

1. 教师培养与发展的新形式正在逐渐形成。

2. 以系列化的小课题研究为特征的研究方式让课题研究成为学校教师日常的工作。

3. 让团队研究的氛围进一步形成,培养了团队负责人的组织、协调能力,成员的分工、合作的能力。

4. 具有良好专业素养和实践能力的研究型教师群体正在不断壮大。教师们敢于直面问题进行思辨,乐于和专家进行对话交流,能够在主动吸纳的过程中保持自己的个性。

# 第十章　走向儿童学习中心

——当代小学教学文化的基本向度

儿童学习中心的教学文化是以儿童为本位，强调一切为了儿童、为了儿童的一切。当儿童在学习的时候，他才会进入学习状态；当儿童真学习的时候，他才会经历真实的过程，才会有真实的自我存在；当儿童会学习的时候，他才会在学习中享受和成长；当儿童创造性学习的时候，他才会萌发创意，成为有个性、有创新精神的人。我校开展的“儿童学习导向的教学行为改进研究”，目的就是在学习前人研究理论的基础上，转变以教师的“教”为中心的观念，运用学习理论、形成教学策略，有效地帮助学生学习。与之相适应的是，学校还要建立以儿童学习为中心的文化环境，包括物质文化环境、精神文化环境、制度文化环境。这是时代发展和社会进步给当今教育提出的新命题和新要求，也是当代教师必须遵循的理念和主张。

## 第一节　服务儿童学习：小学教学文化创新的永恒命题

儿童既是教育的对象，更是教育的主体；既是教育的出发点，又是教育的归宿。显然，如果教育教学不服务于儿童，教育的最终目标无法实现。特别是近现代“人本主义”思潮的蔓延，教育更重视人的全面发展和个性发展。许多教学流派都力求准确把握儿童发展的规律和特点，从他们的需求出发，最终服务儿童学习。“服务儿童学习”的教育理论渊源,来自于美国教育家和哲学家杜威的"儿童中心论"。他特别强调尊重人类自由的天性、尊重儿童的心灵和遵循教育的规律对儿童发展的重要性。杜威在反对传统的教师中心说的同时,也并不完全否定教师在教学过程中要发挥一定的作用,他甚至认为教师在他所主张的教学进程中比在传统教学进程中要付出更为艰巨的劳动。教学应该重视和体现学生的主体作用,同时又不忽视教师的主导作用,采用协作式、个别化、小组讨论等教学形式或采用多种教学形式组合起来进行教学。

随着社会经济和科技文化的发展,教育的发展取向正在发生着巨大的变化。在建构主义认知理论的指导下,创设了独具特色的学习模式。从传统的以教师为中心、学校为中心转变到以学生为中心的开放学习和个别化学习。以下,列举现代几个主要的学习理论都是如何倡导服务儿童学习的。

## 一、不同教学流派都主张服务儿童学习

现代教育根据不同的标准来划分,有不同的教学流派和主张。下面,以主要的认知学习理论、行为主义学习理论、社会学习理论等教学流派为例,了解各流派分别是如何服务儿童学习的。

### (一) 认知学习理论主张服务儿童学习

认知学习理论着重于激发学生的学习兴趣和学习动机,把服务儿童学习放在非常重要的地位。认知主义学习理论的基本观点是:人的认知不是由外界刺激直接给予的,而是外界刺激和认知主体内部心理过程相互作用的结果。学习过程指每个人根据自己的态度、需要和兴趣并利用过去的知识与经验对当前工作的外界刺激(例如教学内容)做出主动的、有选择的信息加工过程。作为教师,不是简单地向学生灌输知识,而是首先激发学生的学习兴趣和学习动机,然后将教学内容与学生原有的认知结构有机地联系起来。学生不再是外界刺激的被动接受器,而是主动地对外界刺激提供的信息进行选择性加工的主体。认知

学习理论强调激活学生先前的知识，建立不同学习间的联系；赋予知识以意义，通过元认知策略、有意义的信息组织和认知教学策略帮助学生学习。具有代表性的认知主义学习理论包括格式塔的顿悟论、布鲁纳的认知发现论、奥苏伯尔的认知同化论。

### （二）行为主义学习理论主张服务儿童学习

行为主义学习理论强调刺激—反应的联结，根据提供的刺激来预测或控制学习者的反应。有什么刺激，就有什么反应；对学习者的反应做出及时的强化（包括正强化和负强化），有利于对学习行为的获得。在教育实践中，教师应掌握塑造和矫正学生行为的方法，为学生创设一种环境，尽可能在最大程度上强化学生的合适行为，消除不合适行为。主要以桑代克的联结主义学习论、巴甫洛夫的条件反射论，发展到斯金纳的操作学习论为代表。

### （三）班杜拉的社会学习理论主张服务儿童学习

社会学习理论是在上两种理论基础上的融合。所谓社会学习理论，班杜拉认为是探讨个人的认知、行为与环境因素三者及其交互作用对人类行为的影响。班杜拉的社会学习理论是在前人研究的基础上，特别是行为主义学习理论研究的基础上发展起来的，但突破了旧的理论框架，把行为主义、认知心理学和人本主义加以融合，以信息加工和强化相结合的观点阐述了学习的过程和机制，并把社会因素引入到研究中。班杜拉的理论强调重视学生的模仿以及替代性经验。因此，社会学习理论研究儿童的模仿学习和观察学习，在此基础上更好地服务学生的学习。

## 二、不同教学流派服务儿童学习上存在差异

什么是学习？行为主义认为，学习包括非先天能力的获得。学习依赖于经验，包括环境中得到的反馈。而社会学习理论则是基于对学生的观察学习和自主学习的重要性的认识而提出的。而认知学习理论

则重视教授记忆和认知的策略,来帮助学生学习。因此,这三大教学流派虽然都主张服务儿童学习,但在教学思想、方式、存在上还是存在一定的差异。

### (一) 教学思想上存在差异

不同教学流派,教学思想上的差异最大。认知主义学习理论是通过研究人的认知过程来探索学习规律的。包括人是学习的主体,主动学习;人类获取信息的过程是感知、注意、记忆、理解、问题解决的信息交换过程;人们对外界信息的感知、注意、理解是有选择性的以及学习的质量取决于效果。认知主义学习理论认为,学习是认知结构的组织与再组织。结构化的教材与学生已有的认知结构联系起来,新旧知识发生相互作用,新的材料在学习者头脑中获得了新的意义,使学习者已有的认知结构得以变化和发展,这就是学习的实质。

行为主义学习理论认为,人类的思维是与外界环境相互作用的结果,即“刺激—反应”,刺激和反应之间的联结叫做强化,通过环境的改变和对行为的强化,任何行为都能被创造、设计、塑造和改变。在教学中,对学生理想的行为要给予表彰和鼓励,还要尽量少采取惩罚的消极强化手段,只有强化正确的“反应”,消退错误的“反应”,才能取得预期的效果。行为主义学习理论把“强化”看作是程序教学的核心,认为只有通过强化,才能形成最佳的学习环境,才能增强学生的学习动力。

而班杜拉的社会学习理论,着眼于观察学习和自我调节在引发人的行为中的作用,重视人的行为和环境的相互作用。探讨个人的认知、行为与环境因素三者及其交互作用对人类行为的影响。班杜拉在大量实验研究基础上,提出了“观察学习理论”。

### (二) 方式上存在差异

教学思想上的差异,势必造成不同流派方式上的差异。认知主义学习理论代表人物——布鲁纳的认知发现说认为,教学一方面要考虑人的已有知识结构、教材的结构,另一方面要重视人的主动性和学习的内在动机。他认为，学习的最好动机是对所学材料的兴趣，而不是奖励竞争之类的外在刺激。因此，他提倡发现学习法，以便使学生更有兴趣、更有自信地主动学习。

行为主义学习理论代表人物——斯金纳认为“教学就是安排可能发生强化的事件以促进学习”。给学生创设能为要学习的刺激作出反应的机会，教学要在学生作出反应之后，应当有随之而来的反馈。(1) 教学目标：是提供特定的刺激，以便引起学生特定的反应，教学目标越具体、越精确越好。(2) 教学过程：斯金纳认为，学生的行为是受行为结果的影响的，要学生作出合乎需要的行为反应，必须形成某种相倚关系，即在行为后有一种强化性的后果；倘若一种行为得不到强化，它就会消失。据此，组织教学即为对学习环境的设置、课程材料的设计和学生行为的管理作出了系统的安排；关注的是“怎样教”，而不是“教什么”。事实上，侧重的是行为，并要以一种可以观察到的、测量的形式来具体说明课程内容和教学过程。(3) 教学方法：学习过程的有效进行有三个条件：小步骤呈现学习材料；对学习者任何反应立即予以反馈；学习者自定步调学习。传统的讲授法违背上述三个条件，应采用程序教学法。程序教学的设计需要按照教材内部的逻辑程序，即为了保证学生在学习过程中产生的错误率减少到最低限度；同时，又要合理地设计教材，使每个问题(即每一小步)都能体现教材的逻辑价值。每步内容很少，整个系统由浅入深、由简到繁安排。程序教学安排有两种形式：“直线式、分支式”。

而社会学习理论认为，通过关注和调整那些影响学习的环境因素，我们可以帮助各个年龄的学习者获得更高的学习技能和更适当的学习行为。但是，社会学习理论又加上了一个重要的概念：交互因果关系。通过选择和适当调整教学活动及课堂情境的其他方面，教育者可以改善学生的行为，行为改善反过来又增强了学生的自我效能感和其他个人特质。然后，这些特质又会促进自我调节行为，而自我调节行为又能使学生从课堂学习中受益更多……如此这般，环境、行为及个人变量之间持续地发生交互作用。

### (三)层次上存在差异

教学流派中不同的教学思想、教学方式上的差异,在教学实施过程中产生不同的层次结果。

认知主义学习理论,主张人的学习的创造性——布鲁纳提倡的发现学习论就强调学生学习的灵活性、主动性和发现性。它要求学生自己观察、探索和实验,发扬创造精神,独立思考,改组材料,自己发现知识、掌握原理原则,提倡一种探究性的学习方法。强调通过发现学习来使学生开发智慧潜力,调节和强化学习动机,牢固掌握知识并形成创新的本领。

而行为主义学习理论认为,只有将教学内容分解为一系列小的教学单元,在强化的帮助下对教学单元的内容进行学习,才能使强化的频率被最大限度地提高,将出错带来的消极反应降低到最小限度。在斯金纳条件反射实验的基础上,根据刺激(提问)—反应(回答)—强化(确认)的原理,制订了程序教学的基本原则。

而班杜拉的社会学习理论,为教育实践提供了许多启示。例如,对反应—强化和反应—惩罚之间相倚关系的陈述可以让学生意识到这些相倚关系的存在;这样一来,在施加结果之前,这样的陈述本身就可能对行为产生影响。在教授新技能的教学活动中,榜样作用提供了一种比传统的行为主义技术更为有效的方法。不过,榜样作用不仅仅局限于有计划的教学活动中,在与学生的日常互动中,老师和其他成人也示范了各种行为、态度和价值观,因此成人必须注意自己的行为要能够反映出公平、对不同观点的接纳、健康的生活方式及高尚的道德标准。当老师在教授那些具有潜在挑战性的内容时,必须要给予学生充分的理由,让他们相信自己真的有能力掌握这些内容。

## 三、小学教学服务儿童学习的时代命题

小学教学必须把“服务儿童学习”作为根本要义。“服务儿童学习”体现着“以人为本”的精神,因而张扬着人文主义精神和对个人价值、尊

严的尊重。这是当代教育的走向，也是社会和时代发展的应有之意。“服务儿童学习”从尊重人出发，整合所有的教育因素，又回归人的发展，以此作为教学活动的轴心，并把它看作教学的出发点和归宿。尊重教育规律，尊重学生的主体地位，尊重学生在学习环境中的个体行为。“服务儿童学习”理念可以归纳为以下六项内容：一是以学习为中心；二是个别化学习；三是学生在自己的学习活动中有很高的自主权；四是学生是教学的主体，教师为学生的学习服务；五是强调学生个体学习环境对学习成效的影响；六是学生个体需要影响学习目标的制定和学习方式的选择。

### （一）聚焦差异，让每一个学生都获得最佳发展

差异，始终存在。从古至今，尊重差异、正视差异，让每一个学生都获得最佳发展，始终是个值得探讨的话题。

朱熹曾说过：“圣贤施教，各因其材，小以小成，大以大成，无弃人也。”所谓因材施教，是指教师从学生的实际出发，使教学的深度、广度、进度适合学生的知识水平和接受能力，同时考虑学生的个性特点和个性差异，让每个学生的才能获得最佳发展。由于每个学生的家庭文化背景和先天条件存在差异，教师要全面地、以发展的眼光审视每个学生的学习能力，根据不同学生的特点和差异，采用不同的教学方式，引导学生获得最佳发展。

布鲁姆认知领域目标分类学中包括六个主要类别：知识、领会、运用、分析、综合、评价。存在差异的学生个体，必然会有不同的学业目标。维果茨基在“最近发展区”理论中也强调：教育活动应建立在学生的“最近发展区”水平之上，立足于将最近发展区转化为现有的发展水平，使全部教育和教学工作走在学生的发展前面。所以，差异化教学要以学生的学习为中心，根据学生个体能力差异，确定学生的差异性教学起点，为学生制定不同水平的学习目标，教学过程要围绕不同学生的学习来展开，当任务的挑战性难度适中时学生的学习表现就更为有效。

在以差异化教学为主线的同时结合学科的特点，课堂中可以运用

“设疑导思”的模式来进行。在学生“已经知道的”和“需要知道的”之间搭建桥梁，为学生创设生动的求知情境。通过设计不同水平的问题唤起每个学生的求知热情，为学生提供不同的先行组织者材料，引导每个学生积极思考、温故知新，完成新知识的建构。

### (二) 关注分层，让每一个学生都获得成功体验

学生是存在差异的个体，其差异性可以表现在学习兴趣、习惯、性格、意志力等方面。由于这些差异，他们对待学习的态度会有所不同，学习的能力更是存在差异。为了让每个学生都能在学习中获得成功的体验，教师可以根据学生的实际情况适当的“分层”。

在进行教学设计中，教师要根据教学内容和教学目标，采用不同的教学形式和教学方法，以满足不同层次学生的学习需求。教师可以为不同层次的学生设计相应的作业，有的可以是基础作业，有的可以是拓展作业。层次的划分是动态的，各层次的学生可以相互交流，相互促进。同时，教师可以采用小组合作的方式，让不同层次的学生组成学习小组。在小组合作的过程中，每个学生的学习都得到了提高，获得了成功的体验。比如，教师可以根据学生的学习能力，设计相应的作业练习。练习可分为：必做题、选做题、拓展训练题。必做题是基础，全体学生都能完成题型，是对当堂课的教学基础知识的复习和巩固；选做题是针对中等程度学生而设计的，可以让中等程度学生获得进一步提高的空间，增强其学习积极性；而拓展训练题则针对学有余力的学生而设计的，此类题型相较之前两种题型，难度明显增大，促使学生积极挑战自我，战胜自我。学生可以根据自己的实际能力选择相应层次的题型。这样的作业练习设计既使学生认识到自己的现有水平，又让学生看到了努力的方向，激发了学生学习的积极性，促使学生朝着更好的方向发展。

### (三) 创设联结，让每一个学生都获得深度学习

联结，是开展深度学习的基础。美国神经科学家 Maclean 对应脑

的进化顺序，提出了“三脑说”理论：人脑由R—联合体、边缘系统和新皮层三部分组成。R—联合体(又称爬行类脑)，主要负责生存必需的动物性功能。边缘系统对应哺乳类脑，担负着情感与记忆的功能，同时维持联合体和新皮层的平衡。新皮层是最体现人的高级特性的脑，具有高级认知功能，并且富有创造力。“三脑说”的基础上，美国学者L. Hart进一步研究表明，当人们面对威胁并感受到焦虑与无助时，脑的功能就会降格到更古老、更自动的R-联合体和边缘系统，L. Hart称之为“换低挡”。为了避免学生在学习过程中换低挡，脑科学家建议教师创设“低威胁、高挑战”的学习环境。低威胁使学生精神放松、思维活跃、更有自信；高挑战使学生感受到积极的压力，唤醒内在动机。

深度学习是学生学习的理想状态，是广大教育者孜孜以求的目标。创设联结是深度学习的有效途径。理解了万事万物都有联系这个道理，并在教学中有意为之且顺势而为，发挥各种联结的作用，深度学习便不再是梦想和空谈。

## 第二节 学习导向型教学行为是一种创新的小学教学文化

我校“十三五”期间开展的课题《课程分析：基于校本资源的教学行为改进研究》，通过课程分析，教师对课程有了更深入的理解和更广阔的视角，找出课程实质和预设，为教师教学行为的改进奠定基础；通过课程分析，以客观的方式对课程中适合于教育目的的方法和内容作出决策，改变了教师、学生和学科知识之间相互作用所产生的结果。因此，在课程分析过程中，我校对教师教学行为开展了深入的观察和研究。通过研究，帮助教师学会了科学的分析方法，不断改进教学方法，促进由经验型的教师向研究型、学者型的教师转变。

随着教育改革的不断深入，教学文化也在不断发展和优化。而学习导向型教学行为就是一种创新的小学教学文化。表现为从关注教师的教转向关注学生的学,从关注知识传授本身到关注服务学生发展;从关注教学群体要求走向关注学生个体发展需要;从关注整体学生到关注每一个学生。

## 一、学习导向型教学行为是小学教学价值体系的创新

学习导向型教学行为的价值在于生成学生中心教学观念、拓展教育理解的视野、发展校本教学理论。在进行学习导向型教学行为实践研究过程中,其创新性主要体现在教学的价值能够为学生的学习服务,教材的价值能够让学生有自主的学习选择,教师的价值在于能够为学生提供指导和诊断。

### (一) 教学的价值在于服务学生学习

学习导向型教学行为以学生和学习为中心,而不是以教师、学校和教学为中心;它所采用的各种教和学的方法手段,突破了各种对学习的限制和障碍;学生对课程选择使用有一定的自主权,同时在学习方式、学习进度、时间和地点等方面也可由学生根据需要决定。因此学习导向型教学的价值在于服务于学生学习,具体体现在以下几个方面:

1. 以学生和学习为中心。强调以学生的自主学习为主,学生居于主体地位,教师居于指引、辅导、帮助的地位,教学活动由原来被动的“他控”式变为主动的“自控”式。

2. 多种教和学的方法手段相结合。通过个别化学习、小组协作学习和集体学习相结合的方式促进学生学习。

3. 激发和培养学生自主学习的动机和兴趣。“兴趣是最好的老师”,通过使用教学资源,激发学生的学习兴趣,提高学习效果。

4. 帮助学生转变学习观念,树立正确的学习态度。由于传统教育是“以教师为中心”的教学模式。长期以来,学生形成了老师教什么、学生学什么的被动学习模式。在学习导向型教学行为模式下,要求学生以自己为学习的中心,充分发挥自己的主体作用,了解建构主义学习理论,明白学习是自己的事,养成主动学习的习惯。

5. 个性化自主学习。每个学生都有不同的学习习惯和模式。在传统课堂中，为了迎合多数人的学习习惯，教师不得不采用“大众化”的教学模式，而一些学生对这种方式的接受程度是很低的。这就造成了学习模式不“大众”的学生学习兴趣低下，成绩总也提不高。在学习导向型教学中，学习过程更多的是由学生自己来掌控，学校提供给学生大量的、种类繁多的学习资源，使得学生可以根据自己的实际需要来选择符合自己学习模式和进度的学习资源，使得学习更“个性化”，更能取得成效。

### （二）教材的价值在于提供学习选择

由于学生的学习基础不同、学习兴趣和需求不同，导致了学生对于教材的选择存在差异。一套教材，在没有经过加工整合的前提下，它不可能适合不同层次的学生。要想让学生吃透教材，学到必要的学科知识，教师必须认真分析和评估教材的深度和广度。分析教材内容的呈现形式，形式为内容服务。如果有些内容本应运用更直观更具体的手段呈现，而课程本身却有待商榷之处，那么这时教师就要改进其呈现形式，以提升教材的生动性可操作性。

在学习导向型教学行为研究实践中，学校要求教师对教材进行合理、有效的整合，提升教师自身认识和评价教材的能力，选好教材、用好教材，并在课堂教学中最大限度地发挥教材的作用并指导教学。例如在课堂教学中，教师致力于创设情境，开展情境教学，以有效激发学生积极主动参与的兴趣。教师有效整合有利于课堂教学的交际素材，如优美动听的英文歌曲、异国他乡的民俗风情、浓郁淳朴的民族文化、勇于探索创新的人物形象以及远程教育素材及多媒体专题学习网站等。教师通过实物和教具的演示、看图及投影会话、扮演角色、诗歌故事演讲等课堂活动，通过动耳、动口、动手、动脑，让学生选择适合自己认知偏好的方式进行学习，激发学生学习兴趣，达到了消化知识，形成技能，有效整合教材与教学的目的。

### (三) 教师的价值在于指导与诊断

我校在开展学习导向型教学行为的研究过程中,许多教师的教育教学观念发生了转变,他们通过提升课堂指导与诊断能力,尝试着给予学生学习的空间,让学生自主学习,独立完成一些学习任务,培养学生分析问题、解决问题的能力,课堂教学发生了可喜的变化。

首先,教师的指导作用得以体现。在教学活动中,教与学的关系是一种最基本的关系,只有认识清楚教师主导作用和学生主体作用之间的关系,才能正确处理好这些问题。我校教师在指导学生学习过程中,遵循“学生是学习的主人,教师是学习的组织者、引导者与合作者”这一理念,学生的主体性在教师的组织、引导与合作的基础上实现。具体表现为:导入的形式新颖、科学,吸引学生的注意力,指导学生发挥学习积极性和创造性;创设真实的情境,指导学生把知识与技能与学生原有的生活经验密切联系起来,并且用学科的眼光,去观察、思考解决问题;创设良好的氛围,激发学生学习愿望,在课堂教学中,指导学生敢于发表自己的意见,形成敢于质疑问难的良好学风,让学生在课堂上有安全感,能毫无压力地敢想、敢说、敢做、敢为。

其次,教师的教学诊断作用得到体现。教学诊断是教师为了提高教学质量,实现教学目标,在教学过程中不断地对教学问题进行探索、评价、反馈、控制和矫正的过程。在教学活动中表现为教师的反思以及批判性思维的运用。教师们依据课堂教学过程中搜集的课堂信息,判断筛选有价值信息进行整理,根据有价值信息对学生进行评价,提出改进建议。

因此,在课堂教学过程中,教师的价值实际上主要体现在教师如何实施指导与诊断上,也就是教师如何组织有效的教学活动,引导学生紧紧围绕教学目标开展活动,使活动成为一个师生交流与共同发展的平台。

## 二、学习导向型教学行为是小学教学思维方式的创新

课堂教育教学是学校教育教学的核心主阵地,引导教师形成对课

堂教学价值实质、文化内涵的深度理解，并能自觉地运用到学校课堂教学实践之中，是学校教学文化创新所要研究的重要课题。学习导向型教学行为作为创新的小学教学思维方式，对于提升课堂学校课程教学文化品位，具有重大的理论和实践意义。

### （一）从知识中心转向学生中心

在传统教学中，知识被认为是客观真理的化身或客观规律的反映。因此，教师在教学过程中不能创造知识，更不允许让学生创造知识，教师只能忠实、高效地传递现成知识，学生也只能忠实、高效地接受现成知识。在此种教学模式下，教师与学生的关系不过是以知识为纽带的授受关系。在这种教学认识论的指导下，闻道在先的教师们就自觉不自觉的在教学中占据了主导地位，而学生也就成了课堂上被动的、受支配的角色。

以“知识”为中心的课堂教学，要求教师首先对文本进行全面、透彻的解读，然后将文本知识全面准确地传递给学生。在此种理念指导下的教学设计，强调教师对教学内容、教学环节和教学策略等进行全面、整体的掌控。因此教师在进行教学设计时，考虑更多的是如何教、如何把知识落到实处的问题，一切的教学设计都围绕着“知识”这个中心来展开，至于学生情况如何，学生在学习中可能会出现的状况怎样，基本不在考虑范围之内。同时，由于要把知识讲深讲透，确保将其全面准确地传递给学生，教师在讲台上往往习惯于口若悬河、大讲特讲。学生因此失去课堂发言权，完全成为被动接受知识的容器，其思维力、创造力、表达力等智力因素，以及个性、胆识等非智力因素显然就难以通过课堂教学得到良好的培养。

我校通过学习导向型教学行为的研究，力求克服以“知识”为中心的教学范式的弊端，形成一种以“学生”为中心的教学理念和教学模式。要求教师将课堂教学中学生应有的权利全部还给学生，切实保障学生在学习中的主体地位，高度重视学生的学习体验和学习过程，以传递“知识”为目标全面转向以提高学生素养和能力为目标，更加注重学生对知识的自主建构,更加注重全面培养学生的综合能力,更加注重让学生全面主动参与。

## (二)从教材执行转向活动设计

教材是为课堂教学服务的重要的教学资源,是学生开展学习活动的基本线索。钻研教材、解读教材是每位教师必须具备的素养和能力。但是在实际教学中,部分教师还只是停留在"教教材"的阶段,教学行为完全被教材束缚。

通过学习导向型教学行为的研究和实践,帮助我校教师由"教教材"的状态转向"用教材教",解决了让教学设计和教学行为基于教材但又不为教材束缚的问题,使教材成为教学活动的真正跳板。教材不再是学生从事学习活动的模仿对象,向学生提供的不再是一种"不能改变"的、定论式的客观知识结构。教材成为学生从事学习的基本素材,它为学生的学习活动提供了基本线索、基本内容和主要的活动机会。同时,教师的教学自主权和教育个性的机会得到充分的体现,教师在设计学习活动时,时间上保证学得充足、在方式上保证学得自主;在过程上保证学的铺展、在方法上保证学的引领。总之,教师有更广阔的舞台去尽情地、个性化地创造、发挥、展示。

## (三)从同一目标转向个体关怀

由于教师长期处在应试教育的樊笼中,受到功利主义以及传统的以学科知识为中心的教育观念的影响,导致在现行课堂教学过于关注学生知识、技能的掌握,过于关注整齐划一的要求,使课堂教学变得机械、沉闷和程式化,缺乏生气和乐趣,缺乏挑战和创新,缺乏个体关怀,因而在整个课堂教学环节中忽视了学生的个体需求,忽视了学生全面、健康的发展,导致了课堂教学中生命意义的缺失。

学生能力状况并不是在同一起跑线的,他们接受新知的能力参差不齐,很难达到统一标准。我校教师通过学习导向型教学行为的实践研究,一方面,正视生生之间的差异,了解学生潜能,制定出不同层次的教学目标，组织不同层次的学生积极参与学习，使之能够自主地消化知识，掌握技能，发展智力，升华情感。教师根据不同能力水平学生的能力和基础，对他们提出不同的教学要求。教师不仅让学优生能巩固基础知识，提高能力，还要为学困生制定切实可行的学习目标，不让其望而生畏，产生厌学情绪，失去达标信心。此外，课堂提问的目标设计也不尽相同。教师设计出若干个问题，根据难易分别提问不同层次的学生。要求学困生能够应用新知识，在教师的协助下完成一些难度低的学习问题；对于优等生则要求完成一些开放性、创造性的题目，对他们进行能力上的挑战。这样分层设置目标，开展活动，培养的是信心，提高的是效果。另一方面，学生通过课堂教学在知识、技能，方法，情感、态度和价值观等方面得到训练和培养，使自己逐渐认识到个体生命存在的意义和价值，并在学习中使之不断得到强化和提升。因此，学习导向型教学行为已成为课堂教学的必然，关怀个体正成为学校教育的价值取向。

### （四）从行动流程转向图式规范

传统的行动流程式教学仅仅是传授与学习文化科学知识的过程。对于引导学生掌握知识、全面发展学生的智力和体力，培养独立学习能力、学习兴趣和良好的学习习惯，以及从事创造性活动的能力缺乏能动性。

学习导向型教学行为提倡的是图式教学，图式教学是儿童在教师的支持与引领下，运用图式展开学习的过程，它是儿童自己的学习，更重视学习的过程与学习体验。相对于传统的行动流程式的教学，图式教学具有以下几个方面的优势：其一，直观、形象，较易引发学习的兴趣。图片、图表直观、形象，便于理解。作为注意力、意志力、理解力都比较欠缺的儿童，课堂上的图式学习能更好地帮助他们完成学习的过程，完成知识的建构和方法的引导，取得比较好的学习效果与成果。其二，图式教学指向的是学习方式与思维方式的培育。图式可以作为学习的起点与素材，在课堂呈现中，它还可以作为一种教学和学习的策略与方法，在知识建构的同时，实现学习方式和思维方式的引导与培育。其三，图式教学符合儿童学习的特征。以图式教学和图式学习为基础形成的优学课堂样式，涵盖了“建构主义学习”和“有意义学习”，而形象化的表征又更好地体现了儿童学习的特点。

在学习导向型教学行为实践研究中发现，不同学科、不同课型的有不同的图式规范的样式。例如，数学学科的图式范式是：自主探究——以课前完成“优学单”的形式，让学生经历自主探究的过程；串联全课——用孩子喜爱的卡通人物或故事情境串联全课，营造轻松有趣的学习氛围，激励学生积极主动地参与学习活动；突出重点——通过展示课前或课堂上学生自主探究的成果，呈现多样的解法，揭示思维发展路径，突出重点；方法优化——借助图式对正确解答方法进行分析、归纳、总结；对错例进行矫正，从而达到提炼思路，优化方法的目的；拓展提升——通过图式归纳，对前期数学活动经验进行小结，而后提升为数学思想，并把这一思想拓展到解决生活中的实际问题中去。

美术学科的图式创意范式是：创设情境——以图式表现导入的多种可操作的方式；发散思维——理清思维的脉络，构建知识体系，激发灵感，进行有效创作；作业分层——以多重演示、生成演示，开拓思路、激发灵感、展现技法为一体，设置不同难度的作业，让不同学生能够表达表现；课后拓展——以图式布置课后拓展内容，让学生用图式归纳学习成果。

这些不同学科的图式规范把教学与学习图式合理地融合在了教学的整个过程当中，便于进行优学范式的设计、研究与整理。

## 三、学习导向型教学行为是小学教学行为方式的创新

教学行为方式是教师和学生为了实现共同的教学目标、完成共同的教学任务，在教学过程中运用的方式与手段的总称。但由于传统的教学行为方式中教师处于主导地位，导致教学缺乏针对性和可行性而达不到预期的目的。实践研究表明，学习导向型教学行为作为一种新型的教学行为方式，其教学行为方式的创新性主要体现在能够把教学

设计作为教学的核心环节;以学情分析引领教学过程;对话作为课堂实践的基本形态。

### (一) 把教学设计作为教学的核心环节

教学设计是对教学过程中相互联系的各个部分的安排作出整体计划。一个好的教学设计,有利于强化学生学习的“过程与方法”,培养学生思维习惯,提升学生的能力;有利于多媒体的开展,提高现代教学媒体的使用效率。另外,教学设计对于促进教学资源的开发利用具有重要作用。因此,教学设计是教学的核心环节。

在进行教学设计时,学生是课堂教学的主体,教师利用教学内容这个载体,应用相关技术引导和促进学生在学习的过程中掌握知识技能,发展能力,不断完善自我。因此在教学设计时从以下几点思考:从教学整体的功能出发考虑教学设计的合理性。以学生长远发展为基础,了解分析学生状况。学生是教学对象,学习的主体。教师要了解学生的生理、心理特点和学习兴趣、学习中思想情绪、现有知识水平,预测学生学习时可能出现的困难和问题。教师要钻研吃透教材,明确教学目标。教师要准确把握教材中包含的基本知识、基本技能、基本方法和智能训练。充分考虑如何以学科知识为依托,充分挖掘学科知识的意义,服务于学生的成长发展。教师在设计课堂教学时,要选择恰当的教学方法和教学手段。充分利用自我优势,调动自我潜能,在课堂教学中充分彰显自我优势和风格。教师要坚持“教必有法、但无定法、贵在得法”的原则,以教学目标为依据,结合学生知识水平和接受能力的实际情况,认真选择行之有效的教学方法,从而圆满完成教学目标的实施。

### (二) 以学情分析引领教学过程

学情是指学生在学习新知识之前已经具备的知识结构和学生在学习新知识时体现出来的个性的差异。教学设计不可忽视的重要环节是学情分析。学情分析是教学目标设定的基础,是教学内容分析的依据,也是教学过程将教学设计用于实践的依据。因此,必须以学情分析引领教学过程。

学情分析为教学目标的设定打好基础,没有学情分析的教学目标,可以说就是空中楼阁,只有真正了解了学生已有的知识结构,知识经验和学生认知心理特征,才能确定学生在学习过程中不同领域和不同的学习活动中的现有发展区和最近发展区。学情分析是教学内容分析的依据,尤其是对教材的分析。没有学情分析的教学内容确定时没有具体的方向,只有针对具体的学生群体的个性特征,才能够确定每个部分的教学的重点、难点和关键点。每个老师在教授新知识前,针对本节知识或者是本单元大的知识的教学内容,来确定学生需要掌握哪些内容、哪些知识,也要分析学生需要具备哪些生活的经验。然后分析学生是否已经具备这样的知识和经验。

### (三)对话成为教学的基本实践形态

当前教育越发重视学生在课堂上主体地位的发挥。而在小学教学过程中,教师想要保障学生在课堂上的主体地位,不仅要从教学内容、教学目标的角度出发,更要注重与学生之间的互动。而对话教学就是保障课堂良好互动性、体现学生主体地位的重要教学方式。通过应用对话教学,不仅可以更好地把控课堂的整体教学氛围,同时也有助于学生思维的发散以及学习过程中的针对性。

首先,对话对象具有多样性。从实际角度来说,在课堂上每个学生都是独立的个体,在对话教学中为了更好地保障这个过程的针对性,教师就必须从学生的个体性角度出发,结合实际教学情况与学生的差异,调整对话内容与对话方向,保障每个学生都能够得到提升。其次,对话发展具有整体性。这里的整体性,我们可以将其看作是教育要求、教学目标。简单来说就是学生是否能够弄懂知识,是否能够掌握学习的技巧与能力。因此在进行对话教学的过程中,教师应当重视总体教学目标的制定,当然学生如何实现这个整体目标,教师还需要结合因人而异来进行。最后,对话需求具有共生性。教学中的对话是相互作用的,其对话不仅是满足学生学习的要求,更是教师获得学生学习反馈的过程,也因此对话教学具有明显的共生性。

总而言之，在对话教学中教师要把学生作为教学主体，与学生之间进行平等交流，消除师生之间的沟通障碍，使学生主动与老师进行对话，及时解决学习中出现的问题。对于学生之间的对话交流，教师要起到引导作用，让学生对教师提出问题进行讨论，交流不同想法，使学生学习到其他学生思考问题的思路，创造出积极活跃的学习气氛，才能更好地进行学习。

## 第三节　儿童学习中心教学文化的未来展望

现代社会已经进入了智能时代。儿童学习中心教学应该是智能时代教学的正确选择，也应该是核心素养目标引领下的高级目标。儿童学习中心教学，最重要的不是儿童记住了什么，也不是儿童懂得了什么，而是儿童发现自己有能力在未知的世界里去做些什么。

### 一、智能时代应有的儿童学习中心教学

信息化时代的高速发展，必将带领我们从信息化时代跨越到智能时代。智能时代是基于互联网、大数据、高性能计算的信息技术，将人的智慧融入到机器系统中，通过人脑与人工智能技术整合，从而生成具有人类智能的科技产品和智能机器（包括机器人）。智能时代应有的儿童学习中心教学，是以儿童学习为中心，强调回归儿童本真，发挥儿童主体，尊重儿童个性，利用智能化的教学方式，开展多样化的学习方式。

#### （一）智能时代教学的特点

智能时代的发展，深入影响着教育的发展，未来，儿童学习中心教学应该是智能时代教学的正确选择，将呈现出一定的时代特点：

1. 以儿童学习为中心

过去，教育以教师为中心，以教师的教为中心，教师教的过程控制

着学生的学习过程,学生的学习是被动的。新课程改革以来,以学生为本、以学生学习为中心等理念已经成为教育界的共识。近年来,儿童学习中心教学的理论研究一直在持续,但是仍然处于探索期,并未出现系统的学习中心教学的理论,在实践上更是缺少真正行之有效的策略。

智能时代的发展,将促进儿童学习中心教学的真正落实,教师不可能再控制学生学习的过程,学生的学习将真正由学生自己来控制,所以由“教”走向“学”,以儿童学习为中心,将是智能时代教学的基本特点。智能时代的学习中心将由一个个网络学习中心和一个个实体学习中心构成。每个儿童都可以按照自己的学习需求,利用智能化机器设备选择适合自己的学习内容,制定自己的课程、学习计划,进行跨网络、跨区域学习。

本课题《儿童学习导向的教学行为改进研究》,正好顺应了“以儿童学习为中心”这一时代特点。本课题研究倡导的是一种新型的校本研究模式:立足学生需求,强调以儿童学习为主,以服务儿童学习为追求,进而不断优化教学行为。通过近五年的课题研究,我们的教育观念不断更新:从重视教转向重视学;从面向全体的教转向面向全体与个体相结合;从关注整体到关注每一个儿童。

2. 教学方式智能化

传统课堂上,有的学生看似在认真倾听老师讲课,但实际上,思绪早就游离于课堂之外,或飘散到游戏玩乐中去了,由于班级学生众多,教师一般很难洞察到个别学生这种思维的细微变化。智能时代课堂上,各种智能化机器设备的诞生,可以帮助教师运用智能设备的人工智能功能收集学生的学习、心理等信息,分析各种信息并做出诊断,帮助教师实现教学管理与监控。如有最近几年推出的人工智能产品,可以检测出学生是否在认真听讲,是否在打瞌睡或者开小差。在上课时,让学生戴上这一产品,教师就可以及时了解学生上课的认真度,及时提醒学生专心听讲。因此,智能时代教学方式更加智能化,有助于教师实时掌握学生学习动态,并根据学生的学习情况及时调整教学方式。

3. 学习方式多样化

智能时代,学生的学习方式将呈现多样化特点,混合学习、合作学习、个性化学习将成为儿童学习的主要学习方式。

所谓混合学习就是把传统学习方式的优势和网络化学习的优势结合起来,也就是说,既要发挥教师引导、启发、监控教学过程的主导作用,又要充分体现学生作为学习过程主体的主动性、积极性与创造性。智能时代,传统形式的课堂接受式学习方式正在逐步被淘汰,取而代之的是混合式学习方式。混合式学习方式的学习主体是一个人机结合体,学生将不再只是借助于自己的身体进行学习,而是借助于外脑、借助于智能计算机设备等来学习。通过智能计算机网络设备,可以使不同年龄、不同学习需求的学生利用工具、技术、媒体和网络教材,根据自己的学习进度安排自己的学习。

智能时代的合作学习方式,是基于项目式、主题式学习的合作学习过程,同时也是团队合作共同完成学习任务的过程。团队学习、合作学习,对提高学习效率,对于调动学习积极性,对于共同探究问题具有重要作用。利用智能计算机网络,可以集纳各种各样的学习资源,同时还可以通过网络远程指导,让有共同学习需求的学生开展项目式、主题式合作学习。

个性化学习方式是智能时代特有的学习方式。借助智能化机器设备可以精准跟踪、记录学生的学习过程、学习内容和进度、学习方法、掌握知识的情况等等,根据记录,智能机器人可以帮助学生系统整理出学习的结果,学生可以知道自己哪些学习内容还没有掌握,哪些学习内容还需要进一步加强。从而可以帮助学生制定个性化的学习指导方案,及时调整学习方式,提高学习效率。还可以利用人工智能机器开展创造活动,如利用3D打印机可以把创意变成现实,有效地培养学生的创新能力。

通过近五年的课题研究,我们开展的子课题《基于学生多元需求的个别化教学行为研究》,正是适应了“个性化学习方式”的特点。在研究中,我们基于学生的多元需求,形成了教学方法个别化、学习内容个别化、作业设计个别化、评价方式个别化。

### (二)儿童学习中心教学文化的价值

儿童学习中心教学文化在教育发展的历史中发挥着重要作用,它充分彰显着独特的价值。儿童学习中心教学文化唤醒了儿童教育的自觉,激励着教师对儿童的理解和尊重,它所构成的教学文化必然以儿童为本位,强调一切为了儿童、为了儿童的一切。

1. 回归儿童本真

儿童学习中心教学文化是以儿童为中心的教学,让儿童在儿童的世界里,按照儿童的天性自由地成长。首先,需要教师理解和尊重儿童,把儿童从成人的生活世界里解放出来,释放儿童的天性,回归儿童生活的本真——充满童趣、童真的五彩缤纷的世界。其次,需要教师从儿童的兴趣需要出发,让他们用自己喜欢的方式在儿童的生活世界里学习、交友,做自己生活世界的主人。

2. 发挥儿童主体

儿童是独立的个体,他们有自己的认识、情感和意志,儿童学习中心教学文化把儿童放在教学的主体地位,教师是发挥儿童主体性的引领者,引领儿童充分发挥主观能动性,自主学习,自主认识世界、掌握知识。教师也是发挥儿童主体性的策划者,帮助儿童自主策划学习方案,自主决定用自己喜欢的学习方式进行学习,在实践中学、在生活中学,充分利用各种资源,让儿童爱学、好学、乐学,不断提高学习能力。

3. 尊重儿童个性

由于遗传、家庭教育、生活环境、社会影响等多方面的因素,不同的儿童形成了不同的个性心理品质和人格特征,造成了儿童的个性差异,也因此影响着儿童的学习和教师的教学。儿童学习中心教学文化尊重儿童的个性差异,首先需要先充分了解儿童的个性特点、学习能力等差异,再根据儿童的个性差异设计不同的学习内容,因材施教,分层教学,让儿童在自己的个性基础上得到最优化发展。

### （三）智能时代下儿童学习中心教学文化的发展趋势

智能时代，人工智能系统将逐渐普及，智能机器人将不断发展，但是教师的作用仍将不可替代。智能时代下儿童学习中心教学文化的发展趋势，应该是基于智能教学系统的个性化学习的“人机共育”教育。所谓“人机共育”教育，是指建立在人工智能、大数据、云计算等现代信息技术基础上，充分发挥人类教师与智能教师（机器）的优势，开发人的潜能和“人机结合”智能，培养“创新人”的新型教育。

智能时代下儿童学习中心教学文化“人机共育”教育的核心是构建“以儿童为中心”的智能化教育，真正实现“有教无类、因材施教”的教育理想。主要有以下几个方面的发展趋势：

1. 课程发展趋势：建立以培养学生学习力为主的课程体系

面对智能时代的到来，裴娣娜教授曾指出，中国教育工作者必须认真思考和回答，如何重构以学习力与学生个性发展为中心的学生学习生成发展之路。学习力是指学习能力、动力、态度和创新能力的总和。哈佛大学柯比教授揭示，哈佛大学学生成功的秘诀就在于培养他们的学习力。因此，智能时代课程发展趋势，应该是建立新的课程体系，由应试教育体系转为以培养学生学习力为主的课程体系，通过智能教学系统培养学生个性化学习力，使每个学生都能在学习能力、创新能力上有不同的提升。

2. 教学模式发展趋势：人机共育，以人为主

怀特海曾经说过：“在教育过程中，一旦你忘记了你的学生是有血有肉的，那么你就会遭遇悲惨的失败。”苏霍姆林斯基也认为，教学不是冷冰冰地把知识从一个脑袋装进另外一个脑袋里，而是师生之间无时不在的情感交流。所以在智能时代，虽然智能机器人本领强大，几乎无所不能，但是智能机器人缺乏人的情感和关怀，绝不会取代人类教师。未来，教学模式发展趋势应该是人机共育，以人为主。

以“人”为主，是指人类教师和智能机器人共同承担着教育任务，智能机器人主要是承担简单、机械性、枯燥、重复的“教”的任务，而人类教

师则承担起“育人”的重任,应该研究新的理念、新的方法,真正实现“因材施教”。还应该给予学生更多的人文关怀和情感交流,努力成为学生的知心朋友,成为学生的成长伙伴,走进学生的心灵世界。

3. 学习方式发展趋势:定制个性化学习

未来,利用人工智能技术,可以搜集整理出有关学生的学习兴趣、学习行为和学习成绩等因素之间的相互关联的数据,帮助教师利用这些数据为学生定制个性化学习方式。人工智能技术还可以通过生物检测技术了解学生的学习状态和情绪,帮助教师根据学生的学习状态及时调整教学方式,更加关注学生的心理状态,依据学生学习兴趣定制个性化学习方式。

## 二、核心素养目标引领下的儿童学习中心教学

2016 年 9 月,中国学生发展核心素养整体框架正式发布,这是基于学生个体和儿童群体特质提出来的框架。学生发展核心素养,主要指学生应具备的,能够适应终身发展和社会发展需要的必备品格和关键能力。因此,它也是儿童中心思想在新时代的继承与革新。中国学生发展核心素养,以科学性、时代性和民族性为基本原则,以培养“全面发展的人”为核心,从文化基础、自主发展、社会参与三个方面出发,对学生的人文底蕴、科学精神、学会学习、健康生活、责任担当和实践创新六大素养进行教育和培养。为此,未来儿童学习中心教学,应该是在核心素养目标引领下,将儿童置于“教育”“亲历”“自由”的中心,培养儿童学会学习、促进儿童自主发展、引领儿童实践创新。

### (一) 将儿童置于“教育”的中心,培养儿童学会学习

《中国学生发展核心素养》中指出,学会学习包含乐学善学、勤于反思、信息意识等基本要点。儿童对未知世界与生俱来地有着探索的好奇心,学校、家庭、社会都是教育的场所,父母、教师都是教育者。学校、教师的任务是呵护儿童的好奇心,将儿童置于“教育”的中心,把家庭、社会与学校紧密地联系起来形成教育的合力,启动儿童学习的内驱力,

唤醒儿童真正的内心，获得生命性和发展性认知。

教师要想方设法启迪儿童不断保持学习的兴趣，领悟科学的学习方法，让学生能够真正掌握学习的知识，并能够举一反三、触类旁通，把习得的知识应用于更广阔的天地，自主进行知识拓展，更加乐学善学，获得学会学习的本领。

### （二）将儿童置于“亲历”的中心，促进儿童自主发展

《中国学生发展核心素养》中指出：自主发展，重在强调能有效管理自己的学习和生活，认识和发现自我价值，发掘自身潜力，有效应对复杂多变的环境，成就出彩人生，发展成为有明确人生方向、有生活品质的人。

随着城市化、智能化的高速发展，越来越多的儿童沉迷于电子产品的世界里而难以自拔，儿童的学习和生活也更多地被禁锢在无形或有形的方盒子里，很有可能因为缺少亲历而被逐渐瓦解。为此，我们的教育应强化以儿童为中心，创设亲历情境或者开展各种亲历活动或游戏，将儿童置于“亲历”的中心，以此唤醒儿童的自主发展意识，给儿童更多的自主学习的时间和空间，有效管理自己的学习和生活，促进儿童自主成长，使儿童在各个方面循序渐进、螺旋上升。

### （三）将儿童置于“自由”的中心，引领儿童实践创新

《中国学生发展核心素养》中指出：实践创新主要是学生在日常活动、问题解决、适应挑战等方面所形成的实践能力、创新意识和行为表现。具体包括劳动意识、问题解决、技术应用等基本要点。

儿童天性就有精神上的渴望自由和身体上的自由自在的需要，内心的自愿、愉悦是儿童自由的主要表征。他们对自由的向往、对生命的坚定信念，促使儿童成长为开放、能动的自我。然而，现如今的教育方式过多的约束和限制，束缚和压制了儿童的天性，因此，我们的教育要给儿童开辟自由呼吸的天地，给儿童自由管理的机会，将儿童置于“自由”的中心，回归儿童的自由天性。

当然,这里的自由并不是随心所欲、为所欲为,而是思想自由,即能够独立思考、独立判断,不受别人的思想控制,能进行自我分析、自我理解,提出自己的观点。思想自由是实践创新之源,能够迸发出强大的创造力,创造出鲜明的个性,激发出巨大的生命活力。教育的价值在于给学生自由,尊重儿童自由的天性,将儿童置于"自由"的中心,让儿童发挥思想自由,促使儿童开放思维,自由发现问题、自主解决问题,逐步形成创新意识,提升实践创新能力。

## 三、儿童学习中心教学的变与不变

歌德说:"最重要的不是你站在何处,而是你将走向何方。"不明未来,就会失去未来。未来,人工智能会广泛应用于社会生活的各个方面,也将会给未来教育带来无限可能。不管未来智能时代如何发展和改变,也不管它将会给儿童学习中心教学带来哪些变化和冲击,我们作为教育工作者,只有抬头看路,明确未来该走向何方,才能牢牢把握儿童学习中心教学文化的变与不变的本质,以不变应万变,顺应未来的无限可能。

### (一)儿童学习中心教学的未来嬗变

儿童学习中心教学文化在教育发展的漫漫历史长河中,就犹如一艘载着儿童中心信念的航船,或沉或浮、或隐或现,时而风平浪静、扬帆远航,时而暴雨来袭、风雨飘摇。不论如何,儿童学习中心教学文化始终不曾沉没,它依然在发挥着独特的价值。未来,智能时代高速发展,儿童学习中心教学文化也许会呈现以下三维嬗变:

1. 学校:以儿童为中心的开放学习共同体

现在,各个地域的学校大多各自为政,互相竞争,信息互通交流较少,可以说是独立的学习孤岛。未来,在智能化信息网络的支持下,学校将会成为以儿童为中心的学习共同体,由一个个智能信息网络学习中心和一个个实体学习中心构成了学习共同体。未来,整个世界都是开放的社区,各个学校也都是开放的校园,各个学校通过智能网络共享教师资源、学生资源、教学资源等各种资源。未来的学生可以在不同的学习共同体进行学习，可以在这个共同体学习数学，在那个共同体学习英语，在另一个共同体学习科学，而且这些学习共同体都是开放式的，可以是跨区域、甚至是跨国家的。

2. 教师：儿童个性化学习的引导者

现在的学校，以班级授课制为主要形式进行教学，教师是班级教学的导演、是学生学习的指挥、是知识的权威。未来，学生可以通过各种渠道从智能网络上获取到各种知识，了解到与教师思想不一致的观点，有可能比教师知道得更多、更深，教师不再是导演、指挥、权威。未来，学生的学习方式也将呈现个性化、定制化，学生不再是整齐划一地在一个班级按照千篇一律的标准化学习内容来学习，每个学生可以自己制定学习计划，也可以寻求教师帮助定制个性化的学习方案。因此，教师将逐渐成为学生个性化学习的定制者、搜集信息的引导者、解决困难的帮助者，同时，也是和学生共同学习的一个伙伴。

3. 学生：快乐自主学习

现阶段，学生被束缚在学校、班级里进行集体学习，很大一部分群体，在一定程度上是被家长逼着到学校，被老师强迫进行学习的。这样的学习，是被动学习，能以学习为乐的学生不多，能持续坚持以学习为乐的学生更少。未来，学校成为开放的学习共同体，教师成为学生个性化学习的定制者、引导者，学生享用着学习共同体开放的各种学习资源，享受着教师为自己个性化学习的私人订制服务，每个学生都能发现自己的潜能和天赋，成为最好的自己，这种成功的体验也激发了每个学生都能快乐自主地学习。

也许这些可能无法真正实现，但是面向未来的那条路正在远方向我们招手，那个快乐学习的幸福教育方向指引着我们创造更好的教育。

### （二）儿童学习中心教学“不变”的诉求

不管未来教育走向何方，教育的本质不会变，教育是培养人的一种活动，本质是传承文化、创造知识、培养人才。儿童是教育的起点，儿童学习中心教学文化围绕儿童为中心的初心不会变,对儿童的人文关怀不会变,对学科的追求也不会变。

1. 以儿童为中心的初心不会变

儿童学习中心教学文化的诞生唤醒了儿童教育的自觉,激励着教师对儿童的理解和尊重,它所构成的教学文化必然以儿童为本位,强调一切为了儿童、为了儿童的一切。未来的儿童学习中心教学文化仍然是以儿童为中心,为了儿童的发展,为了儿童的未来,这些都是教育的初心,永远不会变。

2. 对儿童的人文关怀不会变

对儿童的人文关怀就是关心儿童、爱护儿童、尊重儿童,关注儿童的发展。未来,智能化机器人也许会普及,尽管智能机器人有着先进的技术和渊博的知识,但是机器人是没有情感的,教师的作用是智能机器人不可替代的。因为教师是有血有肉的人,儿童也是有血有肉的人,"一日为师,终生为父",教师对儿童有着为师为长的深厚情感,教师会关心爱护儿童,会与儿童进行情感的交流,教师对儿童的人文关怀也永远不会变。

3. 对学科的追求不会变

儿童学习中心教学文化倡导的对学科的追求不是学科的知识,而是培养人的成长。未来,也许没有明显的学科知识的界限,也许学科知识已经融合在一起了,儿童学习中心教学文化对学科的追求不是关注学生的学科成绩,生产统一规格的产品,而是让每个人都有收获,让每个人都能在自身的基础上得到最优化发展。这也是教育和教育者永远不变的追求和主题。